新编21世纪法学系列教材

总主编　曾宪义　王利明

国际贸易法

第四版

International Trade Law

郭寿康　韩立余　编著

中国人民大学出版社
·北京·

编审委员会

作 者 简 介

郭寿康，中国人民大学法学院教授，博士生导师。1948年毕业于北京大学法律系，研究生学历。兼任中国知识产权法学研究会名誉会长、中国国际经济法学会顾问、中国法学会世界贸易组织法研究会顾问，兼任中国国际经济贸易仲裁委员会仲裁员、联合国WIPO仲裁员、国际版权学会执委、ATRIP（国际促进知识产权教学与研究学会）创始会员及执委。曾任联合国教科文组织版权与邻接权教席主持人、中国人民大学知识产权教学与研究中心主任、知识产权学院学术委员会主任。国内外多所大学兼职教授。曾全面参与我国《专利法》、《商标法》、《著作权法》、《反不正当竞争法》、《计算机软件保护条例》、《对外贸易法》、《涉外经济合同法》以及三资企业法等多部法律法规的起草、制定，给全国人大常委会讲授《加入世界贸易组织与我国立法的有关问题》。用中、英、德文出版过多部著作，在知识产权领域作出诸多重要贡献。荣获全国杰出资深法学家称号、中国版权事业终生成就者奖。

韩立余，中国人民大学法学院教授，博士生导师。中国人民大学法学博士，香港大学法律学院普通法深造文凭。兼任国务院关税税则委员会咨询专家委员会委员、世界贸易组织争端解决机构专家组成员、中国法学会世界贸易组织法研究会副秘书长。主要著作有《既往不咎——WTO争端解决机制研究》（北京市哲学社会科学优秀成果一等奖、中国法学会中国法学优秀成果专著类二等奖）、《美国外贸法》（北京市哲学社会科学优秀成果二等奖）、《世贸规则与产业保护》、《经营者集中救济》、GATT/WTO案例分析多卷本等。

内 容 简 介

《国际贸易法》主要包括国际商事交易、国际贸易管理和争端解决制度三部分内容，既适合将国际贸易法理解为涵盖私法和公法的广义国际贸易法使用，也适合将国际贸易法理解为私法或公法的狭义国际贸易法使用，可以满足不同课时、不同专题安排的需要。

本书的主要特点是全面、新颖、结构合理、篇幅适中。整个内容既涵盖了国际贸易法的主要知识点，又代表了截至修订时的最新发展。合理的编排结构有助于全面理解这一领域的整个内容，合适的篇幅既浓缩精要又适当展开，不显烦琐。

在商事交易方面，突出体现交易内容和过程的系统性和完整性，包括合同、买卖、运输保险、支付和贸易融资；在贸易管理方面，则以世界贸易组织规则和中国“入世”承诺为核心，包括货物贸易管理、服务贸易管理、知识产权保护。在争端解决部分，对应性地提供了商事争议解决（诉讼与商事仲裁）和贸易管理争议解决（WTO争端解决）的内容。

总　序

曾宪义

在人类文明与文化的发展中，中华民族曾作出过伟大的贡献，不仅最早开启了世界东方文明的大门，而且对人类法治、法学及法学教育的生成与发展进行了积极的探索与光辉的实践。

在我们祖先生存繁衍的土地上，自从摆脱动物生活、开始用双手去进行创造性的劳动、用人类特有的灵性去思考以后，我们人类在不断改造客观世界、创造辉煌的物质文明的同时，也在不断地探索人类的主观世界，逐渐形成了哲学思想、伦理道德、宗教信仰、风俗习惯等一系列维系道德人心、维持一定社会秩序的精神规范，更创造了博大精深、义理精微的法律制度。应该说，在人类所创造的诸种精神文化成果中，法律制度是一种极为奇特的社会现象。因为作为一项人类的精神成果，法律制度往往集中而突出地反映了人类在认识自身、调节社会、谋求发展的各个重要进程中的思想和行动。法律是现实社会的调节器，是人民权利的保障书，是通过国家的强制力来确认人的不同社会地位的有力杠杆，它来源于现实生活，而且真实地反映现实的要求。因而透过一个国家、一个民族、一个时代的法律制度，我们可以清楚地观察到当时人们关于人、社会、人与人的关系、社会组织以及哲学、宗教等诸多方面的思想与观点。同时，法律是一种具有国家强制力、约束力的社会规范，它以一种最明确的方式，对当时社会成员的言论或行动作出规范与要求，因而也清楚地反映了人类在各个历史发展阶段中对于不同的人所作出的种种具体要求和限制。因此，从法律制度的发展变迁中，同样可以看到人类自身不断发展、不断完善的历史轨迹。人类社会几千年的国家文明发展历史已经无可争辩地证明，法律制度乃是维系社会、调整各种社会关系、保持社会稳定的重要的工具。同时，法律制度的不断完善，也是人类社会文明进步的显著体现。

由于发展路径的不同、文化背景的差异，东方社会与西方世界对于法律的意义、底蕴的理解、阐释存有很大的差异，但是，在各自的发展过程中，都曾比较注重法律的制定与完善。中国古代虽然被看成是“礼治”的社会、“人治”的世界，被认为是“只有刑，没有法”的时代，但从《法经》到《唐律疏议》、《大清律例》等数十部优秀成文法典的存在，充分说明了成文制定法在中国古代社会中的突出地位，唯这些成文法制所体现出的精神旨趣与现代法律文明有较大不同而已。时至20世纪初叶，随着西风东渐、东西文化交流加快，中国社会开始由古代的、传统的社会体制向近现代文明过渡，建立健全的、符合现代理性精神的法律文明体系方成为现代社会的共识。正因为如此，近代以来的数百年间，在西方、东方各主要国家里，伴随着社会变革的潮起潮落，法律改革运动也一直呈方兴未艾之势。

从历史上看，法律的文明、进步，取决于诸多的社会因素。东西方法律发展的历史均充分证明，推动法律文明进步的动力，是现实的社会生活，是政治、经济和社会文化的变迁；同时，法律内容、法律技术的发展，往往依赖于一大批法律专家以及更多的受过法律教育的社会成员的研究和推动。从这个角度看，法学教育、法学研究的发展，对于法律文明的发展进步，也有着异常重要的意义。正因为如此，法学教育和法学研究在现代国家的国民教育体系和科学研究体系中，开始占有越来越重要的位置。

中国近代意义上的法学教育和法学研究，肇始于19世纪末的晚清时代。清光绪二十一年（公元1895年）开办的天津中西学堂，首次开设法科并招收学生，虽然规模较小，但仍可以视为中国最早的近代法学教育机构（天津中西学堂后改名为北洋大学，又发展为天津大学）。三年后，中国近代著名的思想家、有"维新骄子"之称的梁启超先生即在湖南《湘报》上发表题为《论中国宜讲求法律之学》的文章，用他惯有的富有感染力的激情文字，呼唤国人重视法学，发明法学，讲求法学。梁先生是清代末年一位开风气之先的思想巨子，在他的辉煌的学术生涯中，法学并非其专攻，但他仍以敏锐的眼光，预见到了新世纪中国法学研究和法学教育的发展。数年以后，清廷在内外压力之下，被迫宣布实施"新政"，推动变法修律。以修订法律大臣沈家本为代表的一批有识之士，在近十年的变法修律过程中，在大量翻译西方法学著作，引进西方法律观念，有限度地改造中国传统的法律体制的同时，也开始推动中国早期的法学教育和法学研究。20世纪初，中国最早设立的三所大学——北洋大学、京师大学堂、山西大学堂均设有法科或法律学科目，以期"端正方向，培养通才"。1906年，应修订法律大臣沈家本、伍廷芳等人的奏请，清政府在京师正式设立中国第一所专门的法政教育机构——京师法律学堂。次年，另一所法政学堂——直属清政府学部的京师法政学堂也正式招生。这些大学法科及法律、法政学堂的设立，应该是中国历史上近代意义上的正规专门法学教育的滥觞。

自清末以来，中国的法学教育作为法律事业的一个重要组成部分，随着中国社会的曲折发展，经历了极不平坦的发展历程。在20世纪的大部分时间里，中国社会一直充斥着各种矛盾和斗争。在外敌入侵、民族危亡的沉重压力之下，中国人民为寻找适合中国国情的发展道路而花费了无穷的心力，付出过沉重的代价。从客观上看，长期的社会骚动和频繁的政治变迁曾给中国的法治与法学带来过极大的消极影响。直至70年代末期，以"文化大革命"宣告结束为标志，中国社会从政治阵痛中清醒过来，开始用理性的目光重新审视中国的过去，规划国家和社会的未来，中国由此进入长期稳定、和平发展的大好时期，以这种大的社会环境为背景，中国的法学教育也获得了前所未有的发展机遇。

从宏观上看，实行改革开放以来，经过二十多年的努力，中国的法学教育事业所取得的成就是辉煌的。首先，经过"解放思想，实事求是"思想解放运动的洗礼，在中国法学界迅速清除了极左思潮及苏联法学模式的一些消极影响，根据本国国情建设社会主义法治国家已经成为国家民族的共识，这为中国法学教育和法学研究的发展奠定了稳固的思想基础。其次，随着法学禁区的不断被打破、法学研究的逐步深入，一个较为完善的法学学科体系已经建立起来。理论法学、部门法学各学科基本形成了比较系统和成熟的理论体系和学术框架，一些随着法学研究逐渐深入而出现的法学子学科、法学边缘学科也渐次成型。1997年，国家教育主管部门和教育部高校法学学科教学指导委员会对原有专业目录进行了又一次大幅度调整，决定自1999年起法学类本科只设一个单一的法学专业，按照一个专业招生，从而使法学学科的布局更加科学和合理。同时，在充分论证的基础上，确定了法学专业本科教学的14门核心课程，加上其他必修、选修课程的配合，由此形成了一个传统与更新并重、能够适应国家和社会发展需要的教学体系。法学硕士和博士研究生及法律硕士专业学位研究生的专业设置、课程教学和培养体系也日臻完善。再次，法学教育的规模迅速扩大，层次日趋齐全，结构日臻合理。目前中国有六百余所普通高等院校设置了法律院系或法律本科专业，在校本科学生和研究生已达二十余万人。除本科生外，在一些全国知名的法律院校，法学硕士研究生、法律硕士专业学位研究生、法学博士研究生已经逐步成为培养的重点。

众所周知，法律的进步、法治的完善，是一项综合性的社会工程。一方面，现实社会关系的发展，国家政治、经济和社会生活的变化，为法律的进步、变迁提供动力，提供社会的土壤。另一方面，法学教育、法学研究的发展，直接推动法律进步的进程。同时，全民法律意识、法律素质的提高，则是实现法治国理想的关键的、决定性的因素。在社会发展、法学教育、法学研究等几个攸关法律进步的重要环节中，法学教育无疑处于核心的、基础的地位。中国法学教育过去二十多年所走过的历程令人激动，所取得的成就也足资我们自豪。随着国家的发展、社会的进步，在21世纪，我们面临着更严峻的挑战和更灿烂的前景。"建设世界一流法学教育"，任重道远。

首先，法律是建立在经济基础之上的上层建筑，以法治为研究对象的法学也就成为一门实践性很强的学科。社会生活的发展变化，势必要对法学教育、法学研究不断提出新的要求。经过二十多年的奋斗，中国改革开放的前期目标已顺利实现。但随着改革开放的逐步深入，国家和社会的一些深层次问题，比如说社会主义市场经济秩序的真正建立、国有企业制度的改革、政治体制的完善、全民道德价值的重建、环境保护和自然资源的合理利用等等，也已经开始浮现出来。这些复杂问题的解决，无疑最终都会归结到法律制度的完善上来。建立一套完善、合理的法律制度，构建理想的和谐社会，乃一项持久而庞大的社会工程，需要全民族的智慧和努力。其中的基础性工作，如理论的论证、框架的设计、具体规范的拟订、法律实施中的纠偏等等，则有赖于法学研究的不断深入，以及高素质人才特别是法律人才的养成，而培养法律人才的任务，则是法学教育的直接责任。

其次，21世纪是一个多元化的世纪。20世纪中叶发生的信息技术革命，正在极大地改变着我们的世界。现代科学技术，特别是计算机网络信息技术的发展，使传统的生活方式、思想观念发生了根本的改变，并由此引发许多人类从未面对过的问题。就法学教育而言，在21世纪所要面临的，不仅是教学内容、研究对象的多元化问题，而且还有培养对象、培养目标的多元化、教学方式的多元化等一系列问题，这些问题都需要法学界去思考、去探索。

中国人民大学法学院建立于1950年，是新中国诞生后创办的第一所正规高等法学教育机构。在半个多世纪的岁月中，中国人民大学法学院以其雄厚的学术力量、严谨求实的学风、高水平的教学质量以及丰硕的学术研究成果，在全国法学教育领域处于领先地位，并开始跻身于世界著名法学院之林。据初步统计，中国人民大学法学院已经为国家培养法学专业本科生、硕士生、博士生一万余人，培养各类成人法科学生三十余万人。经过多年的努力，中国人民大学法学院形成了较为明显的学术优势，在现职教师中，既有一批资深望重、在国内外享有盛誉的法学前辈，更有一大批在改革开放后成长起来的优秀中青年法学家。这些老中青法学专家多年来在勤奋研究法学理论的同时，也积极投身于国家的立法、司法实践，对国家法制建设贡献良多。

有鉴于此，中国人民大学法学院与中国人民大学出版社经过研究协商，决定结合中国人民大学法学院的学术优势和中国人民大学出版社的出版力量，出版一套“21世纪法学系列教材”。自1998年开始编写出版本科教材，包括按照国家教育部所确定的法学专业核心课程和其所颁布印发的《全国高等学校法学专业核心课程基本要求》而编写的14门核心课程教材，也包括法学各领域、各新兴学科教材及教学参考书和案例分析在内，到2000年12月3日在人民大会堂大礼堂召开举世瞩目的“21世纪世界百所著名大学法学院院长论坛暨中国人民大学法学院成立五十周年庆祝大会”之时，业已出版了50本作为50周年院庆献礼，到现在总共出版了80本。为了进一步适应高等法学教育发展的形势和教学改革的需要，最近中国人民大学法学院与中国人民大学出版社决定将这套教材扩大为四个系列，即：“本科生用书”、“法学研究生用书”、“法律硕士研究生用书”以及“司法考试用书”，总数将达二百多本。我们设想，本套教材的编写，将更加注意“高水准”与“适用性”的合理结合。首先，本套教材将由中国人民大学法学院具有全国影响的各学科的学术带头人领衔，约请全国高校优秀学者参加，形成学术实力强大的编写阵容。同时，在编写教材时，将注意吸收中国法学研究的最新的学术成果，注意国际学术发展的最新动向，力求使教材内容能够站在21世纪的学术前沿，反映各学科成熟的理论，体现中国法学的水平。其次，本套教材在编写时，将针对新时期学生特点，将思想性、学术性、新颖性、可读性有机结合起来，注意运用典型生动的案例、简明流畅的语言去阐释法律理论与法律制度。

我们期望并且相信，经过组织者、编写者、出版者的共同努力，这套法学教材将以其质量效应、规模效应，力求成为奉献给新世纪的精品教材，我们诚挚地祈望得到方家和广大读者的教正。

2006年7月1日

序　言

法学教育是高等教育的重要组成部分，是建设社会主义法治国家、构建社会主义和谐社会的重要基础，并居于先导性的战略地位。在我国社会转型的新世纪、新阶段，法学教育不仅要为建设高素质的法律职业共同体服务，而且要面向全社会培养大批治理国家、管理社会、发展经济的高层次法律人才。近年来，法学教育取得了长足的进步，法科数量增长很快，教育质量稳步提高，培养层次日渐完善，目前已经形成了涵盖本科生、第二学士学位生、法学硕士研究生、法律硕士研究生、法学博士研究生的完整的法学人才培养体系，接受法科教育已经成为莘莘学子的优先选择之一。随着中国法治事业的迅速发展，我们有理由相信，中国法学教育的事业大有可为，中国法学教育的前途充满光明。

教育的基本功能在于育人，在于塑造德才兼备的高素质人才。法学教育的宗旨并非培养只会机械适用法律的“工匠”，而承载着培养追求正义、知法懂法、忠于法律、廉洁自律的法律人的任务。要完成法学教育的使命，首先必须认真抓好教材建设。我始终认为，教材是实现教育功能的重要工具和媒介，法学教材不仅仅是法学知识传承的载体，而且是规范教学内容、提高教学质量的关键，对法学教育的发展有着不可估量的作用。

第一，法学教材是传授法学基本知识的工具。初学法律，既要有好的老师，又要有好的教材。正如冯友兰先生所言：“学哲学的目的，是使人作为人能够成为人，而不是成为某种人。其他的学习（不是学哲学）是使人能够成为某种人，即有一定职业的人。”一套好的教材，能够高屋建瓴地展示法律的体系，能够准确简明地阐释法律的逻辑，能够深入浅出地叙述法律的精要，能够生动贴切地表达深奥的法理。所以，法学教材是学生学习法律的向导，是学生步入法律殿堂的阶梯。如果在入门之初教材就有偏颇之处，就可能误人子弟，学生日后还要花费大量时间与精力来修正已经形成的错误观念。

第二，法学教材是传播法律价值理念的载体。好的法学教材不仅要传授法学知识，更要传播法律的精神和法治的理念，例如对公平、正义的追求，尊重权利的观念。本科、研究生阶段的青年学子，正处在人生观、价值观形成的阶段，一套优秀的法学教材，对于他们价值观的塑造和健全人格的培养具有重要意义。

第三，法学教材是形成职业共同体的主要条件。建设社会主义法治国家，有赖于法律职业共同体的生成。一套好的法学教材，向法律研习者传授共同的知识，这对于培养一个接受共同的价值理念、共同的法律思维、共同的话语体系的法律共同体，具有重要的作用。

第四，法学教材是所有法律研习者的良师益友。没有好的教材，一个好的教师或可弥补教材的欠缺和不足，但对那些没有老师指导的自学者而言，教材就是老师，其重要作用是显而易见的。

长期以来，在我们的评价体系中，教材并没有获得应有的注重，对学术成果的形式优先考虑的往往是专著而非教材。在不少人的观念中，教材与创新、与学术精品甚至与学术无缘。其实，要真正写出一部好的教材，其难度之大、工作之艰辛、影响之深远，绝不低于一部优秀的专著，它甚至可以成为在几百年甚至更长的时间内发挥作用的传世之作。以查士丁尼的《法学阶梯》为例，所谓法学阶梯，即法学入门之义，就是一部教材。但它概括了罗马法的精髓，千百年来，一直是人们研习罗马法最基本的著述。日本著名学者我妻荣说过，大学教授有两大任务：一是写出自己熟悉的专业及学术领域的讲义乃至教科书；二是选择自己最有兴趣、最看重的题目，集中精力进行终生的研究。实际上，这两者是相辅相成的。写出一部好教材，必须要对相关领域形成一个完整的知识体系，还要能以深入浅出的语言将问题讲清楚、讲明白。没有编写教材的基本功，实际上也很难写出优秀的专著。当然，也只有对每一个专题都有一定研究，才能形成对这个学术领域的完整把握。

虽然近几年我国法学教育发展迅速，成绩显著，但是法学教育也面临许多挑战。各个学校的师资队伍和教学质量参差不齐，这就更需要推出更多的结构严谨、内容全面、角度各有侧重、能够适应不同需求的法学教材，为提高法学教学和人才培养质量、保障法学教育健康发展提供前提条件。

长期以来，中国人民大学法学院始终高度重视教材建设。作为新中国成立后建立的第一所正规的法学教育机构，中国人民大学法律系最早开设了社会主义法学教学课堂，编写了第一套社会主义法学讲义，培养了新中国第一批法学本科生和各学科的硕士生、博士生，产生了新中国最早的一批法学家和法律工作者。中国人民大学法律系因此被誉为“新中国法学教育的工作母机”。半个多世纪以来，中国人民大学法学院为社会主义法制建设培养了大批优秀的法律人才，并为法学事业的振兴和繁荣作出了卓越贡献，也因此成为引领中国法学教育的重镇、凝聚国内法律人才的平台和沟通中外法学交流的窗口，并在世界知名法学院行列中崭露头角。为了对中国法学教育事业作出更大的贡献，我们有义务也有责任出版一套体现我们最新研究成果的法学教材。

承蒙中国人民大学出版社的大力支持，我们组织编写了本套教材，其中包括本科生用书、法律硕士研究生用书、法学研究生用书和司法考试用书四大系列，分别面向不同层次法科教育需求。编写人员以中国人民大学法学院教师为主，反映了中国人民大学法学院整体的研究实力和学术视野。相信本套教材的出版，一定能够为新时期法学教育的繁荣发展发挥应有的作用。

是为序。

2006年7月10日

第四版修订说明

《国际贸易法》（第四版）主要更新、补充了国际商事交易的内容，同时对国际贸易管理部分加以精练和完善，并根据2012年修订的《民事诉讼法》对商事仲裁部分的相关内容予以修订。国际商会2010年发布的《国际贸易术语解释通则2010》、2010年发布的《见索即付保函统一规则》（2010年修订）以及2012年发布的《福费廷统一规则》，是国际商事交易领域非常重要的规则文件，在这次修订中都得到了反映。在结构上，进一步突出国际贸易支付和国际贸易融资的区别与联系，将保理从支付章移至融资章，与新增加的福费廷构成一节。在国际货物运输部分，以联合国《全程或部分海上国际货物运输合同公约》正式文本替代了前一版本中的草案。这次修订还纠正了前一版本中的个别笔误。

知识的学习过程，是一个不断的否定之否定过程。以新知替代旧识，是教材修订的指导思想。但由于作者水平、能力和精力的局限性，新版教材肯定还会存在不足，敬请读者批评指正。

郭寿康　韩立余

2014年夏

编写说明

本教材主要对国际贸易、国际贸易管制及争端解决的有关法律作了介绍。全书共分四编：国际商事交易；技术、服务与电子贸易；国际贸易管理；国际贸易争议的解决。本书力求全面、准确地反映国际贸易法的基本内容，反映国际贸易法的最新发展和研究成果，体系上既注意内容的密切相关性，又注意内容的相对独立性。

本书导言部分由郭寿康撰写，其余部分由韩立余具体执笔，由郭寿康教授审查、修改。

尽管作者在写作中尽心尽力，不敢有丝毫马虎之意，但由于水平所限，疏漏之处恐在所难免，希望读者批评、指正。

郭寿康　韩立余

2000年3月31日

目　录

第二编 国际贸易管理

第三编 争端解决制度

第一章
国际贸易法概论

本章概要

国际贸易法是一门古老的法学学科，且不断发展。其调整范围由原来的商事交易规范扩大到贸易管理规范，由货物买卖扩大到技术贸易、服务贸易。与国内法相比，其渊源不仅包括国家立法、国际条约，还包括没有当然约束力的国际惯例。商人之间的国际贸易越来越受到国家乃至国际组织制定的规范的影响。自然人、法人、其他经济组织、国家、国际组织，都是国际贸易大舞台上的主角。

关键术语

国际商事交易法律规则　国际贸易管理法律规范　国际贸易法

第一节　国际贸易法的概念和体系

一、国际贸易法的概念

国际贸易法是调整跨越国境的贸易活动的法律制度和法律规范的总称，主要包括调整平等主体间的商业交易活动的私法规范和国家对贸易活动进行管理的公法规范。国际贸易法的渊源主要表现为国际公约、国际惯例和国家或国家集团的立法、规章。

二、国际贸易法的调整范围和体系

国际贸易法主要调整国际货物贸易、国际技术贸易和国际服务贸易。国际贸易法中的主要部分是调整国际货物贸易的规范。随着社会、科技的发展与进步，技术贸易和服务贸易的份额越来越大，调整国际技术贸易和国际服务贸易的相关规范逐渐丰富起来。

传统的国际贸易法主要是国际货物贸易法。它包括国际货物买卖、国际货物运输、国际货物运输保险和国际货款的支付等几个环节的相关制度和规范。在这中间，私法制度占主要部分。但随着国家对贸易管理的加强，贸易管理制度、规范的比重和增长速度都呈上升趋势。国际贸易法的发展和统一突出表现在国际贸易管理制度和规范的发展和统一方面。

从根本上讲，任何领域的国际贸易法律规范都应包括商事规范和管理规范两大部分。这在国际货物贸易法中表现得最为充分。但这一特点在国际技术贸易尤其是国际服务贸易的法律规范中表现得并不突出。一方面，货物贸易中的合同制度可以同样适用于技术贸易和服务贸易，任何贸易的开展都需要交易双方在合同基础上享有权利、履行义务，而根据一般的论述方式和次序，相同的内容一般不在后面的内容中重复，除非存在特殊的规范。另一方面，无论是技术贸易还是服务贸易，一般都与货物贸易相关。世界贸易组织中的技术贸易规范一部分规定在货物贸易规范当中，如技术性贸易壁垒协议，而关于知识产权的规定也限于与贸易有关的方面。在服务贸易中，由于服务贸易的范围广泛，原属于传统国际贸易法（货物贸易法）领域中的内容，按服务贸易的定义，应属于服务贸易领域，如货物运输、货物保险、货款支付，但从贸易程序和结构上看，以统一集中于货物贸易领域为好。这就造成国际贸易法体系中技术贸易、服务贸易法律规范中主要是管理规范的现状。随着国际贸易法的进一步发展和相关规范的进一步完善，国际贸易法的体系也经历了不断演变的过程。

三、国际贸易法的作用

国际贸易法作为调整跨国贸易活动的规范，无疑具有重要的作用，概括起来，至少应包括下述几个方面：

第一，调整贸易活动当事人的权利和义务。国际贸易不同于国内贸易，不同当事人按照其国内法其权利、义务是不同的，这就需要在国际贸易领域有统一的规范，便于当事人更好地享有权利、履行义务，并促进国际贸易的发展。统一的商法规范和国际贸易界普遍接受、遵守的国际贸易惯例，直接调整当事人的权利、义务。

第二，调整国家间贸易关系。国际贸易是跨境贸易，是不同国家或地区的当事人进行贸易。国家间贸易关系如何，直接影响到贸易当事人的贸易活动以及具体交易中的权利、义务。国际关系最早从贸易关系开始，而贸易关系是通过国家间的贸易协定（国际贸易法的渊源之一）确定的。现在普遍接受的最惠国待遇、国民待遇，即是国家间贸易关系的体现。

第三，促进全球共同发展和可持续发展。国际贸易是资源的流通和共享，国际贸易也必须从促进人类发展的目的出发，并以此为归宿。不同发展水平的国家都应从国际贸易中获益。各国都有保护资源的义务，对于危及人类共同发展的贸易行为，对于破坏人类生存环境的贸易做法、政策，应在国际范围内予以禁止。

第四，为解决国际贸易争议提供准则。在贸易过程中一般会产生三种类型的贸易争议：第一类是商事争议，交易双方对于合同的履行、权利与义务产生争议；第二类是国家与贸易经营者间的贸易争议，主要因贸易管理而引起；第三类是国家间的贸易争议。国际贸易法在实体法和程序法方面，都为国际贸易争议解决提供了准则。

第二节 国际贸易法的历史发展与统一

一、国际贸易法的历史

国际贸易法作为调整国际贸易的法律，其历史与国际贸易一样悠久，其最早的表现形式是行业习惯。在罗马帝国之前，在地中海即开始有调整向外国人销售货物和海上运输的规则。在中世纪，随着国际贸易的复兴，在商人自己的城市中出现了处理商人纠纷的专门法庭，执行调整商人的法律——商人法（lex mercatoria）。其中发展最快的是海商法。这一时期是商法与调整社会的主要法律相分离的一个时期。商人法是调整特殊地方的特殊人群的法律，与当时的当地法、封建法、皇家法和宗教法分离，其特征在于跨国性、商人习惯、由商人自己执行、程序简单便利、强调公平。中世纪以后，商法才逐渐成为一般法律的一部分。进入 19 世纪后，在民族国家得到加强的同时，其他法律制度越来越趋向国家化，而调整海上货物运输、保险、银行业，乃至国际买卖的法律制度，依然按以前的方式发展。但同时，国家法官和立法机构将商法法典化，使之呈现国家化趋势。英国 1893 年的《货物买卖法》几乎就是过去习惯的汇编，而法国和德国分别制定了商法典，使之成为单独调整商事交易的法律，形成了大陆法系的民商分立制度。

进入 20 世纪后，调整国际贸易的法律有了新的发展。一些商业组织确立了标准合同条件。为避免各国法律的多样性，国际商业组织，如国际商会，积极促进各国立法的统一、简便和公平。与此同时，新技术与全球化进而影响到国际贸易法的发展，出现了明显的统一趋势，而出于公共目的对进出口管制的法律也加强了。国际范围内的贸易管理规则的影响越来越大。

二、国际贸易法的统一趋势

由于其本身调整国际贸易的特点，国际贸易法自诞生起即存在统一的内在必然性。实践中，这一过程从来没有停止过。上面提到的罗马法中的商法部分，是地中海沿岸最早的统一商法，其适用并不局限于某一单一的地方或商人。在 11 世纪，意大利产生了新的海商法汇编，称为 Amalphitan Table，其权威为意大利各城市共和国所承认。大约 1150 年，法国的 Oleron 法庭编辑的海商判决，其适用范围扩及大西洋和北海沿岸海港。而之后的 Wisby 法、Consolato del Mare 法，逐渐成为地中海商业中心的适用法，内容涉及包括海上货物运输合同的海商法。

在美国，美国统一州法全国委员会和美国法学会主持制定了《美国统一商法典》，该法典成为 20 世纪英美法系中最著名的一部法律，其影响远远超出了英美法系的范围。国际商会制定的《国际贸易术语解释通则》经过不断修订，已成为国际贸易界的通行规则；该商会制定的《统一托收规则》，尤其是《跟单信用证统一惯例》，成为世界银行界的行为规则；该商会还不断制定一系列的示范文本，以促进国际贸易法的统一。

1926 年成立、1940 年重新设立的国际统一私法协会（Unidroit），是独立的政府间国际组织，致力于促进各国和各多国集团之间的私法规则的统一和协调。除公约外，该协会还制定示范法、各种建议、行动守则和标准合同等。该协会制定的主要公约有:《关于国际货物销售合同成立的统一法公约》(1964年)、《关于国际货物销售的统一法公约》(1964年)、《国际货物销售代理公约》(1983年,未生效)、《国际保付代理公约》(1988年)和《融资租赁公约》(1988年)。该协会于1994年制定并多次修订的《国际商事合同通则》在国际上产生了很大的影响。

联合国国际贸易法委员会(UNCITRAL)是联合国系统在国际贸易法领域的核心法律机构。联合国大会赋予贸易法委员会促进国际贸易法逐步协调和统一的总任务。贸易法委员会截至目前的工作领域涵盖国际商事仲裁和调解、国际货物销售(销售公约)、担保权益、破产、国际支付、国际货物运输、电子商务、采购和基础设施发展等,其工作成果既包括国际公约,也包括示范法。贸易法委员会为国际贸易法的协调和统一作出了重大贡献。

标志国际贸易法统一的公约还有国际货物运输的多个公约、协定,如通常所说的《海牙规则》、《汉堡规则》、《华沙公约》等。1999年通过的《蒙特利尔公约》,旨在统一《华沙公约》体系下的不统一状况。

20世纪是国际贸易管理规范大发展的时期。《欧共体条约》、《北美自由贸易协定》等从不同方面促进了国际贸易管理规则的发展。最有代表性的多边贸易协定是1947年的关税与贸易总协定。该协定从1948年临时生效到1995年被《建立世界贸易组织协定》替代,为促进自由贸易和全球贸易作出了较大贡献。1995年成立的世界贸易组织,其调整范围从国际货物贸易扩大到与贸易有关的知识产权保护,扩大到服务贸易,从而使世界贸易组织规则成为真正世界性的全面性的贸易规则。此外,关税同盟和自由贸易区的纷纷建立,也使得国际贸易管理规范向区域化的方向统一。国际贸易管理规范成为国际贸易法中与商事交易规范相对应的另一主要组成部分。全球化的贸易规则在逐步趋向协调或统一。

第三节 国际贸易法的渊源

国际贸易法的渊源指国际贸易法的外在表现形式,概括来说,主要包括三大类,即国际条约、国际惯例和国内法。

国际条约是国际贸易法的重要渊源。国际贸易法的统一很大程度上体现在国际条约上。国际条约可以是双边的或多边的,全球的或区域的。在性质上国际条约可以是商事规则,也可以是管理规则;可以是专门调整国际贸易的条约,也可以是部分内容调整国际贸易的条约。总之,表现形式多种多样。

国际惯例是指具有相对确定的内容、对当事人不具有当然约束力但在一定领域内为大家所普遍遵循的规范。国际惯例的最大特征是,性质上它不是国际条约或国家立法,但一经当事人选用即对该当事人具有约束力,法院或仲裁机构可以据此裁定或强制执行。在表现形式上,国际惯例一般是国际组织或团体对有关规则的综述或拟定,也可以是行业组织制定的有关规则,因而其表现形式是多种多样的。示范法、统一惯例、统一规则、标准合同,都可以是国际惯例的表现形式。在适用范围上,国际惯例多存在于国际商事交易的规范中,用于简化、补充、规范当事人的约定。

国内法是国际贸易法的主要渊源。一方面，国际条约、国际惯例的适用、效力皆来自国内立法的规定；另一方面，国内法直接调整国际贸易。当事人的能力、合同的效力基本上根据国内法来确定，商事争端的解决多适用国内法规范。国内法也对交易的内容、当事人之间的权利与义务进行调整。国内法还是国际贸易管理规则的主要渊源，对国际贸易的管理主要是通过国内法进行的，国际条约的实施也多通过国内法进行。

关于国际条约、国际惯例和国内立法的关系，不同法律制度有不同的规定。在一些国家，国际条约有自动生效和非自动生效之分。对于自动生效的国际条约，一旦一国予以批准，即自动产生效力，当事人可直接援引，法院可直接据此审判。对于非自动生效的国际条约，一国即使批准该条约，也不对其国民产生直接约束力，只有经过该国立法机关制定通过了实施该条约的立法后，才对其国民具有约束力。关于上述分类，在普通法和大陆法法律制度中，甚至在同一法律制度中也不完全一致，需根据国内法的具体规定确定。

国际惯例具有民间的非官方的性质，因而不需国家立法的批准。但有的国家在其立法中明确国际惯例的效力。如我国《民法通则》规定，中国法律和中国缔结或者参加的国际条约没有规定的，可以适用国际惯例。《联合国国际货物销售合同公约》认可国际惯例的效力。

第四节 国际贸易法的主体

国际贸易关系包括平等主体间的商事交易关系和不平等主体间的贸易管理关系以及国家间关系，因此，用于调整国际贸易关系的国际贸易法的主体，即权利、义务的载体，应包括商事交易的当事人和交易的管理者，具体来说包括自然人、法人、国家和国际组织。

自然人是国际贸易活动的重要参加者。自然人参加国际贸易活动的前提是自然人具备相应的权利能力和行为能力。这一般根据其所属国的法律来确定。由于无国籍自然人和双重国籍自然人的存在，以及自然人的流动性，国籍这一要素并不总是确定国际性的适当标准，故而自然人的住所成为与自然人关系比较密切的关联因素。

法人是国际贸易活动的主要参加者。法人是法律创设的人格化的法律实体，能够以其自己的名义、独立的资产进行贸易活动，享有权利、承担义务。法人据何地法律设立或在何处运营，对于国际贸易有重要意义，因为这涉及对有关交易活动的管辖以及适用法律问题。法人国籍的确定标准有几种，可以是成立地，可以是住所地，也可以是资本来源地或控制地。因此，同一个法人可能同时具有几个不同的国籍。实践中，一国常常并不采用单一的绝对的标准，往往主要采用某一标准，同时在某些时候也不排斥采用其他标准。

在商事交易中，交易的国际性确定多采用当事人的营业地标准。如《联合国国际货物销售合同公约》规定：该公约适用于营业地在不同国家的当事人之间所订立的货物销售合同。公约同时规定：如果当事人有一个以上的营业地，则以与合同及合同的履行关系最密切的营业地为其营业地，但要考虑到双方当事人在订立合同前任何时候或订立合同时所知道或设想的情况；如果当事人没有营业地，则以其惯常居住地为准。国际统一私法协会制定的《国际商事合同通则》在解释“国际合同”时指出，一份合同的国际性可以用很多不同的标准来确定。有的国内和国际立法以当事人的营业地或惯常住所地在不同的国家为标准。该通则并未明确规定这些标准，只是设想要对“国际”合同这一概念给予尽可能广义的解释，以便最终排除根本不含国际因素的情况。

国家以两种身份作为国际贸易法的主体出现，一是国际贸易的当事人，二是国际贸易的管理者。当以平等主体身份出现、从事商业交易时，国家和其他自然人、法人一样，一般不享有国家财产豁免权。当以管理者身份出现时，国家与商事交易者之间的关系是管理与被管理的关系。

某些国际组织也参与国际贸易的交易或管理。除进行一般的国际交易外，国际组织多以管理者的身份出现，制定国际贸易规则，解决国际贸易纠纷，甚至还可以对某些国家、某些行为授权进行贸易制裁。离开了国际组织，国际贸易将会遇到很大困难。

问题与思考

1. 如何理解国际贸易法的概念和调整范围?
2. 国际贸易法的统一趋势对国际贸易有什么影响?

第一编

国际商事交易

第二章

国际货物买卖适用的法律、惯例

本章概要

国际货物贸易法是国际贸易法重要的、传统的组成部分。由于调整国际货物买卖的法律并没有完全统一，法律的适用成为首先关注的问题。这里所说的法律是广义上的法律，包括国际条约、国际惯例和国内法。国际惯例作为国际贸易法的渊源在国际货物买卖中表现得尤为突出。

关键术语

CISG　Incoterms　国际商事合同通则

第一节　调整国际货物买卖的法律

国际货物买卖是国际贸易的最古老形式，与国内货物买卖相比，具有下述特点：第一，当事人位于不同的国家，彼此不很了解，缺乏信任；第二，当事人所处国家的法律制度不同，由此导致当事人的权利、义务不同，争议解决方法不同，争议解决的时间长、难度大；第三，国际货物买卖一般需要经过长距离运输，货物较长时间处于第三人控制中，程序增多，风险增大；第四，货物和与货物有关的单据分别处理；第五，货款支付需要进行国际结算；第六，货物交接通常需要通过第三人（承运人），转交时货物的质量可能发生变化。

国际货物买卖是通过当事人签订合同进行的，由于买卖涉及一系列程序，买卖合同的当事人一般需要相互并与其他人签订一系列合同或协议，如买卖合同、运输合同、保险合同、信用证等。交易的顺利进行，不仅需要当事人的配合，还需要法律的保障。法律规则不同，当事人的权利、义务不同。因此，适用什么样的法律规范来调整当事人的交易就成为非常重要的问题，这也就是国际货物买卖的法律适用问题。

一、国际货物买卖法律适用的特点

（一）当事人约定优先

调整国际货物买卖的主要法律是合同法，而合同法的最重要特点是契约自由、意思自治：

在不违反国家强制性法律规定的情况下，合同的当事人可以自由约定与交易有关的事项，包括是否进行交易，选择交易对象、交易标的、价格、货物交付方式、货款支付方式，还包括合同形式、合同其他内容的约定等。在合同的履行过程中，当事人还可以对合同进行修改或补充，并可以约定解除合同的条件，自由选择争议解决的方式。选择合同适用的法律也是当事人可自由约定的内容之一。因此，在法律适用这一点上，无论是国内法还是国际公约，一般都规定按当事人的约定；只有在当事人没有约定的情况下，法院或仲裁机构才会按照合同最密切联系原则确定合同适用的法律。如《涉外民事关系法律适用法》规定："本法和其他法律对涉外民事关系法律适用没有规定的，适用与该涉外民事关系有最密切联系的法律"。

当事人选择的适用法律一般应是实体法，而不包括国际私法规则，以避免产生适用法律的不确定性，违反当事人的意思表示。我国《涉外民事关系法律适用法》规定，涉外民事关系适用的外国法律，不包括该国的法律适用法。中国在加入《联合国国际货物销售合同公约》(CISG) 时对该公约第 1 条第 2 款的私法原则作出保留。美国对此也作出保留。据加拿大法律，合同的准据法也仅指某法律制度中的实体法，而不包括国际私法规范。另外，在按最密切联系原则确定合同的适用法律时，法院或仲裁机构一般按其所在地国家的法律确定适用法，该适用法一般也是实体法。

合同当事人选择的用于处理合同争议所适用的规范，可以是国际公约、某一国内法，也可以是国际惯例。由于合同的内容广泛，不同的问题可能有不同的适用规范，因而在一个合同中，可以同时选择适用国际公约、国内法和国际惯例。如国际商会制定的《国际销售示范合同》规定：除非合同双方另有约定，本范本合同适用《联合国国际货物销售合同公约》。对该公约未作规定的问题将由某国法律管辖。而实际上，在国际货物买卖合同中，总是适用某一贸易术语，这就需要确定选择适用的是何种贸易术语。

国际统一私法协会制定的《国际商事合同通则》在内容和调整范围上都比《联合国国际货物销售合同公约》广，当事人可以选择该通则作为适用法律。

无论当事人选择什么国际公约、国内法或国际惯例，实际上都是当事人用于确定其合同内容的一种方式，是其意思的自由表示。不能因为当事人在合同中没有具体选择某一具体的国内法而否认该选择的效力。

(二)《国际货物销售合同适用法律公约》

1985 年 11 月联合国国际贸易法委员会和海牙国际私法会议联合召开的外交会议通过了《国际货物销售合同适用法律公约》(未生效)。该公约所指的适用法律，是某一个国家的现行实体法，不包括该国的国际私法规范。

该公约规定了适用法的确定原则。首先，销售合同受当事人选择的法律调整。该选择必须是明示的或通过合同条款和当事人的行为清楚表明的。选择适用的法律可以限于合同中的一部分。当事人也可以在选定适用法之后变更适用法，该变更不影响合同的形式效力或第三方的权利。但当事人的这种选择是否存在、是否具有实质效力，由所选择的法律确定。如据该法律该选择无效，则适用订约时卖方或买方营业地所在国的法律。其次，在当事人没有选择合同的适用法的范围内，合同受订约时卖方营业地所在国国家法律的管辖。但下述三种情况下，应受订约时买方营业地所在国国家法律的管辖：当事人在该国进行谈判并签订合同；合同明确规定卖方必须在该国履行义务；合同主要依买方确定的条件并应买方发出的投标邀请而订立。如果存在与合同有更密切联系的法律，则适用该法律，而不适用卖方或买方营业地所在国的法律，但该规定在买方和卖方都在《联合国国际货物销售合同公约》缔约国有营业地、涉及问题属于《联合国国际货物销售合同公约》调整范围时不适用。

该公约规定，销售合同或其条款是否存在、是否具有实质效力，根据该公约规定应适用的法律确定。但对于确定当事人是否同意某法律选择、合同或条款，如依该公约规定的法律进行确定不合适，可以适用其营业地所在国的法律。根据该公约，合同的适用法具体调整下述问题：合同的解释；当事人的权利、义务及合同的履行；买方有权享有货物产生的产品、收益及利息的时间；买方承担货物风险的时间；当事人保留货物所有权条款的效力和效果；不履行合同的后果，包括可以受偿的损失类别，但不影响法院地的程序法；债务及诉讼时效消灭的方法；合同无效的后果。

该公约不确定适用于下述问题的法律：当事人的行为能力或由于当事人没有行为能力而导致合同无效的后果；代理人是否能够约束被代理人或部门是否能够约束公司的问题；所有权的转移（上述保留所有权问题除外）；销售对当事人之外的第三人的效力；就仲裁或法院选择所达成的协议。

合同的形式效力不属于合同适用法调整的范围。该公约对合同的形式效力直接作了规定。不同国家的当事人签订的合同，如果符合该公约规定的法律或当事人所在国的任何一国的法律的规定，则形式上有效。如代理人签订合同，代理人的行为国即是上述当事人的有关国家。行为的形式效力据该公约或行为地国家的法律确定。但如果该公约缔约国作出保留，合同必须采用书面形式订立，则就形式效力问题，该公约不适用于订约时一方当事人处于上述国家的合同。

二、各国关于货物买卖的立法概况

国际货物买卖合同一般都离不开国内法的调整，在选择某一国内法作为买卖合同的适用法律时更是如此。世界上许多国家都有单独的买卖法调整买卖合同，但一般很少将国内合同与国际合同区别对待。

在普通法系和大陆法系国家，调整国际货物买卖的法律规范的表现形式并不相同。在普通法系国家，既有成文的货物买卖法，又有法官创造的判例法；在具体适用时，判例法往往比成文法具有更强的适用性，无法脱离判例法适用成文法。英国最早的调整货物买卖的成文法是1893年《货物买卖法》，该法实际上是判例法的成文化。1979年制定了新的《货物买卖法》，该法被1994年《货物买卖与供应法》修订，适用范围扩大，不仅包括货物买卖，还包括货物供应。在美国，商事交易是由州法调整的；有关货物买卖的成文法是各州通过的《美国统一商法典》，由调整商事交易不同过程的规范组成，该法已被49个州采用（路易斯安那州除外）。在大陆法系国家，由于历史原因，有的国家采取民商合一的方式，不存在单独调整买卖合同的法律，而统一适用民法典；有的国家采取民商分立的方式，有单独的商法调整商事交易，包括货物买卖。前者如意大利，后者如法国。

三、调整货物买卖的国际公约

（一）《联合国国际货物销售合同公约》（CISG）

统一调整国际货物买卖的法律规范一直是世界各国、各种贸易团体追求的目标。国际社会在这方面作出了不懈的努力。有代表性的是联合国国际贸易法委员会制定的《联合国国际货物销售合同公约》。1964年国际统一私法协会海牙会议上通过了《关于国际货物销售的统一法公约》、《关于国际货物销售合同成立的统一法公约》，但加入的国家很少。

1964年有关国际货物销售的两个统一法公约通过时，即受到了广泛的批评，人们认为这两个公约主要反映了欧洲大陆的法律传统和经济现实。联合国国际贸易法委员会在1964年统一法公约基础上重新制定、于1980年4月11日在外交会议上通过了《联合国国际货物销售合同公约》。截至2014年5月，已有80个国家批准或加入了该公约，贸易额占世界贸易的2/3以上。[①] 中国的周边国家中，俄罗斯、韩国、日本和蒙古加入了该公约。

《联合国国际货物销售合同公约》适用于国际货物销售合同。国际货物销售合同应具备国际性、货物销售、销售合同等要件。

该公约适用于营业地位于不同国家的当事人之间所订立的货物销售合同，如果这些国家是缔约国，或如果国际私法规则导致适用某一缔约国的法律，则双方当事人可以不适用该公约，或减损该公约的任何规定或改变其效力。如果当事人有一个以上的营业地，则以与合同及合同的履行关系最密切的营业地为其营业地，但要考虑双方当事人在订立合同前任何时候或订立合同时所知道或所设想的情况。如果当事人没有营业地，则以其惯常居住地为准。合同当事人的营业地在不同国家的事实，如果在订立合同前任何时候或订立合同时，从当事人之间的任何交易或当事人透露的情报中均看不出，则不予考虑（即该公约对该合同不适用）。另外，在确定该公约的适用时，当事人的国籍和当事人或合同的民事或商业性质，不予考虑。

当事人营业地所在的国家必须是该公约缔约国，或国际私法规则导致适用缔约国法律的国家。根据该公约第1条（1）（b）的规定，如果营业地位于不同国家的当事人之间订立货物买卖合同，国际私法规则导致适用某一缔约国的法律，则该公约适用。这一规定旨在通过间接适用扩大该公约的适用范围。对于这一规定，中国、新加坡和美国作出保留，宣布不受该规定的约束。当合同当事人在该公约缔约国都没有营业地时，该保留旨在限制国际私法原则在确定该公约适用时的作用。但随着加入该公约的国家越来越多，该保留的作用会变得很小。

即使合同的当事人在该公约缔约国没有营业地，该公约也可以通过当事人的选择对该合同适用。但这时，该公约作为合同中包含的一套术语和条件起作用，不能代替国内法中的强制性规定；而通过法律适用该公约时，该公约替代与之不一致的国内法的相关规定。在个别情况下，双方当事人在缔约国都没有营业地，也没有选择公约，而合同仍可适用该公约，如仲裁机构裁定采用该公约时即是这种情况。

该公约不适用于以下销售：购供私人、家人或家庭使用的货物的销售，除非卖方在订立合同前任何时候或订立合同时不知道而且没有理由知道这些货物是购供这种使用；经由拍卖的销

---

① 这些国家包括：阿根廷、亚美尼亚、澳大利亚、奥地利、白俄罗斯、比利时、波黑、保加利亚、布隆迪、加拿大、智利、中国、哥伦比亚、克罗地亚、古巴、塞浦路斯、捷克、丹麦、厄瓜多尔、埃及、萨尔瓦多、爱沙尼亚、芬兰、法国、加蓬、格鲁吉亚、德国、加纳、希腊、几内亚、洪都拉斯、匈牙利、冰岛、伊拉克、以色列、意大利、日本、吉尔吉斯斯坦、拉脱维亚、黎巴嫩、莱索托、立陶宛、利比里亚、卢森堡、毛里塔尼亚、墨西哥、摩尔多瓦、蒙古、荷兰、新西兰、挪威、巴拉圭、秘鲁、波兰、韩国、罗马尼亚、俄罗斯联邦、圣文森特和格林纳丁斯、塞尔维亚、黑山、新加坡、斯洛伐克、斯洛文尼亚、西班牙、瑞典、瑞士、叙利亚、马其顿、乌干达、乌克兰、美国、乌拉圭、乌兹别克斯坦、委内瑞拉、赞比亚、阿尔巴尼亚、巴林、多米尼加、土耳其、圣马力诺。

售；执行法律执行令状或其他令状的销售；公债、股票、投资证券、流通票据或货币的销售；船舶、船只、气垫船或飞机的销售；电力的销售。

供应尚待制造或生产的货物的合同，应视为销售合同，除非订购货物的当事人保证供应这种制造或生产所需的大部分重要材料。该公约不适用于供应货物一方的绝大多数义务在于供应劳力或其他服务的合同。但如何判断供应制造或生产货物所需要的大部分重要材料，该公约没有明确规定。

该公约并非适用于国际货物销售合同的所有方面，而只适用于销售合同的订立和卖方与买方因此种合同而产生的权利、义务。特别是，除非该公约另有明文规定，该公约与下列事项无关：(a) 合同或其任何条款的效力，任何惯例的效力；(b) 合同对所售货物所有权可能产生的影响（但该公约要求卖方承担权利担保义务）。该公约不适用于卖方对于货物对任何人所造成的死亡或伤害的责任。

该公约对合同的订立形式采取了非要式原则。销售合同无须以书面订立或书面证明，在形式方面也不受任何其他条件的限制。销售合同可以用包括人证在内的任何方法证明。合同只需双方当事人协议，就可更改或终止。该公约规定任何更改或根据协议终止必须以书面作出的书面合同，不得以任何其他方式更改或根据协议终止，但是，一方当事人的行为，如经另一当事人寄以信赖，则不得坚持此规定。该公约第二部分准许销售合同或更改或根据协议终止，或者任何要约、承诺或其他意思表示得以书面以外任何形式作出。对于上述规定，本国法律规定销售合同必须以书面订立或书面证明的缔约国，可以声明不适用。阿根廷、白俄罗斯、智利、爱沙尼亚、匈牙利、拉脱维亚、立陶宛、俄罗斯联邦、乌克兰声明，对合同订立、修订或终止，或要约或承诺，以及其他意思表示，仅适用书面形式。中国作出了类似声明，但于 2013 年撤回这一保留。

(二)《国际货物销售时效公约》

该公约于 1974 年在纽约签订，于 1980 年根据《联合国国际货物销售合同公约》以议定书的形式修订。截至 2013 年年底，1974 年文本有成员国 29 个，1980 年文本有成员国 22 个。我国没有加入该公约。该公约对其适用范围、时效期间及其起始、时效期间的停止和延长、当事人对时效期间的变更、时效期间的一般限制、时效期间届满的后果以及时效期间的计算等作了规定。其适用范围基本上与《联合国国际货物销售合同公约》的相同。该公约规定时效期间一般自请求权产生之日起计算，而违约引起的请求权在违约行为发生之日产生，货物有瑕疵或不符合合同规定而引起的请求权在货物实际交付买方或买方拒绝接受之日产生，基于欺诈行为而引起的请求权在该项欺诈被发现或理应被发现之日产生。但无论时效期间如何停止、延长，自起算之日起 10 年届满。时效期间届满后的请求权在任何法律程序中不予承认或执行。

(三)《国际货物销售代理公约》(CAISG)

该公约由国际统一私法协会起草，于 1983 年在日内瓦国际会议上通过。该公约限于调整代理中的外部关系，即代理人或本人与第三人的关系；而代理中的内部关系留给国内法调整。无论代理人以自己名义或以被代理人名义行为，该公约都适用。该公约规定了代理的成立和权限范围、代理人行为的法律效力、代理权限的终止。该公约亦由当事人选择适用。该公约需 10 个国家批准或加入始能生效。截至 2013 年年底，只有 5 个国家批准或加入该公约，即意大利、法国、南非、墨西哥和荷兰。

第二节　国际贸易惯例

一、概述

国际贸易惯例，是指在国际贸易的长期实践中，在某一地区或某一行业逐渐形成的，为该地区或该行业所普遍认知、适用的商业做法或贸易习惯；国际贸易惯例，作为确立当事人权利、义务的规则，对适用该惯例的当事人有约束力。现在的国际贸易惯例经过人们的整理、编纂，表现为书面的成文形式。某一组织、协会的标准合同文本、指导原则、业务规范、术语解释，都可以被视为国际贸易惯例。

英国已故贸易法专家施米托夫将贸易惯例定义为：贸易惯例是某种商业方法或行为方式，为某个特定商业行业所惯常奉行，以至被那些从事该商业行业的人们认为是有拘束力的。《美国统一商法典》将贸易惯例定义为交易的做法或方法，为某一地区、行业或某类贸易经常遵守，以至使人有理由相信在现行交易中也会得到遵守。这些都可以帮助我们了解国际贸易惯例的含义。

与法律相比，国际贸易惯例具有可选择性、变更性，如果当事人适用，就其适用的部分对当事人产生约束力，其解释按该惯例通常的含义进行。一般情况下，对合同的解释应尽可能与适用的贸易惯例相一致，但合同的明示条款如与惯例不一致，明示条款的效力应优先于惯例。这也是由国际贸易惯例可选择、可变更的特征决定的。

国际贸易惯例可以补充现有法律规定的不足，明确合同条款具有的含义，更好地确定当事人的意图和权利义务关系。同时，国际贸易惯例促进了国际贸易规则的统一，减少了当事人可能产生的分歧和争议，方便了国际贸易的进行。

国际贸易中的国际惯例很多，涉及不同种类和方面。例如，在贸易术语方面，有国际商会的《国际贸易术语解释通则》；在结算方面，有《托收统一规则》、《跟单信用证统一惯例》；在国际货物运输方面，有国际上使用广泛的提单文本、租船合同；在保险方面，有保险协会的保险条款。国际统一私法协会制定的《国际商事合同通则》也应该算是新的国际贸易惯例。

二、《国际商事合同通则》

《国际商事合同通则》由国际统一私法协会于 1994 年制定、通过，并于 2004 年和 2010 年进行修订和增补。该通则不是国际公约，不具有强制性，由合同当事人自愿选择适用。该通则旨在为国际商事合同确定一般规则，用于解释或补充国际统一法律文件，也可用作国家或国际立法的范本。它是以非立法的形式统一或协调法律。该通则有意避免使用现存法律体系的特定术语，对条款所做的解释也避免参照各个国家法律，但遵循了《联合国国际货物销售合同公约》的方法或某些规定，意在制定一套可以在世界范围内使用的均衡的规则体系。

该通则旨在为国际商事合同制定一般规则。在当事人一致同意其合同受该通则管辖时，适用该通则；如果当事人同意其合同受“法律的一般原则”、“商事规则”或类似的措辞所指定的规则管辖时，亦可适用该通则；当无法确定合同的适用法律对某一问题的相关规则时，该通则可对该问题提供解决办法。该通则并没有对国际商事合同作一定义，旨在做尽可能广义的解释，但它不适用于消费者合同。

该通则由前言、第一章“总则”、第二章“合同订立和代理权”、第三章“合同效力”、第四章“合同的解释”、第五章“合同内容及第三方权利”、第六章“合同履行”、第七章“不履行”、第八章“抵消”、第九章“权利转让、义务转移与合同转让”、第十章“诉讼时效”和第十一章“多方债权人和债务人”组成。“总则”对该通则的基本原则作了规定，包括缔约自由、无形式要求、合同的约束性、该通则的非强制性规则、当事人排除或修改规则、该通则的解释和补充、诚实信用和公平交易、惯例和习惯做法以及通知等。该通则规定，当事人各方应受其业已同意的任何惯例和其相互之间业已建立的任何习惯做法的约束；在特定的有关贸易中的合同当事人，应受国际贸易中广泛知悉并惯常遵守的惯例的约束，除非该惯例的适用不合理。在一般惯例与该通则的关系上，该通则的解释指出，一旦习惯做法和惯例被适用，则其相对于该通则中的不同规定具有优先性。

在合同的订立方面，除规定要约和承诺外，该通则还规定了合并条款、标准条款、意外条款、标准条款与非标准条款的冲突，以及格式合同之争的内容。该通则不涉及因无行为能力、无授权和不道德或非法而导致的合同无效；关于欺诈、胁迫和重大失衡的各项规定具有强制性，当事人不得排除或修改，否则，将违背诚实信用原则。在合同解释方面，应据当事人意图、通情达理的第三人的理解、相关情况、合同整体进行解释；应以给予全部条款有效为宗旨；采取对条款提议人不利的规则；适当时，可以补充当事人未达成一致的条款。

合同中当事人的义务可以是明示的，也可以是默示的。当事人之间应相互合作，尽最大努力，获取特定结果。在合同履行方面，分为一般履行和艰难情形两部分。在一般履行中，该通则对付款作了较详细的规定，包括票据付款、转账付款、付款货币、未规定货币、指定清偿等情形；还规定了一国法律要求的许可对合同的影响，包括申请许可、申请程序、没有结果及拒绝许可等。在艰难情形中，该通则规定了艰难的定义、艰难的效果。“不履行”一章对不履行的定义、要求履行的权利、合同的终止、损害赔偿作了规定。第八章“抵消”是新增章，主要规定了抵消的条件、外汇抵消、抵消通知及通知内容等。第九章“权利转让、义务转移与合同转让”亦为新增章，对权利、义务及合同的转让作出规定：权利转让不适用于流通票据、所有权证书及金融债券的转让，不适用于转让业务中的权利转让；义务转移需取得债权人的同意；合同转让需取得对方的同意。

《国际商事合同通则》考虑到了国际技术和经济的发展带来的变化和对国际贸易实践产生的影响；同时特别阐明当事人应按照诚实信用和公平交易原则行事的一般义务，并加入了一些合理的行为标准。正如国际统一私法协会所承认的，该通则并不是一项立即产生约束力的法律文件，其效力很大程度上依赖于该通则本身具有说服力的权威。可以相信，其影响将越来越大。

三、国际贸易术语

国际贸易术语，表现为一组字母和简短概念的组合，用于划分买卖合同双方当事人之间的责任、风险、费用，并反映价格构成、交货条件。因此，贸易术语又被称为“价格术语”或

"交货条件"。贸易术语的使用大大简化了当事人的贸易谈判、合同订立的过程，同时提供了确定买卖双方权利、义务的准则。在国际货物买卖合同中，贸易术语构成了合同条款的重要组成部分。

历史上有关国际贸易术语的惯例有三个，即《1932 年华沙一牛津规则》、《美国 1941 年对外贸易定义修订》和《国际贸易术语解释通则》。[①] 目前国际上广泛使用的是国际商会的《国际贸易术语解释通则》。该通则于 1936 年制定，先后于 1953 年、1967 年、1976 年、1980 年、1990 年、1999 年和 2010 年进行修订和补充，最新版本是《国际贸易术语解释通则 2010》（Incoterms 2010）。联合国国际贸易法委员会推荐全球适用该规则。

上述无论哪一种术语规则，都属于国际贸易惯例，都具有选择性、非强制约束的特点；同时某些具体术语在不同的规则中具有不同的含义。因此，在使用某一具体术语时，应注明选择的是哪一规则。另外，在普通法国家，如英国，在术语方面存在其自己的判例法，在没有注明适用哪一规则时，法院往往适用其国内法，从而可能与当事人的意图相违背，使其权利、义务处于不确定状态。《美国统一商法典》中也有有关术语调整规则，但其明确规定当事人另有约定的优先。

第三节　当事人约定与法律、惯例的关系

在国际货物买卖合同方面，世界各国普遍尊重当事人的约定。这是由合同法的性质决定的。在合同法的规范中，强制性的规定很少，主要涉及合同效力、当事人资格以及公共利益等方面。其余的多是指导性的或选择性的规范。只有当事人在某一问题上没有作出约定或约定不明确时，才根据某一合同法的规定确定当事人的权利、义务。此为默示适用或缺失适用。例如《联合国国际货物销售合同公约》第 6 条规定，双方当事人可以不适用该公约，可以减损该公约的任何规定或改变其效力。《美国统一商法典》的规定是在"当事人没有另有约定"的情况下才发挥作用的，如果当事人另有约定，则该法典的规定不产生效力。

一般来说，无论是公约还是国内法或惯例，如果当事人约定采用该公约、国内法或惯例，则该公约、国内法或惯例适用；当事人约定的事项不明确或没有约定时，默示适用该公约、国内法或惯例的规定。如在《联合国国际货物销售合同公约》的情况下，如果当事人没有约定适用该公约，同时又没有约定适用的法律，则在当事人所在国都是该公约的缔约国时，该公约对该合同当事人自动适用。在惯例的情况下，应注明惯例来源或版本。如果在某一问题上法院地所在国存在国内法的规定，则在当事人没有约定或约定不明确的情况下，往往适用法院地所在国的法律。

如果当事人在同一事项上同时选择了多种标准，惯例、公约和国内法的效力依次递减。无论是公约还是各国国内法，都承认契约自由、当事人约定优先原则。惯例是当事人对有关事项的约定。惯例是一种普遍接受的行业习惯。《联合国国际货物销售合同公约》规定，双方当事

① 前两个惯例规范的贸易术语不多，《1932 年华沙一牛津规则》主要对 CIF 合同作了规定，而《美国 1941 年对外贸易定义修订》对六种贸易术语下了定义，但每一种又可包括多种情况，如 FOB 就包括 6 种类型。这两个惯例的适用范围越来越小。

人业已同意的任何惯例和他们之间确立的任何习惯做法，对双方当事人均有约束力。可以看出，惯例优先的效力实际上是国内法或公约赋予的。合同法在一般情况下起指导或补充的作用。

在公约和国内法的关系上，各国的规定并不一致，但在商事合同方面，一般都承认公约的优先效力。如美国把公约或国际协定分为可自动执行的和不可自动执行的两种，《联合国国际货物销售合同公约》被视为是自动执行的。

问题与思考

1.《联合国国际货物销售合同公约》在适用上有什么特点?

2. 如何理解《国际商事合同通则》的作用?

第三章

国际货物买卖合同

本章概要

国际货物买卖合同是国际货物买卖的基础。关于国际货物买卖合同的特征、成立、基本条款以及对合同的解释，是应了解的基本要素。值得注意的是，现有公约并不调整合同的效力问题，该问题留给各国国内法调整。在合同的成立时间问题上，大陆法与普通法的传统观点并不一致，《联合国国际货物销售合同公约》对此作了统一规定，以收到承诺的时间为准。

关键术语

数据电文　要约　承诺　要约邀请　承诺期限

第一节　国际货物买卖合同的概念和特征

买卖合同是转移或旨在转移货物所有权的合同。国际货物买卖合同是具有国际因素的买卖合同。《联合国国际货物销售合同公约》以当事人的营业地位于不同的国家作为判断国际性的标准。有的国家则采用与一个以上的国家有重要联系、合同涉及不同国家之间法律的选择或影响国际贸易的利益等标准。《国际商事合同通则》并未具体确定标准，而设想对“国际”给予尽可能广义的解释，排除根本不含有国际因素的情形。

与国内货物买卖合同相比，国际货物买卖合同具有下列特征：

（1）买卖的货物一般很少由买卖双方直接交接，而多由负责运输的承运人转交。

（2）货物和与货物有关的单据经由不同的程序分别处理，有时处分单据就是处分货物。

（3）国际货物买卖的风险大、周期长、程序复杂，买卖双方一般应对货物进行保险。

（4）买卖双方多处于不同的国家，了解不深、直接付款的情况少，多利用银行收款或由银行直接承担付款责任。

（5）买方、卖方或双方都面临适用外国法律的问题，适用法律选择成为合同中的重要问题。

（6）当事人可以自由选择争议的解决方式和地点。

第二节 国际货物买卖合同的成立

国际货物买卖合同是买卖双方就买卖货物达成的具有国际因素的合同。根据合同的一般原则，合同的成立需双方当事人的意思表示一致。同时各国法律又对合同的效力作了规定，而且有关效力的规定是强制性的。这要求当事人具有相应的行为能力和权利能力，合同不应具有可能导致其无效的因素，如欺诈、胁迫、恶意串通损害他人、违法。有的国家的法律还要求合同具有对价，或具备某种法定形式。关于合同的效力问题，国际上还没有达成一致，由国内法调整。有关国际货物买卖合同的公约仅就合同的缔结或成立取得了一致。

一、合同当事人及代理

在许多国家，只要具备一般的民事行为能力，就能签订国际货物买卖合同，从事国际贸易。但有些国家，尤其是发展中国家或对外贸控制的国家，要求从事国际贸易的人必须具有国家授予的资格，否则不能签订国际货物买卖合同。从发展的眼光看，世界贸易更加趋向自由，各国的经济更加开放，对贸易资格的要求会越来越少。

根据2016年修正的《中华人民共和国对外贸易法》，对外贸易经营者包括根据对外贸易法从事对外贸易经营活动的法人、其他组织和个人。任何法人、其他组织和个人，只要向有关部门提交从事对外贸易的备案申请，即可以获得外贸经营资格。这一规定使我国原始意义上的基于特批外贸经营权的外贸制度失去了依据。外贸经营权的放开，并不会导致一般意义的代理的消失。外贸经营者可以根据自己的特长和需要，相互代理。

我国《民法典》除在总则编对直接代理作了规定外，在分则合同编第二十三章“委托合同”中，对间接代理作了规定。在某些情况下，合同之外的第三人可以根据该合同享有权利、承担义务。该内容共有两条，即第925条和第926条，分别针对两种不同情况。

根据《民法典》第925条，外贸公司以外贸公司的名义代理国内公司进出口，如果外方在与外贸公司签订合同时知道外贸公司与国内企业存在代理关系，则该合同直接约束外方和国内企业。但如果有确切证据表明该合同只约束外贸公司和外方，则国内企业不受该合同的直接约束。何为确切证据，需要根据个案实际情况判断。

《民法典》第926条调整外方在签订合同时不知道外贸公司与国内企业存在代理关系的情况。这一问题相对比较复杂。大概可分为外方违约和国内企业违约两种情况。如因外方违约，外贸公司不能对国内企业履行义务，外贸公司应向国内企业披露外方，国内企业可以行使外贸公司对外方的合同权利。但如外方在签订合同时知道该国内企业就不会签订合同的除外。如因国内企业违约，外贸公司不能对外方履行义务，外贸公司应向外方披露国内企业。外方享有选择权，可在国内企业和外贸公司之间选择向其主张权利的对象。但无论选择哪一方，一经选择，即不得改变。

上述两种情况中，无论是国内企业向外方主张权利，还是外方向国内企业主张权利，被主张权利的一方，都可以援引进出口合同中另一方的抗辩。在外方向国内企业主张权利时，国内企业还可以援引其对外贸公司的抗辩。

二、合同形式

(一) 形式种类

传统上，国际上对合同形式的要求不完全一致，有的要求合同必须具备某种特定形式，称为合同的要式；有的国家不要求合同具有某种特定形式，称为合同的不要式。大多数国家在法律上对货物买卖合同基本上都采取了“不要式原则”，即合同无须按特定的形式和手续订立，可采用口头方式、书面方式或者是以某种行为来订立买卖合同。

从世界发展的趋势看，许多国家逐渐放松了对合同形式的要求。英国传统上是最要求书面形式的国家，一份合同能够执行，除其他要件外，还必须是书面的（以前要求更严，必须具备某种特定形式）。但 1979 年《货物买卖法》废除了书面要求，一份合同可以是书面的，可以是口头的，可以部分是书面的、部分是口头的，甚至可以通过当事人的行为默示。《美国统一商法典》虽然对一定数额以上的合同有书面形式要求，但在不符合该要求的情况下，只要一方已开始履行合同，该合同即可被强制执行。这实际上承认口头合同的可执行性。而作为大陆法系代表的《德国民法典》和《法国民法典》，对商事合同的规定，不要求以特定形式签订合同。《联合国国际货物销售合同公约》则以形式自由为原则，以作出保留为例外。

《联合国国际货物销售合同公约》对合同订立的形式原则上采取了“不要式”方法，允许有例外保留。该公约第 11 条、第 12 条规定，买卖合同，包括其更改或终止，要约与承诺，或者其他意思表示，无须以书面订立或书面证明，在形式上也不受任何其他条件的限制，可以用包括人证在内的任何方法证明。但由于一些国家的法律要求其对外贸易方面的合同必须采用书面形式，该公约特别规定了保留条款，即对此条款提出保留的缔约国，可以不适用该公约对合同订立形式的规定，而只适用书面形式。我国政府在 1987 年批准该公约时，对上述内容提出了保留，从而对不采用书面形式的合同排除该公约的适用。

但我国《民法典》第 469 条明确规定：当事人订立合同，有书面形式、口头形式和其他形式。第 490 条规定：法律、行政法规规定或当事人约定采用书面形式，而当事人未采用书面形式但一方已履行其主要义务，对方接受的，合同成立。

口头合同引起的问题主要是合同的证明问题。我国《合同法》中要求书面合同的基本原因也是保证交易的安全与稳定。在我国目前的法律规定和司法实践中，并没有完善的口头证据原则。在英美国家，由欺诈法调整有关口头合同问题。《联合国国际货物销售合同公约》规定，销售合同可以用包括人证在内的任何方法证明。

我国《民法典》还规定了第三种订立合同的形式，即通过当事人的行为。根据该法，承诺生效时合同成立，但是法律另有规定或当事人另有约定的除外。而承诺生效的时间为承诺通知到达要约人的时间。承诺不需要通知的，根据交易习惯或者要约的要求作出承诺的行为时生效。

(二) 书面形式

1. 形式种类

随着科技的发展，书面形式在不断变化。1980 年通过《联合国国际货物销售合同公约》

时，书面形式仅包括通常意义上的书面、电报和电传。1990 年《国际贸易术语解释通则》引入了 EDI 这种数据电文形式。1996 年联合国国际贸易法委员会《电子商务示范法》将数据电文形式扩大化，除包括 EDI 外，还包括电子邮件、电报、电传或传真等。我国对这种科技发展也作出了反应，表现在《民法典》合同编上，书面形式是指合同书、信件、电报、电传、传真等可以有形地表现所载内容的形式。

2. 确认收讫与确认书

合同的成立时间是承诺生效的时间，即承诺通知到达要约人的时间。对于数据电文来说，到达时间是指数据电文进入（到达）收件人特定系统或首次进入收件人的系统的时间。这里采用的是到达原则。到达收件人的某一系统，与收件人实际从系统上读到的时间是两回事。

《电子商务示范法》第 14 条确立了“确认收讫”规则。发件人在发送之前或同时，可要求收件人确认收讫，或与收件人商定确认收讫的问题。该确认收讫可以约定特定方式或特定方法。如没有对此作出约定，则收件人通过自动化传递或其他方式传递的确认收讫，或通过收件人的任何行为的确认收讫，都可表明发件人发送的有关信息已经收到。发件人可以声明以收到该项确认为条件，在收到该确认之前，数据电文视为没有到达。如果发件人没有如此声明，在规定时间内或在无规定情况下的合理时间内，发件人没有收到确认，可向收件人发出要求在一定期限内确认的通知；如在该规定期限内仍未收到确认，发件人可视为该有关数据电文从未发送或行使其所拥有的其他权利。

我国《民法典》合同编对使用信件、数据电文签订合同可能引起的问题也作了相应规定，这就是确认书。当事人采用信件、数据电文等形式订立合同的，可以在合同成立之前要求签订确认书。在这种情况下，签订确认书时，合同成立。签订确认书一般需要具备两个条件：一是合同双方当事人通过信件、数据电文达成协议；二是一方当事人要求签订确认书。签订确认书的时间是合同成立的时间。

3. 格式条款

有些公司签订合同时通常使用其自己制定的格式合同或格式条款，在签订确认书时更是如此。尽管确认书应与原来达成的协议一致，但采用格式条款时，容易产生与原来协议不完全一致的情况。格式条款是当事人为了重复使用而预先拟定，并在订立合同时未与对方协商的条款。有关格式条款的效力是人们普遍关注的问题。

我国《民法典》合同编规定，提供格式条款订立合同的，提供格式条款的一方应当遵循公平原则确定当事人之间的权利和义务，并采取合理的方式提请对方注意免除或者限制其责任的条款，按照对方的要求，对该条款予以说明。提供格式条款一方免除其责任、加重对方责任、排除对方主要权利的格式条款无效，造成对方人身伤害、因故意或者重大过失造成对方财产损失的免责条款无效，损害国家、他人利益和社会公共利益、以合法形式掩盖非法目的、违反强制性法律法规的条款无效。

三、要约与承诺

签订合同包括两个方面或步骤：一方提出订约建议，另一方表示同意。通过这两个方面来确定当事人是否达成意思表示一致。因此，各国法律或国际公约一般通过要约和承诺两个方面对合同的成立作出规定。

(一) 要约

根据《联合国国际货物销售合同公约》，要约（Offer）是要约人向一个或一个以上的特定人（受要约人）提出的订立合同的建议。一项要约一般应具备下述几个条件：内容确定，向特定人发出，表明如要约被承诺则要约人受其约束。我国《民法典》合同编还规定了要约邀请这一概念。要约邀请是希望他人向自己发出要约的意思表示。寄送的价目表、拍卖公告、招标公告、招股说明书、商业广告等为要约邀请。但商业广告的内容符合要约规定的，视为要约。

要约在送达受要约人时生效。要约送达生效是世界各国的普遍原则。所谓要约生效，是指从此时起，如果受要约人对要约作出承诺，要约人即受其要约的约束。

在要约送达受要约人之前，要约还未生效，要约人收回要约，此为要约的撤回。在收回要约的通知与要约同时送达受要约人时，要约也视为撤回。

要约也可以撤销。要约的撤销是指在受要约人承诺之前，要约人收回要约。但一定条件下要约不能撤销。根据我国《民法典》合同编，要约人确定了承诺期限，或者以其他形式明确要约不可撤销，或者受要约人有理由认为要约是不可撤销的，并已经为履行合同做了准备工作，则要约不可撤销。承诺期限是指确定的承诺到达要约人的期限。应注意，表明是不可撤销的一项要约，也是可以撤回的。

要约生效后，如果受要约人在要约约定的承诺期限内没有承诺，要约人依法撤销要约，该要约为受要约人拒绝，或者受要约人对要约的内容作出实质性的变更的，要约失效。受要约人拒绝要约时，要约失效的时间，据我国《民法典》合同编，是拒绝通知到达要约人的时间。受要约人对有关合同标的、数量、质量、价款、履行期限、履行地点和方式、违约责任和解决争议方法的变更，是对要约内容的实质性变更。受要约人对要约的内容作出实质性变更的，为新要约。

(二) 承诺

承诺（Acceptance）是受要约人同意要约的意思表示。承诺的方式可以是声明或其他行为。沉默和不行为本身不等于承诺。我国《民法典》合同编要求承诺应当以通知的方式作出；但根据交易习惯或者要约表明可以通过行为作出承诺，则可以不用通知的方式。一项承诺应具备下列条件：承诺由受要约人作出，对要约未作出实质性改变，在要约确定的期限内作出并到达要约人。

承诺生效时合同成立。在承诺生效的时间问题上，大陆法系与普通法系的规定不完全相同。大陆法系采取承诺到达要约人生效的原则，即到达原则。普通法系国家却残存着承诺投寄生效的原则，即投邮原则。投邮原则并非适用于所有的承诺方式，只有在通过信件承诺时才适用这一规则。在快速通信方式的情况下，承诺的生效时间是要约人收到承诺的时间。有的国家采取了解生效的原则。《联合国国际货物销售合同公约》对承诺生效时间作了统一的规定：承诺在表示同意的通知到达要约人时生效。

我国《民法典》合同编规定，承诺通知到达要约人时生效。承诺不需要通知的，根据交易习惯或者要约的要求作出承诺的行为时生效。采用数据电文形式订立合同的，承诺的到达时间，收件人指定特定系统接收数据电文的，该数据电文进入该特定系统的时间，视为到达时间；未指定特定系统的，该数据电文进入收件人的任何系统的首次时间，视为到达时间。但要注意，我国《合同法》中规定的数据电文包括电报、电传、传真、电子数据交换和电子邮件，电报似不应该按此原则而应按信件对待，以传统的邮局送达的时间作为到达时间。实际上，在确定承诺期限时，我国《民法典》合同编又将信件与电报列为一类，而将其他快速通信方式列为一类。

承诺必须在要约确定的期限（承诺期限）内到达要约人。在没有确定期限时，应当在合理的期限内到达。要约以口头方式作出的，除当事人另有约定外，承诺应立即作出。如受要约人同意要约的通知没有在约定或合理期限内到达要约人，则该通知不构成承诺，或者说承诺无效。承诺期限的确定依不同要约方式而不同。要约以信件或电报作出的，承诺期限从信件载明的日期或者电报交发之日开始计算。信件未载明日期的，自信件的邮戳日期开始计算。要约人以电话、传真、电传等快速通信方式作出的，承诺期限自要约到达受要约人时开始计算。

如果受要约人在承诺期限内发出承诺，按照通常情形能够及时到达要约人，但因其他原因承诺到达要约人时超过承诺期限的，除要约人及时通知受要约人因承诺超过期限不接受该承诺外，该承诺有效。受要约人超过承诺期限发出承诺的，除要约人及时通知受要约人该承诺有效外，为新要约。在承诺到达要约人之前，或承诺到达要约人的同时，要约人收到了承诺人撤回承诺的通知，该承诺被撤回，合同未成立。

承诺生效地点为合同成立地点。采用数据电文形式订立合同的，收件人的主营业地，或没有主营业地时其经常居住地，为合同成立地。但当事人另有约定的除外。

第三节　国际货物买卖合同的主要条款

每份国际货物买卖合同的条款并不一致，但一般都包括一些必要条款。一些商业组织还制定了自己的标准合同，另有一些组织制定示范合同，供选用或作为谈判的基础。1997 年国际商会制定了适用于制成品的《国际销售示范合同》。中国政府有关部门与日本、韩国、德国政府有关部门制定了相应的《货物销售示范合同》。在此结合这些示范文本，对国际货物买卖合同的主要条款作一介绍。

一、国际商会的《国际销售示范合同》

国际商会的《国际销售示范合同》包括具体条款和一般条款两部分。一般条款旨在供当事人填写具体内容或对文本提供的选项进行选择。具体条款旨在使当事人通过填写留有的空格或选择文本提供的可供选择的条款，从而约定合同的特定条款。一般条款结合具体条款使用，亦可单独使用。除当事人的有关情况外，一般条款主要包括以下条款：

1. 货物条款

该条款具体描述货物的特征。对于卖方提供的商品目录、说明书、传单、广告、图示、价目表中包括的任何有关货物及其用途的信息，除非合同明确提及，都不作为合同条款而生效。

与货物有关的软件、图纸，即使为买方取得，与其有关的知识产权并不因此转让给买方。我国《民法典》合同编亦有类似的规定。

2. 价格条款

包括计价货币和总额。一般不包括增值税，但包括卖方根据合同承担的费用。

3. 交货条件

指采用的国际贸易术语，每一术语应包括相应的指定地点、目的地、装运港或目的港。应注明 Incoterms 版本。采用某一术语时应考虑到制成品一般在装卸区或内陆仓库交付运输。需要时应填写承运人。

4. 交货时间

应根据上述相应的贸易术语，确定卖方必须完成其交货义务的日期或期间。交货时间与双方选择的交货地点相联系。交货地点不一定是货物到达买方的地点。

5. 货物检验

双方可以约定在装运前卖方给予合理通知以便买方检验货物。

6. 所有权保留

双方应就货物的所有权保留作出约定，如有效地作出保留，则在买方付清货款之前，货物所有权归卖方；也可以作出其他约定。据有些国家的法律，保留所有权并不一定有效。

7. 支付条件

即采取何种支付方式，如赊账以及有关担保（见索即付保函或备用信用证）；预付货款，包括时间、数额；跟单托收，并注明是 D/P 还是 D/A；不可撤销信用证，是否保兑，开证或保兑银行及地点，信用证兑现方式（即期付款、延期付款、承兑付款、议付），通知信用证的日期等。

8. 单据条款

卖方须提交的单据，应与选择的贸易术语相一致。通常涉及商业发票、运输单据（具体种类）、保险单据、原产地证书、商检证书、装箱单等。

9. 解约日期

主要规定卖方在一定期限前未交付货物，买方在通知卖方的情况下，有权解除合同。

10. 延迟交货的责任

可规定一定的赔偿金，表示方式可以是每延迟一定时间赔偿货款总额的一定百分比，也可以是一确定金额。在买方终止合同的情况下，应确定卖方因延迟交货而承担的最高赔偿额。延迟交货的预定赔偿额不应超过延迟交货价款的一定百分比，或约定的最高额。

11. 货物与合同规定不符的责任限制

买方在目的地的验货，不符点的及时通知，未及时通知的效果，具体救济方式（减价、替代、修复、偿还价款、损害赔偿），以及卖方的最大责任额。

12. 买方保留与合同不符的货物时卖方的责任限制

买方可以取得差价，但最多应不超过货物价款的一定百分比。

13. 不可抗力

应对不可抗力的范围作出约定。遭遇不可抗力的一方应承担证明、通知义务。

14. 诉讼时效

除非另有约定，一般自货物到达之日起 2 年后买方不得向法院起诉或向仲裁机构申请仲裁。

15. 适用法律

由《联合国国际货物销售合同公约》管辖，该公约未规定的事项由卖方所在国法律管辖。

16. 争议解决

就仲裁或诉讼，只能选择其中一种，应具体表明选择的仲裁机构或管辖法院。

二、中德货物销售示范合同

中德货物销售示范合同，选用的贸易术语仅限于 FOB、CFR、CIF、FCA、CPT、CIP。由于中德两国都是《联合国国际货物销售合同公约》的缔约国，该示范合同中对法律适用没有规定。

示范合同的内容主要包括：商品名称；品质规格；单位；数量（包括溢、短装）；单位价格（含具体贸易术语）；总额；原产国及生产国；运输标志；装运（装运时间、地点，卸货地点，是否允许转运、分批装运）；支付条款（包括双方账户，支付方式，所需单据，银行费用）；交货条款（包括包装，装运条款）；保险；担保（包括卖方的质量担保，买方通知）；检验（包括交货前检验，到货检验，检验机构和标准）；不可抗力（包括事项，证明文件，通知日期，终止合同情形）；迟延赔偿（包括买方未及时付款的利息，买方未及时开立信用证的罚金，卖方未及时交货的罚金）；索赔（包括买方的索赔期限，卖方对买方索赔要求的答复及期限、未答复的效果，卖方的责任范围即合同项下的直接损失和直接损害，最高数额，但重大过失或故意除外）；终止合同（包括可以终止合同的条件，终止的效力）；税费（包括税费的分担，中德双重征税协定）；国际贸易术语解释通则；仲裁（包括可以仲裁的事项，提交的仲裁机构）；通知（必须是书面形式，包括通知方式、送达时间）；其他事项（包括文本，生效日期，签名日期）。

第四节　国际货物买卖合同的解释

合同是建立在双方当事人意思表示一致基础之上的。但双方当事人可能对合同的条款产生歧义，这就需要依据某种规则对合同的条款作出准确的解释。

合同的基本原则是平等、自愿、公平、诚实信用。这也是合同解释的基本指导原则。此外，当事人意图、相关情况、合同上下文、所有条款有效原则、对条款提议人不利原则、不同语言文本、补充空缺条款，都是合同解释需要考虑的因素。

我国《民法典》合同编对合同的解释作了规定。当事人对合同条款的理解有争议的，应当按照合同所使用的词句、合同的有关条款、合同的目的、交易习惯以及诚实信用原则，确定条款的真实意思。对格式条款的理解发生争议的，应当按照通常理解予以解释。对格式条款有两种以上解释的，应当作出不利于提供格式条款一方的解释。格式条款与非格式条款不一致的，应当采用非格式条款。

关于合同使用不同文字的解释，我国《民法典》合同编规定以合同目的来解释。合同文本采用两种以上文字订立并约定具有同等效力的，对各文本使用的词句推定具有相同含义。各文本使用的词句不一致的，应根据合同的目的予以解释。而《国际商事合同通则》对此的规定有所不同。该通则规定，如果合同是以两种或两种以上具有同等效力的文字起草的，若这些文本之间存在差异，则应优先根据合同最初起草的文字予以解释。

在确定当事人意图时，当事人的共同意图优先；在未达成共同意图时，依据通情达理的人的理解。《联合国国际货物销售合同公约》规定：对一方当事人的声明和其他行为，如果另一方已知道或不可能不知道其意旨，应按该声明或行为方的意旨解释。如果另一方不知，应按照一个与另一方当事人同等资格、通情达理的人处于相同情况中，应有的理解来解释。同时，确定一方当事人的意旨或一个通情达理的人应有的理解时，应适当考虑到与事实有关的一切情况，包括谈判情形、当事人之间确立的任何习惯做法、惯例和当事人其后的任何行为。惯例和习惯做法，如双方当事人已同意，则有约束力。除非另有协议，双方当事人应视为已默示地同意对他们的合同或合同的订立适用双方当事人已知道或理应知道的惯例，该惯例在国际贸易中已为有关特定贸易所涉同类合同的当事人所广泛知道并为他们所经常遵守。

《国际商事合同通则》还规定了补充空缺条款：如果合同当事人各方未能就一项确定其权利和义务的重要条款达成一致，应补充一项适合于该情况的条款。在决定何为适当条款时，除其他因素外，应考虑各方当事人的意图、合同的性质与目的、诚实信用和公平交易原则、合理性。

问题与思考

1. 在承诺生效问题上，应注意什么问题？

2. 如何理解我国对《联合国国际货物买卖合同公约》所作的书面保留与我国《合同法》允许口头合同的关系？

第四章

买卖双方的义务及违约救济

本章概要

买卖双方的权利义务关系是国际货物买卖合同的核心，《联合国国际货物销售合同公约》对此作了比较详细的规定。该公约避开了不同法律制度中的现有的法律概念，创造了公约所特有的法律概念，从而使公约不落入任何法律制度范畴，按该公约的指导来解释该公约。该公约对双方权利、义务的规定不排除当事人的其他约定。只是在当事人没有约定或约定不明确时，该公约提供了一个最低标准。同时，双方的权利、义务还应根据所使用的具体贸易术语来确定。损害赔偿是该公约规定的基本的违约补救措施，其规定可以补充我国合同法的不足。而所有权转移问题属于各国国内法调整的范围。

关键术语

权利担保　货物相符　根本违约　非债务人所能控制的障碍　预期违约　宣告合同无效　赔偿救济　实际履行　减价　货物特定化　FOB　CIF　CFR　船舷　装运合同　到货合同

第一节　买卖双方的义务

一、《联合国国际货物销售合同公约》下的义务

（一）买卖双方的共同义务

1. 合同履行中的通知义务

《联合国国际货物销售合同公约》规定了买卖双方的通知义务，并对合同履行中不同通知的效力作了区分，以发出生效为原则，以收到生效为例外。第一，通知发出方履行了义务或要求索赔，该通知发出即产生效力，对方收到与否不影响发出方的权利。该公约第 27 条明确规定：除非公约本部分（“货物销售”）另有明文规定，当事人按照本部分的规定，以适合情况的方法发出任何通知、要求或其他通知后，这种通知如在传递上发生耽搁或错误，或者未能到达，并不使该当事人丧失依靠该项通知的权利。该规定适用于检验缺陷通知、要求索赔或补救、买方有关第三方权利的通知、宣告合同无效的通知。第二，如果收到通知是进一步行为或

不行为或产生某种后果的条件，则该通知只有在收到后才产生效力。该规定适用于买方或卖方为对方设立的履约宽限期或合理期限的通知、卖方自己订明不同规格的通知、遇到履行障碍的一方发出的通知、宽限期内不履行义务的通知、卖方在一定期限内对义务履行进行救济的通知。值得注意的是，此处所说的是履行合同过程中的通知，而非合同订立过程中的通知。

我国《民法典》合同编对解除合同的通知的效力的规定与《联合国国际货物销售合同公约》的规定不同：主张解除合同的，应当通知对方。合同自通知到达对方时解除。对方有异议的，可请求人民法院或仲裁机构确认解除合同的效力。

2. 保全货物的义务

当买方违约、卖方仍占有合同货物或仍能控制货物的处置权时，或当卖方违约、买方已经收到货物但准备退回货物时，权利方必须按情况采取合理措施，保全货物。权利方尤其是买方不能因为对方违约而对货物置之不理。有义务保全货物的一方，可以寄存货物，或必要时出售货物，但由此支出的费用必须是合理的。

（二）卖方的义务

根据《联合国国际货物销售合同公约》，卖方必须按照合同和该公约的规定，交付货物，移交一切与货物有关的单据，并转移货物所有权。卖方的义务主要表现为四个方面，即交付货物、货物相符、移交单据和权利担保。

1. 交付货物

交付货物主要涉及货物交付的时间、地点、方式。公约对交付货物作了指导性的一般规定。基本要求是：合同有约定的，按约定履行；合同没有约定的，或约定不明确的，按法律或该公约的规定履行。

关于交付地点，如卖方没有义务在特定地点交货，如涉及运输，则交由第一承运人，以运交给买方；如不涉及运输，合同货物是特定货物或从特定存货中提取的或尚待制造或生产的未经特定化的货物，且买卖双方在订立合同时知道这些在某一特定地点，或将在某一特定地点制造或生产，则卖方应在该地点把货物交给买方处置；在其他的情况下，卖方在其订立合同时的营业地向买方交货。

至于交货时间，卖方必须按以下规定的日期交付货物：如果合同规定交货日期，或从合同可以确定日期，应在该日期交货；如果合同规定有一段时间，或从合同可以确定一段时间，应在该段时间内任何时候交货，除非情况表明应由买方选定一个日期；其他情况下，在订立合同后一段合理时间内交货。实践中，国际货物买卖合同中的交货时间一般是某一段时间或某一日期之前，只要符合这一规定，无论卖方是在期限的第一天或最后一天交货，都是在规定的时间内履行了交货义务。合理时间根据合同性质、货物特征、时间要求等因素确定。

卖方交付货物必须满足交付方式的要求，包括包装、标记。在将货物交付承运人时，应清楚注明货物属于合同项下。如果没有在货物上加注标记或者以装运单据或其他方式清楚地注明有关合同，卖方必须向买方发出列明货物的发货通知。在卖方有义务安排运输时，卖方必须订立运输合同，支付有关的费用。

货物的交付与合同所使用的贸易术语紧密相关。卖方交付货物的义务应根据贸易术语详尽确定。根据国际商会的《国际贸易术语解释通则 2010》，货物的交付可以分为两类，一类是货交承运人，包括 FAS、FCA、FOB、CIF、CFR、CPT、CIP，卖方向承运人交货视为向买方交货，称为象征性交货；另一类是卖方直接将货物交由买方处置，如 EXW、DAP、DAT、DDP，称为实际交货。

2. 货物相符

货物相符包括交付的货物数量和质量与合同的规定相符。《联合国国际货物销售合同公约》规定了当事人没有另外协议时货物应满足的最低品质标准：(1) 货物适用于同一规格货物通常使用的目的；(2) 除非情况表明买方不依赖于卖方的技能和判断力，或者这种依赖对他不合理，货物适用于订立合同时买方曾明示或默示地通知卖方的任何特定目的；(3) 货物的质量与卖方向买方提供的货物样品或样式相同；(4) 货物按照同类货物通用的方式装箱或包装，如果没有这种通用方式，则按照足以保全和保护货物的方式装箱或包装。

凭样品买卖时应注意，即使交付的货物与样品一致，如果样品存在检查样品时不能发现的缺陷，该缺陷使得该货物不能用于预期目的，该货物仍为不合格货物。我国《合同法》规定，凭样品买卖的买受人不知道有隐蔽瑕疵的，即使交付的标的物与样品相同，出卖人交付的标的物的质量也应当符合同种物的通常标准。如对样品有说明，交付的货物既要与样品一致，又要与说明相符。

普通法系中一般要求货物具有可销售品质。如我国香港地区的法律规定，任何一种货物，如果考虑到对货物所作的说明、相关价格和其他相关情形，货物的通常用途的适用性、外观和最终修饰标准（standard of appearance and finish)、无缺陷程度、安全性和耐用性是合理预期的，则货物具备了可销售品质。

根据《联合国国际货物销售合同公约》，卖方交付相符货物的责任通常限于风险转移到买方时。如果此时货物合格，即认为卖方交付了合格的货物。但如果货物不符在风险转移之前就已经存在、风险转移之后方始明显，卖方对此应承担责任。如果货物不符在风险转移之后出现，而该不符是由于卖方的违约行为造成的，卖方仍应承担责任。例如，违反在一段时间内货物将继续适用于其通常使用目的或某种特定目的、将保持某种特定质量或性质的任何保证。

如果卖方在交货日期前交付货物，可以在该日期到达前交付任何缺漏部分或补足不足，或交付替换货物，或对所交付货物中任何不符合合同规定的情形作出补救。但这一权利的行使，不得对买方造成不合理的不便或损失。

关于交货数量，在大宗货的情况下，一般允许卖方在合同规定的增减范围内交货。

3. 移交单据

根据《联合国国际货物销售合同公约》，如果卖方有义务移交与货物有关的单据，他必须按照合同所规定的时间、地点和方式移交这些单据。如果卖方在该时间以前已移交这些单据，他可以在该时间到达前纠正单据中不符合合同规定的情形，但此权利的行使不得使买方遭受不合理的不便或承担不合理的开支。买方保留该公约所规定的要求损害赔偿的任何权利。

国际货物买卖与国内货物买卖的区别之一是货物流转与单据处理分开进行，卖方在交付货物之后或同时必须交付有关单据。常用的单据有发票、运输单据、保险单、质量检验证书、原产地证明、出口许可证，等等。有的单据还具有货物所有权凭证的作用，如海运提单，没有这种单据，买方不能提取、处置货物。在国际货物买卖中，单据还是卖方据以结算、买方据以付款的凭证。交付单据是卖方应履行的最后一项义务，按时交付货物本身不表示卖方履行义务完毕，如果不按规定交付单据，卖方的违约时间应是不交单或交单不合格的时间。

4. 权利担保

卖方所交付的货物，必须是第三方不能提出任何权利或要求的货物，除非买方同意在这种权利或要求的条件下收取货物。同时，卖方所交付的货物，必须是第三方不能根据工业产权或其他知识产权主张任何权利或要求的货物，但以卖方在订立合同时已知道或不可能不知道的权利或要求为限，且这种权利或要求根据下述国家的法律规定是以工业产权或其他知识产权为基础的：(1) 如果双方当事人在订立合同时预期货物将在某一国境内转售或作其他使用，则根据货物将在其境内转售或作其他使用的国家的法律；(2) 在任何其他情况下，根据买方营业地所在国家的法律。但前述有关卖方对货物知识产权担保的义务，不适用于以下情况：买方在订立合同时已知道或不可能不知道此项权利或要求；或者，此项权利或要求的发生，是由于卖方要遵守买方所提供的技术图样、图案、程式或其他规格。

上述义务表明，卖方必须保证在交付货物时对货物享有所有权或处置权（物权），出售的货物上不存在未向买方透露的担保权益，如抵押权、留置权；同时，卖方还必须保证其出售的货物没有侵犯他人的知识产权，如专利权、商标权。《联合国国际货物销售合同公约》对物权的担保与知识产权的担保作了区分：对物权的担保限于交付货物时，而对知识产权的担保限于订立合同时。

对于卖方的上述权利担保义务，如果买方不在已知道或理应知道第三方的权利或要求后一段合理时间内，将此权利或要求的性质通知卖方，则丧失援引上述规定的权利。但如果卖方知道第三方的权利或要求以及此权利或要求的性质，就无权援引前述有关买方丧失权利的规定。

(三) 买方的义务

根据《联合国国际货物销售合同公约》，买方的基本义务主要体现在两个方面，即按合同或法律的规定支付货物价款和接收货物。

1. 支付货物价款

买方支付货物价款的义务包括两个方面：一是履行合同或法律、规章要求的支付价款的必要手续和步骤，二是实际付款。在实行外汇管制的国家，如需对外支付外汇，必须先向有关当局提出申请，取得许可。在使用远期汇票的情况下，付款人必须先承兑汇票。在使用信用证付款的情况下，买方必须先通过银行开出信用证。这些都是买方付款不可缺少的手续和步骤。

关于付款地点，该公约规定，如果买方没有义务在任何其他特定地点支付价款，他必须在以下地点向卖方支付价款：卖方的营业地；如凭移交货物或单据支付价款，则为移交货物或单据的地点。在付款时间上，该公约规定，如果买方没有义务在任何特定时间内支付价款，必须于卖方按照合同或该公约的规定将货物或控制货物处置权的单据交给买方处置时支付价款。在涉及运输时，卖方可以把买方支付价款作为向买方提供货物或控制货物处置权的单据的条件发运货物。买方在没有机会检验货物前无义务支付价款，除非这种机会与双方当事人议定的交货或支付程序相抵触。

合同中使用的贸易术语不同，合同规定的支付方式不同，表现在付款时间、付款地点、付款方式上的买方具体付款义务也不同。采取汇付和托收时，买方在自己的国家付款；采用信用证付款时，通常是由开证行在卖方所在地的指定行向卖方付款。一般来说，买方的付款时间应与卖方交付货物或单据的时间相一致。但该规定受限于当事人议定的交货或支付程序。

2. 接收货物

买方接收货物的义务包括两个方面：采取一切理应采取的行动，以便卖方能交付货物；接收货物。有时候，卖方义务的履行依赖于买方的配合，没有买方的在先行为，卖方不能履行其义务。这时买方就应为卖方履行义务提供方便。在国际货物买卖中，最典型的例子是 FOB 合同：卖方的义务是在买方指定的时间、地点将货物装到买方指定的船上。买方没有指定船只，或船只没有到达，或船只不能收受货物，或船只提前停止装船，都会导致卖方不能全面、适当履行其义务。这涉及合同履行的先后顺序。我国《民法典》合同编规定，当事人互负债务，有先后顺序的，先履行一方未履行的，后履行一方有权拒绝其履行要求；先履行的一方履行义务不符合约定的，后履行一方有权拒绝其相应的履行要求。

二、《国际贸易术语解释通则 2010》

（一）概述

国际商会制定的《国际贸易术语解释通则》（Incoterms），细化了买卖双方在国际货物买卖合同某些方面的义务，方便买卖合同的当事人达成协议，对《联合国国际货物销售合同公约》和当事人的约定起补充作用，有助于明确当事人各自的义务，减少产生法律纠纷的风险。通则涉及为当事人双方设定的若干特定义务，如卖方将货物交给买方处置，或将货物交运或在目的地交货的义务，以及当事人双方的风险划分；还涉及货物进口和出口清关、货物包装的义务，买方受领货物的义务，以及提供证据证明各项义务得到完整履行的义务。但该通则没有涉及买卖合同中的许多重要事项，例如货物所有权和其他产权的转移、违约、违约行为的后果以及某些情况下的免责等。另外需要指出的是，通则是从买卖双方相互间承担义务的角度来描述的，某些情况下双方对某一事项均不承担义务并不表示某一方不能采取某些必要措施。例如，FOB 术语中双方均无承保义务，但买方为了自己的利益宜购买保险。

国际商会制定的《国际贸易术语解释通则》从 1936 年最初制定至今，根据国际贸易实践和运输技术的发展多次修订，目前适用的版本是 2010 年制定的《国际贸易术语解释通则 2010》（Incoterms 2010）。Incoterms 2010 考虑了无关税区的不断扩大、商业交易中电子信息使用的增加、货物运输中对安全问题的进一步关注以及运输方式的变化。与 Incoterms 2000 相比，贸易术语由原来的 13 个减至 11 个，新增 2 个术语 DAT 和 DAP，取代了 4 个术语 DAF、DES、DEQ 和 DDU，术语的排列顺序及分组也有所变化。在 Incoterms 2000 中，13 个贸易术语的排列顺序呈现买方的义务越来越少、卖方的义务越来越多的特点；按每一术语的第一字母将 13 个术语分为 4 组，即 E 组、F 组、C 组和 D 组，每一组具有共同的特点；买卖双方的义务均用 10 个项目对应列出，一目了然。2010 年版本主要按运输方式排列，分为适用于任何运输方式或多种运输方式及适用于海运或内河运输两类。FAS、FOB、CFR、CIF 只能适用于海上或内河运输，EXW、FCA、CPT、CIP、DAT、DAP 和 DDP 可适用于任何运输方式，包括水运、航空运输、铁路运输和公路运输，以及多式联运。另外，2000 年版本中，贸易术语按买卖双方的交付方式可以分成两类：一类是卖方将货物直接交付给买方处置，包括 EXW 和 D 开头的术语，除 EXW 外，其余的可称为到货合同，途中风险由卖方承担；另一类是卖方将货物交付承运人转交买方，包括 FCA、FAS、FOB、CFR、CIF、CPT、CIP，可称为装运合同，途中风险由买方承担。前一类有卖方向买方实际交付货物的日期，后一类只有装运货物的日期，没有向买方实际交付的日期。就 C 开头的术语和 F 开头的术语来说，C 术语中卖方签订运输合同，F 术语中买方签订运输合同。2010 年版本中虽然没有明确这样分类，但这一分类对于理解 2010 年版本的术语依然非常有帮助。从结关手续看，买方需要办理出口结关手续的有 EXW，卖方需要办理进口结关手续的有DDP。其他术语下都是卖方办理出口结关手续，买方办理进口结关手续。从交货地点看，EXW、FCA、FAS、FOB、CFR、CIF、CPT、CIP通常是在卖方国家交货，而DAT、DAP、DDP通常是在买方国家交货。

Incoterms 2010与Incoterms 2000一样，从10个方面，按买卖双方义务对比的方式来描述双方的义务。这10个方面包括：一般义务；许可证、授权、安检通关和其他手续；运输合同与保险合同；交货/收取货物；风险转移；费用划分；通知对方；交货证据/凭证；查对、包装、标记/货物检验；协助提供信息及相关费用。

（二）Incoterms 2010包括的贸易术语

EXW［EX Works（……named place)］（指定地点）工厂交货，是指卖方在其所在地或其他指定地点（如工厂、车间、仓库等）将货物交由买方处置时，即完成交货。卖方无须将货物装上任何前来接收货物的运输工具，卖方也无须办理可能的出口清关手续。货物在指定地点交付前的风险和费用由卖方承担。如果买方确定交货时间和交货点，应向卖方发出充分通知，否则，自约定交货日期或期限届满起的风险和费用由买方承担，但以货物清楚地确定为合同项下货物为限。买卖双方均无订立保险合同的义务。本术语中，卖方承担的义务最少，无装货义务，无办理出口手续义务。本术语适用于任何运输方式。

FOB［Free on Board（……named port of shipment)］（指定装运港）船上交货，是指卖方将货物在指定的装运港交到买方指定的船上，或者以取得在船上交付的货物的方式，履行交货义务。货物装上船后，有关费用以及货物灭失或损坏的一切风险转由买方承担。买方必须自付费用订立从指定装运港起运货物的运输合同。但如果买方未给予卖方关于船名的充分通知，或其指定的船只未按时到达，或未能收受货物，或比通知的时间提前停止装货，则自规定交货的约定日期或任何期限届满之日起，买方承担货物灭失或损坏的一切风险，并支付由此产生的一切额外费用，但以该货物已清楚地确定为合同项下货物为限。在2000版本中，指定船的船舷是买卖双方责任、费用、风险划分的关键点。但由于2010年版本新增了“以取得船上交付的货物的方式交货”，以适应链式交易的需要，故货物装上船，而不是舷本身，成为风险、费用的分界点。实践中，值得注意的是，在FOB术语中，买方自行负担费用订立从指定装运港运输货物的合同，卖方和承运人之间没有运输合同，因此，卖方向买方交付的有关运输单证通常是承运人签发的货物收据（大副收据），或者是运单；如买方要求，或双方约定，卖方可要求承运人向其签发提单。FOB术语中没有规定保险义务，买卖双方宜对各自承担的风险担保。

FAS［Free Alongside Ship（……named port of shipment)］（指定装运港）船边交货，是指卖方办理出口结关手续，在指定的装运港在指定的地点将货物交至买方指定的船边（如码头或驳船上），或者以取得已经在船边交付的货物的方式，履行其交货义务，风险从此时起由买方承担。卖方应承担出口可能产生的海关费用、关税、捐税和其他费用。买卖双方均无订立保险合同的义务。本术语适用于水运。在使用集装箱运输时，使用FCA术语更合适。“以取得已经在船边交付的货物的方式交货”是2010年版本新增加的内容，以适应链式交易的情形。

FCA［Free Carrier（……named place)］（指定地点）货交承运人，是指卖方办理出口结关手续，在指定地点，将货物交付给买方指定的承运人或其他人，即履行其交货义务。如果指定地点在卖方所在地，当货物装上买方提供的运输工具时，完成交货；如指定地点是在卖方所在地之外，当没有卸离卖方的运输工具的货物交由承运人或其他人处置时，完成交货。卖方承担交货前的相关费用和货物灭损风险。买方应向卖方通知承运人、运输方式、指定交货地点的相关情况；如未能如此通知，如承运人未能按约定时间接管货物，则货物灭损风险及由此引起的额外费用，自相关期限届满时起由买方承担。卖方应向买方交付交货证据。买卖双方均无订立保险合同的义务。本术语适用于任何运输方式。

CFR [Cost and Freight (……named port of destination)] 成本加运费（指定目的港），是指卖方在船上交货或以取得已经这样交付的货物方式交货。货物灭失或损坏的风险以及货物装船后产生的任何额外费用，自货物交到船上起从卖方转由买方承担。卖方须签订运输合同，支付将货物运至指定目的港所需的运费。卖方应向买方交付货物凭证，以便买方取货。买卖双方均无签订保险合同的义务。本述语涉及两个不同的关键点：风险转移点和目的港。通常装运港是风险转移的地方，买方最好在合同中予以明确。“以取得已经这样将会运往目的港的货物的方式交货”是2010年版本新增的，以适应链式交易。本术语适用于水运。

CPT [Carriage Paid To (……named place of destination)] 运费付至（指定目的地），是指卖方将货物（在约定地点）交给卖方指定的承运人或其他人，即完成交货。卖方签订运输合同并支付将货物运至指定目的地所需的运费。货物灭失或损坏的风险以及货物交至承运人后产生的任何额外费用，自货物向承运人交付时起即从卖方转由买方承担。卖方应向买方交付货物凭证，以便买方取货。本术语涉及两个不同的关键点：指定目的地和交货地。买卖双方均无订立保险合同的义务。本术语适用于任何运输方式。

CIF [Cost, Insurance and Freight (……named port of destination)] 成本、保险费加运费（指定目的港），是指卖方在船上交货或以取得这样交付的货物的方式交货。货物灭损的风险自货物交到船上时起转移。卖方应订立运输合同，支付将货物运至目的港所需的必要成本和运费。卖方必须自行负担费用办理货物在运输途中应由买方承担的货物灭失或损坏风险的海运保险，并向买方提供保险单或其他保险凭证，使买方或任何其他对货物有保险利益的人有权直接向保险人索赔。卖方投保的险别为最低保险险别，最低保险金额应包括合同规定的价款另加10%（即110%），并采用合同中的币制。卖方应向买方交付货物凭证和保险单证，以便买方取货或索赔。本术语中有两个不同的关键点：风险转移点和目的港。本术语适用于水运。实践中，由于CIF术语是一个装运术语，不宜规定货物到达目的港的时间。如果装运港对买方非常重要，买方宜在合同中规定装运港，以确定风险转移点。“以取得已经这样交付的货物的方式交货”是2010年版本新增内容，以适应链式交易的需要。

CIP [Carriage and Insurance Paid To (……named place of destination)] 运费和保险费付至（指定目的地），是指卖方将货物（在约定地点）交给其指定的承运人或其他人，即完成交货。货物交付之前的风险和费用由卖方承担。卖方须签订运输合同并支付将货物运至指定目的地所需的费用；须购买运输途中应由买方承担的货物灭失或损坏的风险的保险，订立保险合同并支付保险费。该保险为最低险别保险。卖方应向买方交付货物凭证，以便买方取货；应向买方提供保险单证。本术语涉及两个不同的关键点：风险转移点和指定目的地。本术语适用于任何运输方式。

DAT [Delivered at Terminal (……named terminal at port or place of destination)]（指定）运输终端交货，是指卖方在指定港口或目的地的指定运输终端将货物从抵达的运输工具上卸下交由买方处置，即完成交货。卖方承担将货物运至指定港口或目的地的运输终端并将其卸下的一切风险和费用。卖方应向买方交付货物凭证，以便买方取货。运输终端是指任何运输点，如

INCOTERMS 2010 *

术语	全称	运输方式	交货点	风险分界点	运输合同	保险合同	适用时的出口报关	适用时的进口报关	卖方承担费用	卖方的交货凭证义务
EXW	Ex Works（工厂交货）	任何单一运输方式或多种运输方式	卖方地点（交买方处置但不装货）	卖方地点	买卖双方均无义务	买卖双方均无义务	买方	买方	交货前费用（不含出口报关费）	无义务，买方提供收货凭证
FCA	Free Carrier（货交承运人）	任何单一运输方式或多种运输方式	货交运送人或指定的其他人（交货地点在卖方所在地：装货；在其他情况下：在卖方运输工具上交货并做好卸货准备）	货交买方指定承运人或其他人	买方	买卖双方均无义务	卖方	买方	交货前费用	有义务
CPT	Carriage Paid to（运费付至）	任何单一运输方式或多种运输方式	货交运送人	货交运送人	卖方	买卖双方均无义务	卖方	买方	交货前费用＋运费	依惯例或应买方要求有义务
CIP	Carriage and Insurance Paid to（运费和保险费付至）	任何单一运输方式或多种运输方式	货交运送人	货交运送人	卖方	卖方有义务	卖方	买方	交货前费用＋运费＋保险费	依惯例或应买方要求有义务
DAT	Delivered at Terminal（运输终端交货）	任何单一运输方式或多种运输方式	指定终点站（卸货并交买方处置）	指定目的地终点站	卖方	买卖双方均无义务	卖方	买方	交货前费用＋运费	有义务
DAP	Delivered at Place（目的地交货）	任何单一运输方式或多种运输方式	指定目的地（在运输工具上交货并做好卸货准备）	指定目的地	卖方	买卖双方均无义务	卖方	买方	交货前费用＋运费	有义务

* 本表以史晓丽教授绘制的表格为基础，特此致谢。

续前表

术语	全称	运输方式	交货点	风险分界点	运输合同	保险合同	适用时的出口报关	适用时的进口报关	卖方承担费用	卖方的交货凭证义务
DDP	Delivered Duty Paid（完税后交货）	任何单一运输方式或多种运输方式	指定目的地（在运输工具上交货并做好卸货准备）	指定目的地	卖方	买卖双方均无义务	卖方	卖方	交货前费用＋运费	有义务
FAS	Free Alongside Ship（船边交货）	海运及内陆水运	装运港船边或已取得装运货物	装运港船边或类似交货	买方	买卖双方均无义务	卖方	买方	交货前费用	有义务
FOB	Free on Board（船上交货）	海运及内陆水运	装运港船上或已取得装运货物	装运港船上或类似交货	买方	买卖双方均无义务	卖方	买方	交货前费用	有义务
CFR	Cost and Freight（成本加运费）	海运及内陆水运	装运港船上或已取得装运货物	装运港船上或类似交货	卖方	买卖双方均无义务	卖方	买方	交货前费用＋运费	有义务
CIF	Cost，Insurance and Freight（成本加保险费加运费）	海运及内陆水运	装运港船上或已取得装运货物	装运港船上或类似交货	卖方	卖方有义务	卖方	买方	交货前费用＋运费＋保险费	有义务

码头、仓库、集装箱堆积场或公路、铁路、航空货运站。卖方办理可能的出口清关手续，但无义务办理进口清关手续。本术语为2010年版本新增术语，适用于任何运输方式。

DAP [Delivered at Place（……named place of destination)]（指定）目的地交货，是指卖方在指定目的地将处在运输工具上备卸的货物交由买方处置，即为交货。卖方承担将货物运至指定地点的一切风险和费用。卖方办理可能的出口清关手续，但无义务办理进口清关手续。卖方应向买方交付货物凭证，以便买方取货。本术语为2010年版本新增术语，适用于任何运输方式。

DDP [Delivered Duty Paid（……named place of destination)]（指定目的地）完税后交货，是指卖方在指定的目的地将处于到达运输工具上且做好卸载准备的货物交付给买方，即为交货。卖方承担将货物运至目的地的一切风险和费用，并有义务完成货物出口和进口清关手续，支付所有出口和进口的关税并办理所有海关手续。卖方应向买方交付货物凭证，以便买方取货。本术语适用于任何运输方式。与EXW术语卖方承担最小责任正相反，DDP术语下卖方承担最大责任。

第二节 违反国际货物买卖合同的救济方法

一、违约类型

从违约的程度上分，可将违约分为两类，即根本违约和一般违约；根据违约的时间，可将违约分为预期违约和实际违约。预期违约也可能是根本违约。

根本违约（Fundamental Breach）是《联合国国际货物销售合同公约》创造的法律概念：一方当事人违反合同的结果，如使另一方当事人蒙受损害，以至于实际上剥夺了他根据合同规定有权预期得到的东西，即为根本违反合同，除非违反合同一方并不预知而且一个同等资格、通情达理的人处于相同情况中也没有理由预知会发生这种结果。根本违约的主要标准是受害方预期利益的丧失，但这一标准不是单纯的受害方的主观标准，它还必须满足另外两个标准：违约方应预知这种结果，第三人能预知这种结果（客观标准）。简单地说，这种结果应是买卖双方共同预期的。损害致使预期利益丧失，可以理解为受害方签订合同的目的落空，因而对于继续履行合同失去利益。预期的时间是合同订立的时间，极个别的情况下考虑合同订立后对方另外提供的信息，但如果该信息与订立合同时的预期完全不一致，则应不予考虑。

根本违约在某种程度上像普通法中的违反条件。在普通法系的契约法中，合同条款分为两种：一种是条件，违反了条件可使受害方有权解除合同；另一种是保证，违反了保证，受害方只能要求损害赔偿而不能解除合同。条件和保证的分类在合同的订立之初就确定了。但有时候违反被定义为条件的条款，其损害结果很小，赋予受害方解除合同的权利有失公平。后来出现了一种中间条款，违反其并不当然使受害方有权解除合同，而是根据违反结果确定。作为国际公约，《联合国国际货物销售合同公约》吸收了其中的精神，但使用了全新的概念，以免受普通法概念的制约。我国《合同法》中没有根本违约的概念，也没有与之对应的概念，只是在规定受害方可以解除合同时，提到了不能实现合同目的，但并没有把它作为违约的一种类型加以规定。

根本违约的效果是使受害方可以宣告合同无效（avoidance of the contract）。宣告合同无效的效果是解除双方在合同中的义务，任何一方无权要求另一方继续履行合同规定的义务。但该效果不影响合同中关于解决争端的任何规定，不影响合同中关于双方在宣告合同无效后权利和义务的任何其他规定，而且各方仍应负责损害赔偿。宣告合同无效后，已全部或局部履行合同的一方，可以要求另一方归还他按照合同供应的货物或支付的价款。如果双方都须归还，双方必须同时这样做。

宣告合同无效类似于我国《民法典》合同编中的解除合同，但该公约没有采取类似的概念，而是像根本违约一样创造了区别于各法系已有概念的宣告合同无效。

下述情况下，卖方或买方可宣告合同无效：卖方不履行其在合同或该公约中的义务，等于根本违反合同；买方不履行其在合同或该公约中的义务，等于根本违反合同；预期违约构成根本违反合同；卖方不交付货物或不按合同规定交付货物等于根本违反合同；货物不符合合同构成根本违反合同；在分批交货的合同中，一方当事人不履行对任何一批货物的义务，对该批货物、对以后各批货物或对整个货物构成根本违反合同；一方给予对方额外时间履行合同，对方未能履行或声明不履行。

一般违约与根本违约相对应，但不是《联合国国际货物销售合同公约》中的法律概念，指一方违约的效果没有达到根本违约。一般违约时，受害方不能宣告合同无效，只能要求其他救济。这有点像普通法中的违反保证。

预期违约（Anticipatory Breach），指在合同规定的履行期限到来之前，一方当事人通过声明或行为表明其不履行合同或不能履行合同。如果订立合同后，一方当事人将不履行其大部分义务，另一方当事人就可以中止履行义务。中止履行义务的一方必须立即通知另一方当事人，如经另一方当事人对履行义务提供充分保证，则必须继续履行义务。如果在履行合同之前，明显看出一方当事人将根本违反合同，另一方当事人可以宣告合同无效。该公约规定了两项导致违约方预期违约的原因：履行义务的能力或信用有严重缺陷；准备履行合同或履行合同中的行为。

我国《民法典》合同编存在与该公约的上述规定一致的规则，但在规定中止履行义务时提出了不安抗辩权——应当先履行债务的当事人，有确切证据证明对方有下列情形之一的，可以中止履行：经营状况严重恶化；转移财产、抽逃资金，以逃避债务；丧失商业信誉；丧失或可能丧失履行债务能力的其他情形。当事人没有确切证据中止履行义务的，应当承担违约责任。我国《合同法》同时规定，在履行期限届满之前，当事人一方明确表示或者以自己的行为表明不履行主要债务，或其他违约情形致使不能实现合同目的，当事人可以解除合同。一般预期违约可能转为根本预期违约。我国《民法典》合同编规定，中止履行合同后，对方在合理期限内未恢复履行能力并且未提供适当担保的，中止履行一方可以解除合同。对于预期违约的责任，我国《民法典》合同编规定：当事人一方明确表示或者以自己行为表明不履行义务的，对方可以在履行期限届满之前要求其承担违约责任。

二、双方的共同救济措施

（一）损害赔偿

无论哪一方违约，违约种类和违约程度如何，受害方除可以采取其他救济措施外，都可以同时要求损害赔偿。

1. 损害赔偿额计算的一般原则

一方当事人违反合同应负的损害赔偿额，应与另一方当事人遭受的包括利润在内的损失额相等。这种损害赔偿不得超过违反合同一方在订立合同时，依照他当时已知道或理应知道的事实和情况，对违反合同预料到或理应预料到的可能损失。这是《联合国国际货物销售合同公约》和我国《民法典》合同编共同的规定。该原则确定了损害赔偿的两极：一是违约发生后受害方的实际损失，另一是合同订立时违约方违约的预期损失。在实际损失小于预期损失时，赔偿额是实际损失；在实际损失大于预期损失时，赔偿额是预期损失。但该数额可能被进一步地减少，这就是受害方应采取措施减少损失而没有采取措施产生的损失。《联合国国际货物销售合同公约》规定：声称另一方违反合同的一方，必须按情况采取合理措施，减轻由于另一方违反合同而引起的包括利润方面的损失。如果他不采取这种措施，违反合同一方可以要求从损害赔偿中扣除原可以减轻的损失数额。我国《民法典》合同编规定得更明确：没有采取适当措施致使损失扩大的，不得就扩大的损失要求赔偿。需要指出的是，受害人采取的措施以合理或适当为度。利润，一般来说，应是可证明的直接从该交易中获得的利润。

2. 宣告合同无效时损害赔偿额的计算

如果合同被宣告无效后的一段合理时间内，买方以合理方式购买替代物，或卖方以合理方式转售货物，则要求损害赔偿的一方可以取得合同价格与替代交易价格之间的差额，以及据上述赔偿的一般原则可以取得的其他损害赔偿。这一规定限于卖方转卖或买方补进的情形。

如果合同被宣告无效后，当事人没有转售货物或购买货物，而货物在交付地点又有时价(现行价格)，则要求损害赔偿的一方可以取得合同价格与宣告合同无效时的时价之间的差额及据一般赔偿原则可取得的其他赔偿。计算差额的依据为宣告合同无效时的时价。但如果买方接收货物后又宣告合同无效，则适用接收货物时、交付货物地的时价，即合同价格与接收货物时的时价之间的差额。无论哪种情况，如果交付货物地点没有时价，在考虑货物运费差额的基础上，可以使用另一替代地点的价格。

(二) 实际履行

我国《民法典》合同编规定的违约责任包括继续履行、采取补救措施或者赔偿损失。法律鼓励实际履行，而把赔偿损失放在最后选择。但国外许多国家，尤其是普通法系国家，将损害赔偿作为违约责任的主要形式，对实际履行实行严格的限制。在普通法系国家，实际履行乃是衡平法之救济，唯有在普通法上的损害赔偿救济不足时才由法院命令履行。

《联合国国际货物销售合同公约》对实际履行作出了折中的规定。如果按照该公约的规定，一方当事人有权要求另一方当事人履行某一义务，法院没有义务作出判决，除非法院依照其本身的法律对于不属于该公约范围的类似销售合同愿意这样做。换句话说，各国法院依其国内法判决是否准予实际履行。

(三) 分批交付货物

如果合同规定分批交付货物，当事人可据每批货物违反合同的程度、与其他各批货物以及与整个合同货物之间的关系而采取相应的措施。如果一方当事人不履行任何一批货物的义务，对该批货物构成根本违反合同，另一方可以宣告合同对该批货物无效。如果一方当事人不履行任何一批货物的义务，使另一方有充分理由断定对今后各批货物将发生根本违反合同，该另一方可以在一段合理时间内宣告合同今后无效。对于买方来说，买方在宣告合同对任何一批货物的交付无效时，如果各批货物相互依存，不能单独用于双方当事人在订立合同时所设想的目的，可以同时宣告合同对已交付的或今后交付的各批货物均为无效。

三、卖方违约的救济

卖方的违约主要表现为延迟交货、不交货、交货不合格、交单不合格、违反担保义务。卖方违约的救济措施，除赔偿外，主要包括宣告合同无效、实际履行、修理、更换、减价等。

卖方的违约如果构成根本违约，买方可以宣告合同无效。同时，在买方给予卖方履约的宽限期内，卖方不交付货物或声明不交付货物，买方可以宣告合同无效。但如果卖方已交付货物，买方宣告合同无效的权利受到限制。下列情形中，买方失去了宣告合同无效的权利：对于迟延交货，他在知道交货后的一段合理时间内没有宣告合同无效；对于迟延交货以外的任何违反合同事项，在已知道或理应知道这种违反合同后一段合理时间内没有宣告合同无效；在给予卖方宽限期满后或卖方声明其将不在这一宽限期履行义务后一段合理时间内没有宣告合同无效；如果卖方要求买方表明是否接受卖方履行义务、买方在合理时间内没有作出答复后一段合理时间内没有宣告合同无效，或买方声明其将不接受卖方履行义务后一段合理时间内没有宣告合同无效。

在卖方不交货时，要求卖方履行义务。这实际上是要求卖方实际履行。如前所述，这种要求受到各国国内法的限制。另外，买方要求卖方履行义务，不能与买方采取的其他补救办法相冲突。如买方已宣告合同无效，则不能要求卖方继续履行合同义务。

在卖方没有按时或不能按时交付货物时，买方可给予卖方一定的额外时间（宽限期），以便卖方履行其义务。是否给予卖方额外的时间履行义务，需根据合同对时间的要求而定。如时间是合同的根本要件，超过了这一时间将使合同的目的落空，则买方可直接宣告合同无效，没有必要给予宽限期。例如，供应某一节日的货物在该节日之后到达，或虽在节日之前到达但买方已没有销售的时间。如果对时间的要求不是根本性的，一般应给予额外时间。这如同违反了普通法中的保证。我国《民法典》合同编规定了迟延履行的催告制度，当事人一方迟延履行主要债务，经催告后在合理期限内仍未履行，另一方当事人可以解除合同。催告是解除合同的前提条件。《联合国国际货物销售合同公约》虽没有催告的规定，但宽限期也是宣告合同无效的一个条件。根据该公约，在宽限期内，买方不得对违反合同采取任何补救办法，除非买方收到卖方通知，卖方不在这一期限内履行义务。

如果卖方在合同规定的日期前交付货物，买方可以收取货物，也可以拒绝收取货物。

交货不合格时的救济。交货不合格的情形很多，相应的救济方法也不同。但买方要求该类救济的权利必须在发现或理应发现不符情形后一段合理时间内通知卖方时才存在，如不及时通知就丧失了声称货物不符合合同的权利。该通知应说明不符合合同的情形。对于潜在的缺陷，买方通知不符的时间延长至两年，如买方在实际收到货物之日起两年内没有将货物不符合合同的情况通知卖方，就丧失了声称货物不符合合同的权利，除非这一时限与合同规定的保证期不一致。如合同规定有保证期，应在保证期内提出不符的情形。如果买方在订立合同时知道或不可能不知道货物不符合合同，卖方即免除了对货物不符承担的责任。但如果卖方已知或不可能不知货物不符合合同而又没有告知买方，则卖方无权免责，买方仍享有声称货物不符合合同的权利。

交付替代物。只有在货物不符合合同构成根本违反合同时，买方才可以要求交付替代物。在其他情况下，买方可要求卖方通过修理对不符合合同之处作出补救。

减价。如果货物不符合合同，买方可以要求减价，但卖方对不符货物进行补交、替换、修理，或买方拒绝卖方的上述要求，买方即不得要求减低价格。减价按实际交付的货物在交货时的价值与符合合同的货物在当时的价值两者之间的比例计算。这里应该注意，不是按不合格货物的实际价值减价，而是按照其与符合合同的货物的当时价值的比例减价。交付时符合合同的货物的价值如果与合同价值一致，则减价差额即是合同价与不合格货物的价差，减价后的货物价即是不合格货物的时价；当货物价格出现波动，交付时符合合同的货物的价值如果与合同价值不一致时，减价差额不是合同价与不合格货物的价差，而据其比例计算。如合同价为 15，交付时为 18，交付时不合格货物价为 12，减价后货物的价格应为 10。其计算公式是：减价后的货物价格=(合同价×实际交付的货物时价)/符合合同的货物时价。

如果卖方只交付部分货物，或者交付的货物中只有部分符合合同，对于缺漏部分及不符合合同规定部分的货物，可根据情况，要求实际履行、给予额外时间履行、修补、减价，乃至宣告合同无效。如果卖方交付的货物数量大于合同规定的数量，买方可以收取，也可以拒绝收取多交部分的货物，如果买方收取多交部分的货物的全部或一部分，则必须按合同价格付款。

四、买方违约的救济

对于买方违反合同，卖方同样可以采取要求实际履行、给予宽限期、要求赔偿、宣告合同无效等救济。

同买方一样，卖方宣告合同无效的权利也受到限制。在下述情况下，卖方就失去了宣告合同无效的权利：如果买方已支付价款；对于买方迟延履行义务，如果卖方知道买方迟延履行前没有宣告合同无效；对于买方迟延履行义务以外的任何违反合同事项，在已知道或理应知道这种违反合同后一段合理时间内没有宣告合同无效；或在给予买方额外时间期满后或买方声明其将不在该额外期限内履行义务后一段合理时间内没有宣告合同无效。在合同实际履行中，买方采取付款或收取货物的必要程序是买方的重要义务。在 FOB 合同中或信用证付款时，如果买方没有派船或没有开立信用证，卖方都可中止履行合同义务或宣告合同无效。

根据《联合国国际货物销售合同公约》，卖方有要求买方支付利息的权利。该公约规定，如果一方当事人没有支付价款或任何其他拖欠金额，另一方当事人有权对这些款额收取利息，而且收取利息不影响要求损害赔偿。

根据我国《民法典》合同编，分期付款的买方未支付到期价款的金额达到全部价款的 1/5 的，卖方可以要求买方支付全部价款或者解除合同。

普通法向没有收到货物价款的卖方提供了多种救济措施。如据英国和我国香港地区货物买卖法，未获付款的卖方享有对货物的留置权、对货物的途中停运权和转售权，且该等权利的享有不受货物产权是否转移给买方的影响。《美国统一商法典》的规定与此类似。

五、违约免责

在满足一定条件的情况下，违约方可对其违约行为免责，常见的免责事项有受害人自己违约使得违约方不能履约以及不可抗力两类。

《联合国国际货物销售合同公约》规定，一方当事人因其行为或不行为而使得另一方当事人不履行义务时，不得声称该另一方当事人不履行义务。在普通法中，有“请求人的手必须干净”之说。我国《合同法》规定当事人双方都违反合同的，应当各自承担相应的责任。该规定实为一种免责条款。

对于不可抗力的免责，无论是各国国内法还是《联合国国际货物销售合同公约》，都作了规定。但每一法律制度下的不可抗力的含义与范围并不完全相同，因此，《联合国国际货物销售合同公约》创造了区别于各国法律制度的“非债务人所能控制的障碍”（impediment beyond his control）这一法律概念。根据这一规定，一方当事人不履行义务，如果他能证明该不履行义务是由于某种非他所能控制的障碍引起的，而且对于这种障碍，没有理由预期他在订立合同时能考虑到或者能避免或克服该障碍或其后果，则该当事人不负责任。该公约对于不可抗力涉及第三人时作了特别规定：如果当事人雇用第三人履行合同的全部或部分义务，该当事人不履行义务是由于该第三人不履行义务所致，只有该当事人据不可抗力免除责任，而且该第三人同样因不可抗力免除责任，该当事人才可最终免除责任。这一要求是一个双重要求，每一个要求都要符合。如卖方出售某种货物，该货物由第三方提供，结果第三方由于不可抗力不能提供该货物，这时只有该卖方也遇到不可抗力时，才可以免责。这一规定与我国《民法典》合同编的规定不同。我国《民法典》合同编将第三人与违约方之间的关系和受害方与违约方的关系视为不同的法律关系，规定违约方应向对方承担违约责任；当事人一方和第三人之间的纠纷，依照法律规定或按照约定解决。

《联合国国际货物销售合同公约》规定的免责对“障碍”存在的期间有效。免责的规定不妨碍任何一方行使公约规定的要求损害赔偿之外的权利。

第三节　货物所有权与风险的转移

一、所有权的转移

货物买卖合同是卖方向买方转移货物所有权、买方支付价款的合同。但货物所有权何时由卖方向买方转移，国际公约、各国法律没有统一的规定。《联合国国际货物销售合同公约》干脆将这一问题排除在其调整范围之外，而交由各国国内法决定，故货物所有权转移是国内法调整的问题。

货物所有权可能因卖方交付转移，因买方占有转移，因单据转让转移，因合同订立或当事人的约定转移。货物所有权转移的时间直接影响到合同当事人的权利。各国法律一般都承认当事人约定的效力。同时，不同贸易术语也与所有权转移有关。

按照国际商会的《国际贸易术语解释通则》，交付货物有象征性交付和实际交付两种，二者的责任、风险、费用划分差异很大。此外，有些国家还对于货物是否是特定物作了区别，货物为种类物时，只有将种类物特定化时才产生货物的交付和所有权的转移。

《美国统一商法典》对货物所有权的转移规定了当事人没有约定时的几种方法。第一种方法，以货物特定化为标准，在货物被特定于合同项下之前不发生所有权的转移。第二种方法，货物所有权在卖方实际交货的时间和地点转移至买方。第三种方法，在无须移动货物即可交付时，如果卖方应交付所有权凭证，所有权在交付所有权凭证的时间和地点转移；如果合同订立时货物已特定化，且无须交付所有权凭证，所有权在合同订立的时间和地点转移。第四种方法，如果买方拒绝接受或保留货物，或买方正当地撤销对货物的接受，所有权重新移转，即重新移转到卖方。

英国货物买卖法以买卖双方转移所有权的意图作为确定货物所有权转移的标准，但对于未确定货物，不发生所有权的转移。法律并没有确定转移意图的具体时间，只是规定了确定意图的原则，在确定意图时，应考虑合同条款、当事人行为及有关个案的情况。具体有五项规则：(1) 不附带条件的合同出售处于可交付状态的特定货物，所有权在订立合同时转移，与交款日期、交货日期无关；(2) 如卖方对特定货物需进行某种处理，使货物处于可交付状态，货物所有权在卖方作出该种处理且买方收到有关通知时发生转移；(3) 如货物处于可交付状态，但卖方需对货物进行称量、量度、测试或作出某种行为确定定价，所有权在卖方作出该等行为且买方获得有关通知时发生转移；(4) 如货物是按照类似试用买卖条款交付，在买方表示同意、接受或作出类似行为时转移给买方，或者即使没有表示接受，但超过了规定的退货期限或没有规定合理的退货期限，在该规定期限或合理期限届满时转移给买方；(5) 凭说明出售的货物，经买方默示或明示同意，卖方将货物无条件划归合同项下时，所有权转移到买方。所谓“可交付状态”指买方根据合同必须收货的状态。

法国基本采取合同订立时货物所有权转移的原则，但对于非特定物，也要求特定化；对于试用买卖货物，也要求买方接受或同意；当事人也可以约定所有权转移的具体时间。德国法将所有权转移视为买卖合同不能解决的物权问题，需要根据与买卖合同分离的物权合同确定。

无论各国关于所有权转移的规定有多大差异，各国一般都允许当事人自由约定货物所有权转移的时间，允许卖方对所有权作出某种程度上的保留。卖方的所有权保留对于防止买方破产、保障商业信用非常重要。许多国家，如法国、德国和美国，把所有权保留作为买卖关系中的物权担保。美国法认为卖方在买方购买的货物上设立了担保权益。在法国，所有权保留条款是所有权担保最典型的形式。德国法中所有权保留本是民法典中的有条件的买卖合同形式，但在实践中被广泛用来作为买卖合同的物权担保制度。英国法不同，英国法将所有权保留视为一种信托，买方代卖方处理货物，对货物不享有所有权，而所有权直接从卖方手中转向从买方手中购买货物的第三人。

所有权保留有两种，一种是一般保留，另一种是延长保留。在一般保留的情况下，只有在买方付清货款时，所有权才转移至买方。通过保留，卖方保留了买方占有的货物的所有权；在买方不履行合同义务时，买方的占有权利终止，货物应退还给卖方。买方对货物享有物权权益，可以销售或抵押。德国法称之为买方的预期权，实质上类似于货物的所有权。从买方手中善意购买货物的第三人可以取得货物的所有权。在买方破产时，卖方可以主张其对货物的所有权，将货物索回。在延长保留所有权的情况下，卖方的所有权延及货物再售的收益或利用该货物加工成的产品。在延及收益的情况下，德国法院承认卖方有权直接向第三人索偿。在延及加工产品的情况下，有些国家对于加工是否导致原货物消失作了区别。

二、风险的转移

国际货物买卖比国内货物买卖具有更大的风险，风险的划分、承担成为国际货物买卖合同中的重要问题。货物在风险转移到买方承担后遗失或损坏，买方支付价款的义务并不因此解除，除非这种遗失或损坏是由于卖方的行为或不行为造成的。因此，风险的划分、承担直接影响着买卖双方的权利、义务。

风险的划分、承担主要是风险的移转时间、地点问题。《联合国国际货物销售合同公约》规定了几种风险移转的确立方式，包括交付时移转、合同订立时移转及买方接收时移转。如果销售合同涉及货物的运输，但卖方没有义务在某一特定地点交付货物，则自货物被按照销售合同交付给第一承运人以转交给买方时起，风险就移转到买方承担。如果卖方有义务在某一特定地点把货物交付给承运人，在货物于该地点被交付给承运人以前，风险不移转到买方承担。卖方受权（is authorized to）保留控制货物处置权的单据这一事实，不影响风险的移转。但无论哪种情况，都必须以货物的特定化为前提。在货物以于货物上加标记、以装运单据或向买方发出通知或其他方式清楚地注明有关合同以前，风险并不向买方移转。

对于运输途中的货物，从订立合同时起，风险由卖方转移到买方。如果情况表明有此需要，从货物交付给签发载有运输合同的单据的承运人时起，风险由买方承担。如果在订立合同时卖方已知道货物已经遗失或损坏，但却没有将这一事实告知买方，遗失或损坏的风险仍由卖方承担。

在卖方直接向买方交付货物的情况下，从买方接收货物时起，风险发生移转。但如果买方没有在适当时间内接收，则从货物交由买方处置但买方不接收货物从而违反合同时起，风险移转。如果卖方在其营业地之外交付货物，当交货时间已到而买方知道货物已在该地点交给他处置时，风险开始移转。上述规定也以货物的特定化为条件。我国《民法典》合同编亦有上述类似规定，但没有特定化的要求。

上述一般原则存在例外。对于风险移转时即已存在、但在风险移转之后方始明显的不符合合同的情形，卖方应承担责任；由于卖方违反合同义务，如违反货物在合理时间内保持特定品质的保证，货物在风险移转之后不符合合同，卖方应承担责任。我国《民法典》合同编规定，因标的物质量不符合质量要求，致使不能实现合同目的的，买方可以拒绝接受标的物或者解除合同。买方拒绝接受标的物或者解除合同的，标的物毁损、灭失的风险由卖方承担。同时《民法典》合同编还规定，由于买方的原因，致使标的物不能按照约定的期限交付的，买方应自违反约定之日起承担标的物毁损、灭失的风险。这些实际上是一般原则下的违约例外。

各国国内法中主要有“风险随所有权移转”和“风险因交付移转”的差异。在这里并没有普通法系与大陆法系的法系之别，即使同一法系中也有明显不同的规定。在英国和我国香港地区，风险随所有权移转，如果所有权已转移，即使货物没有交付，风险也由买方承担。法国也有类似规定。美国等多以交货时间来确定风险移转的时间。《美国统一商法典》区分了两种情况，确定风险的划分，即双方均未违约时损失风险的承担和违约时损失风险的承担。在前一种情况下，以货物交付或类似所有权凭证的单据交付时间为风险移转时间；在后一种情况下，买方的有权拒收使风险由卖方承担，买方的无权毁约使风险由买方承担。

无论是《联合国国际货物销售合同公约》还是各国国内法，都允许合同当事人自由约定风险移转的时间。实际上当事人对国际贸易术语的采用即是确定了风险移转的确定规则。贸易术语主要对风险、费用、责任进行划分和分配，与法规相比，比较详细地确定了风险移转时间。以《国际贸易术语解释通则 2010》为例，在船上交货的术语中，FOB、CFR 和 CIF，风险的移转以货物装上船为界，在此之前货物灭失或损坏的一切风险由卖方承担，在此之后货物灭失或损坏的一切风险由买方承担。在货交承运人的术语中，如 FCA、CPT 和 CIP，货物交由承运人照管时，风险即由卖方移转到买方。而在卖方直接向买方交付货物时，如 EXW、DAT、DAP 和 DDP，以货物处于买方处置之下为风险移转界限。在 FAS 的情况下，风险在货交指定船边移转。上述规定都不排除买方违约致使卖方不能按约定交付货物时买方对风险的承担责任，尤其是在 FAS、FOB 买方指定船舶的情况下，但亦以货物划归合同项下为限。

问题与思考

1. 国际货物买卖合同中有哪些违约救济措施？如何确定违约的赔偿数额？
2. 国际货物买卖合同中的卖方负有哪些主要义务？买方负有哪些主要义务？
3. 如何理解根本违反合同？我国《民法典》合同编中有无类似的规定？
4. 风险移转对卖方和买方的权利、义务有什么影响？
5. 如何确定所有权转移？

第五章

国际货物运输与保险

本章概要

本章是国际货物买卖合同中买方或卖方权利、义务的延伸。通过对运输和保险内容的学习，不仅可以了解买方和卖方在相关问题上的权利、义务分配，还可以了解买方或卖方与承运人、保险人之间的权利义务关系。本章以货物为联结点，由货物买卖合同转向运输合同、保险合同，论述了不同当事人在不同法律关系中的权利与义务关系。对于货物的灭失、损坏，可根据不同的法律关系，采取救济措施。由于贸易术语与货物运输和保险相关，故而应联系贸易术语来学习本章。

关键术语

提单　租船合同　运单　可保利益　保险单　保险凭证　海上事故　保险险别　单独海损　委付　代位求偿权　《海牙规则》　《维斯比规则》　《汉堡规则》　FPA　WA

第一节　国际货物运输概述

国际货物买卖中，无论是买卖双方直接交付货物，还是卖方通过承运人向买方交付货物，都涉及货物的运输。长距离、长时间的货物运输使货物的风险增大。运输单证、承运人的责任、货物提取人的资格成为关注的重点。在运输方式方面，存在海上货物运输、航空货物运输、铁路货物运输和多式联合货物运输几种方式。每种运输方式的运输合同、当事人之间的权利与义务是不相同的。从运输量看，海上货物运输占据主要比重。

海上货物运输可以分为班轮运输和租船运输。租船运输又可分为航次租船、定期租船和光船租赁。我国《海商法》把定期租船和光船租赁归为船舶租用合同，而把其他的称为海上货物运输合同，包括班轮（提单）运输和航次租船合同。

作为国际货物买卖合同标的的货物，在海上运输期间，处于承运人或其代理人的控制之中，无论是卖方还是买方，都不能实际控制货物。承运人既是货物的运输者，又是货物的保管者，承担运输和保管的责任。海上货物运输途中，货物可能遇到一系列的风险，其中有些风险可能来自于自然灾害，有些来自于意外事故，有些可能来自于承运人的过失。因此，国际海上货物运输合同主要是承运人的义务和责任、权利与豁免的有关问题，在提单运输的情况下，还涉及提单的流通转让问题。

由于运输条件的限制，国际航空与铁路货物运输不像海上货物运输那样广泛，航空运输仅限于货物体积小、运量小、价值高、要求速度快的货物运输，铁路运输也受到线路、容量等的限制。尽管如此，航空运输和铁路运输仍具有海上运输不能取代的作用。国际多式联合运输的发展，也促进了航空、铁路运输的发展。

从法律角度看，调整海上货物运输的国际公约出现得最早，发展得也最成熟，包括于1924年制定并于1931年生效的《统一提单的若干法律规则的国际公约》(《海牙规则》)、于1968年制定并于1977年生效的《修改统一提单的若干法律规则的国际公约的议定书》(《维斯比规则》)、于1978年制定并于1992年生效的《联合国海上货物运输公约》(《汉堡规则》)，此外还有国际海事委员会的《海运单统一规则》、《电子提单规则》。航空运输方面，有1929年的《统一国际航空运输某些规则的公约》(《华沙公约》)、1955年的《修改1929年统一国际航空运输某些规则的公约的议定书》(《海牙议定书》)、1961年的《统一非缔约承运人所办国际航空运输某些规则以补充华沙公约的公约》(《瓜达拉哈拉公约》)、1999年的国际民航组织《统一国际航空运输某些规则的公约》(《蒙特利尔公约》)。国际铁路货物运输方面，有《国际铁路运输公约》(COTIF)，其中包括《国际铁路货物运输合同统一规则》(CIM)，还有《国际铁路货运联合协定》。公路运输方面，有《国际公路货物运输合同公约》(CMR)。随着运输技术和运输方式的发展，统一各种运输方式规则的规则开始产生，这就是《联合国国际货物多式联运公约》，此外还有国际商会的《多式联运单据规则》。

上述公约、规则为规范国际货物运输、处理国际货物运输纠纷提供了依据，构成国际货物运输的法律框架。

第二节　海上货物运输

一、班轮运输及提单

(一) 概述

班轮运输 (liner transport)，是指船舶在固定的航线和港口间、按事先规定的船期和公布的费率进行的运输。一承运人同时运输多个托运人的货物。一般情况下，承运人向托运人签发、交付提单。有时承运人也签发提单以外的单证，如海上运单、大副收据或提货指示。单据不同，法律地位和作用也不同。

提单 (bill of lading, B/L)，据我国《海商法》，是指用以证明海上货物运输合同和货物已经由承运人接收或装船，以及承运人保证据以交付货物的单证。提单受各国法律的强制性调整。

(二) 提单的内容

提单由两部分组成，包括正面条款和背面条款。正面条款主要是对货物、运输情况的描述，一般由托运人填写，承运人或其代理人签名。背面条款是承运人印就的权利、义务条款。

我国《海商法》规定，提单内容（正面条款）可包括下述几项：货物的品名、标志、包数或者件数、重量或者体积，对危险货物的危险性质的说明；承运人的名称和主营业所；船舶名称；托运人名称；收货人名称；装货港和在装货港接收货物的日期；卸货港；多式联运提单增列接收货物地点和交付货物地点；提单的签发日期、地点和份数；运费的支付；承运人或代理人的签名。

实际上提单的正面内容并无固定的格式，只要符合提单的性质和作用，某些事项的有无并不影响提单的性质。我国《海商法》规定，上述事项中缺少一项或几项，不影响提单的性质。提单的具体格式、内容，一般由承运人自行制定。

提单背面条款一般包括下述几个方面：名词定义；法律适用（首要条款）；承运人的责任与豁免；共同海损；责任期限；双方有责碰撞等。提单是受国内法或国际条约强制调整的。提单的背面条款，尽管是由承运人自行制定的，但不应违反有关国内法或国际条约的规定。目前绝大多数承运人的提单是根据《海牙规则》或《维斯比规则》制定的。各国的提单一般适用提单签发地国家的法律，但美国 1936 年《海上货物运输法》适用于自美国运输和向美国运输的提单，因此，向美国的运输要受到美国法的约束，提单条款中往往含有适用美国法律的条款。

(三) 提单的种类

根据不同的标准，可以对提单进行不同的分类。

1. 根据签发提单时货物是否已装船，可将提单分为已装船提单和备运提单。

已装船提单（shipped B/L），指货物装上船后承运人向托运人签发的提单。该类提单上标有装载货物的船舶名称和装载日期。装载日期即提单的签发日。有时提单的签发日期与实际装船日期不一致，造成通常所说的“倒签提单”和“预借提单”。倒签提单（antedated B/L），指提单签发日期早于实际装船日期的提单。预借提单（advanced B/L），指货物没有装船或没有装船完毕，托运人预先从承运人借出的提单。在某种程度上这将没有装船冒称为已经装船，严重侵害了买方的权利，对承运人也存在极大的风险。

备运提单（received for shipment B/L），是指货物已交付承运人但还没有装船时承运人向托运人签发的提单。有时在集装箱运输的情况下，托运人向承运人交付集装箱时，因货物没有装船，承运人即签发备运提单。在货物装上船后，备运提单可以换成已装船提单，即在备运提单上加注船名、日期并签名盖章。

2. 按提单是否可以流通、转让，可以将提单分为不可转让提单和可转让提单。可转让提单按提单抬头又可分为指示提单和不记名提单。

不可转让提单（non-negotiable B/L）即记名提单，在提单的收货人一栏具体写明特定收货人的名称。该种提单，只能由提单上的记名收货人向承运人提取货物，承运人也只能向该人交付货物。该提单不能转让、流通。

可转让提单（negotiable B/L）指可以通过交付或背书、交付而进行流通、转让的提单。可转让提单是一种流通票据。不记名提单（bearer B/L）指提单上没有指明收货人而仅填写交付持票人的提单，又称为持票人提单。谁持有提单，谁就可以提取货物。承运人见单交货。该种提单仅凭交付即可流通、转让，但缺乏安全性。指示提单（order B/L）是指提单收货人一栏填写“凭指示”或“凭某人指示”的提单。该种提单可以通过背书、交付而转让，其好处是既能流通、转让，又可以控制提单流向，故该种提单在国际贸易中广泛使用。

3. 根据承运人是否在提单上进行批注，可以将提单分为清洁提单与不清洁提单。

提单中有关货物的描述是由托运人自己填写的。承运人通常对收到的货物状况进行核对、说明。提单中一般印有货物外表状况良好条款。如果承运人没有在提单上进行批注，视为承运人收到的托运人交付的货物外表状况良好，这种提单称为清洁提单（clean B/L）。如果承运人收到的货物与提单上的描述不符，承运人可以在提单上批注，说明货物不符之处、对货物怀疑的根据或说明无法核对。该种提单称为不清洁提单（unclean/foul/claused B/L）。在信用证支付的情况下，银行不接受不清洁提单，即卖方（受益人）不能凭不清洁提单结汇。买方一般也不接受不清洁提单。因此，在商业做法上，在承运人可能对提单进行批注时，托运人往往通过银行向承运人出具保函，换取承运人签发清洁提单。该保函旨在向承运人保证，保证人对承运人因签发清洁提单可能遭受的损失承担赔偿责任。

(四) 提单的性质和作用

一般情况下，提单具有下述三方面的性质和作用：

1. 提单是托运人与承运人之间海上货物运输合同的证据

提单与海上货物运输合同是两个不同的概念。从时间上讲，托运人与承运人之间的货物运输合同在货物装船之前就已经成立，而提单则在货物装船完毕之后签发。从表现形式上讲，托运人与承运人之间的货物运输合同可以是口头的，而提单却是书面的。从意思表示上讲，托运人与承运人之间的货物运输合同是双方的意思表示，而提单只是承运人单方签发的书面文件。

另外，当托运人是卖方时，卖方与承运人签订了租船合同，在货物装船后承运人常向托运人签发提单。在买方租船时，如 FOB 合同，卖方（托运人）向承运人交付货物后，经卖方要求，承运人也可以向卖方签发提单。这都说明提单与货物运输合同不是同一概念。

除不可转让提单外，提单具有流通的特点，不需承运人的同意，托运人或提单持有人可将提单转让给第三人，第三人即取得了转让人对承运人享有的权利。提单成为第三人与承运人之间的运输合同，第三人与承运人之间的权利、义务按提单上的规定确定。有时该权利还大于转让人享有的权利。我国《海商法》规定，收货人、提单持有人不承担在装货港发生的滞期费、亏舱费和其他与装货有关的费用，但提单明确记载的除外。托运人与承运人之间的海上货物运输合同转让的情形较少。在租船合同的情况下，承租人转让合同需取得出租人的同意。

2. 提单是承运人接收货物、装船向托运人出具的收据

承运人在收到托运人交付的货物时，应向托运人出具收据，表明承运人已收到了托运人交付的货物或已将货物装船。提单即具有这种性质和作用。承运人签发的提单是承运人按照提单所载状况收到货物或货物已装船的初步证据，如有证据表明承运人没有收到货物或没有装船，无论是全部还是部分，承运人都可以进行反驳，举证责任在承运人。但提单一经转让，提单即成为货物的最终证据。对善意受让提单的第三人（包括收货人）来说，承运人提出的与提单所载状况不符的主张，不予承认。

3. 提单是（代表）货物所有权的凭证

在国际贸易的早期发展阶段，卖方负责租船，承运人向卖方交付货物，后来发展为向卖方代理人或指定人或第三人（买方）交付货物，在运输途中可改变收货人，故提单逐渐有了流通特征。提单是承运人据以交付货物的单证和保证。提单持有人有权要求承运人交付货物，有权

享有或占有货物。在国际贸易中，货物的流转与提单的流转是分开的，赋予提单所有权凭证的作用与特征，可以使提单持有人在货物运输期间处理货物，更好地促进货物的流转，促进国际贸易。提单的这一所有权凭证功能，作为国际贸易惯例，为各国法律所承认。转让提单通常可以转让货物所有权。

但在国际货物买卖中，货物所有权的转移是建立在买卖双方共同的转移意图之上的。并非在所有情况下，转让提单都代表转让所有权。如果卖方没有转移所有权的意图，则即使转让提单，货物的所有权也不转让。常说的“卖方所有权的保留”就是这样的一种情况。各国法律都承认买卖双方可以就所有权转移问题作出约定。如我国《民法典》合同编规定，标的物的所有权自标的物交付时转移，但法律另有规定或当事人另有约定的除外。当事人可以在买卖合同中约定，买受人未履行支付价款或者其他义务的，标的物的所有权仍属于出卖人。因此，如果当事人转让提单时没有转让所有权的意图，转让提单不代表转让货物所有权。如提单持有人将提单转让给其代理人代为处理货物，就没有转让的意图，自然也没有转让的效力。英国1979年《货物买卖法》规定，当提单是凭卖方指示交货时，该提单即是卖方保留处分权的初步证据。如果买方不兑付卖方的汇票，并错误地占有提单，货物所有权并不发生转移。另外，提单转让给银行，通常是为了设立担保，而非转移所有权。

不可转让提单，除提单外的其他运输单据，如海上运单、大副收据或提货指示，仅具有提单的前两个作用，不具备提单的货物所有权凭证的作用，不能用于付款保证。但海上运单的使用越来越多。这主要是航海技术的进步和跨国公司发展的结果。在货物先于单据到达的情况下，收货人可以在证明身份后提取货物。在托运人与收货人是关联公司的情况下，收货人可以直接提取货物。这些都不需要提单的所有权凭证的权能，运单完全可以满足要求。可以说，在使用运单的情况下，承运人交货认人不认单，只要收货人是记名人，没有单据亦可交货；在使用提单的情况下，承运人认单不认人，即使前来提取货物的人是真正的权利人，如不提交提单，承运人有权拒绝交付货物。

（五）调整提单的国内法与国际条约

1. 国内法

在大陆法系国家和普通法系国家，有关提单的法律规定的表现形式不同。在普通法系国家，调整海上货物运输（提单运输）的法律一般表现为两类：一是海上货物运输法，主要调整承运人与托运人之间的权利、义务；二是提单法，主要规定提单的作用与流通。二者相互补充。而在大陆法系国家，承运人的权利、义务和提单的有关内容都规定在同一部法律中，如我国的《海商法》、德国的商法典。

在美国，存在多个调整提单的法律。1893年的《哈特法》（Harter Act）对提单、承运人的责任作了规定：承运人（运输船只、船方或其代理人）在提单中规定免责、减轻责任的某些条款无效；承运人对航行或管理船舶中的过失免责，对不可抗力、战争、货物内在缺陷及托运人的过失造成的损失免责。该法同时规定承运人及代理人签发提单的义务。该法适用于美国与外国之间的海上货物运输。

美国于1916年制定《联邦提单法》（Pomerene Act），于1994年修订。该法适用于州际和对外贸易提单，不分陆上运输还是水上运输该法适用于在美国签发的提单，不适用于在外国签发的运往美国的提单。1936年美国制定了《海上货物运输法》（COGSA），对提单法进行了补充。该法明确规定不影响提单法，主要规定承运人的义务和责任、权利及免责。该法适用于向美国托运和从美国托运货物，调整承运人对于在运输途中（钩到钩）灭损的货物的责任。而《哈特法》适用于装货之前或卸货之后的承运人的责任。该法与《哈特法》的规定不同时，该法优先。但在采用租约而非提单租船的情况下，该法不适用。该法也不适用于甲板运输。《海上货物运输法》是基于 1924 年的《海牙规则》订立的。美国没有批准《维斯比规则》和《汉堡规则》。

《美国统一商法典》第七篇“所有权凭证”包括对提单的规定。但该商法典是州立法，不是联邦立法，不具有联邦立法的效力。并且在提单立法上，1916 年的《联邦提单法》已经先占，适用于对外贸易和州际贸易，从而使该商法典第七篇限于不重要的州内贸易。

英国于 1855 年就制定了《提单法》，对提单的作用、种类、转让作了规定。该法被 1992 年《海上货物运输法》废止。1992 年《海上货物运输法》规定了提单转让的效力、提单与运输合同的关系等。在英国，还存在另一个海上货物运输法，这就是 1971 年的《海上货物运输法》。两法虽然名称相同，但调整范围不一样，后者重在调整承运人与托运人的权利、义务。

德国有关提单的法律是德国商法典中的有关部分，包括 1937 年根据《海牙规则》制定的《海上货物运输法》，和根据《维斯比规则》修订的《海商法》。从内容上讲，包括了英美两类法律的内容，既调整承运人与托运人间的权利、义务，又调整提单的流通、转让。德国在修订的《海商法》中采用了《维斯比规则》，但没有批准这一规则。德国法院对采用维斯比规则的国家或德国签发的提单的国际货物运输及来自或向德国运输的货物适用德国法。

我国有关海上货物运输的法律规定于《海商法》第四章和第六章，其中第四章有对提单的有关规定。我国的规定重在承运人与托运人之间的权利、义务的调整，对提单的流通、转让规定不多。在下面有关承运人与托运人权利、义务的论述中，除非明确说明，主要以我国《海商法》的规定为论述对象。

2. 国际条约

由于各国法律中有关承运人和托运人的权利、义务的规定差异很大，国际社会一直在进行统一的努力，为此签订了几个有关提单的国际条约。这就是 1924 年的《海牙规则》、1968 年的《维斯比规则》以及 1978 年的《汉堡规则》。

海上货物运输合同涉及承运人和托运人双方，双方的利益在某些方面是对立的。18、19 世纪，作为海上运输大国的英国，允许承运人按照契约自由原则在提单中列入一系列的免责条款，不利于托运人的利益。美国的《哈特法》规定了承运人的最低责任，某些情况下承运人的免责条款无效。其他国家也制定了类似的法律。这就产生了提单法律的冲突。为了统一提单的法律规则，产生了 1924 年的《海牙规则》，向海上货物运输的国际法律统一迈出了第一步。《海牙规则》是海上货物运输的一个重要公约，世界上许多国家先后通过了这一规则，某些国家即使没有通过，在其运输公司的格式提单中也规定适用该规则。世界上多数国家，特别是主要航运大国，目前仍主要按照该规则处理业务、规范当事人之间的权利义务关系。

《海牙规则》主要由当时的大国也即殖民国家签订，较多地反映了承运人的利益。随着殖民地国家的独立，要求修改《海牙规则》的呼声日益高涨。问题主要表现在承运人的责任问题，特别是广泛的免责问题、承运人的最高赔偿限额、诉讼时效、责任期间及适用范围问题。

1968 年修订《海牙规则》的《维斯比规则》，对承运人的责任限额、集装箱运输、责任限制、权利的丧失、提单的证据效力、非契约索赔、适用范围、诉讼时效等作了规定。该规则共有 17 条，第 1 条至第 5 条是对《海牙规则》的修改和补充，第 6 条至第 17 条是程序性规定。《维斯比规则》不是一个独立的规则，它只是对《海牙规则》中的某些规则的修订，应结合《海牙规则》一同适用，因而有时称为《海牙维斯比规则》。但该修订并不是对《海牙规则》的实质修订，《海牙规则》的基本原则和精神没有改变，仍然是偏向船主、航运国家的利益。因此，发展中国家要求联合国制定新的规则。

经过联合国国际贸易法委员会的多年努力，《汉堡规则》于 1978 年通过，该公约已于 1992 年 11 月 1 日生效，到 2014 年 5 月已有 34 个国家批准加入，但加入国多是一些小国、内陆国和发展中国家，大国或发达国家都没有加入。《汉堡规则》扩大了承运人的责任范围，加重了承运人的责任，相对平衡了船、货双方的利益和风险，并扩大了提单的适用范围。

我国没有批准加入上述任何一个公约。但我国航运公司的提单条款是根据《海牙规则》制定的。我国的《海商法》吸收了上述公约的有关规定。

《海牙规则》、《维斯比规则》和《汉堡规则》的主要区别表现在如下几个方面：

（1）适用范围

《海牙规则》适用于缔约国签发的提单。《维斯比规则》适用于在缔约国签发的或从缔约国港口启运的提单；如果提单载有的或由提单证明的合同规定，该合同应受该规则或使该规则生效的任何国家的立法约束，则该提单也适用《维斯比规则》。《汉堡规则》使其适用范围更加扩大：如果装货港、卸货港或备选卸货港中的实际卸货港在缔约国内，或提单或证明海上运输合同的其他单证在缔约国内签发，或提单或证明海上运输合同的其他单证规定该规则或实施该规则的国家立法约束该合同，即适用《汉堡规则》。《汉堡规则》不适用于租船合同，但可适用于依租船合同签发的提单。应注意的是，《汉堡规则》适用于所有海上运输合同，而不仅仅适用于提单。

（2）责任期限

《海牙规则》、《维斯比规则》规定的承运人的责任期限是货物装船到卸船的期限，《汉堡规则》将承运人的责任期限延长到在装货港、在运输途中及在卸货港承运人掌管货物的全部期限。

（3）赔偿限额

《海牙规则》规定的赔偿限额是每件或每单位 100 金英镑，《维斯比规则》改为双重标准：每件或每单位为 10 000 金法郎，或毛重每公斤 30 金法郎，高者为准。《汉堡规则》规定每件或每装运单位 835 特别提款权，或毛重每公斤 2.5 特别提款权，高者为准。

（4）诉讼时效

《海牙规则》和《维斯比规则》规定货方对承运人或船舶提起诉讼的时效为 1 年，但《维斯比规则》进一步规定，如经当事人同意，该期限可以延长。《维斯比规则》还规定，如法院允许，可以在上述期限届满后对第三人提起诉讼。《汉堡规则》规定为两年，承运人可以在以其为被告的赔偿诉讼中解决，或传票向其送达 90 天内对第三人提起追赔诉讼。

（5）货物范围

《海牙规则》不包括甲板货、集装箱货和活动物；《维斯比规则》增加了集装箱；《汉堡规则》规定，经协商可包括甲板货，对活动物，只要按托运人指示，承运人即可免责。

（6）保函的效力

《汉堡规则》将托运人用保函换取承运人签发清洁提单合法化，该保函仅在托运人和承运人之间有效，对包括收货人在内的提单受让人无效。在发生欺诈的情况下，承运人承担赔偿责任，且不能享受《汉堡规则》规定的责任限额。

(7) 免责范围

《海牙规则》和《维斯比规则》规定了大量的承运人的免责规定。《汉堡规则》废弃了《海牙规则》和《维斯比规则》中的免责规定，改用过失推定原则：承运人对其掌管期间因货物灭失、损坏及延迟交货的损失负赔偿责任，除非承运人证明他本人及其代理人、受雇人为避免事故的发生及后果，已采取了一切合同要求的措施。

3.《全程或部分海上国际货物运输合同公约》

鉴于国际海上货物运输规则存在不统一的现象，联合国国际贸易法委员会于2001年成立工作组，拟定有关国际海上货物运输的有关规则。2009年联合国国际贸易法委员会和联合国大会通过了《全程或部分海上国际货物运输合同公约》，称为鹿特丹规则。该公约未生效。

与《海牙规则》、《维斯比规则》以及《汉堡规则》主要规定承运人的权利和义务、较少涉及货物贸易当事人的权利和义务不同，该公约不仅规定了承运人的权利和义务，而且规定了托运人的权利义务、货物交付、(货物)控制方的权利、权利转让等。其内容不仅包括传统的海上货物运输法的内容，还包括某些国内法中的提单法的内容。同时，该公约根据新的技术发展，规定了电子运输记录及相关规则。此外，公约还规定了一些强制性条款。正如该公约的最后条款所规定的，该公约试图以一个统一的规则制度取代以前散乱的、相互矛盾的，权利、义务不尽公平的规则。

(1) 公约的适用范围及与其他规则间的关系

公约适用于收货地和交货地位于不同国家，且海上运输装货港和同一海上运输的卸货港位于不同国家的运输合同，运输合同约定的收货地、装货港、交货地或卸货港中的一个地点位于一个缔约国内。该公约的适用不考虑船舶、承运人、履约方、托运人、收货人或者其他任何有关方的国籍。

公约主要适用于班轮运输。但公约不适用于班轮运输中的租船合同和使用船舶或者其中任何舱位的其他合同。同时，公约不适用于非班轮运输中的运输合同，但下述情形除外：当事人之间不存在使用船舶或者其中任何舱位的租船合同或者其他合同，并且签发了运输单证或者电子运输记录。

《海牙规则》、《维斯比规则》或《汉堡规则》的缔约国，在成为公约缔约国的同时，应退出上述规则。

如果货物灭失、损坏或造成迟延交付的事件或情形发生在承运人责任期间内，但发生的时间在货物装上船舶之前或卸离船舶之后，公约的规定不优先于其他国际文书(非海运公约)的下述条文：托运人和承运人约定应适用的条文；直接、具体规定承运人赔偿责任、责任限制或时效的条文；不能通过合同加以背离的条文。

(2) 运输单证和电子运输记录

公约调整的运输单证包括传统意义上的运输单证和现代意义上的电子运输记录，由承运人根据运输合同签发，证明承运人或者履约方收到了运输项下的货物，并证明或者包含一项运输合同。这些单证或记录皆有可转让与不可转让之分。

在不违反公约要求的情况下，经承运人和托运人同意，根据公约在运输单证上载明的内容，均可在电子运输记录上加以记载，电子运输记录的签发、排他性控制或者转让，与运输单证的签发、占有或者转让具有同等效力。已签发可转让运输单证或电子运输记录，经承运人与持有人约定，可转让电子运输记录和运输单证可以相互替换，被替换的运输单证或电子运输记录即失去效力。

除非承运人和托运人约定不使用运输单证或电子运输记录，或者不使用运输单证或电子运输记录是行业习惯，否则货物一经向承运人或履约方交付运输，托运人或经托运人同意的单证托运人，有权按托运人选择获得不可转让的或可转让的运输单证或电子运输记录。

运输单证或电子运输记录中的合同事项应当包括托运人提供的有关货物的相关信息以及有关承运人的相关信息。除承运人作出保留外，运输单证或电子运输记录是承运人收到合同事项中所记载货物的初步证据。合同事项未载明承运人或者履约方收到货物时货物表面状况的，该合同事项视为已载明承运人或者履约方收到货物时货物表面状况良好。

已转让给善意行事的第三方的可转让运输单证或可转让电子运输记录中的合同事项，或者已转让给善意行事收件人的不可转让运输单证载明必须交单提货的合同事项，承运人就合同事项提供的相反证据不予接受。在该收货人依赖载于不可转让运输单证或不可转让电子运输记录中的下述合同事项，承运人提供的针对善意行事收货人的相反证据，不予接受：由承运人提供有关货物的合同事项，集装箱的号码、型号和识别号而非集装箱的识别号，以及承运人提供的有关承运人的合同事项。

（3）承运人的义务、赔偿责任及责任限制

承运人应当根据公约，按照运输合同的条款将货物运至目的地并交给收货人。承运人的责任期限，自承运人或者履约方为运输而接收货物时开始，到货物交付时终止。为确定承运人的责任期间，各方当事人可以约定接收和交付货物的时间和地点，但运输合同条款作下述规定的无效：接收货物的时间是在根据运输合同开始最终装货之后，或者交付货物的时间是在根据运输合同写成最后卸货之前。

承运人在其责任期限内，应当妥善而谨慎地接收、装载、操作、积载、运输、保管、照料、卸载并交付货物。承运人承担特别适用于海上航程的义务，必须在开航前、开航当时和海上航程中恪尽职守，使船舶处于且保持适航状态，妥善配备船员、装备船舶和补给供给品，且在整个航程中保持此种配备、装备和补给，并且使货舱和船舶所有其他载货处所，包括由承运人提供的载货集装箱，适于且能安全接收、运输和保管货物，且保持此种状态。但承运人对危险货物可以采取合理措施，为了共同安全可以对货物作出合理牺牲。

如果索赔人能够证明，货物灭失、损坏或者迟延交付，或者造成、促成了灭失、损坏或者迟延交付的事件或者情形是在承运人责任期间内发生的，承运人应当对货物的灭失、损坏和迟延交付负赔偿责任。如果承运人证明，灭失、损坏或者迟延交付的原因或者原因之一不能归责于承运人本人的过失，或者不能归责于任何履约方、船长或者船员、承运人的受雇人或履约方的受雇人或者履行或者承诺履行运输合同规定的承运人义务的其他任何人（统称其他相关人）的过失，承运人免除其全部或部分赔偿责任。承运人对下述其他相关人的作为或不作为违反公约规定的承运人义务负赔偿责任。

承运人通过证明所列一种或者数种事件或者情形造成、促成了灭失、损坏或者迟延交付，也可以免除其全部或部分赔偿责任。承运人被免除部分赔偿责任的，仅对由其负赔偿责任的事件或者情形造成的那部分灭失、损坏或者迟延交付负赔偿责任。但索赔人证明，承运人或者其他相关人的过失造成、促成了承运人所依据的事件或情形；或者所列事件或情形以外的事件或情形促成了灭失、损坏或者迟延交付，且承运人无法证明该事件或情形既不能归责于其本人的过失也不能归责于其他相关人的过失，承运人仍应对灭失、损坏或者迟延交付的全部或部分负赔偿责任。如果索赔人证明，造成或者可能造成、促成或者可能促成灭失、损坏或者迟延交付的原因是船舶不适航、配备船员、装备船舶和补给供应品不当，或者货舱或者船舶的其他载货处所不适于且不能安全接收、运输和保管货物，并且承运人无法证明上述船舶不适航等事件或者情形未造成灭失、损坏或者迟延交付，也无法证明承运人遵守了特别适用于海上航程的合理谨慎义务，承运人应当对灭失、损坏或者迟延交付的全部或部分负赔偿责任。

上述所列承运人可以免除全部或部分赔偿责任的事件或情形包括：1）天灾；2）海上或其他通航沿海地区的风险、危险和事故；3）战争、敌对行动、武装冲突、海盗、恐怖活动、暴乱和民变；4）检疫限制，政府、公共当局、统治者或者人民的干涉或者造成的障碍，包括非由承运人或者其他相关人所造成的滞留、扣留或者扣押；5）罢工、关厂、停工或者劳动受限；6）船上发生的火灾；7）通过合理的谨慎无法发现的潜在缺陷；8）托运人、单证托运人、控制方或者托运人或者单证托运人对其作为承担责任的其他任何人的作为或不作为；9）托运人、单证托运人或者收货人按照与承运人的约定进行的货物装载、操作、积载或者卸载（除非承运人或者履约方代表托运人、单证托运人或者收货人实施此项活动）；10）由于货物固有缺陷、品质或者瑕疵而造成的数量或者质量损耗或者其他任何灭失或损坏；11）非由承运人或者代其行事的人所做包装不良或者标志欠缺、不清；12）海上救助或者试图救助人命；13）海上救助或者试图救助财产的合理措施；14）避免或者试图避免对环境造成危害的合理措施；15）承运人根据公约的赋权采取的行为。

海运履约方按照公约的规定承担义务和责任，且有权享有公约对承运人规定的抗辩和赔偿责任限制。公约不要求船长或者船员、承运人的受雇人或者海运履约方的受雇人负赔偿责任。对于货物灭失、损坏或者迟延交付，承运人和一个或者数个海运履约方均负有赔偿责任，其赔偿责任为连带责任，仅仅限于公约规定的限额。除特殊情况外，上述所有人的累计赔偿责任不得超过公约所规定的赔偿责任总限额。

承运人对于违反公约义务所负赔偿责任适用赔偿责任限额。但如果索赔人证明，违反公约规定的承运人义务所造成的损失，是由于声称有权限制赔偿责任的人本人故意造成此种损失的作为或不作为所导致的，或者是明知可能产生此种损失而轻率地作为或者不作为所导致的，则承运人或者其他相关人无权根据公约规定的赔偿责任限额规定或者按照运输合同的约定享有限制赔偿责任的利益。迟延交付类同。

公约规定，凡可为承运人提供抗辩或者限制其赔偿责任的，适用于以合同、侵权行为或者其他理由为依据，就运输合同所涉货物的灭失、损坏或者迟延交付，或者就违反公约规定的其他任何义务，对下列人提起的任何司法程序或仲裁程序：1）承运人或者海运履约方；2）船长、船员或者在船上履行服务的其他任何人；3）承运人或者海运履约方的受雇人。

（4）托运人的义务及责任

除非运输合同另有规定，托运人应当交付备妥待运的货物。托运人交付的货物应当处于承受住预定运输的状态，且不会对人身或财产造成损害。托运人和承运人应当在提供信息和指示方面互相合作。

对于承运人所遭受的货物的灭失或损坏，如果承运人证明此种灭失或损坏是由于违反公约规定的托运人义务造成的，托运人应负赔偿责任。灭失或损坏的原因或原因之一不能归责于托运人本人的过失或者其他相关人的过失的，托运人免除其全部或部分赔偿责任，但托运人违反提供信息方面的义务所造成的灭失或者损坏，不在此列。托运人免除部分责任的，只对因其本人的过失或其他相关人的过失所造成的那部分灭失或损坏负赔偿责任。其他相关人包括履行托运人义务的托运人的受雇人、代理人和分合同人在内的任何人。托运人委托其他相关人履行义务的，对此等人的作为或不作为造成违反公约规定的托运人义务，托运人负赔偿责任。但托运人委托承运人或者代表承运人行事的履约方履行托运人义务的，对于此等人的作为或不作为，托运人不负赔偿责任。

单证托运人承担托运人的义务和赔偿责任，并享有托运人享有的权利和抗辩。单证托运人的这些义务和权利，不影响托运人的义务、赔偿责任、权利或抗辩。

公约规定，凡为托运人或者单证托运人提供抗辩的，适用于以合同、侵权行为或者其他理由为依据，对托运人、单证托运人或者其分合同人、代理人或者受雇人提起的任何司法程序或者仲裁程序。

(5) 控制方的权利、权利转让及货物交付

公约创造了控制方和控制权这些概念及相关权利、义务。控制权只能由控制方对承运人行使，包括：就货物发出指示或修改指示，在计划挂靠港或内陆运输途中的任何地点提货，由包括控制方在内的其他任何人取代收货人。控制权只存在于承运人的责任期间，责任期间届满，控制权也告终止。控制方是唯一可以与承运人约定对运输合同变更的人。

控制方的识别及控制权转让随签发单证的形式而不同。1）在未签发可转让运输单证或可转让电子运输记录时，控制方为托运人，除非托运人在订立运输合同时指定收货人、单证托运人或者其他人为控制方。控制方有权将控制权转让给其他人，此种转让在转让人向承运人发出转让通知时对承运人产生效力，受让人因此成为控制方。2）签发必须交单提货的不可转让运输单证，托运人为控制方，可以将控制权转让给运输单证中指定的收货人，该转让无须背书，但需转让所有正本单证。3）签发可转让运输单证，持有人为控制方，如可转让单证具有一份以上正本，持有人得到所有正本单证，方可成为控制方。持有人通过将可转让运输单证转让给其他人而转让控制权，只有转让所有正本可转让运输单证时，方可实现控制权的转让。持有人行使控制权应向承运人提交可转让运输单证。4）签发可转让电子运输记录，持有人为控制方，持有人通过转让可转让电子运输记录将控制权转让给其他人。持有人行使控制权，应证明其为持有人。

除控制方转让控制权外，可转让运输单证或可转让电子运输记录的持有人可以转让其中的各项权利。对于可转让运输单证，如系指示单证，须正式背书给其他人或须空白背书；如系不记名单证或空白背书单证，无须背书；如系凭记名人指示单证，且转让发生在第一持有人与该记名人之间，无须背书。对于可转让电子运输记录，无论是凭指示还是凭记名人指示，均可按规定程序通过转让电子运输记录，转让其中包含的各项权利。

非托运人的持有人，未行使运输合同下的任何权利的，不能只因为是持有人而负有运输合同下的任何赔偿责任。非托运人的持有人，行使运输合同下任何权利的，负有运输合同对其规定的任何赔偿责任，但此种赔偿责任须载入可转让运输单证或可转让电子运输记录或者可从中查明。非托运人的持有人将可转让运输单证和可转让电子运输记录进行替换，或者持有人转让权利本身，并不能视为行使运输合同下的任何权利。

收货人有接收货物的义务。当货物到达目的地时，行使其在运输合同下权利的收货人，应当在运输合同约定的时间或者期限内，在运输合同约定的地点接收交货，无此种约定的，应当在考虑到合同条款和行业习惯、做法或者惯例以及运输情形，能够合理预期的交货时间和地点接受交货。收货人拒绝确认收到货物的，承运人可以拒绝交付。未签发可转让运输单证或者可转让电子运输记录的，声称是收货人的人不能按照承运人的要求适当表明其是收货人的，承运人可以拒绝交付。签发必须提交的不可转让运输单证的，声称是收货人的人不能按照承运人的要求适当表明其为收货人的，承运人可以拒绝交付。签发可转让运输单证或者可转让电子运输记录的，持有人提交的可转让运输单证并适当表明了其身份，或者按照可转让电子运输记录的使用程序证明其为可转让电子运输记录的持有人；不能满足这些条件，承运人应当拒绝交付。在可转让运输单证或可转让运输电子记录的情况下，如果持有人接到了到货通知而未在相关时间内向承运人主张提取货物，承运人应当通知控制方（无法确定控制方时通知托运人，无法确定托运人时通知单证托运人），寻求交货指示。发出指示的人未能按照承运人的合理要求提供适当担保的，承运人可以拒绝遵守这些指示。承运人按照该交货指示交付货物的，解除其在运输合同下向持有人交付货物的义务。一人在该项交货后成为持有人的，仍根据此项交货前的合同或者其他安排取得对承运人除主张提货权以外的运输合同下的权利。如一持有人在该项交付后成为持有人，在其成为持有人时不知道或理应不可能知道此项交货的，取得可转让运输单证或可转让电子运输记录所包含的权利。承运人对该持有人的赔偿责任，由上述发出交货指示的人补偿。

（六）承运人和托运人的权利、义务

1. 承运人的义务与责任

承运人作为货物的运输人和保管人，负有两个方面的义务，即经营船舶和管理货物。在这两方面，国际条约或国内法对承运人的要求是不同的，前者宽松，后者严格。国际条约或国内法规定的承运人的义务和责任是承运人的最低义务和责任，这些规定不影响承运人在此之外增加其责任和义务。承运人主要承担以下义务：

（1）提供适航的船舶

承运人在船舶开航前和开航当时，应当谨慎处理，使船舶处于适航状态，妥善配备船员、装备船舶和配备供应品，并使货舱、冷藏舱、冷气舱和其他载货处所适于并能安全收受、载运和保管货物。这里要注意的是承运人义务的相对性。船舶的适航只限于开航前和开航当时，承运人的义务仅限于谨慎处理。

（2）管理和安全运送货物

承运人应当妥善地、谨慎地装载、搬移、积载、运输、保管、照料和卸载所运货物。承运人的该项义务为绝对性义务，对违反该义务所造成的货物的灭失或损坏，承运人应负赔偿责任。但免责事项造成的损失除外。

（3）签发提单并据以交付货物

货物由承运人接收或装船后，应托运人的要求，承运人应当签发提单。提单可由承运人授权的人签发。提单由载货的船长签发的，视为代表承运人签发。提单中载明的向记名人交付货物，或按照指示人的指示交付货物，或向提单持有人交付货物的条款，构成承运人据以交付货物的保证。

货物应在明确约定的时间内交付，货物因延迟交付而灭失或损坏的，或没损坏或灭失而遭受经济损失的，承运人应承担赔偿责任。承运人向收货人交付货物时，收货人未将货物灭失或损坏的情况书面通知承运人的，此项交付视为承运人已经按照运输单证记载交付以及货物状况良好的初步证据。货物灭失或损坏的情况非显而易见的，在货物交付的次日起连续 7 日内，集装箱货物交付的次日起连续 15 日内，收货人未提交书面通知的，适用上述规定。承运人自向收货人交付货物的次日起连续 60 日内，未收到收货人就迟延交付造成经济损失而提交的书面通知的，不负赔偿责任。

根据最高人民法院 2009 年公布、2020 年修正的《关于审理无正本提单交付货物案件适用法律若干问题的规定》，承运人违反法律规定，无正本提单交付货物，损害正本提单持有人提单权利的，正本提单持有人可以要求承运人承担由此造成损失的民事责任——或者是违约责任或者是侵权责任。向承运人实际交付货物并持有指示提单的托运人，虽然在正本提单上没有载明其托运人身份，因承运人无正本提单交付货物，可以要求承运人依据海上货物运输合同承担无正本提单交付货物民事责任。

（4）行驶合理的航线

承运人应当按照约定的或习惯的或地理上的航线将货物运往卸货港。船舶在海上为救助或企图救助人命或者财产的绕航为合理绕航。在普通法中，不合理绕航为根本性违约，货物所有人有权解除运输合同，承运人也失去了免责的权利。

2. 承运人的责任期间、责任限制与责任豁免

（1）责任期间

在承运人的责任期间内，货物发生灭失或损坏的，除法律或合同另有规定外，承运人应负赔偿责任。对于不同装运方式的货物，责任期间是不同的。对于集装箱装运的货物，责任期间为从装货港接收货物时起至卸货港交付货物时止，货物处于承运人掌管之下的全部期间，即所谓的“接到交”；对于非集装箱装运的货物，责任期间为从货物装上船时起至卸下船时止，货物处于承运人掌管之下的全部期间，即所谓的“钩到钩”。

（2）责任限制

承运人对货物灭失的赔偿额，按货物的实际价值计算；对货物损坏的赔偿额，按货物受损前后实际价值的差额或货物的修复费用计算。货物的实际价值按货物装船时的价值加保险费计算。赔偿时应减去因货物灭失或损坏而少付或免付的有关费用。但承运人的赔偿责任有额度限制，超出限额部分，承运人有权不予赔付。承运人故意或明知而轻率作为或不作为造成的损失，承运人或其受雇人或代理人不得引用限额规定。承运人因无正本提单交付货物承担民事责任的，不适用我国《海商法》第 56 条关于限制赔偿责任的规定。

赔偿限额按照货物件数或其他货运单位数计算。《海牙规则》、《维斯比规则》和《汉堡规则》对责任限额的规定不一样。我国《海商法》规定，每件或每个其他货运单位的赔偿限额为 666.67 计算单位，或按货物毛重计算，每公斤为 2 计算单位，以二者中赔偿限额较高的为准。但是托运人在货物装运前已经申报货物的性质和价值并在提单中载明的，或者承运人与托运人已经另行约定高于规定的赔偿限额的除外。集装箱、货盘或类似装运器具集装的，提单标明内具体数，以标明为准；否则视为一件或一个单位。

（3）承运人的免责

《海牙规则》和《维斯比规则》中列有 17 种免责事项。《汉堡规则》采取的是过失推定原

则，废除了免责事项，承运人对其掌管之下的货物损失承担赔偿责任，除非承运人举出相反证明，证明其不存在过失。从举证责任上说，这是举证责任的倒置。

我国《海商法》主要采取了《海牙规则》的方法，同时根据新的航海技术的发展，作了相应的规定。根据《海商法》，如承运人证明在责任期间货物发生的灭失或损坏是由于下列原因之一造成的，承运人不负赔偿责任（火灾承运人不负举证责任）：1）船长、船员、引航员或承运人的其他受雇人在驾驶船舶或管理船舶中的过失；2）火灾，但承运人本人的过失所造成的除外；3）天灾，海上或其他可航水域的危险或意外事故；4）战争或武装冲突；5）政府或主管部门的行为、检疫限制或司法扣押；6）罢工、停工或劳动受到限制；7）在海上救助或企图救助人命或财产；8）托运人、货物所有人或他们的代理人的行为；9）货物的自然特性或固有缺陷；10）货物包装不良或标志欠缺、不清；11）经谨慎处理仍未发现的船舶潜在缺陷；12）非由于承运人或承运人的受雇人、代理人的过失造成的其他原因。

上述免责事项，可以概括为几个主要方面：承运人经营船舶的过失；火灾、天灾或意外事故；不可抗力；海上救助；货主的行为；货物自身存在的缺陷。我国《海商法》还规定，因运输活动物的固有的特殊风险造成活动物灭失或损害的，承运人不负赔偿责任。但是，承运人应当证明业已履行托运人关于运输活动物的特别要求，并证明根据实际情况，灭失或损害是由于此种固有的特殊风险造成的。承运人在舱面上装载货物，应当同托运人达成协议，或符合航运惯例，或符合有关法律、行政法规的规定。对由于此种装载的特殊风险造成的货物灭失或损坏，承运人不负责任。

（4）承运人的代理人、受雇人的责任

在承运人的免责事项中，对船长、船员、引航员或承运人的其他受雇人在驾驶船舶或管理船舶中的过失造成的货物的灭损，对非由于承运人或承运人的受雇人、代理人的过失造成的其他原因造成的灭损，承运人不承担责任。但承运人对其受雇人、代理人的管理货物的过失造成的灭损应承担责任，并以责任限额为限。

实践中曾经提出了托运人或提单持有人直接诉承运人的受雇人、代理人（如装卸工、船员），承运人的受雇人、代理人是否可以利用承运人的责任限额、抗辩理由的问题。承运人的责任限额是在与托运人或提单持有人的货物运输合同中约定的。根据合同的独立性或相对性原则，合同之外的第三人一般不能享有合同的利益或承担合同的义务。在英国的 Himalaya 案中，法院在该案中裁决船长（承运人的受雇人）不能利用承运人的抗辩及免责。后来承运人纷纷在提单中加入新的条款，将受雇人作为运输合同的一方，承运人的免责和限额可以延及受雇人。这一条款被称为 Himalaya 条款。在大多数普通法系国家，这一条款被限制性地适用。

德国商法典规定，在对承运人提起的损害赔偿的诉讼中，法律规定的承运人的抗辩和责任限额都适用。如果要求赔偿的诉讼对承运人的人员或船公司的成员提起，该人也可以利用法律规定的承运人的抗辩和责任限额。在该类案件中，承运人、其人员和船公司的成员提供的赔偿总额不超过法律规定的责任限额。但对于承运人的人员或船公司的成员的作为或不作为引起的损失，该作为或不作为是由于故意或明知可能造成损失仍轻率地进行，该人不能利用法律规定的承运人的抗辩和责任限额。

根据我国《海商法》，就海上货物运输合同所涉及的货物灭失、损害或延迟交付对承运人提起的诉讼，不论海事请求人是否为合同的一方，也不论是根据合同还是根据侵权提起的，都适用《海商法》关于承运人的抗辩理由和限制赔偿责任的规定。上述诉讼对承运人的受雇人或代理人提起的，经承运人的受雇人或代理人证明，其行为是在受雇或者受委托的范围之内的，适用承运人的抗辩理由和限制赔偿责任。承运人的受雇人或代理人故意或明知可能造成损失仍轻率地作为或不作为造成的货物灭失、损害或延迟交付，不能适用承运人的抗辩理由和限制赔偿责任。我国《海商法》的上述规定适用于实际承运人的受雇人或代理人。就货物的灭失或损坏分别向承运人、实际承运人以及他们的受雇人、代理人提出赔偿请求的，赔偿总额不超过《海商法》规定的责任限额。

3. 承运人的权利

（1）批注权

承运人或代其签发提单的人，知道或有合理的根据怀疑提单记载的货物的品名、标志、包数或件数、重量或体积与实际接收的货物不符，在签发已装船提单的情况下怀疑与已装船的货物不符，或没有适当的方法核对提单记载的，可以在提单上批注，说明不符之处、怀疑的根据或说明无法核对。

（2）收取运费权、货物留置权、请求拍卖权

应当向承运人支付的运费、共同海损分摊、滞期费和承运人为货物垫付的必要费用，以及应当向承运人支付的其他费用没有付清，又没有提供适当担保的，承运人可以在合理的限度内留置货物。承运人留置的货物自船舶抵达卸货港的次日起满 60 日无人提取的，承运人可以申请法院裁定拍卖；货物易腐烂、变质或货物的保管费用可能超过其价值的，可以申请提前拍卖。

（3）危险货物销毁权

托运人托运危险货物，应按有关海上危险货物运输的规定，妥善包装，作出危险品标志和标签，并将其正式名称和性质以及应当采取的预防危害措施书面通知承运人；托运人未通知或通知有误的，承运人可以在任何时间、任何地点根据情况需要将货物卸下、销毁或使之不能为害，而不负赔偿责任。托运人对承运人运输此类货物所受的损害，应负赔偿责任。承运人知道危险货物的性质并已同意装运的，仍可以在该项货物对船舶、人员或其他货物构成实际危险时，将货物卸下、销毁或使之不能为害，而不负赔偿责任。

（4）邻近港口卸载权

因不可抗力或其他不能归责于承运人和托运人的原因致使船舶不能在合同约定的目的港卸货的，除合同另有约定外，船长有权将货物在目的港邻近的安全港口或地点卸载，视为已经履行合同，但应及时通知当事人。

4. 托运人的义务与权利

（1）提交托运的货物，保证提供的有关材料正确

托运人不交付或不完全交付约定托运的货物，应对承运人可能产生的空舱费负责。托运人托运货物，应当妥善包装，并向承运人保证，货物装船时所提供的货物的品名、标志、包数或件数、重量或体积正确；发现由于包装不良或上述资料不正确，对承运人造成损失的，托运人应当负赔偿责任；对于危险物品，应作出标志，并向承运人说明。

（2）办理必要的手续单证给承运人

托运人应当及时向港口、海关、检疫、检验和其他主管机关办理货物运输所需要的各项手续，并将已办理的各项手续的单证送交承运人；因办理的各项手续的有关单证送交不及时、不完备或不正确，使承运人的利益受到损害的，托运人应当负赔偿责任。

(3) 支付运费

托运人应当按照约定向承运人支付运费，亦可约定由收货人支付。船舶在装货港开航前，托运人要求解除合同时，应支付运费的一半；因不可抗力的原因解除合同的除外。按惯例，在预付运费的情况下，无论货物是否灭失，运费一般不予退还。在到付运费的情况下，如货物没有运到，承运人无权收费。

(4) 提取货物

收货人迟延、拒绝提取货物的，由此产生的费用和风险由收货人承担。

对于不是由于托运人、托运人的代理人或其雇用人员的行为、过失或疏忽所引起的承运人的损失或货物的损失，托运人概不负责。

(5) 请求签发提单权、换取提单权

货物由承运人接收或装船后，应托运人的要求，承运人应当签发提单。提单可由承运人授权的人签发。提单由载货的船长签发的，视为代表承运人签发。

货物装船前，承运人已经应托运人的要求签发收货待运提单或其他单证的，货物装船完毕，托运人可以将收货待运提单或其他单证退还承运人，以换取已装船提单；承运人也可以在收货待运提单上加注承运船舶的船名和装船日期，加注后的收货待运提单视为已装船提单。

5. 提货权、索赔权

托运人，包括收货人的善意取得提单的第三人，有权要求承运人交付货物；对于在承运人掌管期间货物的损坏或灭失，有权要求赔偿。

(七) 提单转让的效力

总的来说，提单是托运人与承运人之间的货物运输合同的证明，提单一经转让即成为第三人与承运人之间的运输合同，第三人由此成为运输合同的一方。同时提单又是货物所有权凭证，除非另有约定，转让提单就是转让货物所有权。受让人的权利与转让人的权利是什么关系？受让人对承运人享有什么权利？提单转让有何要求，效力如何？我国《海商法》的规定较为简单：承运人同收货人、提单持有人之间的权利义务关系依据提单的规定确定。相对来讲，国外对此规定得比较详细。

1. 提单转让视为票据转让

1994 年修订的美国《提单法》将提单分为不可转让提单（non-negotiable B/L）和可转让提单（negotiable B/L）。不可转让提单是提单上注明向收货人交付货物的提单，须标明“不可转让”字样。承运人在向提单上的指定人交付货物时即解除了义务。提单上的指定人不需提示提单甚至不需占有提单。可转让提单是指提单注明凭指示交付货物的提单，或者提单表面不含有不可转让条款的提单。可转让提单可以通过背书转让。背书可以是记名背书，可以是空白背书。

(1) 善意受让人的保护

美国法视可转让提单为独立的票据，具有票据的特征，受让人可以取得优于转让人的权利，转让人对受让人承担保证义务。

如转让人或提单所有人转让提单，而转让人违反义务，或提单所有人因欺诈、事故、错误、胁迫、丢失、盗窃或非法占有而被剥夺占有，若受让人善意给付价金，并不知该违反、欺诈、事故、错误、胁迫、丢失、盗窃或非法占有，该提单转让的效力不受影响。若承运人签发提单后占有货物，而受单人（the person to whom the bill has been issued）出售、质押或抵押货物或提单，则受单人向善意给付价金、没有注意到在此之前的出售、质押或抵押的人的提单转让，其效力如同货物或提单的第一买主明确授权随后的转让一样。

除非有相反意图，接受价金的提单转让人承担保证义务：保证提单的真实性，保证其有权转让提单和货物所有权，不知可能影响提单效力或价值的事实，保证商品具有适销性或适于特定目的。但用作债务担保的提单的持有人（如银行）不保证提单的真实性或货物的数量或质量，提单的背书人并不因其背书而对承运人或前手背书人没有履行义务负有责任。

支付价金的可转让提单的善意受让人对货物的权利优于卖方的留置权或停运权。提单受让人取得了转让人向善意支付价金的买方转交的货物所有权，以及托运人和收货人向买方转交的货物所有权。

(2) 承运人对受让人的义务

承运人对受让人承担责任，受让人可要求执行运输合同，如同承运人与其直接签订合同；承运人据提单条款为其保管货物。

承运人应向可转让提单的持有人交付货物，但下述情况除外：1）承运人对货物享有留置权时可以不交付货物；2）如果收货人或提单占有人之外的人主张货物所有权或占有权，且承运人知悉这一主张，承运人不必向权利请求人交付货物，直至承运人有合理的时间决定该对抗性主张的效力，或有合理的时间提起诉讼要求所有的权利请求人相互诉讼（interplead）。如果至少有两人主张所有权或占有权，承运人可提起民事诉讼使已知的货物权利请求人相互诉讼；或要求请求人相互诉讼，作为对承运人提起的不交货诉讼的抗辩。除上述情况外，对可转让提单持有人对承运人不交货提起的诉讼，承运人不能以第三人的权利作为抗辩。

除非有前述不交货的授权，承运人应对下述情况下货物权利人的损失承担责任：承运人向无权占有货物的人交付货物；对货物享有权利的人要求承运人不要交货后，承运人依然向他人交货；交货时，承运人知悉其将货物交付给无权占有的人。

如果承运人交货时没有收回、注销可转让提单，即使承运人向货物的权利人交付了货物，承运人仍应向善意购买该提单的人承担没有交货的责任，无论该购买是在承运人交付货物之前或之后。但下述情况除外：交付货物为司法程序所迫；货物已合法销售，偿付承运人的留置；无人主张货物；货物易腐烂或危险。

如果可转让提单丢失、被窃、损坏，如果请求权人提供保函，补偿承运人因交付而产生的原始提单下的责任或交付的受害人，法院可以命令承运人交货。没有法院令的自愿保函，只对保函各方有约束力。据法院令交货不解除承运人对不知法院程序或不知已交付货物而支付价金的提单受让人的责任。

签发提单的承运人，对于提单签署日没有收到货物而造成的货物部分或全部损失，或货物与提单记载不符造成的损失承担责任；应对相信提单记载或提单标明日期的托运、善意支付价金的可转让提单的持有人负责。但下列情况除外：货物由托运人装载、承运人不知是否已收到货物或是否与记载相符（承运人已注明无法核实条款）。但散装货或由承运人装载时，加入“托运人称量或计数”无效。

2. 提单转让视为诉权转移

英国法视提单为代表货物所有权的凭证，是货物所有权的象征，不具有美国法中的票据流通性。在货物灭损风险转移给收货人后，无论所有权是否转移，收货人都对货物享有重大利益。因此，英国1992年《海上货物运输法》规定，提单的合法持有人享有运输合同的诉权，如同运输合同的一方当事人。无论持有人是否给付价金，货物所有权是否转移或是否产生风险，只要转让合法，该诉权即发生转移。当提单持有人持有提单，但占有提单不再享有占有货物的权利时（如货物已实际交付），该人不享有上述诉权，但下述情况除外：（1）占有货物的权利与占有提单分离之前，成为提单持有人；（2）由于其他人拒绝接收货物或单据而成为提单持有人。在提单转让后原始合同方及提单持有人的前手，不再享有诉权，但原始合同方仍对合同承担责任。受让人在提取货物或要求交付货物时，在不影响原始合同方的责任的情况下，对合同承担责任，如同合同的一方当事人。

3. 提单调整承运人与持有人关系

德国法规定，货物运输合同调整承运人和托运人之间的法律关系，而提单调整承运人与持有人之间的法律关系。提单是可流通的票据之一，通常作成指示提单。但提单背书不产生汇票背书中的保证作用。作为流通性票据，提单一方面作为指示性票据产生票据权利，另一方面作为可转让的权利证书产生货物权利。在船长将货物交付之前，如果出现数名前来提货的提单持有人并对货物的权利存有争议，则首先从原提单持有人处取得提单副本的提单持有人，享有提取货物的优先权，即使此原提单持有人已将数份提单分发给几个不同的人。如果签发的提单是指示提单，除非船长收到所有提单，船长有权不遵守发货人运回或交付货物的指示；如果提单持有人在船舶抵达目的港之前要求交付货物，船长有权不遵守该指示。如果船长违背上述规定，承运人应对有权提取货物的提单持有人承担责任。在非指示提单的情况下，如果提单所载明的发货人或收货人同意，即使没有出示提单，船长也可以交付货物或将货物返回。但如果没有收回提单，承运人在交付货物之前可要求收货人为可能发生的损害担保。

（八）电子提单规则和海运单统一规则

1.《国际海事委员会电子提单规则》

传统的纸质提单在促进国际海上货物运输的同时，也带来一些不便，如无单放货、倒签提单。电子数据技术的发展使得改善传统的纸质提单带来的问题成为可能。国际海事委员会于1990年在《海运途中用电子计算机转让货物权利规则（草案）》的基础上通过了《国际海事委员会电子提单规则》。该规则不具有强制性，经当事人同意援用后适用。

该规则中的电子提单是以电子数据交换（EDI）系统为基础，对海运途中的货物的提货权进行转让的程序。卖方、发货人、银行、买方和收货人均以承运人为中心，通过计算机查询和通告运输途中货物提货权的转移时间和转移对象；收货人无须提示提单，只要证明身份即可提货。

该规则规定了书面提单与电子提单的选择权。在交货之前，货物所有权人享有向承运人索要书面提单的选择权。签发书面提单即终止电子数据交换程序。如未要求书面提单，则视为同意不再以国内法的要求为借口提出非书面形式的抗辩。

承运人在收到货物之后，应给予发货人一个接到货物的电讯通知，内容包括发货人的姓名、货物说明、接收货物的时间和地点、运输条件等。该电讯通知类似于传统的提单。发货人收到承运人的收货电讯通知后向承运人确认，此后发货人便成为电子提单的持有人。

电子提单的持有人可以要求承运人放货、指定收货人、向另一方转让支配权和转让权。支配权和转让权的转让应遵循一定的程序，包括使用密码等。

承运人将拟交货的时间和地点通知电子提单的持有人。根据该通知，持有人有义务指定一收货人，如没有指定则持有人本人被视为收货人。

该规则仅对由于采用电子数据交换系统转让货物提货权而直接引起的问题进行规范和解释，不改变现行法律的适用；该规则产生的问题由国内法解决。

2.《国际海事委员会海运单统一规则》

随着跨国公司的发展，跨国公司间的贸易占据了世界贸易的主要份额。这种贸易的收货人是确定的，不需要可转让的提单。此外，随着航运技术的发展，航运速度越来越高，货物先于提单到达的情况越来越多，持有提单取货的不便愈加明显。因此，在不必使用提单的情况下尽量使用海运单的呼声增强。正是基于这一背景，1990 年 6 月国际海事委员会通过了《国际海事委员会海运单统一规则》。

该规则共有 8 条，包括适用范围、定义、代理、承运人的权利和责任、货物说明、控制权、交付、规则效力。该规则适用于不使用可转让提单或类似物权证书的、采纳该规则的运输合同。这进一步突出了海运单不具有物权凭证的特点。

由于不存在类似提单的转让，在托运人与收货人的关系上，该规则使用了代理的概念。托运人签订运输合同，不仅代表他本人，也代表收货人，并向承运人保证有此权限。这使收货人成为运输合同的一方。在收货人起诉或被诉时适用这一规定。

在收货人要求提取货物之前，托运人有权改变收货人的名称。在承运人接收货物之前，托运人有权将控制权转让给收货人。在作出这种选择后，托运人的控制权终止。承运人凭收货人提供的适当身份证明交付货物。

二、航次租船合同与定期租船合同

（一）航次租船合同

我国《海商法》将航次租船合同归入“海上货物运输合同”一章。航次租船合同，又叫定程租船（voyage charter party），是指船舶出租人向承租人提供船舶或者船舶的部分舱位，装运约定的货物，从一港运至另一港，由承租人支付约定运费的合同。

航次租船合同是一种租船合同，租船合同的条款主要是由双方当事人约定的。国内法律或国际条约很少对其进行具体调整。我国《海商法》仅要求出租人提供适航的船舶和行驶合理的航线。航次租船合同下可以签发提单，在提单持有人不是承租人时，提单中的规定适用于承运人与提单持有人之间的权利、义务，但提单中明确载明适用航次租船合同的，则适用航次租船合同。

航次租船合同是租用船舶运输某个航程，因此，合同条款的内容重在船舶和航程。除有关船舶的条款外，还包括装卸港口、受载期限、装卸期限、运费、滞期费、速遣费、绕航、留置权等条款，货物条款也是其中的一个重要内容。

一般来说，出租人应在约定的时间、港口码头提供约定的船舶，承租人应提供约定的货物，并在约定的时间内装船、卸船。如果船舶未能在约定的时间（受载期）到达约定的地点，或船舶不符合约定，承租人可以解除合同或要求赔偿。如果承租人未能交付约定的货物，未能在约定的期限（许可装卸时间，lay time）内装卸，承租人应支付空舱费（dead freight）、滞期费（demurrage）。出租人为鼓励承租人尽快装卸，使船舶加快离港，对于承租人在约定期限内提前完成装卸的，常在合同中约定支付速遣费（dispatch），速遣费常为滞期费的一半。无论合同规定哪一方选择装卸港，港口应具体、安全。

在使用航次租船合同的情况下，如果托运人、收货人需要可转让的提单，出租人（承运人）也可以签发可转让提单。这时货物运输就出现了两个文件，一是航次租船合同，一是提单。二者的作用是不同的。

航次租船合同是运输合同，调整承租人与出租人之间的权利义务关系。而提单在不同的情况下其作用会发生变化。在承租人手中时，提单是出租人收取货物的收据，是货物所有权的凭证；在非承租人手中时，提单具备三种功能，即运输合同的证明、货物收据和所有权凭证。在FOB合同中，卖方手中的提单即具有三种功能，买方手中的提单具有两种功能，提单在买卖双方之外的第三人手中时，具备三种功能。如果卖方为承租人，如在CFR的情况下，买方不是运输合同的一方，不能据航次租船合同诉承运人。一般认为提单转让后，买方和承运人据提单条款成立了新合同。有些国家的法律规定，受让提单的持有人可据提单对承运人起诉。这是一个非常复杂的问题。但提单的受让人可按侵权对承运人起诉。

（二）定期租船合同

定期租船合同（time charter party），是指船舶出租人向承租人提供约定的由出租人配备船员的船舶，由承租人在约定的期限内按照约定的用途使用，并支付租金的合同。定期租船合同的最大特点是承租人负责船舶的经营管理，出租人只负责船舶的维护、维修。

定期租船合同的内容由双方当事人约定。一般是在国际上通行的标准合同基础上，例如《中国租船公司期租约范本》，进行约定。定期租船合同不受国际条约的调整，但据此签发的提单却可能受类似《海牙规则》的调整。由于定期租船合同是将船舶租给承租人使用一定时期，因而船舶状况、船舶交付与归还、船舶用途、船舶使用范围与航行区域、停租转租等条款，成为定期租船合同中的主要条款。出租人按期收取租金，不存在航次租船合同中的滞期费、速遣费、绕航问题。

第三节　国际航空、铁路与公路货物运输

一、国际航空货物运输

（一）调整国际航空货物运输的国际公约

目前调整国际航空货物运输的国际公约主要有：1929年的《统一国际航空运输某些规则的公约》（《华沙公约》），1955年的《修改1929年统一国际航空运输某些规则的公约的议定书》（《海牙议定书》）和《海牙议定书的危地马拉城1971年议定书》（《危地马拉城议定书》）。《华沙公约》和《海牙议定书》对承运人责任限额的规定都是以金价为标准，而自20世纪70年代开始金本位制度废除，1975年国际民航组织在蒙特利尔召开会议，签订了4个《蒙特利尔附加议定书》，用特别提款权代替了上述两个公约中的金价。

《华沙公约》和《海牙议定书》对于承运人是缔约承运人还是实际承运人，没有作出明确

的规定，于是产生了1961年的《统一非缔约承运人所办国际航空运输某些规则以补充华沙公约的公约》(《瓜达拉哈拉公约》),《瓜达拉哈拉公约》旨在统一非缔约承运人履行的国际运输的规则。

《华沙公约》是最基本的规定，其他都是对《华沙公约》的修订或补充，但都相互独立。由于各国参加的公约不尽相同，在适用时需注意区别。我国参加了《华沙公约》和《海牙议定书》。

《华沙公约》适用于始发地和目的地在两个缔约国，或始发地和目的地在同一个缔约国但在另一国家（地区）有约定的经停点的国际运输。几个连续航空承运人办理的运输，如是同一业务活动，则无论是否为一个合同，也无论该合同或几个合同是否在同一国家履行，都不丧失其国际性。《海牙议定书》同样适用于上述国际运输，但始发地和目的地必须都位于该议定书的两个缔约国，或者在同一个缔约国，但在另一国有约定的经停点。

上述国际航空公约的相互独立性和不统一性，在某种程度上阻碍了国际航空运输业的发展。1995年国际民航组织决定起草一部新的统一性公约。1999年5月，国际民航组织在其组织总部加拿大的蒙特利尔通过了新公约《统一国际航空运输某些规则的公约》(《蒙特利尔公约》)。该公约于2003年11月4日生效，至2014年6月已有107个成员方。我国签署了该公约，并于2005年2月批准加入该公约。

(二)《华沙公约》与《蒙特利尔公约》的关系

关于《蒙特利尔公约》与《华沙公约》等的关系，《蒙特利尔公约》规定：当国际航空运输在该公约的当事国之间履行，而这些当事国同为下列条约的当事国时，《蒙特利尔公约》优先于国际航空运输所适用的任何规则：(1)《华沙公约》；(2)《海牙议定书》；(3)《瓜达拉哈拉公约》；(4)《危地马拉城议定书》；(5) 各个《蒙特利尔议定书》。当国际航空运输在《蒙特利尔公约》的一个当事国内履行，但该当事国是上述五项所指一个或几个文件的当事国时，《蒙特利尔公约》优先于国际航空运输所适用的任何规则。

《蒙特利尔公约》就其与其他航空公约关系的规定，使《蒙特利尔公约》具有了优先适用的效力，排除了其他公约的适用。如果说《蒙特利尔公约》本身是在条文上统一了国际航空运输规则的话，那么，随着参加该公约的当事国越来越多，国际航空运输规则的全面、实质统一则指日可待，原来混乱、复杂的国际运输规则将退出历史舞台。

(三)《蒙特利尔公约》

1. 该公约的适用范围

《蒙特利尔公约》适用于所有以航空器运送人员、行李或者货物而收取报酬的国际运输，也适用于航空运输企业以航空器履行的免费运输。该公约当事国可以在任何时候向该公约的保存人提交通知，声明该公约不适用于由当事国就其作为主权国家的职能和责任为非商业目的而直接办理和运营的国际航空运输；不适用于使用在该当事国登记的或者为该当事国所租赁的、其全部运力已为其军事当局或者以该当局的名义所保留的航空器，为该当局运输的人员、货物或行李运输。

国际运输，系指根据当事人的约定，不论在运输中有无间断或转运，其出发地点和目的地点是在两个当事国的领土内，或者在一个当事国的领土内，而在另一国的领土内有一个约定的经停地点的任何运输，即使该国不是当事国。在一个当事国的领土内的两个地点之间的运输，而在另一国的领土内没有约定的经停地点的，不是国际运输。

2. 国际航空货物运输单证

航空货运单或货物收据，是货物承运人向托运人出具的运输单证。航空货运单或货物收据，是订立合同、接收货物和所列运输条件的初步证据。航空货运单或货物收据上有关货物等的任何陈述，是所述事实的初步证据。除经过承运人在托运人在场时查对并在运输单证上注明经过如此查对，或者关于货物外表状况的陈述外，运输单证上关于货物的陈述，不能构成不利于承运人的证据。托运人对其在航空货运单上的陈述负责；如不符合规定、不正确或不完全，对承运人或者承运人对其负责的任何其他人造成损失的，托运人对承运人承担赔偿责任。承运人在货物收据上的说明和陈述不符合规定、不正确或不完全，给托运人或其负责的任何其他人造成损失的，承运人应当对托运人承担赔偿责任。

航空货运单一式三份，一份交承运人，托运人签名；一份交收货人，托运人与承运人签名；一份交托运人留存，承运人签名。

有关货物运输凭证的要求，不影响运输合同的存在或有效，该运输合同仍然受《蒙特利尔公约》规则的约束，包括有关责任限制规则的约束。

3. 承运人的责任及免责

对于因货物毁灭、遗失或损坏而产生的损失，只要造成损失的事件是在航空运输期间发生的，承运人应当承担责任。航空运输期间指货物处于承运人掌管的期间。

承运人证明货物的毁灭、遗失或者损坏是由于下列原因造成的时，在此范围内承运人不承担责任：(1) 货物的固有缺陷、质量或瑕疵；(2) 承运人或其受雇人、代理人以外的人包装货物的，货物包装不良；(3) 战争行为或者武装冲突；(4) 公共当局实施的与货物入境、出境或过境有关的行为。

对于货物在航空运输途中因延误而引起的损失，承运人应当承担责任。但是，承运人证明本人及其受雇人和代理人为了避免损失的发生，已经采取一切可合理要求的措施或者不可能采取此种措施的，承运人不对因延误引起的损失承担责任。

经承运人证明，损失是由索赔人或者索赔人从其处取得权利的人的过失或者其他不当行为、不作为造成或者促成的，应当根据造成或者促成此种损失的过失或者其他不当行为、不作为的程度，相应地全部或部分免除承运人对索赔人的责任。

在连续运输的情况下，每一承运人仅就其运输区段范围内作为运输合同的一方。除明文规定第一承运人对全程运输承担责任外，行使索赔权利的人只对发生事故或者延误时履行该运输的承运人提起诉讼。托运人有权对第一承运人提起诉讼，收货人有权对最后承运人提起诉讼，托运人和收货人有权对发生毁灭、遗失、损坏或延误的运输区段的承运人提起诉讼。上述承运人承担连带责任。

关于承运人的责任限额，《蒙特利尔公约》规定，在货物运输途中造成货物毁灭、遗失、损坏或者延误的，承运人的责任以每公斤 17 特别提款权为限，除非托运人在向承运人交运包件时，特别声明在目的地点交付的利益，并在必要时支付附加费。这种情况下，除承运人证明托运人声明的金额高于在目的地点交付时托运人的实际利益外，承运人在声明金额范围内承担责任。

承运人可以订立高于《蒙特利尔公约》规定的责任限制或无责任限额的运输合同。但任何旨在免除该公约规定的承运人责任或降低该公约责任限额的条款，均属无效，这种无效不影响整个合同的效力，该合同仍受该公约的约束。承运人可以放弃根据该公约能够获得的任何抗辩理由，或者制定同该公约不相抵触的条件。

就该公约所指损失向承运人的受雇人、代理人提起诉讼时，受雇人、代理人证明其是在受雇、代理范围内行事的，有权援用该公约中承运人有权援用的条件和责任限额。在这种情况下，承运人及其受雇人和代理人的赔偿总额，不得超过上述责任限额。

4. 托运人和收货人处置货物的权利

托运人在负责履行运输合同规定的全部义务的条件下，有权对货物进行处置：可以在出发地机场或者目的地机场将货物提回，或者在途中经停时中止运输，或者要求在目的地点或者途中将货物交给非原指定的收货人，或者要求将货物运回出发地机场；但行使这种处置权不得给承运人或其他托运人造成损失，并偿付行使权利而产生的费用。

除托运人行使上述处置权利外，收货人于货物到达目的地点，并在缴付应付款项和履行运输条件后，有权要求承运人向其交付货物。此时，托运人的权利即告终止。但收货人拒绝接受货物，或者无法同收货人联系的，托运人恢复其处置权。承运人承认货物已经遗失，或货物在应当到达之日起 7 日内仍未到达的，收货人有权向承运人行使运输合同所赋予的权利。

托运人和收货人在履行运输合同规定义务的条件下，无论为本人或者他人的利益，可以分别以本人的名义行使上述所有权利。

上述托运人和收货人的权利，不影响托运人同收货人的关系，也不影响从托运人或者收货人处获得权利的第三人之间的相互关系。

5. 索赔

有关损害赔偿的诉讼，只能依照《蒙特利尔公约》规定的条件和责任限额提起，无论其根据如何，是根据该公约、根据合同，还是根据侵权。这表明当事人的约定和国内法都不能改变这些要求，表明适用该公约规定的唯一性。上述免除责任或减轻责任的条款无效的规定，也体现了这一点。另外，该公约还在强制适用条款中规定，运输合同的任何条款和在损失前达成的所有特别协议，其当事人借以违反该公约规则的，无论是其选择适用的法律，还是变更有关管辖权的规则，均属无效。这再次突出了该公约的优先和排他适用效力。

收货人未提出异议，为货物在良好状态下并与运输凭证相符的情况下交货的初步证据。发生损失的，收货人应当在发现后立即向承运人提出异议，至迟应在收货后 14 日内提出；发生延误的，至迟应在货物交付收货人处置之日起 21 日内提出异议。除承运人一方有欺诈外，未在前述规定期间内提出异议的，不得对承运人提起诉讼。

损害赔偿诉讼，诉讼地严格限于当事国，必须在一个当事国的领土内提起。原告可以选择向承运人住所地、主要营业地或者订立合同的营业地的法院起诉，或者向目的地点的法院起诉。诉讼程序适用受理案件的法院所在地的法律。非为当事国的损失事件发生地，不包括在内。

运输合同的当事人可以书面约定采取仲裁方式解决损害赔偿问题。仲裁程序按照当事人的选择，在上述诉讼地可供选择的当事国进行。仲裁员或仲裁庭应当适用《蒙特利尔公约》的规定。

诉讼时效为航空器到达目的地点之日、应当到达目的地点之日或者运输终止之日起 2 年，在这 2 年内未提起诉讼的，丧失对损害赔偿的权利。

二、国际铁路货物运输

国际铁路货物运输主要通过联运方式进行，托运人使用一份运单，由铁路负责两国以上的运输并移交货物。调整国际铁路货物运输的国际公约主要有：1924 年的《国际铁路货物运输公约》（简称《国际货约》，法文简称为 CIM），于 1961 年、1970 年修订，参加国主要为欧洲国家；1980 年制定的《国际铁路运输公约》（COTIF），CIM 作为 COTIF 其中的《国际铁路货物运输合同统一规则》的一个附件（COTIF/CIM），参加国为除原苏联外所有欧洲国家和部分亚洲国家、非洲国家；1951 年的《国际铁路货物联运协定》（简称《国际货协》），参加国为原社会主义集团国家，我国参加了《国际货协》，1990 年后《国际货协》的许多东欧国家退出了该协定。

（一）《国际货协》

《国际货协》适用于各缔约国之间的货物运输，该协定对铁路、发货人和收货人都有约束力。该协定不适用于始发站和终点站在同一国境内而经由另一国的运输，也不适用于两国车站间用发送国或到达国国际列车通过第三国过境的运输，或两个邻国按照一国规章全程都用该国列车的货物运输。

根据《国际货协》，运单是铁路收取货物、承运货物的凭证，是铁路在终点站向收货人交付货物和核收运杂费的依据。运单不是所有权凭证，不能转让。运单由发货人填写，由铁路发站盖戳，副本退还发货人，正本随货物同行。铁路发站加盖戳记的日期为运输合同成立的日期，发站是合同签订地。发货人对运单中的填写事项的准确性、完整性负责。

承运人对签发运单时起到终点交付货物时止的期限内的货物损失承担责任。负责运送某一路段的承运人对整个损失承担连带责任。铁路对货物的赔偿额不超过货物全部灭失时的数额。铁路对下列原因造成的损失不负赔偿责任：铁路不能预防、不能消除的情况；货物的自然属性；发货人或收货人的过失；发货人使用不正确、不完全的名称；装运时不能发现的容器或包装的缺陷；等等。

发货人可以在发站将货物领回、变更到站、变更收货人、将货物返还发站。收货人可以在到达国范围内变更货物的到站，变更收货人。收货人在货物因毁损或腐坏而使质量发生变化，使部分货物或全部货物不能按原用途使用时，可以拒绝领取货物。

发货人和收货人都可以据运单提出赔偿请求，只是分别向发货铁路和到达铁路提出，并分别提交运单副本和正本。货物运输逾期时，由收货人提出赔偿请求。

只有在赔偿请求得不到满足或答复时，才可以提起诉讼。诉讼只能向受理赔偿请求的铁路所属国家的法院提出。关于货损的赔偿请求和诉讼，应在 9 个月内提出；关于延迟的赔偿请求和诉讼，应在 2 个月内提出。

（二）《国际货约》

我国没有参加该公约，但从其频频修订及广泛的缔约国来看，其适用性很强，同时考虑到欧亚大陆桥的建成，不排除将来我国加入该公约的可能，因此，有必要对该公约作一简单介绍。

1. 适用范围

《国际货约》适用于按照联运单托运的货物运输，其运程通过至少两个缔约国的领土。发站和到站在同一国家境内仅通过另一国领土运输货物，如由发运国铁路独家经营或即使不是独家经营但据有关协议不是国际运输时，不受该公约的约束。

2. 运单

一经发运铁路承运附有运单的货物，运输合同即为签订。发站应在运单上加盖有承运日期的发站戳记，以证明承运。加盖戳记后的运单应为运输合同的证明。运单副本退回发货人，不具有作为随货运单或提单的效力。托运人填写运单，对运单上的内容和声明的正确性负责。货物托运应由发站所在地现行的法律和规章规定。

3. 发货人和收货人的权利

发货人有权为下列目的指示修改运输合同：在发站撤回货物，在运输途中停运货物，延迟交付货物，货物交付给非运单指定的收货人，货物在非运单指定的到站交付或运回发站。上述指示应以铁路规定和印就的格式作书面声明，发货人给予的任何非规定格式的补充指示均属无效。补充指示应通过发站发送，否则铁路不予执行。发货人修改运输合同的权利在下列情况下终止：当收货人已持有运单时；当收货人已收到货物时；当收货人在货物到站后要求铁路交付运单和货物时；货物进入到站国家的海关区，收货人行使修改运输合同的权利时。在发货人修改运输合同的权利终止后，铁路应执行收货人的指示。

货物进入到站国家的海关区时，收货人可以为下列目的给予指示：在运输途中货物停留，延迟交付货物，货物在到站国交付给非运单指定的收货人，履行海关和其他行政机关要求的手续，货物在到站国家非运单指定的到站交付。收货人应以铁路规定和印就的格式指示到站或到站国家的入境站，非规定格式的指示均属无效。收货人修改运输合同的权利在下列情况下应终止：当收货人已持有运单时；收货人已接受货物时；在货物到站后收货人要求铁路交付运单和货物时；其指定人在货物到站后要求铁路交付运单和货物时。如收货人已指示将货物交付其他人，则被指示人无权修改运输合同。

4. 铁路责任及赔偿

收货人开具收据并向铁路付清转给它的一切费用后，铁路在到站将运单和货物交付给收货人。下列情况下视为将货物交付收货人：货物交存海关或税务机关的处所或非铁路监管的仓库；按照现行规章，货物交存铁路、发货代理或公共仓库。

承运附运单货物的铁路，对至交货地的全程运输负责。铁路之间相互负连带责任。铁路对超过运输期限、对在接运货物至交付期间发生的货物的全部或部分灭失和货物的损坏负责。但对于索赔人任何错误行为和疏忽的结果、货物固有缺陷或铁路不可避免的情况及不能阻止的后果，铁路不负责任。上述免责事项的举证责任由铁路承担。如货物灭失或损坏可能是由《国际货约》规定的特殊危险造成的，推定由此造成，但索赔人有举证灭失或损坏事实上不是全部或部分由这些危险造成的权利。

铁路对货物灭失的赔偿额依次按商品交易价格、当时市场价格或正常价值计算，计算应以货物承运地当时同类、同质货物为基础。对货物损坏的赔偿，应对货物降低价值的金额负责，不赔偿其他损坏。但赔偿不得超过：如损坏使货物降低价格，全损时应付的赔偿额；如损坏仅使部分货物降低价格，该部分货物灭失时应付的赔偿额；对超过运输期限的赔偿额不超过货物全部灭失时应支付的赔偿额。

5. 铁路运输索赔诉讼

对铁路的索赔诉讼，可由发货人或收货人提起。在收货人持有运单、接受货物、在货物到站后要求铁路交付运单和货物或行使修改运输合同的权利之前，由发货人起诉；在收货人持有运单、接受货物、在货物到站后要求铁路交付运单和货物或行使修改运输合同的权利之后，由收货人起诉。但收货人的起诉权从其指定的人持有运单、接受货物、在货物到站后要求铁路交付运单和货物之时起丧失。起诉时，发货人应提交运单副本，收货人应提交运单正本。

因运输合同引起的货物灭失或损坏的诉讼，只能向始发站铁路、目的站铁路或造成诉讼根据的铁路提起。即使目的站铁路既未收到货物又未收到运单，这类诉讼仍可向它提起。如原告选择对其中的任何一铁路起诉，则不得对其他铁路起诉。当基于同一运输合同通过反诉的方式提起诉讼时，可对上述铁路之外的铁路提起。

对于超过运输合同期限所引起的货物部分灭失或损坏，有权索赔或起诉的人如接受货物，则对铁路的一切诉讼权丧失，《国际货约》另有规定的除外。

根据该公约提起的诉讼，只能在被告铁路所属国管辖法院提起，除非国家间协议等另有规定。运输合同引起的诉讼的诉讼时效一般为 1 年，特殊情况下为 2 年。因运输引起法律诉讼，适用有管辖权的法院的诉讼程序，但任何规定不得与《国际货约》相违背。

三、《国际公路货物运输合同公约》

《国际公路货物运输合同公约》(CMR) 是欧洲国家于 1956 年 5 月通过的一项有关国际公路货物运输的公约。我国没有参加这一公约。但在我国法院处理的案件中，曾涉及这一公约。因此，也有必要予以介绍。

该公约包括六章，共 41 条，涉及公约的适用范围、承运人的责任对象（对谁负责）、运输合同与运单、发货人和收货人对货物的处置权、承运人的责任、索赔和诉讼等规定。

(一) 适用范围

以营运车辆进行的公路货物运输合同，如规定的接管和交付货物的地点位于两个不同国家，其中至少一个是缔约国，则适用该公约。该公约也适用于该公约范围内国家、政府机构或组织从事的运输，但不适用于按国际邮运公约履行的运输、丧葬运送、家具搬迁。如部分路程由海上、铁路、内河或航空接运，而货物未卸离运货车辆，则该公约适用于运输全过程。但该公约另有规定者除外。

(二) 承运人的责任对象

当承运人的代理人、受雇人或其他人在其受雇范围内行事，承运人应对他们及为履行运输而使用其服务的任何其他人的行为或不行为负责，如同自己的行为或不行为。

(三) 运输合同与运单

运单 (a consignment note) 是运输合同成立、合同条件和承运人收到货物的初步证据。运输合同以签发运单确认。但无运单、运单不正规或丢失，不影响运输合同的成立或有效性，该合同仍受该公约的约束。运单一式正本三份，由发货人和承运人签名，一份交付发货人，一份随货物，一份由承运人留存。发货人应对运单记载事项不确定或不当使承运人承担的费用、货物的灭失或损坏负责。除非承运人在接管货物时对货物的明显缺陷或知悉的缺陷未作出保留，发货人应对货物造成的损失向承运人负责。

（四）发货人和收货人对货物的处置权

发货人有权处置货物，有权要求承运人停止在途货物的运输，有权改变货物交付地点或将货物交给非运单指定的收货人。在运单交付收货人时，或收货人凭收据要求承运人将运单和货物交给他时，发货人的这一权利终止。如收货人拒绝收货，发货人有权处置货物。

收货人有权自运单签发之时起处置货物，如果发货人在运单中有此说明。如收货人在行使处置货物的权利时，已指示将货物交给另一人，则该另一人无权再指定其他收货人。即使收货人已拒绝收货，但只要承运人未从发货人处收到相反的指示，收货人仍可要求交货。

（五）承运人的责任

承运人对货物从接管之时起到交付时止发生的全部或部分灭失和损坏以及货物交付中的任何延迟负责。如货物毁损或延迟系索赔人的错误行为、过失、指示造成的，承运人免责，但承运人应负举证责任。承运人对该公约规定的特殊风险造成的货物灭失或损坏免责，如货物的固有缺陷，发货人负责搬运、装载等。在货物灭失或损坏可能由特殊风险造成时，推定由特殊风险引起，但索赔人有权证明货物灭失或损坏事实上不是全部或部分归因于其中的风险。除非承运人证明根据情况已采取了一切理应采取的措施并按给予他的指示行事，否则承运人无权享受特殊风险造成的货物灭失或损坏的免责。

承运人根据该公约的规定赔偿货物的全部或部分灭失时，应参照接运地点和时间的货物价值计算。货物价值依次应是商品交易价格，现行市价，同类、同质货物的通常货价。货物短缺的赔偿额毛重每公斤不超过 25 金法郎。承运人对货物延迟造成的损坏的赔偿额不超过运输费用。如果货物损坏，承运人应对货物降低价值的部分金额负责，但不得超过：如整批货物损坏，全部灭失情况下的支付金额；如仅部分货物损坏，部分灭失情况下的支付金额。

对于合同之外的索赔，承运人可援引该公约的免责规定或责任限额规定。

（六）索赔和诉讼

对于明显的灭失或损坏，若收货人未会同承运人检查，则收货人应在交货后 7 日内提出异议；如经检查，应在检查后 7 日内提出异议；对于延迟交货，收货人应在控制货物后 21 日内提出异议。

对于管辖法院，该公约规定，原告可向双方协议约定的缔约国的任何法院起诉；原告也可以选择下列地点所属国家的法院起诉：被告的通常住所或主营业地，或签订合同的分支机构或代理机构所在地；承运人接管货物的地点或指定交货地。

运输引起的诉讼的诉讼时效为 1 年。如是故意不当行为，或受理法院所在地的法律认为过失与故意的不当行为等同时，时效为 3 年。如货物系部分灭失、损坏或交货延迟，自交货之日起计算；如系全部灭失，从议定的交货期限届满后第 30 天起，如无议定的交货期限，从承运人接管货物之日第 60 天起；在所有其他情况下，从运输合同订立后满 3 个月时起。时效期限开始之日不计算在内。

第四节 国际货物多式联运

一、联合国国际货物多式联运公约

随着国际货物运输技术的发展，利用多种运输方式联合运输迅速发展。国际商会的《国际贸易术语解释通则2010》规定了可用于多式联运的术语，如FCA、CIP、CPT。国际多式联运提出了很多法律问题。联合国贸易和发展会议于1980年主持制定了《联合国国际货物多式联运公约》(未生效，以下简称《多式联运公约》)，后来又与国际商会一起制定了《多式联运单据规则》。

按《多式联运公约》，国际多式联运（international multimodal transport）是指按照多式联运合同，以至少两种不同的运输方式，由多式联运经营人将货物从一国境内接管货物的地点运至另一国境内指定交付货物的地点。为履行单一方式运输合同而进行的该合同所规定的货物接送业务，不视为国际多式联运。

尽管国际多式联运采用多种运输方式，但运输合同只有一个，即国际多式联运合同。该合同是指多式联运经营人凭以收取运费、负责完成或组织完成国际多式联运的合同。经营人签发多式联运单据。多式联运单据可以是不可转让的，也可以是可转让的，由发货人选择，经营人可以在单据上对货物批注。可转让单据可背书转让或交付转让，具有所有权凭证的作用，提货时需交付可转让单据。不可转让单据应指明记名收货人，可向该人或该人指定的人交货。

多式联运经营人对其接管货物到交付货物期间的货物损失承担赔偿责任，除非经营人、经营人的受雇人或代理人为避免事故的发生及后果，采取了一切所能采取的合理措施。经营人的赔偿限额为每包或其他货运单位不超过920特别提款权，或毛重每公斤2.75特别提款权。货物损失是由经营人、经营人的受雇人或代理人故意或明知可能造成损失而轻率地作为或不作为引起时，经营人、经营人的受雇人或代理人无权享有责任限额利益。

根据《多式联运公约》，经营人对托运人根据该公约承担责任，而实际承运人根据运输方式按相应的公约承担责任，如海上运输据《海牙规则》、航空运输据《华沙公约》承担责任。

根据《多式联运公约》提起的国际多式联运诉讼，原告可以选择位于下列地点的有权法院起诉：被告主营业地，如无主营业地则为被告的惯常住所地；通过被告的营业地、分支机构或代理机构签订多式联运合同的地点；接管或交付货物的地点；多式联运合同中为此目的指定并在单据中载明的任何其他地点。除此之外，不得在任何地点进行诉讼，但这不妨碍缔约国对临时性或保护性措施的管辖权。尽管有上述规定，当事人双方在索赔发生后达成协议，规定了原告起诉的地点的，该协议有效。

根据该公约提起的有关国际多式联运的任何诉讼，其诉讼时效为2年。但如果在货物交付之日后6个月内，或货物未交付时在应当交付之日后6个月内，收货人没有提出书面索赔通知，说明索赔的性质和主要事项，则在此期限届满后，诉讼时效丧失。时效自交付货物之日的次日起算；如货物未交付，自货物应当交付之日的次日起算。但上述规定不妨碍负有赔偿责任的人，在起诉地国家法律允许的期限内提起追偿诉讼（recourse action for indemnity)。

《多式联运公约》试图就多种运输方式制定统一的规则。实际上目前国际上对同一运输方式规定统一的国际规则已是非常困难，这表现为多个海上货物运输公约、多个航空运输公约。就多种运输方式制定统一的规则困难更大。另外该公约提出了对合同的强制适用问题，这更使该公约难以被普遍接受。该公约从1980年制定至今仍未生效，也说明了普遍接受这一公约的难度。但该公约提出的问题和采取的方法是可以借鉴的。

二、《多式联运单据规则》

联合国贸易和发展会议于1991年与国际商会共同制定了《多式联运单据规则》。该规则没有约束力，当事人可以自由选择适用与否。根据该规则，多式联运单据可以是可转让的，也可以是不可转让的；单据也可以是电子数据信息。除非有相反表示，多式联运单据是经营人如单据所示接收货物的初步证据。在单据转让或电子数据信息传递之后，相反的证明不予接受。

经营人的责任从接收货物起到交付货物止，对在该期间内货物的损失或延迟交货承担责任，除非经营人证明其本人、受雇人或代理人在履行合同中没有过失或疏忽。至于海运或水运损失，经营人对《维斯比规则》规定的免责事项造成的损失不承担赔偿责任。

经营人的责任限额限于每包或每货运单位666.67特别提款权，或毛重每公斤2特别提款权，以高者为准，单据中声明价值的除外。该限额可能因强制性的国际公约或国内法实施不同的限额而改变。

根据该规则，托运人的责任与《维斯比规则》确定的托运人的责任相同。

三、我国《海商法》的有关规定

我国《海商法》对多式联运合同作了特别规定，但该法所称的多式联运，是指多式联运经营人以两种以上的不同运输方式，其中一种是海上运输方式，负责将货物从接收地运到目的地交付收货人，并收取全程运费的合同。

多式联运经营人的责任期间自接收货物时起至交付货物时止。经营人负责履行或组织履行联运合同，对全程负责。经营人与各区段承运人可以合同约定相互之间的责任，但这种约定不影响经营人的全程责任。货物的灭失或损坏发生于某一区段的，经营人的赔偿责任与赔偿限额，适用调整该区段运输方式的有关法律的规定；不能确定区段的，应按我国《海商法》关于承运人赔偿责任和责任限额的规定负赔偿责任。

第五节　国际货物运输保险

一、国际海上货物运输保险

（一）海上货物运输保险中的可保利益

承运人对货物损失承担赔偿责任存在一定的限额限制。另外由于承运人资信或支付能力问题，向承运人索赔并不总是最好的办法。因此，国际货物运输保险就成为国际货物买卖中不可缺少的一环。

海上货物运输保险中的一个根本原则是可保利益原则。可保利益（insurable interest），是指被保险人对保险标的因有利害关系而产生的为法律所承认的可以投保的经济利益。被保险人因货物的安全到达而受益，因货物的灭损而受损或产生责任。可保利益原则体现为被保险人必须对保险标的具有可保利益，才能与保险人订立有效的保险合同，才能因货物的灭失、损坏向保险人索赔。实践中，投保时可不要求被保险人有可保利益的存在，但发生保险事故时必须存在可保利益。可保利益原则可防止以他人财产的灭损谋取自己的利益，也可以确定保险人的责任额度，实现保险的真正目的——对受到损害的被保险人进行赔偿。可保利益必须是合法的、确定的、可用货币补偿的经济利益。

可保利益因被保险人与保险货物有利害关系而产生，可因对保险标的的所有权、占有权、担保权而产生，或因对货物承担风险或责任而产生。

国际货物买卖合同的当事人对货物是否享有可保利益，直接影响着其权利的享有。在所有权益不明确的情况下，对货物风险的承担即表明对货物享有可保利益。货物的风险转移是根据贸易术语确定的，因而我们可以根据贸易术语来确定买卖双方的可保利益。下述术语指《国际贸易术语解释通则2010》中的术语。

EXW，风险在货物由卖方交付给买方处置时转移，买方自此时起享有可保利益，对于此时起的货物的灭损，如已保险，可向保险人索赔。

FCA和CPT，货物的风险自卖方将货物交付给承运人照管时起由卖方转向买方，从承运人照管货物之时起，包括在装卸地点和运输途中，买方即享有可保利益。

FAS，货物风险转移的时间是卖方将货物交付至买方指定的船边，从此时起，买方享有可保利益。

FOB和CFR，风险都在货物装上船时由卖方转向买方，但在该术语下，卖方承担将货物交付到船上的义务，在卖方开始装船、但货物还未越过船舷时的货物灭损，由卖方承担风险。买方投保的保险仅在货物装上船时对其生效，买方也仅能对此后的货物灭损要求索赔。因此，卖方需要对开始装船、但未越过船舷时的货物进行投保，而不能依靠买方的保险。

在CIF合同下，卖方承担取得货物保险的义务，尽管货物风险自货物装上船时由卖方转向买方，但卖方对于装船后的货物因所有权而享有可保利益，因而卖方对装船后的货物灭损有权向保险人索赔。此外，卖方向买方转让保险单，买方获取了卖方在保险单中的保险权利，从而使买方有权对货物装船之前的货物灭损向保险人索赔。

CIP的情况与CIF类似，只是货物风险转移的时间是从卖方将货物交付给承运人保管时起。

D组术语，属于货物到达合同，货物风险在卖方交付货物给买方支配时由卖方转向买方，买方从此时起享有可保利益。在此之前的风险由卖方承担，保险由卖方投保，卖方是被保险人，享有可保利益，货物灭损时，只能由卖方向保险人索赔。对于处于买方支配之后的货物的灭损，买方可据可保利益要求索赔。

（二）海上货物运输保险合同与保险单证

海上保险合同，是指保险人按照约定，对被保险人遭受保险事故造成保险标的的损失和产生的责任负责赔偿，而由被保险人支付保险费的合同。海上货物运输保险合同，是以海上运输货物为保险标的的海上保险合同。保险人对海上运输货物遭受保险事故所造成的损失、引起的费用承担赔偿责任。

保险合同在保险人与被保险人就保险事宜达成一致时成立，即被保险人提出保险要求，经保险人同意承保，并就海上保险合同的条款达成协议后，合同成立。保险人应当向被保险人及时签发保险单或者其他保险单证，并在保险单或者其他保险单证中载明当事人双方约定的合同内容。

保险单证是保险合同的证明。保险合同除包括保险单证外，还包括投保单、来往函电等。保险合同的成立时间早于保险单证的签发时间。保险单证一般可分为保险单（insurance policy）和保险凭证（insurance certificate）两大类。

保险单如同提单，包括两大部分，即陈述（声明）部分和权利、义务条款部分。陈述部分主要包括：保险标的、保险价值、保险金额、保险费（率）、承保险别、运载工具名称、起始地点、开航日期、赔付地点等。权利、义务部分主要包括：保险责任、除外责任、保险期限、被保险人的义务等。保险凭证是一种简式保险合同，仅包括保险单的第一部分即陈述部分，而不包括据以确定当事人权利、义务的保险条款部分。

我国《海商法》规定，海上货物运输保险合同可以由被保险人背书或者以其他方式转让，合同的权利、义务随之转移。在实践中，保险合同的转让即保险单证的转让。但并非所有的保险单证都可以转让，一般情况下只有保险单才可以转让。有关保险凭证的法律效力，各国法律和惯例的规定并不统一。卖方交付保险凭证是否履行了其交单义务，需根据当事人的约定确定。为适应新的发展需要，国际商会的《跟单信用证统一惯例》要求的保险单证并非仅限于保险单，而是包括保险公司或承保人或其代理人预签的预保单项下的保险证明或保险声明。《国际贸易术语解释通则 2010》CIF 术语中，卖方的义务是取得货物保险，使买方或任何其他对货物拥有保险利益的人有权直接向保险人索赔，并向买方提供保险单或其他保险凭证。

海上货物运输保险合同（保险单）可以自由转让，不需保险人的同意。转让方式有空白背书和记名背书。由于保险合同的客体，即保险人和被保险人权利、义务共同指向的对象，不是货物本身，而是对货物所具有的可保利益，故而在转让时，应注意转让与可保利益、货物灭损的关系。在丧失可保利益时，保险单的转让无效。货物所有权的转让并不代表保险权利的转让，但丧失所有权的保险权利的转让无效，必须在保险标的所有权转让之前或同时转让。保险单的转让与转让时货物是否灭损没有关系，只要转让方有可保利益，即可转让。受让人的权利与转让人的权利相同，保险人对待受让人或其抗辩与对待转让人相同。

（三）海上货物运输保险的保险范围

海上货物运输保险对约定的风险（事故）造成的损失、费用进行赔偿。

风险包括海上风险和外来风险。海上风险指货物在海上航行中发生的或与海上运输相关的风险，不包括海上的一切风险，同时又不局限于海上的风险，包括自然灾害和意外事故。自然灾害有恶劣气候，雷电，海啸，洪水，地震，火山爆发，海水或河水进入船舱、集装箱或储存处所等；意外事故有运输工具搁浅、触礁、沉没、互撞、与流冰或其他物体碰撞、倾覆、投弃、火灾等，还包括海盗行为、船长和船员的不法行为。

外来风险指由海上风险以外的外来原因造成的风险，分一般外来风险和特殊外来风险。一般外来风险有偷窃、短少和提货不着、渗漏、短量、碰损、破碎、钩损、沾污或串味等；特殊外来风险指由于战争、暴动、罢工等造成的风险。

只有上述风险造成的损失，保险人才给予赔偿；超出了约定的风险造成的损失，保险人不承担责任。从赔偿的角度分，损失分全部损失和部分损失两大类。

全部损失指货物由于承保风险造成的全部灭失或视为全部灭失。全部损失又可分为实际全损和推定全损。前者又称绝对全损，指货物全部损失或失去了原有形体、用途或价值，或货物不能再归被保险人拥有，或载货船舶失踪超过了一定的期限；后者又称商业全损，从商业价值上判断已相当于全损，指货物发生保险事故后，货物实际虽未完全灭失，但可以预见其全损不可避免，或为避免实际全损而支付的抢救、修复费用加上将货物运到目的地的费用，超过了货物在目的地的价值或保险价值。全部损失的“全部”应根据具体情况确定。确定全部损失的一般界限是：一张保单所保货物的完全损失；一张保单所保的分类货物的完全损失；装卸过程中一个整件货物的完全损失；使用驳船装运货物时，一条驳船所载货物的完全损失；一张保单下包括多张提单的货物时，一张或几张提单货物的完全损失。

在推定全损时，如被保险人要求保险人按照全部损失赔偿，应向保险人委付保险标的。委付（abandonment）是被保险人让与对货物的权利、义务而要求全部赔偿的行为。在被保险人要求委付时，保险人应明确接受与否。

不属于实际全损和推定全损的损失，为部分损失，包括共同海损和单独海损。共同海损，是指在同一海上航程中，船舶、货物和其他财产遭遇共同危险，为了共同利益而有意地、合理地采取措施所直接造成的特殊牺牲、支付的特殊费用。共同海损应当由受益方按照各自的分摊价值的比例分摊。单独海损是特定利益方的部分损失，不涉及其他货主或船方，常用来表示除共同海损外的意外部分损失。

可以投保的费用包括施救费用和救助费用。施救费用指被保险货物在遭遇承保责任范围内的灾害事故时，被保险人为了避免或减少货物损失（根据合同可以得到赔偿的损失），采取各种抢救或防护措施所支出的合理费用。施救费用可由保险人在保险标的赔偿之外另行支付。救助费用，是指海上保险财产在遭遇承保范围内的灾害事故时，由保险人和被保险人以外的第三者采取措施并获得成功，由被救方付给救助方的费用。救助费用一般采取“无效果、无报酬”原则。但现在有变化的趋势。

（四）保险条款及保险人与被保险人的权利、义务

1. 保险条款与险别

保险人在某一海上货物运输保险合同中的具体责任应据其签发的保险单、其制定的保险条款确定。在保险条款中，保险人将风险、损失和责任按范围不同进行划分，构成保险险别或条款。保险险别不同，其承担的责任也不同。除中国人民保险公司制定的《海洋运输货物保险条款》外，国际上常用的有伦敦保险协会制定的1983年实行的《协会货物条款》（Institute Cargo Clauses，ICC）。1987年联合国贸易和发展会议制定了《海上货物保险示范条款》，作为国际范本，供大家选用。

《协会货物条款》有6种条款，即A条款、B条款、C条款、战争条款、罢工条款和恶意损害条款。每一种条款都包括8项内容：承保范围、除外责任、保险期间、索赔、保险利益、减少损失、防止迟延、法律惯例。除前3项外，其余5项是相同的。

A条款：保险人承保除外责任外的一切风险。A条款是保险人承保范围最广的条款。除明确列举的不保外，其余都保。除外责任有四类：一般除外，不适航、不适货除外，战争除外，罢工除外。一般除外有：被保险人的故意不法行为造成的损失或费用；自然渗漏；包装不当、内在缺陷或特性造成的损失或费用；直接由于迟延引起的损失或费用；船舶所有人、经理人、租船人或经营破产或不履行债务造成的损失或费用；原子核武器造成的损失或费用。不适航、不适货除外包括装船时被保险人已知船舶不适航或不适货。

B条款：保险人只承保明确列明的风险，未列的风险不予承保。根据B条款，保险人对下列原因造成的或归于下列原因的灭损承担责任：火灾、爆炸；船舶触礁、搁浅、沉没或倾覆；陆上运输工具倾覆或出轨；船舶或运输工具同水以外的外界物体碰撞；在避难港卸货；地震、火山爆发、雷电；共同海损牺牲；抛货或浪击入海；水进入运输工具、集装箱或储存处所；货物在装卸时落海或摔落造成的整件的全损。B条款的除外责任除A条款的除外责任之外，还包括任何人（不仅仅是被保险人）的非法故意行为造成的货物灭损，海盗风险。

C条款：仅保意外重大事故造成的货物灭损，不保自然灾害及非重大事故造成的货物灭损。包括：火灾、爆炸；船舶触礁、搁浅、沉没或倾覆；陆上运输工具倾覆或出轨；船舶或运输工具同水以外的外界物体碰撞；在避难港卸货；共同海损牺牲；抛货。与B条款相比，少了地震、火山爆发、雷电，浪击入海，水进入运输工具、集装箱或储存处所，货物在装卸时落海或摔落造成的整件的全损。除外责任与B条款完全相同。

中国人民保险公司将承保范围分为三种基本险、三种附加险和两种专门险。基本险可以单独投保，附加险和专门险不能单独投保，只能附加于基本险一起投保。

《海洋运输货物保险条款》规定的基本险，分为平安险、水渍险、一切险。平安险范围最小，一切险范围最大，但一切险也不包括一切的风险。在使用该条款时，注意对险别不要望文生义。(1) 平安险（free from particular average，FPA）承保自然灾害造成的全损、意外事故造成的全损或部分损失、装卸或转运时的全损或部分损失，以及共同海损。(2) 水渍险（with particular average，WA）除承保平安险的责任外，还承保自然灾害造成的部分损失（包括了海上风险的全部或部分损失）。(3) 一切险（all risks）除承保水渍险的责任外，还承保一般外来原因造成的损失。

责任期限是保险条款中的重要内容。根据《海洋运输货物保险条款》，保险人的责任起讫一般采取“仓至仓”责任，特殊情况下未到仓也终止。责任期限自保险货物运离保险单所载明的起运地仓库或储存处所开始运输时起，包括正常运输过程中的海上、陆上、内河和驳船运输在内，直至该项货物到达保险单所载明的目的地收货人的最后仓库或储存处所或被保险人用作分配、分派或非正常运输的其他储存处所为止。如未抵达上述仓库或储存处所，则以被保险货物在最后卸载港全部卸离海轮后满60天为止。如上述60天内被保险货物需转运到非保险单所载明的目的地时，则该项货物开始转运时期限终止。特殊情况下例外。

2. 保险人与被保险人的一般权利、义务

保险人与被保险人之间的权利、义务一般依保险人签发的保险单、保险凭证或保险人制定的保险条款确定。保险单中的权利、义务条款一般包括保险条款中的相应内容。而保险凭证需根据保险条款确定。海上货物运输保险传统上属于海商法的内容，是习惯法的成文化，而不是保险法在海上货物运输方面的具体适用，尽管一些基本原则是一致的。只有在保险人没有约定或没有不同约定时，调整海上货物运输保险的相关法律才适用。

保险合同中，被保险人具有最大诚信义务。一般合同中，欺诈可使合同处于可撤销状态，而在保险合同中，被保险人的欺诈赋予保险人解除合同的权利。被保险人具有重要事项告知义务、如实陈述义务和保证义务。在合同订立之前，被保险人应当将其知道的或者在通常业务中应当知道的有关影响保险人据以确定保险费率或者确定是否同意承保的重要情况，如实告知保险人。被保险人违反合同约定的保证条款未立即书面通知保险人，保险人可从被保险人违反保证条款之日起解除保险合同。保险人在合同订立时已经知道投保人未如实告知的情况的，保险人不得解除合同。此外，被保险人必须支付保险费，发生事故时必须立即通知保险人，并采取必要、合理的措施，防止或者减少损失。

根据我国《海商法》，保险人承担对约定的风险造成保险货物的损失进行赔偿、对被保险人支出的合理费用另行支付的义务。保险人赔偿保险事故造成的损失，以保险金额为限。保险金额低于保险价值的，在保险标的发生部分损失时，保险人按照保险金额与保险价值的比例负赔偿责任。保险标的在保险期间发生多次保险事故造成的损失，即使损失金额的总和超过保险金额，保险人也应当赔偿。但对于发生部分损失后未经修复又发生全部损失的，按全部损失赔偿。由于第三人的责任造成的损失，保险人在向被保险人赔偿后，在保险赔偿范围内，取得了向第三人请求损害赔偿的权利。此为代位求偿权（subrogation）。保险人行使代位求偿权时，应当向法院提交已向被保险人实际支付保险赔偿额凭证，以自己的名义起诉。被保险人已对第三人起诉的，保险人可提出变更当事人的请求，代位求偿。被保险人获得的保险赔偿不能弥补第三人造成的全部损失的，保险人和被保险人可作为共同原告起诉。法院审理代位求偿案件时，仅应就造成保险事故的第三人与被保险人之间的法律关系进行审理。

保险人对被保险人故意造成的损失，不承担赔偿责任。除合同另有约定外，对下列原因造成的货物损失，保险人不负赔偿责任：航行迟延、交货迟延或行市变化；货物的自然损耗，本身的缺陷和自然特性；包装不当。

二、航运货物保险和陆运货物保险

航运货物保险和陆运货物保险历史较短，不像海运货物保险那样发达、自成一体。尤其是陆运货物保险，由于受到运输条件的限制，国际上还没有陆运货物保险条款。中国人民保险公司于 1981 年制定了《陆上运输货物保险条款》、《航空运输货物保险条款》。伦敦保险协会制定了《协会货物（航空）条款》，并有《协会战争条款（空运货物）》和《协会罢工条款（空运货物）》与之配合。《协会货物（航空）条款》，除某些例外外，包括货物的所有灭失的风险；例外中包括战争和罢工。

根据中国人民保险公司的保险条款，陆运货物仅指火车、汽车运输的货物。陆运货物保险的基本险有陆运险和陆运一切险两种。陆运险的承保范围与海运货物保险中的水渍险相似。陆运一切险的承保范围与海运货物保险中的一切险相似，但没有了专属海上的风险，如海啸；增加了陆上的风险，如隧道坍塌。陆运险中没有了共同海损，不区分自然灾害与意外事故、部分损失与全部损失。责任起讫除稍有区别外，也是“仓至仓”。

航运货物保险也分航运险和航运一切险两种基本险别，分别与海运货物保险中的水渍险和海运货物保险中的一切险相似。责任起讫为“仓至仓”。

问题与思考

1. 如何理解提单的作用?
2. 提单有哪些种类?
3. 试述提单、运单的区别与联系。
4. 海上承运人的义务有哪几类? 有什么区别? 其免责条件是什么?
5. 比较《海牙规则》、《维斯比规则》和《汉堡规则》。
6. 如何理解、利用可保利益原则?
7. 试析 FOB、CIF 合同在运输和保险方面的不同。

第六章

国际支付

本章概要

产品的卖方总是希望取得价款，而产品的买方则必须支付价款。本章旨在通过对国际支付手段和支付方式的介绍，使学生对国际贸易中常用的支付手段和支付方式以及相关的法律、惯例有基本的了解，并能在实践中加以运用。本章吸收了国内外有关规则的新发展和研究成果，同时对过去存在的模糊问题作了一定程度的阐释和论述。

关键术语

票据　汇票　背书　承兑　M/T　T/T　D/D　D/A　D/P　信用证

第一节　支付工具

国际支付在国际贸易中的地位和作用是无须赘述的。国际商事交易双方的权利、义务最终都需要通过款项的支付来解决、清偿。而国际支付所具有的国际性使得国际支付问题更为复杂，涉及的实务问题和法律问题远远多于国内支付。一笔款项的支付至少涉及两个国家，涉及两种不同的法律制度。除涉及外汇管制、币种选择、兑换比率等在国内支付中基本不涉及的因素外，还存在国际公约或惯例，但国际公约和惯例并不涉及支付的所有方面，仍需要根据国内法的有关规定来处理，国际公约、惯例和国内法之间的关系更多情况下是互补性的。

国际支付中少用现金来结算。很多情况下使用票据代替现金流通、结算。而票据至少涉及两方当事人（多数情况下是三方）、多项票据行为和多处行为地。国际支付也可以不使用票据，如汇款中的信汇、电汇。有的支付方式既可以使用票据，也可以不使用票据，如信用证支付。使用票据的好处是使收款人多了一项票据上的权利，可以利用票据贴现、偿付等，为收款人提供了方便；其不利之处是许多国家对票据征收印花税，增加了当事人的负担。在票据的法律制度方面，世界上存在两大制度，这就是日内瓦票据法律制度和英美票据法律制度。中国的票据法吸收、折中了这两大制度。

国际支付涉及多种支付方式，如汇付、托收、信用证、备用信用证、保函，保理在我国国内也开始使用。这些支付方式一般都有相应的国际惯例来进行规范（汇付除外），一般分属不同国家的四个当事人。信用证、备用信用证、保函的当事人之间的关系彼此是相互独立的，支付关系独立于商事交易当事人之间的基础关系。负责收款或付款的银行一般只处理单据，不处理单据代表的货物。

一、票据

（一）概念与特征

票据（negotiable instrument），根据我国《票据法》，是一种以支付金钱为目的的可以流通的有价证券，分为汇票、本票和支票。许多国家票据法上，没有对票据的统一定义，只有汇票、本票或支票的定义。

票据的作用主要表现在三个方面：结算作用，票据代替现金结算，是一种结算工具；信用作用，使用票据可提供一定期限的信用，但支票例外，支票见票即付，不具有信用作用；流通作用，票据按照一定的方式可以流通转让，转让次数越多，票据权利越有保证。

票据具有下列主要特征：

1. 流通转让性

除注明“不可转让”的外，票据经过背书或交付可以转让，受让人取得票据上的权利。转让的情况有两种：记名票据，须背书、交付才能转让；不记名票据，仅凭交付即可转让。

2. 无因性/独立性

票据的取得一般基于某种基础关系，但一经取得票据，票据的权利、义务即与基础关系中的权利、义务分离。票据权利是基于民事权利但又独立于民事权利的票据法上的权利。票据中的付款义务不受票据的签发原因的影响。善意持票人的权利不受付款人的抗辩理由的影响。但我国票据法要求有真实的交易关系或债权债务关系存在。

3. 要式性/文义性

票据权利因票据的出具而产生，并以票据上的文字记载为准，出具票据不符合法定形式的，不产生票据权利，票据无效；同时，享有权利必须符合法定的形式，如票据形式有缺陷，权利即受影响。

（二）国际票据法律制度的冲突和统一

在票据调整法律方面，存在两大对立的法律制度，这就是以法国和德国为代表的日内瓦统一票据法系和以英、美为代表的英美票据法系。历史上，存在三个不同的票据法律系统，即法国、德国和英国。法国票据法制定较早，主要把票据作为代替现金运送的工具加以保护，而不是作为流通手段和信用工具使用；德国则注重票据的流通与信用工具作用，强调票据是一种不要因的证券，票据的权利不受基本关系的影响；英国的票据法是在判例法的基础上发展起来的，制定时间相对较晚，把票据关系与引起票据产生的基本关系严格区分，加强对正当持票人的保护。

票据法律制度的不统一严重影响到票据的流通。1930 年和 1931 年国际联盟主持召开日内瓦票据法统一会议，制定、通过了《1930 年汇票与本票统一法公约》、《1931 年解决汇票、本票关于法律冲突的公约》、《1930 年支票统一法公约》和《1931 年解决支票关于法律冲突的公约》。上述公约为欧洲大多数国家、日本等采用（称之为大陆法系或日内瓦票据体系），但英美法系国家未派代表参加会议，因而也不采用上述公约。上述公约主要调和了德、法票据法的不同规定。

联合国国际贸易法委员会继续在统一票据法方面作出努力，于1971年即着手起草新的统一票据法公约。1988年12月纽约联合国大会通过了该委员会制定的《联合国国际汇票和国际本票公约》。该公约需10个国家批准才能生效，但到2014年5月为止，只有5个国家批准(加蓬、几内亚、洪都拉斯和墨西哥、利比里亚)，其生效日期还很遥远。国际上票据法的两个法系对立的状况依然存在。

两大法系的分歧主要表现在下述几个方面：第一，票据的分类不同。日内瓦统一票据法将汇票与本票视为一类，把支票作为单独一类；而英国票据法认为汇票是基本票据，本票和支票由汇票派生，英国1957年的支票法仅是对原票据法中的支票部分的补充，《美国统一商法典》中票据的范围更广，还包括存单。第二，票据持票人的权利不同。英国法将持票人分为对价持票人和正当持票人，正当持票人的权利大于对价持票人的权利；而日内瓦统一票据法认为只要票据背书连续，持票人即是合法持票人，对票据拥有合法的权利。第三，对伪造背书的处理不同。英美法系重安全性，日内瓦法系重流通性。第四，要求的票据要件不同。英国法对形式没有特别要求，而日内瓦统一票据法则规定了构成票据有效的要件，美国法在这一点上与日内瓦统一票据法相同。

我国于1995年通过、1996年施行了《票据法》。依据该法，票据分为汇票、本票和支票。

二、汇票

在国际贸易中使用最多的是汇票（bill of exchange，draft）。

根据《汇票与本票统一法》[①]，汇票是出票人要求付款人见票即付或见票后定期支付给受款人或其代理人一定金额的无条件支付委托。据英国汇票与本票法，汇票是一人（出票人）向另一人签发的，要求付款人即期或定期或在可以确定的将来时间，对特定人或其指定的人或持票人无条件支付一定金额的书面委托。

《联合国国际汇票和国际本票公约》重在规范国际票据的问题。根据该公约，国际汇票必须是下列两个地点位于两个不同国家的汇票：出票地点、出票人签名旁所示地点、受票人姓名旁所示地点、受款人姓名旁所示地点和付款地点。

我国《票据法》对汇票的定义略有不同。汇票是出票人签发的，委托付款人在见票时或者在指定日期无条件支付确定的金额给收款人或者持票人的票据。涉外票据，指出票、背书、承兑、保证、付款等行为，既有发生在中国境内，又有发生在中国境外的票据。

汇票是一种委托证券，非由出票人自己而是由第三人向持票人付款。在国际贸易结算中，汇票使用最多，常常是出票人自己是受款人，即出口商开出以自己为受款人的汇票，要求进口人付款。有时受款人也可能是出口商的开户行。

汇票有三个基本当事人：出票人（drawer)、受票人（付款人，drawee）和受款人（收款人，payee)。出票人签发汇票后即承担保证该汇票得到承兑和付款的责任。受票人承兑汇票即成为承兑人。一张汇票在承兑之前，出票人是主债务人，在承兑之后承兑人是主债务人。付款

---

① 作为《汇票与本票统一法公约》的附件，是该公约的主要内容。

人承兑汇票后，承担到期付款的责任。受款人将汇票背书转让，成为背书人（endorser），接受背书的人称为被背书人或受让人（endorsee）。背书人以背书转让汇票后，承担其后的受让人所持汇票获得承兑和付款的保证责任。受让人应当对其直接的转让人背书的真实性负责。汇票可以多次背书。受款人和受让人统称为持有人，在背书的情况下指受让人。出票人和背书人对汇票承担保证责任。汇票到期被拒绝付款的，持票人可以对背书人、出票人以及汇票的其他债务人行使追索权。

根据受票人是否在见票时付款，可以将汇票分为即期汇票和远期汇票。即期汇票是指受票人见票付款的汇票。远期汇票是指在约定的日期或可确定的日期付款的汇票。远期汇票又可分为见票后定期、出票后定期和定日汇票。远期汇票需要受票人的承兑。

按照汇票出票人的不同，可以将汇票分为银行汇票和商业汇票。银行汇票是出票人和付款人都是银行的汇票。商业汇票的出票人是公司或个人。在国际贸易中多是出口商出具汇票。

三、票据权利与义务

票据权利，指持票人向票据债务人请求支付票据金额的权利，包括付款请求权和追索权。付款请求权对付款人行使，追索权对其前手行使。票据责任，指票据债务人向持票人支付票据金额的义务。汇票的出票人、背书人、承兑人和保证汇票的保证人是票据中的债务人，并负连带责任。

在票据的流通过程中可能产生票据要式的缺陷，同时受让人本身的原因也可能使其权利受到影响。因此，并非所有的持票人都享有完整的票据权利。英国票据法将持票人分为持票人、对价持票人（holder for value）和正当持票人（holder in due course），权利保护程度依次增强。持票人指受款人、被背书人或无记名汇票的持有人。对价持票人指对票据给付了代价的持票人。正当持票人指在票据完整、正常、没有过期的情况下，出于诚信、不知悉票据曾遭到拒付、不知悉转让人的权利有瑕疵并支付代价取得票据的人。正当持票人享有的权利可以优于其前手。知悉为实际知悉。《美国统一商法典》将汇票持有人分为正当持票人和其他持票人。正当持票人必须满足下述条件：没有注意到票据瑕疵，善意地支付了对价的流通票据的持有人；而票据本身必须没有明显的伪造或更改，或没有引起对真实性怀疑的不规范或不完整。知悉包括实际知悉和有理由知悉。正当持票人的权利仅受债务人下列抗辩的限制：债务人未成年；根据其他法律，胁迫、不具备法律资格、交易非法，使债务人的义务无效；债务人因受欺诈而签署票据，且不知或没有合理机会得知有关其特征或必需条件；破产程序中债务人的责任免除。非正当持票人的权利受到票据或收益中的财产权或占有权益请求权的限制，包括撤销转让、重新取得票据或收益的请求。日内瓦统一票据法中规定了合法持票人，其条件是背书连续、正当取得和没有重大过失，无对价要求。《联合国国际汇票和国际本票公约》规定了受保护的持票人的概念，相当于英国法中的正当持票人，但没有对价的要求。

我国《票据法》没有上述明确的分类。根据我国《票据法》，持票人取得票据，应当遵循诚实信用的原则，具有真实的交易关系和债权债务关系，必须给付对价（赠与、继承等除外）。以欺诈、偷盗或者胁迫取得票据的，或者明知有前列情形，出于恶意取得票据的，不得享有票据权利。持票人因重大过失取得不符合票据法规定的票据的，不得享有票据权利。持票人明知存在票据债务人的抗辩事由而取得票据，票据债务人的抗辩事由可以对抗持票人。持票人因超过票据权利时效或者因票据记载事项欠缺而丧失票据权利。

可以看出，我国《票据法》的规定综合了不同法系的有关规定，增加了大陆法系中所没有的对价要求，增加了真实的交易关系和债权债务关系的要求，同时也吸收了相当于善意持票人、正当持票人的内容，尽管没有这样的明确概念。

四、票据伪造的民事责任承担

票据伪造的责任自然应由伪造者承担。伪造票据是一种犯罪行为，伪造者应负刑事责任，并应对因其伪造受损的其他人承担民事责任。但实际生活中，往往不能及时抓住伪造者，即使抓住伪造者，也可能没有财产承担责任。因此，此处所说的票据伪造的民事责任承担，是指除伪造者之外的其他人的责任承担。由于汇票在国际贸易中的使用比较广泛，因而此处以汇票作为论述对象。

我国《票据法》第 14 条对伪造作了规定：票据上的记载事项应当真实，不得伪造、变造。伪造、变造票据上的签章和其他记载事项的，应当承担法律责任。票据上有伪造、变造的签章的，不影响票据上其他真实签章的效力。根据票据法的其他有关规定，票据出票人在票据上签章，按照票据上的记载事项承担责任。持票人行使票据权利，应当在票据上签章。其他票据债务人在票据上签章的，按照票据所记载的事项承担票据责任。票据上的签章，为签名、盖章或签名加盖章。签名应当为本当事人的签名。

我们将汇票的当事人限于出票人、付款人、承兑人、背书人、被背书人、持有人来分析、论述伪造汇票的责任承担。

如果伪造出票人的签章，票据无效，这张伪造的票据上根本不存在票据权利。如果收款人没有将该票据转让或不能从付款人处取得款项，则收款人是这一伪造票据的唯一受害人，受害人的唯一补救措施是寻求伪造者要求偿付。付款人被要求付款时，根据最高人民法院《关于审理票据纠纷案件若干问题的规定》(2020 年修正，以下简称《审理票据规定》) 第 68 条，付款人未能识别出伪造、变造的票据而错误付款，属于重大过失，给持票人造成损失的，应当依法承担民事责任；之后有权向伪造者、变造者依法追偿。

伪造承兑，该承兑无效，但这不影响这张票据的效力，只相当于该票据没有承兑。由于承兑是一种履行票据义务的行为，承兑之后还有付款的义务，伪造者不能从伪造中直接受益，一般来说伪造承兑的情况极少。

最值得注意的是伪造背书。背书转让票据可以取得款项、偿还债务，伪造背书可以直接非法获益，这成了伪造背书的直接动机。票据的流通程序是出票人、收款人（第一背书人)、第一被背书人（第二背书人）……持票人，经由连续背书而形成了一条环环相扣的链条。伪造背书的人一般是非法取得票据，假冒收款人或被背书人签章。失票人在向付款人挂失止付后，付款人应立即暂停支付。在 12 日内没有收到人民法院止付通知书的，自第 13 日起，挂失止付通知书失效。根据前述规定，如果付款人未能发现系伪造背书而付款，则付款人因重大过失而自担责任，在可能的情况下向伪造者寻求偿付。最后的持票人在不能从付款人处得到付款时，可以对其前手追索。

伪造背书中的争议问题在于是由丢失票据的人承担风险和责任，还是由从伪造者处取得票据的人（以下简称得票人）承担风险和责任。大陆法系和英美法系在此问题上的立场正好相反。大陆法系认为：伪造产生的风险应由失票人承担。这样有助于票据的流通，保障不知情的持有者，而且便于付款人付款后迅速了结票据关系，通过明确承担责任的人减少法律诉讼和纠纷。而英美法系则认为，伪造的风险应由从伪造者处取得票据的人承担。这样有利于保护出票人的合法利益，鼓励使用票据；同时从伪造者处取得票据的人最容易防止事情的发生。

我国国内的观点认为，被伪造者一般不承担责任和风险，因为其没有签章。根据最高人民法院《审理票据规定》第 66 条，“伪造、变造票据者……应当承担民事赔偿责任。被伪造签章者不承担票据责任”。但该规定没有涉及被伪造者存在过失的情况。如果由于被伪造者的过失造成了他人的伪造，如票据、名章没有妥善处理，被伪造者应承担责任。在伪造者没有承担责任前，被伪造者应承担全部责任，在其承担责任后再向伪造者寻求救济。毕竟过失是票据法上承担责任的一个重要概念和因素。

被伪造签章者（失票人）不承担票据责任，意味着失票人不能成为从伪造签章者手中获得票据的人的追索对象。得票人可否向其他前手包括出票人追索？换句话说，在背书链条中断的情况下，中断后的后手可否向中断前的前手追索？答案应当是否定的。

我国《票据法》规定了伪造票据的责任、风险承担。该法第 32 条规定，以背书转让的汇票，后手应当对其直接前手背书的真实性负责。第 37 条规定，背书人以背书转让汇票后，即承担保证其后手所持汇票承兑和付款的责任。背书人在汇票得不到承兑或者付款时，应当向持票人清偿该法第 70 条、第 71 条规定的金额和费用（即追索的金额和费用）。上述规定表明，从伪造者处获得票据的人（得票人，被背书人）应当对票据的真实性负责，在其以背书人的身份转让票据时，应当保证汇票承兑和付款。如果其后手不能获得付款人的承兑、付款，该人应当承担责任。由于其存在的过失，他也不能向包括出票人在内的其他前手追索。但在这一点上，国内的看法有分歧。个案具体问题应据个案具体情形解决。

五、涉外票据的法律适用

根据我国《票据法》，涉外票据是指出票、背书、承兑、保证和付款等行为中，既有发生在我国境内又有发生在我国境外的票据。这包括在我国境内出票的票据，也包括在我国境外出票的票据。

由于票据涉及多个票据债务人、多种票据行为、多个票据行为地，涉及多种票据纠纷，涉外票据的法律适用是复杂的。票据法律适用的原则是：国际条约优先，我国声明保留的除外；国际条约和我国票据法没有规定的，可以适用国际惯例。国际上有关票据法的公约有日内瓦公约体系、《联合国国际汇票和国际本票公约》。涉及票据的国际惯例有《跟单信用证统一惯例》、《托收统一规则》、《国际备用证惯例》等。

我国《票据法》还对票据的具体事项的法律适用作了规定：票据债务人的民事行为能力适用其本国法律；汇票、本票的记载事项适用出票地法律；背书、承兑、付款和保证行为，适用行为地法律；追索权的行使期限适用出票地法律；提示期限、拒绝证明的方式、出具拒绝证明的期限适用付款地法律；票据丧失时的请求保全程序适用付款地法律。

六、国际贸易中的汇票

国际贸易中使用比较多的是汇票。无论是托收支付方式，还是信用证支付方式，都可以使用汇票。

通常情况是卖方出具以买方为付款人的汇票，卖方是出票人，同时也是收款人。该汇票由买方承兑后，由卖方持有。这时卖方可有两种选择：一种是其持有汇票，直至该汇票到期，由买方向卖方支付汇票全额。卖方也可以在汇票到期之前将该汇票转让给其他人，获得款项。如果转让给银行，通常称为贴现。虽然卖方转让或贴现汇票所得的数额低于汇票金额（要扣除相应的利息、支付相应的费用），但却可以提前获得现金。此外，卖方也可以出具以买方为付款人、以第三人（如银行）为收款人的汇票。这种情形主要适用于卖方对该第三人有金钱债务，通过买方向该第三人付款来清偿债务。买方履行汇票上的付款义务时，既清结了与卖方的债权债务，也清结了卖方与其债权人的债权债务。在第一种情形下，如果卖方不转让汇票，汇票上的债权债务不涉及第三人，卖方作为出票人不对他人承担责任；如果卖方转让汇票，则卖方对汇票的持有人承担获得款项的担保责任。卖方可以在转让汇票时，在汇票上标明“不得追索”字样，来免除自己的责任。在第二种情形下，汇票存在典型的三方当事人，卖方作为出票人承担担保责任。

买方也可以出具汇票用于支付卖方货款。该汇票以第三人为付款人，以卖方为收款人，买方自己为出票人。在第三人（付款人）承兑汇票后，卖方或者等待汇票到期获得款项，或者通过转让或贴现获得款项。

国际贸易中使用汇票，使买方与卖方之间的一般债权债务关系转变成了票据法上的债权债务关系，受到票据法的约束和保障。同时，汇票方便的流通转让特性又使卖方容易变现。

第二节　汇付与托收

一、汇付

汇付（remittance），即汇款，是指进口方将货款通过银行寄交出口方的结算方式。汇付一般涉及四个当事人，这就是汇款人、汇出行、收款人和汇入行。接受汇款人委托办理汇款业务的银行称为汇出行（remitting bank），接受汇出行委托向收款人解付款项的银行称为汇入行或解付行（paying bank ）。

根据汇款的方式，可以将汇付分为信汇、电汇和票汇三种。

信汇（mail transfer，M/T），是指汇出行应汇款人的要求，将支付授权书通过邮寄方式寄给汇入行，由汇入行向指定收款人解付一定金额的汇付方式。信汇结算费用低、速度慢。

电汇（telegraphic transfer，T/T），基本与信汇相同，只是汇出行通过加押电传方式或SWIFT（环球银行金融电讯协会，一个国际银行间合作组织）将支付授权书通知汇入行。

票汇（bank’s demand draft，D/D），指应汇款人要求，汇出行开立以其国外代理行或联行为付款人的即期汇票，由汇款人将汇票寄交收款人，收款人凭此汇票向付款人（汇入行）收款。与信汇、电汇不同，在票汇中，汇款人将汇票交收款人，汇出行与汇入行间的指示是通过汇票作出的。使用这种方式结算的好处是可以转让汇票。

在信汇和电汇两种情况下，汇付使用的凭证是支付授权书或支付指示（payment order，

P. O.)。汇款人与汇出行是委托代理关系，汇出行和汇入行是委托代理关系。汇出行或汇入行与收款人没有直接的法律关系，收款人是上述代理关系的第三人。在票汇的情况下，汇付使用的是汇票。汇款人与汇出行是委托代理关系，汇出行、汇入行与收款人是票据关系，分别是出票人、付款人和受款人。

汇付属于商业信用，是否付款取决于进口商，付款没有保证。从时间上划分，付款可以分为预付货款和货到付款。但买方不愿先付款，卖方不愿先交货。因此，除非买卖双方有某种关系（如跨国公司的关联公司），或小数额的支付（如样品费、展品费、尾款），较少使用汇付。根据结算工具传递方向与资金运动方向是否一致，可以把结算方式分为顺汇和逆汇。汇付属于顺汇。托收和信用证属于逆汇。逆汇又叫出票法，即债权人开出汇票，委托银行向国外债务人收款。

二、托收

（一）托收的概念

托收（collections），指银行受债权人（出口商）委托，凭有关单据（商业单据，也可能包括金融单据）向债务人（进口商）收取货款的一种结算方式。根据国际商会的《托收统一规则》，托收指银行依据所受指示，处理金融单据和/或商业单据，以取得付款和/或承兑，或凭付款和/或承兑交付单据，或按其他条件交付单据。托收属于一种商业信用。银行所起的作用仅是一种代理收款作用。银行对付款人是否付款不承担责任，因而托收对卖方来说意味着一种风险。

托收一般涉及四方当事人，即委托人、托收行、代收行和付款人。有时出现提示行。有时卖方会在买方所在地委托一个代理人，在买方拒收货物时代理处理货物。委托人（principal）即是委托银行办理托收的人，通常是国际货物买卖合同中的卖方。接受委托人委托处理托收的银行叫托收行（remitting bank），通常在卖方所在地。除托收行外，参与处理托收的银行叫代收行（collecting bank），通常在买方所在地。提示行（presenting bank）是向被提示人提示的代收行。付款人（drawee），是据托收指示向其提示的人，通常为买卖合同中的买方。如果托收中使用汇票，通常委托人是出票人，付款人是受票人。

委托人与付款人之间是货物买卖合同关系，也是债权人与债务人关系。委托人与托收行之间是代理关系，托收行按委托人的托收指示托收。托收行与代收行之间是业务代理关系，或属于同一银行的分支机构。托收行及代收行与付款人之间没有直接的法律关系，付款人处于第三人的地位。

（二）托收的程序和种类

托收的基本程序如下：

1. 委托人委托托收行办理托收，填写委托书，发出“托收指示”（collection instruction），交付有关单据。

2. 托收行如接受委托，向其在债务人所在地的代理行传达托收指示，并寄交有关单据。

3. 代收行如接受托收指示，按托收指示，向债务人提示有关单据，要求债务人承兑汇票或付款。

4. 债务人验单，决定是否承兑汇票或付款。

5. 如债务人承兑或付款，代收行向债务人交付有关单据；如债务人拒绝承兑或付款，代收行向托收行转述拒付理由，并返还有关单据。

6. 代收行向托收行付款。

7. 托收行向委托人付款；在债务人拒付时，向委托人返还有关单据。

根据托收是否附有商业单据，可分为光票托收（clean collection）和跟单托收（documentary collection）。光票托收指不附有商业单据的金融单据托收，跟单托收是附带商业单据的金融单据托收或不附有金融单据的商业单据托收。国际贸易中的托收多采用跟单托收。

按交单条件方式，跟单托收可分为付款交单和承兑交单。

付款交单（documents against payment，D/P），指付款人付款时代收行向其交付商业单据。付款交单又可分为即期付款交单和远期付款交单。即期付款交单包括不使用汇票的托收或使用即期汇票的托收。有关单据经代收行向付款人提示后，付款人检查单据后决定是否接受，接受时即付款赎单。远期付款交单指使用远期汇票的托收。付款人先承兑汇票并在汇票到期时付款赎单。

承兑交单（documents against acceptance，D/A），指代收行向付款人提示远期汇票，付款人验单后承兑汇票时，代收行即向其交付单据。在付款日期到来时，付款人向代收行支付货款。在承兑交单的情况下，交单在先，付款在后。

对于卖方来说，承兑交单比远期付款交单风险更大，卖方可能面临着货物已经交付而买方最终拒绝付款或失去支付能力的情况；而对于买方来讲，远期付款交单比承兑交单不利，买方履行了承兑行为，承担了汇票上的义务，却没有取得单据。

托收是一种商业信用。银行所起的作用仅是一种代理收款作用。银行对付款人是否付款不承担责任。同时，无论是承兑交单还是付款交单，对卖方都存在很大的风险。托收时，卖方已经发运货物或货物已经到达买方所在地，这时如果买方拒付，卖方会遭受很大损失。卖方面临转运、转售的问题，而且买方拒付时一般货物行情下跌，卖方还要承担价差上的损失。在卖方不能控制货物或用于提货的凭证时，例如不使用提单或采用 FOB 术语或航空运输，卖方不宜使用托收。

(三) 银行的托收义务及免责

国际上规范托收的规则是国际商会的《托收统一规则》。该规则自 1958 年制定，经 1967 年、1978 年和 1995 年修订，现行文本为 1995 年通过、1996 年施行的《托收统一规则》(URC522)。该规则仅适用于银行托收。该规则属于惯例性质，仅适用于托收指示中注明该规则的托收。当事人在发出委托指示时应注明“受 URC522 约束”的字样。当事人可以作出不同的约定，该种约定优先于上述规则。在上述规则与一国的强制性法律规定抵触时，法律规定优先。该规则由七部分构成：总则和定义，托收方式及结构，提示方式，义务和责任，付款，利息、手续费和费用，其他规定（包括承兑、本票及其他凭证、拒绝证书、需要时的代理、通知）。该规则并不涉及当事人的能力和单据效力问题。

1. 银行自由决定是否接受托收

URC522 第 1 条规定，“银行无责任必定处理托收或接受任何托收指示以及以后的有关指示”。这表明银行有处理或不处理托收的选择权和自主权。如果银行决定不处理托收或不接受有关的托收指示，银行只需立即以电讯方式通知委托一方或指示一方即可。

2. 银行应严格按照托收指示履行责任

一切托收单据必须附有托收指示书。该托收指示必须完整、明确。除托收指示外，银行不从审核单据中获取指示。在接受托收后，银行严格按照托收指示办理托收。除非在托收指示中另有授权，银行概不理会来自托收委托的当事人/银行以外的任何一方/银行的指示。托收指示应包括有关当事人的详情、托收的金额和货币、所附的单据清单和数量、支付或承兑的条款和条件、托收费用、托收利息、付款方法和付款通知形式、不付款、不承兑或不符指示时的指示，还应包括付款人的完整地址以便进行提示。作出托收指示的一方须确保交单的条件清楚、明确，否则，银行对于由此造成的后果不承担责任。代收行对地址不完整或不准确而产生的迟延不负责任。

3. 银行的义务不涉及货物、服务或行为

银行履行义务的对象是有关单据。一般情况下，银行与买卖合同的执行没有关系。除非银行事先同意，货物不应直接发至银行，或以银行或银行的指定人为收货人。即使银行为收货人，银行也没有提货的义务，货物的风险及责任由发货人承担。银行没有义务对货物采取措施，即使在托收指示中有此专门指示；如果银行采取措施保护货物，对货物的下落、状况、受托保护货物的第三人的行为或不行为，不负责任，但必须毫不迟延地通知发出托收指示的银行。与保护货物的措施有关的费用由指示银行的一方承担。

4. 银行的业务标准及免责事项

银行办理业务时应善意行事并合理谨慎履行职责。银行对下列事项免责：

（1）对所收单据的免责。银行只负责确定收到的单据和托收指示所列是否一致。如果发现单据丢失，应毫不迟延地通知托收指示方。除此之外没有进一步的义务。如果单据没有列入清单，托收行不涉及代收行所收单据种类和数量的争议。

（2）对单据有效性的免责。对单据的形式、充分性、准确性、真伪性及法律效力，不负责任；对单据中规定的或附加的一般或特殊的条件不负责任；对单据所代表的货物的描述、数量、重量、质量、条件、包装、交付、价值或存在，不负责任；对托运人、承运人、货运代理人、收货人、保险人或任何其他人的诚信、作为或不作为、清偿能力、履行或资信，不负责任。

（3）对被指示方的行为免责。为执行委托人的指示利用其他银行的服务，一切风险和费用由委托人承担。银行对于所传递指示未被执行不承担责任。但指示另一方提供服务的一方，应受外国法律和惯例对被指示方施加的任何义务和责任的约束，并应向被指示方进行偿付。

此外，银行对于寄送途中的延误、丢失及翻译的错误，不承担责任；对于自然灾害、暴动、骚乱、叛乱、战争及银行本身无法控制的任何原因造成的后果免责。

第三节　跟单信用证

一、跟单信用证的定义及调整规范

跟单信用证是银行有条件的付款承诺，只要受益人提交的单据符合信用证的要求，银行即应付款。根据国际商会《跟单信用证统一惯例》(UCP 600)的定义,跟单信用证(documentary credit)是指一项不可撤销的安排,该项安排构成了开证行对相符交单予以承付的确定承诺。而根据UCP500,信用证是指一项约定,一家银行(开证行)应客户(申请人)的要求和指示,在符合信用证条款的情况下,凭规定的单据,向第三人(受益人)或其指定人付款、承兑并支付受益人出具的汇票,或授权另一家银行在符合信用证条款的情况下凭规定的单据付款、承兑并支付受益人出具的汇票,或授权另一家银行在符合信用证条款的情况下凭规定的单据议付。开证行自己也可以作为申请人对受益人开出信用证。

信用证是一种银行信用,银行承担第一位的付款责任。受益人收到了开证行开出的信用证,即得到了开证行付款的保障。因此,在国际贸易中,信用证这一支付方式使用比较广泛。

国际商会制定的《跟单信用证统一惯例》(UCP 600)[①],是处理国际货款信用证支付的商业惯例,为世界各银行处理信用证业务所适用。为避免产生歧义、明确当事人的权利义务关系,信用证文件中应明确引用UCP600。与该惯例相配套的主要规则主要包括:国际商会颁布的《关于审核跟单信用证项下单据的国际标准银行实务》(ISBP681);《UCP600关于电子交单的附则》(eUCP,版本1.1),对UCP600进行补充,以适应电子信息的单独提交或与纸单据联合提交的情况。

UCP600在性质上属于国际商业惯例,旨在为信用证当事人提供行为规范,其调整范围和规范效力不能取代国内法的强制性规定。UCP600没有包括与信用证有关的一切事项,例如信用证效力、信用证欺诈、追索问题,等等。中国最高人民法院于2005年颁布了《关于审理信用证纠纷案件若干问题的规定》[②](2020年修正,以下简称《信用证司法解释》),就与信用证纠纷相关的纠纷审理问题作出了规定。根据该解释,信用证纠纷案件,是指在信用证开立、通知、修改、撤销、保兑、议付、偿付等环节产生的纠纷。因申请开立信用证而产生的欠款纠纷、委托开立信用证纠纷和因此产生的担保纠纷以及信用证项下融资产生的纠纷,应当适用中华人民共和国相关法律。涉外合同当事人对法律适用另有约定的除外。

二、信用证的当事人及其相互关系

信用证的基本当事人有四个,即开证行、通知行、受益人和指定行。不同当事人之间具有不同的法律关系,其权利义务受不同的协议调整。

开证行(issuing bank),指开出信用证并对受益人承担付款义务的银行。开证行一般是应申请人申请开立信用证,通常是申请人所在地的银行或其开户行。开证行与受益人的关系是最基本的信用证关系,开证行对受益人承担独立的、最终的付款义务。

通知行(advising bank),指应开证行要求向受益人通知信用证的银行。通知行通常是受益人所在地的银行。开证行与通知行之间是委托代理关系。通知行与受益人、申请人之间没有直接的法律关系。通知行可以不接受开证行的委托。通知行只承担确定信用证表面真实性的责

---

① 国际商会于1933年首次制定、公布了《商业跟单信用证统一惯例》,此后该惯例经1951年、1962年、1974年、1983年、1993年多次修订,现行文本是2006年修订、自2007年7月1日起施行的《跟单信用证统一惯例》(国际商会第600号出版物,UCP600)。

② 最高人民法院《关于审理信用证纠纷案件若干问题的规定》(法释[2005]13号),2005年10月24日由最高人民法院审判委员会第1368次会议通过,自2006年1月1日起施行。

任。如不能证实，通知行必须立即通知对其指示的银行；如通知行仍决定通知受益人，必须将其不能确定信用证真实性的情况告诉受益人。

受益人（beneficiary），指信用证中指定的有权享用信用证金额的人。一般是买卖合同中的卖方。在可转让信用证的情况下，除直接卖方外，还包括货物的实际供应商（第二受益人）。受益人与开证行之间的关系受信用证的调整，是信用证的直接关系人。

指定行（nominated bank），指信用证可在其处兑用的银行，是信用证中指定的直接向受益人付款、承担延期付款、承兑汇票或议付的银行。信用证必须指定可在其处兑用信用证的银行，或指明是否可以在任一银行兑用。如果信用证可在任何银行兑用，任何银行均为指定行。指定行一般为卖方所在地的银行。指定行可以是通知行，也可以是通知行外的另一家银行。

此外，还可能存在保兑行（confirming bank），即根据开证行的授权或要求对信用证加具保兑的银行。

开证申请人（applicant），是向银行申请开立信用证的人。在国际贸易中，开证申请人通常是国际货物买卖合同中的买方。在实际业务中，也有买方之外的第三人替买方申请开立信用证的情形。这时申请人是该第三人，而非买方，买方不是信用证的关系人。申请人申请开证时，一般需向开证行提供押金或其他担保。开证行与申请人之间的关系受开证申请书的调整。

三、信用证的基本运作程序和内容

（一）信用证的基本运作程序

信用证的运作涉及多项安排。其主要程序如下：

1. 买卖合同规定货款的支付采取信用证支付方式。

2. 申请人向开证行提出开证申请，包括开证要求、偿付或担保协议。

3. 开证行在接受申请人的申请后，向受益人开出以其为受益人的信用证。

4. 通知行向受益人通知信用证。如通知行对信用证进行保兑，则其与受益人之间的关系独立于开证行与受益人之间的关系，对受益人承担独立的付款义务。

5. 受益人按信用证的规定制作单据，并向指定行提交单据。

6. 指定行根据信用证规定的条件和方式对受益人付款、承兑或议付。

7. 指定行向开行证或保兑行要求偿付。

8. 开证行向指定行或保兑行进行偿付。

（二）信用证的内容

1. 有关信用证本身的要求

（1）信用证的号码。信用证要求的各有关单据都应标明该号码。

（2）开证地点和日期。开证地点指开证行所在地，开证日期是指开出信用证的日期。

（3）截止日期和地点。也可称为有效日期和提交单据地点。有效日期指开证行承担付款义务的日期。超过了有效期，银行的付款义务不复存在。交单地点指可以在其处兑用信用证的银行所在地。除规定的交单地点外，开证行所在地也是交单地点。如果信用证的交单地点是开证行所在地，考虑到单据路上花费的时间，受益人用于交单的实际时间缩短，相当于信用证的有效期缩短。同时，信用证应注明在装运日期后多长时间内提交单据。UCP600 规定，信用证必须规定一个交单的截止日。规定的承付或议付的截止日将被视为交单的截止日。提交单据的日期最迟不迟于装运日后21个自然日。银行在其营业时间外无接受单据的义务。

2. 相关当事人

包括信用证的申请人、受益人、通知行、指定行。

3. 信用证金额及兑用方式

信用证金额即受益人可以使用的金额。如有“大约”等字样，表示金额允许有10%的增减幅度。

信用证应从4种兑用方式中指定其中一种兑用方式，这4种方式是：即期付款、延期付款、承兑汇票、议付。如使用汇票，应注明汇票的受票人（付款人）。

4. 货物运输与保险

本款内容包括货物是否允许分批装运、货物是否允许转运、买方是否购买保险，以及货物描述等。

5. 商业票据

（1）商业发票。与信用证的货物描述一致。除非信用证规定货物数量不得增减，在支付款项不超过信用证金额的条件下，货物数量准许有5%的增减幅度。

（2）运输单据。一般应标明要求什么样的单据，正本多少、副本多少。值得注意的是，银行不接受不清洁的运输单据。受益人应确定是否能够提供信用证要求的单据。信用证只应列明可以用单据表示的条件，不应包括不能通过单据表示的条件（非单据条件）。

（3）保险单据。注意是要求保险单还是保险凭证。

（4）其他单据。产地证明书、检验证明、领事发票、装箱单、重量单等。

6. 对银行的指示

（1）对通知行的指示。开证行要求通知行通知时，应表明是否要求通知行保兑、在受益人要求保兑时是否要求通知行保兑。注意的是，即使开证行要求通知行保兑，通知行也可以不予保兑。

（2）银行间指示，即付款、承兑或议付的银行如何获得偿付，例如向谁、何时、何地以及偿付方式等。

四、信用证的种类

（一）即期付款信用证、延期付款信用证、承兑信用证和议付信用证

按信用证的兑用条件划分，信用证分为4种：即期付款信用证、延期付款信用证、承兑信用证和议付信用证。根据UCP600第6条规定，信用证必须明确表明其是以即期付款、延期付款、承兑还是议付的方式兑用。同时，信用证必须规定在其处兑用的银行，或是否可以在任一银行兑用。规定在指定银行兑用的信用证，也可以在开证行处兑用。

除承兑信用证必须使用汇票外，其他三种信用证可以使用汇票，也可以不使用汇票。无论哪种信用证，使用汇票时，应该根据信用证的不同类型，分别以开证行、指定行或保兑行为付款人。UCP600第6条明确规定，“信用证不得开成凭以申请人为付款人的汇票兑用”。UCP500曾经规定，“信用证不应要求汇票以申请人为付款人。如果信用证还是要求提交以申请人为付款人的汇票，银行将把该汇票视为附加单据”。这一规定的目的是避免不是信用证当事人的开证申请人可能通过不承兑汇票的行为影响信用证当事人之间存在的合约关系的情况……开证行

的责任不能基于或依赖于汇票付款人（意指申请人）的付款、承兑或其他行为……而所谓附加单据，是不作为跟单信用证下控制开证行付款责任的"票据"[①]。

即期付款信用证（credit available by sight payment），指在受益人向指定行（或开证行）相符交单时银行即期付款的信用证。受益人仅交付单据，或同时交付其出具的以指定银行（或开证行）为付款人的即期汇票。由于印花税的原因，一些国家的当事人不要求汇票。

延期付款信用证（credit available by deferred payment），指受益人向指定行（包括开证行）相符交单，银行承诺延期付款并在付款到期日付款的信用证。如果要求汇票，则在延期付款到期日提示即期汇票。付款到期日的确定通常是装运日后或单据提示日后一定日期。

承兑信用证（credit available by acceptance），指受益人向指定行（包括开证行）提示单据和远期汇票，银行在相符交单时承兑受益人开出的以指定银行（或开证行）为付款人的远期汇票并在汇票到期日付款的信用证。受益人在向银行提示汇票和单据时，银行对远期汇票进行承兑，在汇票到期日进行付款。远期汇票的付款日期通常为见票或装运日期后一定时间。承兑汇票的付款人是银行。存在指定行时，付款人和承兑人是指定行；如果信用证直接规定由开证行承兑并付款，则由开证行承兑并付款。在保兑信用证的情况下，承兑人和付款人可以是保兑行。如果指定行拒绝承兑以其为付款人的汇票，或承兑后不予付款，开证行（或保兑行）承兑并承担付款责任。

议付信用证（credit available by negotiation），指被授权议付的指定行在获得偿付的银行工作日当天或之前对受益人相符交单预付或同意预付从而购买汇票或单据的信用证。在议付信用证下，信用证上的付款人是议付行之外的其他银行；在使用汇票时，汇票的付款人是指定行以外的其他银行。议付信用证的实质，是被授权议付的银行从事单据或票据买入业务，自己成为信用证的受益人，然后向开证行索偿。议付信用证不一定要求汇票，如要求汇票，该汇票须以开证行或保兑行或其他银行为汇票付款人。任何情况下，汇票都不能以信用证的申请人为付款人。议付分为限制议付和自由议付。限制议付指信用证明确规定由某一特定指定行议付；自由议付是信用证授权任何银行议付，任何银行都是信用证的指定行。

UCP500 规定，议付是指被授权议付的银行对汇票、单据付出对价；只审查单据而未付出对价，并不构成议付。UCP600 突出强调了议付的购买行为，避免了对给付对价可能产生的歧义。但 UCP600 同样没有解决议付情况下能否追索的问题。在 UCP500 下，对于 UCP 应予明确能否追索的这一建议，国际商会的解释是，这一问题涉及背书人与被背书人（受让人）之间的票据法关系问题，属于国内票据法的范畴，不属于 UCP 的适用范围。[②] 国际商会银行委员会在回答咨询时强调，银行提供议付时所要求的条件，即是否保留追索权，不能由国际商会来裁定。那些条件是否合理取决于当地法律及银行与出口商之间的关系。应由受益人来决定是否接受那些条件并在保留追索权的条件下取得款项。在这些情况下，受益人最好使用自由议付信用证，以使自己能够把单据提交给一家一旦接受单据将始终信守决定的指定行。[③] 对于议付行对

---

① Gray Colley & Ron Katz 编，国际商会中国国家委员会组织编译：《国际商会银行委员会意见汇编（1995—2001）》，R205（25），63 页，北京，中国民主法制出版社，2003。

② See Charles del Busto (ed.), *Documentary Credits*: *UCP 500 & UCP 400 Compared*, ICC Publishing S. A., 1993, ICC Publication No. 511, at 24.

③ 参见 Gray Colley & Ron Katz 编，国际商会中国国家委员会组织编译：《国际商会银行委员会意见汇编（1995—2001）》，R259（46），85～86 页，北京，中国民主法制出版社，2003。

受益人提出的赔偿保证文件，国际商会银行委员会指出，这种文件的合法性不是国际商会考虑的问题，它涉及每个银行与其营业所在地的法律。①

议付信用证下，开证行与议付行之间的关系，不同于其他兑用方式下开证行与指定行的关系。其他兑用方式下，开证行与指定行之间是代理关系，而议付方式下议付行通过买入单据、票据等成为信用证的受益人，从汇票角度说，议付行成为汇票的受让人，而不是其他兑用方式下汇票的付款人。议付信用证下的汇票可以流通转让。“议付信用证并不妨碍受益人即期或在到期日收支款项。”② 由于议付行之外的其他指定行是代理付款，议付行是自主交易，因而“对于付款责任问题，只有保兑行和开证行对受益人有此责任”③。因此，开证行或保兑行的付款不得追索。

国际商会银行委员会在面对何为议付单据、何为付款这一咨询时指出：从定义上说，议付信用证是要求汇票以指定行以外的一方为付款人的信用证，如以开证行为付款人。这类信用证总是规定开证行在收到单据时予以偿付，但这不限制开证行允许借记其在指定行的账户或授权议付行从第三方银行得到偿付。付款信用证要求汇票以指定行为付款人，信用证授权立即偿付指定行的付款。但无论哪种情况，都不一定使用汇票。当决定开出信用证是以付款还是议付方式兑用时，开证行可接受申请人的指导或指示，因为申请人是按受益人的要求开立信用证的。如果受益人要求在他自己国家结算单据，他会请求以付款方式支用信用证，据此保证结算时不会扣除利息。④ 开立一份由开证行或指定行付款或承兑的信用证，汇票应以付款或承兑的责任方为付款人。如果开证行要求自己为汇票付款人，则信用证应当开成由指定银行议付。⑤ 对于在 N 银行通过“议付”以 N 银行为付款人的即期汇票支用的信用证，实际上因汇票以 N 银行为付款人，该信用证应被指定为通过付款方式支用。⑥

（二）保兑信用证与非保兑信用证

以开证行开立的信用证是否经另外一家银行保兑，可将信用证分为保兑的信用证与非保兑的信用证。

保兑信用证，指由开证行以外的另一家银行（保兑行）对信用证加具保兑，保兑行对经保兑的信用证承担独立于开证行的付款责任。保兑行承担的付款责任，与开证行承兑的付款责任是一致的：对相符交单必须付款，无论是否存在其他指定行或议付行，无论这些银行是否付款、承兑并付款或议付。

保兑信用证获得了开证行和保兑行双重的付款承诺。保兑行的责任与开证行的责任是相互

---

① 参见 Gray Colley & Ron Katz 编，国际商会中国国家委员会组织编译：《国际商会银行委员会意见汇编(1995—2001)》，R255 (27)，66 页，北京，中国民主法制出版社，2003。

② 同上书，66 页。

③ Gray Colley & Ron Katz 编，国际商会中国国家委员会组织编译：《国际商会银行委员会意见汇编 (1995—2001)》，R270 (88)，129 页，北京，中国民主法制出版社，2003。

④ 参见 Gray Colley & Ron Katz 编，国际商会中国国家委员会组织编译：《国际商会银行委员会意见汇编(1995—2001)》，R398 (42)，80 页，北京，中国民主法制出版社，2003。

⑤ 参见 Gray Colley & Ron Katz 编，国际商会中国国家委员会组织编译：《国际商会银行委员会意见汇编(1995—2001)》，R255 (27)，66 页，北京，中国民主法制出版社，2003。

⑥ 参见 Gray Colley & Ron Katz 编，国际商会中国国家委员会组织编译：《国际商会银行委员会意见汇编(1995—2001)》，R316 (47)，86 页，北京，中国民主法制出版社，2003。

独立、并存的，受益人可选择向开证行或保兑行交单结汇。保兑行承担的是主债务责任，而不是次要的或附属的责任。在开证行拒付或倒闭时，受益人可向保兑行要求付款；反之亦然。保兑行一般是受益人所在地的银行，受益人选择向保兑行交单结汇。如果单据直接提交开证行、开证行拒付，如在保兑行收到提示单据之前保兑日期已过，则保兑行的责任免除；在先向保兑行交单、再向开证行交单的情况下，也是如此。

一家银行是否对某一信用证进行保兑，完全由该银行决定。开证行授权或要求另一家银行对信用证加具保兑时，该银行可以不加具保兑，但该银行必须毫不延误地告知开证行。除非开证行在其授权或要求加具保兑的指示中另有规定，通知行可以不加具保兑，并将未经保兑的信用证通知受益人。一家银行是否乐于处理和通知此类信用证，取决于各自的代理关系。

对信用证加具保兑的原因在于，尽管开证行向受益人开出信用证后，受益人获得了该行付款的保障，但有些时候受益人对该行并不了解，对其资信不是很信任，或使用信用证不太方便，受益人可要求对该信用证加具保兑。

（三）可转让信用证与背对背信用证

这两种信用证适用于国际货物买卖涉及中间商的情况。其中，可转让信用证在 UCP600 中有明确规定，而背对背信用证在 UCP600 中没有规定，是实践中的一种安排。

可转让信用证（transferable credit），是指特别注明“可转让”字样的信用证。可转让信用证可应受益人（第一受益人）的要求转为全部或部分由另一受益人（第二受益人）兑用。转让行系指办理信用证转让的指定银行，或当信用证规定可在任一银行兑用时，指开证行特别如此授权并实际办理转让的银行。开证行也可以担任转让行。根据 UCP600 第 38 条，银行无办理信用证转让的义务，除非其明确同意。实践中，可转让信用证的第一受益人一般是国际货物买卖合同中的卖方，第二受益人通常是该合同货物的实际供应者。

已由转让行转为可由第二受益人兑用的信用证为已转让信用证（transferred credit）（相对于原信用证的新证）。已转让信用证必须准确转载原证条款，包括保兑（如果有），但下列项目除外：信用证金额、规定的任何单价、截止日、交单期限、最迟发运日或发运期间。这些事项中的任何一项或全部都可以减少或缩短。必须投保的比例可以增加，以达到原信用证或 UCP600 规定的保险金额。可用第一受益人的名称替换原证中的开证申请人的名称。

第二受益人或代表第二受益人的交单必须交给转让行。第一受益人有权以自己的发票和汇票（如有汇票）替换第二受益人的发票和汇票，其金额不得超过信用证原定金额。经过替换后，第一受益人可在原信用证项下支取该差价。如果第一受益人应提交其自己的发票和汇票（如有），但未能在第一次要求时照办，或第一受益人提交的发票导致第二受益人的交单中本不存在的不符点，而其未能在第一次要求时修正，转让行有权将从第二受益人处收到的单据照交开证行，并不再对第一受益人承担责任。

背对背信用证（back to back credit）实际上涉及两个信用证，以在先信用证作担保开立另一个信用证。有时实际的供货商不接受买方国家开出的信用证，这时国际货物买卖合同中的卖方，可用以自己为受益人的信用证作担保，要求付款行另行开立以实际供货商为受益人的信用证。第二张信用证，称为背对背信用证或从属信用证，或担保信用证。

办理背对背信用证的主要问题是两证的衔接问题。原开证行并不知悉背对背信用证的存在，实际供货商提供的单据，除经中间商替换的外，都需交给原开证行。与可转让信用证相似，第二张信用证的金额、单价、到期日、最后交单日期、装运日期可以减少或缩短，必须投保的保险比例可增加，以满足原证规定的保额；第一受益人的名称替代原信用证申请人的名称。在时间安排上，原信用证开立在先，背对背信用证开立在后。稍有差错，都可能导致背对背信用证不能按时开立，从而使整个交易不能顺利履行。

可转让信用证与背对背信用证都适用于中间商，但前者实质上是一个信用证，只有一个开证行，经过二次通知分两次使用，转让行并不承担开证行的责任；而后者是以前证作担保开立，是两个独立的信用证，有两个开证行。

另外，需要特别指出的是，UCP600 取消了可撤销信用证这一类别，所有的信用证都是不可撤销的。

五、处理信用证关系的一般原则

（一）信用证独立原则（autonomy of credit）

信用证当事人之间以及信用证当事人与信用证申请人之间主要存在这样几类关系：银行与银行之间的关系，开证行与申请人之间的关系，开证行与受益人之间的关系，申请人与受益人之间的关系。这些关系都是不同的法律关系，相互之间是独立的。特别是，信用证开证行与受益人之间的权利义务关系独立于其他法律关系。

UCP600 第 4 条第 1 款规定，信用证在性质上与可能作为其依据的销售合同或其他合同是相互独立的交易，即使信用证中含有对此类合同的任何援引，银行也与该合同完全无关，并不受其约束。因此，银行关于承付、议付或履行信用证项下其他义务的承诺，不受申请人基于其与开证行或与受益人之间的关系而产生的索偿或抗辩的影响。受益人在任何情况下，不得利用银行之间或申请人与开证行之间的合同关系。该条第 2 款进一步规定，开证行应劝阻申请人试图将基础合同、形式发票等文件作为信用证组成部分的做法。第 7 条进一步规定，开证行偿付指定行的责任，独立于开证行对受益人的责任。第 8 条规定，保兑行偿付指定行的责任独立于保兑行对受益人的责任。

独立于买方进行付款，以银行信用代替买方的商业信用，是信用证产生的目的，是跟单信用证的根本原则和特征。信用证独立原则，保障信用证交易（支付）的独立性，不允许银行以卖方与买方之间对有关基础合同履行的争议，作为不付款、减少付款或延期付款的理由，也不允许买方以其与卖方之间的合同履行方面的争议为理由，限制银行向受益人付款。银行之间的关系亦独立于银行与受益人或申请人的关系。英国判例法曾指出，信用证如同汇票和现金，不允许以其他原因减损其效力；信用证的独立性如同人的血脉，不能割断。

在信用证条款与买卖合同条款的关系上，一般来说，信用证应按照合同中的规定开立。如果信用证条款与合同条款不符，卖方应要求买方、开证行修改信用证，直至符合买卖合同的规定为止。在卖方没有提出异议的情况下，卖方应按信用证条款履行合同，否则将面临不能通过信用证收汇的风险。

在受益人交单不合格被拒付或者受益人没有在信用证有效期内按时交单时，开证行根据信用证的付款责任解除，信用证关系消灭。但买方按照合同对卖方承担的付款责任并没有消失。这也是信用证独立于基础交易关系的另一体现。UCP600 禁止信用证开成以申请人为付款人的汇票兑用，也是信用证独立性的体现。

（二）单证严格一致原则（strict compliance）

这一原则包括两个方面：第一，信用证交易处理的是单据；第二，处理单据时应遵循单证相符原则，即对相符交单予以承付。

UCP600第5条规定，在信用证业务中，银行处理的是单据，而不是单据可能涉及的货物、服务或履约行为。因此，如果信用证中含有一项条件，但未规定用以表明该条件得到满足的单据，银行将视为未规定这一条件而不予理会；同样，如果交单人提交的单据是非信用证要求的单据，银行亦不予理会，并可退还给交单人。此外，国际商会银行委员会坚决反对开证行开立含有非单据性条件的信用证。单据与货物、服务或其他履约行为相分离，也体现了信用证关系的独立。根据UCP600第17条规定，信用证规定的每一种单据须至少提交一份正本。银行应将任何带有看似出单人的原始签名、标记、印戳或标签的单据视为正本单据，除非单据本身表明其为非正本。除非单据本身另有说明，在以下情况下，银行也将其视为正本单据：单据看似由出单人手写、打字、穿孔或盖章；单据看似使用出单人的原始信纸出具；单据声明其为正本单据，除非该声明看似不适用于提交的单据。①

根据信用证的定义，信用证作为一项安排，构成了开证行对相符交单予以承付的确定承诺。在保兑的情况下，保兑行对相符交单独立承担类似开证行的义务。所谓相符交单，指与信用证条款、UCP600的相关适用条款以及国际标准银行实务一致的交单。根据UCP600第14条规定的审单标准，按指定行事的指定银行、保兑行及开证行须审核交单，并仅基于单据本身确定其是否表面上构成相符交单。在受益人交付的单据与信用证规定一致（单证一致）、单据与单据之间一致（单单一致）时，银行须根据信用证兑用的类型履行相应的义务。当按照指定行事的指定银行、保兑行或开证行确定交单不符时，可以拒绝承付或议付。《国际标准银行实务做法》（ISBP681）进一步细化了这一要求。

严格一致是形式要求而非实质或法律效果要求。UCP600规定的一系列的银行免责条款，例如对单据有效性的免责、对单据代表货物状况的免责、对其他人的履约行为的免责，都体现了对表面形式的要求。

国际商会银行委员会指出，开证行的责任是从表面上审核单据的一致性，无须关注货物本身。如果受益人遵循信用证规定的“全套单据作成以开证申请人为收货人的已装船提单”并装运货物，他必须意识到提交的单据一旦发现不符点，指定行或开证行没有义务承兑或付款，尽管货物可能或已经被申请人领取。②

在相符交单下予以付款是各银行承担的义务，也只有在满足相符交单的条件时银行才予以付款。指定行、保兑行、开证行都应遵循相符交单付款的规则。如果指定行、保兑行没有遵循这一要求，在单据不符的情况下付款，则可能因开证行以单据不符拒付而得不到偿付。另一方面，指定行、保兑行审单合格，并不解除开证行自己审查的义务和权利。国际商会银行委员会指出，不管指定行、承兑行或议付行有关单据是否相符采取的立场或决定如何，开证行必须独

---

① 国际商会银行技术与惯例委员会曾经作出《关于UCP500第20条第2款所指“正本”单据的确定》的决定。UCP600的规定体现了这一决定的内容。

② 参见Gray Colley & Ron Katz编，国际商会中国国家委员会组织编译：《国际商会银行委员会意见汇编（1995—2001）》，R323（69），107页，北京，中国民主法制出版社，2003。

立地确定跟单信用证的条款是否得到遵守。开证行不仅对它自己，而且对它的客户开证申请人和指定行或受益人，都有一项职责仔细审核根据信用证提交的单据，独立地确定信用证条款是否得到满足。如果这些条款没有得到满足，它可以拒绝接受单据和任何信用证项下已经办理的付款、议付或承兑。① 在议付行已经议付的情况下，如果开证行认为交付的单据存在不符点，议付行应该退回已经取得的款项及相应的利息。② 保兑行没有权利反对开证行（对不符单据）采取的处理程序，保兑行不能期望开证行背书其不同意接受的单据。③ 受益人也不能因为保兑行未能及时拒付而声称开证行无权拒付。开证行虽然对作为其代理人的保兑行的行为负责，但这不能阻碍开证行凭有效的不符点拒付单据，而不论单据是否被保兑行以同样的理由拒付过。至于如何归责与给予公平救济，应由法院来判决。各国法律对代理责任问题也有影响。④

根据我国最高人民法院《信用证司法解释》，开证行在作出付款、承兑或者履行信用证项下其他义务的承诺后，只要单据与信用证条款、单据与单据之间在表面上相符，开证行应当履行在信用证规定的期限内付款的义务。人民法院在审理信用证纠纷案件中涉及单证审查的，应当根据当事人约定适用的相关国际惯例或者其他规定进行；当事人没有约定的，应当按照国际商会《跟单信用证统一惯例》以及国际商会确定的相关标准，认定单据与信用证条款、单据与单据之间是否在表面上相符。信用证项下单据与信用证条款之间、单据与单据之间表面上不完全一致，但并不导致相互之间产生歧义的，不应认定为不符点。

根据最高人民法院的规定，开证行有独立审查单据的权利和义务，有权自行作出单据与信用证条款、单据与单据之间是否在表面上相符的决定，并自行决定接受或者拒绝接受单据与信用证条款、单据与单据之间的不符点。开证行发现信用证项下不存在不符点，可以自行决定是否联系开证申请人接受不符点。开证申请人决定是否接受不符点，并不影响开证行最终决定是否接受不符点。开证行和开证申请人另有约定的除外。可以说，最高人民法院《信用证司法解释》中的相关规定与 UCP600 的规定是一致的。

（三）银行免责事项

UCP600 许多条款规定了银行的免责事项，包括对单据有效性的免责、对信息传递和翻译的免责、不可抗力的免责，以及对被指示方行为的免责等。

根据 UCP600 第 34 条，银行对于任何单据的形式、完整性、准确性、真伪性或法律效力，或对于单据上规定或附加的一般性、特殊性条件，概不负责；对于单据中表明的货物描述、数量、重量、品质、状况、包装、交货、价值或其存在与否，对于货物的发货人、承运人、运输代理人、收货人、保险人或其他任何人的诚信与否、作为、不作为、清偿能力、履约或资信，概不负责。

根据 UCP600 的规定，对于任何文电、信函或单据按照信用证要求传递或发送时，或当信

---

① 参见 Gray Colley & Ron Katz 编，国际商会中国国家委员会组织编译：《国际商会银行委员会意见汇编(1995—2001)》，R211 (57)，96 页，北京，中国民主法制出版社，2003。

② 参见 Gray Colley & Ron Katz 编，国际商会中国国家委员会组织编译：《国际商会银行委员会意见汇编(1995—2001)》，R321 (67)，106 页，北京，中国民主法制出版社，2003。

③ 参见 Gray Colley & Ron Katz 编，国际商会中国国家委员会组织编译：《国际商会银行委员会意见汇编(1995—2001)》，R214 (84)，123 页，北京，中国民主法制出版社，2003。

④ 参见 Gray Colley & Ron Katz 编，国际商会中国国家委员会组织编译：《国际商会银行委员会意见汇编(1995—2001)》，R270 (88)，129 页，北京，中国民主法制出版社，2003。

用证未作指示、银行自行选择传送服务时，银行对传输、传递过程中发生的延误、中途遗失、残缺或其他错误产生的后果，概不负责；对专门术语翻译、解释上的差错，概不负责。但是，“如果指定行确定交单相符并将单据发往开证行或保兑行，无论指定行是否已经承付或议付，开证行或保兑行必须承付或议付，或偿付指定行，即使单据在指定行送往开证行或保兑行的途中，或保兑行在送往开证行的途中丢失”。这一部分的规定是 UCP600 新增加的对传递免责作出的限制。

根据 UCP600 第 36 条，银行对由于天灾、暴动、骚乱、叛乱、战争、恐怖主义行为，或任何罢工或停工或其无法控制的其他任何原因导致的中断营业的后果，概不负责。银行恢复营业时，对于在营业中断期间已逾期的信用证，不再进行承付或议付。

根据 UCP600 第 37 条，即使银行主动选择了其他银行代办业务，如发出的指示未被执行，银行对此亦不承担义务和责任。

六、信用证的欺诈例外及适用限制

信用证是银行有条件的付款承诺，在单证一致时银行应履行付款义务，银行只处理单据，不处理货物。信用证独立于所依据的基础合同，信用证当事人的关系彼此是独立的。这些原则极大地保护了受益人的收款利益，但同时也可能为受益人欺诈申请人或银行提供了便利条件。因此，在许多国家的国内法中，存在信用证欺诈例外这一做法。在证明受益人实施欺诈时，即使单证一致，法院也可以禁止或中止银行根据信用证对外付款。国际商会银行委员会也指出，这些规则都有一个例外，即滥用权利或欺诈例外。这种例外的范围及其对受益人、指定行的后果在不同的法域可能不同。要公正地保护所有有关的善意当事人的利益，取决于法院。①

从法律渊源上说，欺诈例外规则是国内强制法对国际惯例的一种限制或替代。UCP600 作为一种商业惯例，主要规范银行的权利和义务。银行基于这些规则行使权利、履行义务。但信用证的独立原则和单证相符原则，不应该使实施欺诈的人获益。这一矛盾的处理，是各国国内法适用的问题。总的原则是保证信用证交易的独立性，同时对受益人的欺诈进行惩处，其实质是确立了信用证与基础交易的关联性。但作为一般原则的例外，其在实践中的解释和适用被控制得非常严格。在中国，有关信用证欺诈的处理问题是由最高人民法院《关于审理信用证纠纷案件若干问题的规定》规范的。

信用证欺诈例外的核心问题是什么样的欺诈可以使银行对相符交单拒付，即银行拒付的条件和程序是什么。一般认为只有受益人（卖方）亲自参与的欺诈才可使银行免除付款义务，受益人（卖方）不知的第三人欺诈，如承运人伪造提单，不能使受益人失去受偿的权利；同时银行在拒绝付款前必须有证据证明受益人欺诈，单纯的怀疑或没有得到证明的申请人的单方主张是不够的。银行拒绝履行信用证项下的义务应遵循一定的程序。英国有判例将信用证独立视为商业交易的生命线，以此来限制信用证欺诈例外原则的适用。1995 年修订的《美国统一商法典》第 5 篇信用证第 5—109 条，规定了处理信用证欺诈的规则。

我国最高人民法院在《信用证司法解释》中确认了信用证欺诈例外这一规则：“开证行在

---

① 参见 Gray Colley & Ron Katz 编，国际商会中国国家委员会组织编译：《国际商会银行委员会意见汇编（1995—2001）》，R202（10），144 页，北京，中国民主法制出版社，2003。

作出付款、承兑或者履行信用证项下其他义务的承诺后，只要单据与信用证条款、单据与单据之间在表面上相符，开证行应当履行在信用证规定的期限内付款的义务。当事人以开证申请人与受益人之间的基础交易提出抗辩的，人民法院不予支持。具有本规定第八条规定的情形除外。”该规定第8条列举了存在信用证欺诈的情形。其他相关条款规定了中止支付信用证款项、提起终止支付信用证款项诉讼的相关程序，同时规定了信用证欺诈例外不适用的情形。

信用证欺诈主要包括下述情形：第一，受益人伪造单据或者提交记载内容虚假的单据；第二，受益人恶意不交付货物或者交付的货物无价值；第三，受益人和开证申请人或者其他第三方串通提交假单据，而没有真实的基础交易。但即使存在信用证欺诈，下列情况下，法院不应裁定中止或判决终止支付信用证项下款项：第一，开证行的指定人、授权人已按照开证行的指定善意地进行了付款；第二，开证行或者其指定人、授权人已对信用证项下票据善意地作出了承兑；第三，保兑行善意地履行了付款义务；第四，议付行善意地进行了议付。

开证申请人、开证行或者其他利害关系人发现有信用证欺诈情形，并认为将会给其造成难以弥补的损害时，可以向有管辖权的人民法院申请中止支付信用证项下的款项。人民法院认定信用证欺诈的，应当裁定中止或者判决终止支付信用证项下款项。这表明，开证行、开证申请人或者其他利益关系人只有拒绝支付的申请权，决定权在法院。

人民法院受理当事人在起诉前申请中止支付信用证项下款项，应符合下列条件：(1) 受理申请的人民法院对该信用证纠纷案件享有管辖权；(2) 申请人提供的证据材料证明存在信用证欺诈的情形；(3) 不存在信用证欺诈例外原则不适用的情形；(4) 如不采取中止支付信用证项下款项的措施，将会使申请人的合法权益受到难以弥补的损害；(5) 申请人提供了可靠、充分的担保。人民法院接受中止支付信用证项下款项申请后，裁定中止支付的，应当立即开始执行。人民法院作出中止支付信用证项下款项的裁定，应当列明申请人、被申请人和第三人。当事人对人民法院作出中止支付信用证项下款项的裁定有异议的，可以在裁定书送达之日起10日内向上一级人民法院申请复议。上一级人民法院应当自收到复议申请之日起10日内作出裁定。复议期间，不停止原裁定的执行。人民法院通过实体审理，认定构成信用证欺诈并且不存在信用证欺诈例外原则不适用的情形的，应当判决终止支付信用证项下的款项。

信用证欺诈例外规则及其适用限制，是国内法的问题。因此，有可能产生开证行所在国法院认为欺诈而受益人所在国法院不认为欺诈的情形。在这种情形下，开证行所在国法院的判决并不能免除受益人所在国法院判决的付款义务。这表明，信用证欺诈例外原则对开证行的保护并不是绝对的。

七、信用证的开立和修改

(一) 开证时间

申请人应按照货物买卖合同的规定，及时申请开立信用证。如果开证行没有按时开出信用证，视为买方（申请人）违反货物买卖合同的规定。该违约在性质上属于重大违约或根本违约，卖方可以拒绝履行合同。

(二) 开证内容及修改

开证行应按照申请人的申请内容开出信用证。申请人的开证申请应与货物买卖合同中的有关规定相一致。换句话说，信用证的有关内容应与货物买卖合同的有关内容相一致。受益人接到信用证后，应核查信用证是否与合同的规定相符。如果不符，受益人可以通过申请人要求开证行修改信用证。申请人也应确定受益人的修改信用证要求是否符合合同的规定。

受益人在要求开证行修改信用证时，要注意信用证内容的统一、协调。如修改信用证耽误了时间，致使信用证原来规定的有效期实质上缩短，这时如果不相应地要求延长信用证的有效期限，就容易造成受益人被动，甚至实质上无法利用信用证。

如果信用证的内容与货物买卖合同的规定不符，而受益人没有提出修改要求，受益人在履行合同、提交单据时应按照信用证的要求办理，否则，银行可以不符信用证要求为由拒绝付款。

除可转让信用证另有规定外，未经开证行、可能存在的保兑行及受益人同意，信用证既不得修改也不能撤销。在修改信用证时，对开证行来说，发出修改通知时即生效；而对受益人来说，除非其明确表示同意，或交付符合修改的信用证要求的单据，该修改对其没有效力，原信用证（或先前已接受修改的信用证）的条款对受益人仍然有效。受益人应提供接受或拒绝信用证修改的通知。如果受益人未能给予通知，当其交单与信用证及尚未表示接受的信用证修改通知一致时，即视为受益人已经作出接受修改的通知，且从此时起信用证被修改。由此可以看出，修改信用证的生效时间对开证行和受益人是不同的。同时，对于信用证的同一修改通知中的修改内容，不允许部分接受。部分接受修改内容当属无效。

八、信用证下的单据及审核

（一）有关单据

信用证要求的常用单据有商业发票、运输单据、汇票、保险单据等。根据 UCP600 第 14 条，银行不予理会非信用证要求的单据。如果银行收到此类单据，可退还交单人。同时，如果信用证含有一项条件但未规定用以证明该条件得到满足的单据，银行将视为未作规定并不予理会。这即是通常所说的非单据条件。银行不处理非单据条件，不受其约束，也不对其负责。

1. 商业发票

商业发票是信用证项下的主要单据。根据 UCP600 第 18 条，商业发票必须看似由信用证的受益人出具，必须以申请人的名称为抬头，必须与信用证货币相同，但除可转让信用证外无须签名。银行可接受金额超过信用证允许金额的商业发票，只要该银行对超过信用证允许金额的部分未作承付或议付，此项决定对各有关方面均具有约束力。商业发票上的货物、服务或履约行为的描述必须与信用证中的描述相一致。商业发票的开立日期，可以早于信用证的开证日期，但不得迟于信用证的最迟交单日期和有效日期。与其他单据的日期相比，商业发票的日期可以早于其他单据的日期。

2. 运输单据

UCP600 规定可以接受的运输单据，包括海运提单，不可转让的海运单，租船合约提单，多式运输单据，空运单据，公路、铁路或内河运输单据，快递及邮政收据，货运代理人出具的运输单据。海运单据应注明承运人、货物已装船或已装具名船只，多式运输单据应注明货物已发运、接受监管或已装载。

3. 汇票

在信用证下，除非是承兑信用证，可以不要求汇票。如果要求汇票，只有承兑信用证要求远期汇票，其他信用证要求即期汇票。出票人是受益人（卖方），受益人在汇票上签名后提示给指定银行。汇票的收款人一般应是受益人或交单银行（议付行）。即期付款信用证所使用的汇票的付款人，是指定付款人；承兑信用证所使用的汇票的付款人，是指定承兑行，也可以是开证行或保兑行；议付信用证的汇票的付款人是议付行之外的开证行或保兑行。UCP600 第 6 条明确规定，信用证不得开成凭以申请人为付款人的汇票兑用。信用证项下的汇票是由债权人出票，委托指定银行向债务人（开证行）提示要求付款，属于逆汇。出票日期不得超过信用证的有效日期和最迟交单日期。在使用汇票时，开出的汇票应包含出票条款（drawn under），即“依据某开证行某日开出的某号信用证开立该汇票”。

4. 保险单据

保险单据包括保险单和保险凭证。根据 UCP600 第 28 条的规定，保险单据从表面上看，必须看似由保险公司或承保人或其代理人开立及签署。暂保单不被接受。保险单据日期不得晚于发运日期，除非保险单据表明保险责任不迟于发运日生效。保险单据必须表明投保金额并以与信用证相同的货币表示。保险单据须表明承保的风险区间至少涵盖从信用证规定的货物接管地或发运地开始到卸货地或最终目的地为止。

信用证可能要求其他单据，例如，领事发票、海关发票、产地证明书、普惠制产地证、检验证书、分析证明书、包装单、重量单、尺码单等。

（二）单据的审核标准

根据 UCP600 第 14 条的要求，按照指定行事的指定银行、保兑行及开证行须审核交单，并仅基于单据本身确定其是否在表面上构成相符交单。按照传统的说法，银行应确定是否表面（appear on their face）与信用证条款相符，即单证一致、单单一致。判断单据表面与信用证条款相符、构成相符交单的依据，是信用证条款、跟单信用证统一惯例和国际标准银行实务做法。

单据中的数据，在与信用证、单据本身以及国际标准银行实务参照解读时，无须与该单据本身中的数据、其他要求的单据或信用证中的数据等同一致（identical to），但不得矛盾（not conflict with）。除商业发票外，其他单据中的货物、服务或履约行为的描述，可使用与信用证中的描述不矛盾的概括性用语。如果信用证要求提交运输单据、保险单据或者商业发票之外的单据，却未规定出单人或其数据内容，则只要提交的单据内容看似（appears to）满足所要求单据的功能（function），且与其他单据互不矛盾，银行将接受该单据。

有关银行的合理审单时间是 5 个银行工作日，即：按指定行事的指定银行、保兑行及开证行各有从交单次日起的至多 5 个银行工作日，确定交单是否相符。这一期限，不因在交单日当天或之后信用证截止日或最迟交单日届至而受到缩减或影响。受益人或其代表应在发运日后的 21 个日历日内交单，但任何情况下都不得迟于信用证的截止日。

如开证行确定单据表面与信用证条款不符，可以自行确定联系申请人对不符点予以接受，但不能借此延长上述期限。如果开证行、保兑行或指定银行决定拒绝接受单据，必须在 7 个工作日内不延误地通知寄送单据的银行，如从受益人处直接收到单据，应通知受益人。该通知必须说明银行凭以拒绝接受单据的全部不符点，并说明单据已代为保管等候处理，或已退交单人。如果开证行、保兑行未按照上述有关规定办理，或未代为保管单据、听候处理，或径退交单人，开证行、保兑行无权宣称单据与信用证条款不符。如寄单行向开证行、保兑行指出单据中的不符点，或通知为此已凭赔偿担保付款、承担延期付款责任、承兑汇票或议付，开证行、保兑行并不因此而解除上述义务。此项保留或赔偿担保，仅涉及寄单行与为之保留或提供、代为提供赔偿担保一方的关系。

ISBP对审单应遵循的标准作了更详细的规定。作为一个先决性问题，ISBP强调，信用证不应规定提交由开证申请人出具、副签的单据。如果信用证含有此类条款，受益人必须要求修改信用证，或者遵循该条款并承担无法满足这一要求的风险。

（三）单据不符时的处理

根据UCP600的规定，当开证行确定交单不符时，可以自行决定联系申请人放弃不符点。这意味着，申请人可以放弃这种要求，在单证不符时，授权开证行对外付款。一旦申请人放弃单证相符的要求，或授权付款，申请人即丧失了以单据不符为由拒绝向开证行偿付的权利。但是，根据法律关系独立原则，在单证不符时，即使申请人放弃对单证一致的要求，申请人的这一放弃对开证行没有约束力，开证行仍然有权对受益人拒付。“开证行没有义务遵守申请人对不符点的弃权指示，也没有义务迅速通知受益人它收到弃权指示或者它是否同意遵循该指示的决定。”① 不论是直接收到申请人接受不符点的声明，还是通过受益人收到申请人接受不符点的声明，都不能约束开证行一定接受单据。是否按照声明行事是由开证行自己决定的问题。②

根据UCP600第16条的规定，指定行、保兑行或开证行确定单据不符时，可以拒绝承付或议付。但在作出这一决定时，必须给予交单人一份单独的拒付通知。该拒付通知必须以电讯方式，如不可能则以其他快捷方式发出，且该拒付通知必须自交单翌日起第五个银行工作日结束前发出。该拒付通知必须声明下述内容：第一，银行拒绝承付或议付。第二，银行拒绝承付或议付所依据的每一个不符点。第三，银行对单据的处理，包括下述几种选择方法：银行留存单据听候交单人的进一步指示；开证行留存单据直到其从申请人处接到放弃不符点的通知并同意接受该放弃，或者其同意接受对不符点的放弃之前从交单人处收到其进一步指示；银行将退回单据；或银行将按之前从交单人处获得的指示处理。根据UCP600第16条，如果开证行或保兑行未能按第16条的规定行事，则无权宣称交单不符。当开证行拒绝承付或保兑行拒绝承付或议付，并且按第16条发出了拒付通知后，有权要求返还已偿付的款项及利息。国际商会银行委员会指出，开证行必须一次提出凭以拒付的所有不符点，拒付通知仅第一次有效。如果开证行没有在规定的时间内发出拒付通知，它必须对所提交的单据付款，即使这些单据可能存在有效的不符点。③

九、银行间的偿付

指定行在向受益人付款后，面临着如何受偿的问题。信用证中一般含有索偿条款，规定指

---

① Gray Colley & Ron Katz编，国际商会中国国家委员会组织编译：《国际商会银行委员会意见汇编（1995—2001）》，R410（80），119页，北京，中国民主法制出版社，2003。

② 参见Gray Colley & Ron Katz编，国际商会中国国家委员会组织编译：《国际商会银行委员会意见汇编（1995—2001）》，R267（85），125页，北京，中国民主法制出版社，2003。

③ 参见Gray Colley & Ron Katz编，国际商会中国国家委员会组织编译：《国际商会银行委员会意见汇编（1995—2001）》，R271（89），R329（92），130、133页，北京，中国民主法制出版社，2003。

定行（索偿行，claiming bank）直接从开证行索偿，或者从其他银行（偿付行）受偿，以及受偿的条件。指定行寄单索偿的方式有两类：向开证行寄单、索偿；向开证行寄单、向偿付行索偿。

（一）开证行偿付

开证行如自己对索偿行偿付，则在收到国外银行付款、承兑或议付行寄来的单据后，经审核，如果单据与信用证的要求相符，则应按照信用证的承诺，向索偿行进行偿付。开证行的偿付方式有电汇和信汇两种。在使用承兑信用证时，如由指定行承兑汇票，则在汇票的到期日对承兑行偿付；如由开证行自己承兑，则在审核单据相符后承兑汇票，通知指定行，并在汇票到期日偿付。

（二）偿付行偿付

UCP600 第 13 条对银行间的偿付安排作了规定。如果信用证规定指定银行向另一方（偿付行，reimbursing bank）获取偿付时，必须同时规定该偿付是否按信用证开立时有效的国际商会银行间偿付规则进行。国际商会银行间偿付规则目前的版本是《信用证下银行间偿付统一规则》（国际商会第 525 号出版物，URR525）。该规则自 1996 年 7 月 1 日起开始实施。UCP600 被纳入了 URR 的基本规则。

根据 UCP600 第 13 条，开证行必须给予偿付行有关偿付的授权，授权应符合信用证有关兑用方式的规定，且不应设定截止日。开证行不应要求索偿行向偿付行提供与信用证条款相符的证明。如果偿付行未按信用证条款见索即偿，开证行将承担利息损失以及产生的任何其他费用。偿付行的费用应由开证行承担，但如果此项费用由受益人承担，开证行有责任在信用证及偿付授权中注明。如果偿付行未能见索即偿，开证行不能免除偿付责任。

国际商会银行间偿付规则目前的版本是《信用证下银行间偿付统一规则》，适用于授权第三家银行作偿付行的信用证，开证行自行偿付指定银行时不适用。除非偿付授权书另有规定，该规则对有关各方都有约束力。适用时应在偿付指示中加列“本信用证项下的偿付受《信用证下银行间偿付统一规则》（URR525）的约束”。在开证行发出偿付授权书或按照开证行要求，偿付行开出偿付承诺书时，也应加列类似词语。

该规则并不旨在替代或改变 UCP500 的规定。偿付授权书独立于它所提及的信用证，偿付行与信用证的条款和条件无关，不受其约束，即使偿付授权书中包括了所提及的信用证的条款和条件。开证行不得在偿付授权书中要求符合信用证条款和条件的证明，但应在授权偿付书中载明信用证的号码。开证行应负责在偿付授权书和信用证中提供该规则要求的信息，如没有遵循这些规定，开证行应对其后果负责。

银行间偿付主要涉及偿付行、索偿行和开证行。涉及的基本文件有开证行的偿付授权书和偿付行的偿付承诺。偿付授权书，是指开证行向偿付行开出的独立于信用证的指示或授权，要求偿付行向索偿行偿付，或者如果开证行要求，承兑、支付以偿付行作为付款人的远期汇票。偿付承诺，是偿付行经开证行的授权或要求向偿付授权书中指定的索偿行发出的独立的不可撤销的承诺，只要符合偿付承诺规定的条款和条件，偿付行就应偿付索偿行的偿付要求。偿付行应据开证行的指示或授权行事，除非偿付行发出偿付承诺，即使开证行通知索偿行向偿付行索偿并授权偿付行偿付，偿付行也没有偿付的义务。这一精神与《托收统一规则》、信用证惯例是一致的。

银行间偿付的基本程序是：信用证的偿付指示中注明指定行（索偿行）向偿付行索偿；开证行向偿付行发出偿付授权书；偿付行发出偿付承诺；索偿行向开证行寄单，同时向偿付行索偿；偿付行据其偿付承诺对索偿行偿付。

开证行的义务，除上述有关的规定外，还包括下述几个方面：(1) 必须以电传的方式发出偿付授权书，开证行对偿付行的偿付授权或要求是不可撤销的；没有偿付行的同意，不可撤销的偿付授权书不得修改或取消。如对授权书修改，开证行在通知修改时受其约束，原来的偿付授权书条款对偿付行一直有效，直至偿付行向开证行通知接受对授权书的修改。开证行不得重复发出偿付授权书，除非是对以前的偿付授权书的修改或取消。如果重复授权，由开证行负责追回重复授权的数额，偿付行对此不承担任何责任。(2) 授权书必须准确完整，必须包括信用证号码、货币和数量、应付的其他数额、索偿行或自由议付时的任何请求行（无标明时，偿付行可对任何请求行偿付）、有关费用的承担方。在使用远期汇票时，还应包括汇票期限、出票人、承兑和贴现费用的承担方。开证行不得要求以偿付行为付款人的即期汇票。没有偿付行的同意，开证行的偿付授权书不得规定提出索偿要求的终止期限或最后期限。(3) 对于信用证未使用的部分，开证行必须不迟延地通知偿付行，取消偿付授权书。对于外国法律或惯例关于偿付行造成的费用和责任，开证行应受约束并予以补偿。

偿付行的义务主要包括下述几个方面：(1) 如果偿付行出于任何原因不打算根据偿付授权书偿付，应不延迟地通知开证行。但该义务只是善意行事义务，违反并不导致责任，因为偿付行的义务据偿付承诺确定。如果开证行或索偿行没有遵循有关偿付授权书的开出和接收的义务，偿付行对没有偿付或延期偿付导致的后果不承担责任。(2) 偿付承诺必须标明承诺的条款和条件，标明信用证号码和开证行、偿付授权的货币和数额、偿付承诺的货币和数额、提出索偿的最后期限（包括远期汇票期限）、偿付承诺费用的支付方（如果不是开证行）。(3) 对于开证行的偿付授权书修改，偿付行可以修改其偿付承诺；如不修改承诺，应不迟延地通知开证行。偿付行必须向开证行通知是否接受不可撤销的偿付授权的修改，但在收到索偿行对偿付承诺的修改的接受或拒绝之前，偿付行不必通知开证行，接受或拒绝不可撤销的偿付授权修改。(4) 没有索偿行的同意，偿付行不得修改其偿付承诺；承诺修改自通知时，即不可撤销地具有约束力。原来承诺的条件对索偿行一直有效，直至索偿行通知偿付行接受承诺的修改。(5) 偿付行应在收到索偿的合理期限内（不超过 3 个工作日）处理索偿。如果偿付行决定不予偿付，无论是因为不符合偿付承诺或据偿付授权的其他原因，都应在第三个工作日结束前以电传方式（或其他快速方式）不迟延地通知索偿行和开证行。在存在偿付承诺的情况下，该通知必须标明不支付的原因。(6) 除非偿付行和索偿行另有明确规定，偿付行只根据索偿要求对索偿行偿付。在索偿行的索偿请求标明是根据保留、担保进行付款、承兑或议付时，偿付行对此不予理会；如果偿付，也不承担任何责任或义务。该保留或担保，仅涉及索偿行与对其作出保留的一方或提供担保或代为提供担保的一方之间的关系。

索偿行的义务主要包括：在偿付行没有发出偿付承诺，而偿付在将来到期时，索偿行应具体规定预先确定的偿付日期，不应在该日期前 10 天向偿付行提出索偿要求，如果在 10 天前提出该要求，偿付行可不予理会，但应给予通知。如果收到索偿要求后的时间距预先确定的偿付日多于 3 个银行工作日，偿付行没有义务提供不予偿付的通知，直至该预先确定的日期，或不晚于收到索偿要求后的第三个银行工作日结束时。此外，索偿行必须通知是否接受偿付行的承诺修改。

问题与思考

1. 简述汇票的特征。
2. 如何理解票据持票人的权利?
3. 简述托收在CIF、FOB中的优势与不足。
4. 简述信用证的种类。
5. 如何理解信用证的独立原则和严格一致原则?
6. 简述信用证业务中汇票的使用。

第七章

国际贸易融资与担保

本章概要

贸易商离不开银行的资金扶持，必要时也需要自己或第三方提供履约的保证或担保，以促进国际贸易的进行。许多国家还设立了保障出口收汇的信用保险机制。这些安排各有不同特点，当事人之间存在不同的权利义务。有些安排虽然存在一些国际性规则，但各规则界定的权利义务却不相同。这是在国际性商事交易中所要注意的。

关键术语

备用信用证　见索即付保函　URDG　ISP98　出口押汇　卖方信贷　信托收据　出口信用保险

第一节　国际贸易融资

一、国际贸易融资概述

国际贸易中，无论买卖双方约定采用哪种支付方式，买方或卖方都可能面临资金不足的问题。买方可能没有现金支付货款，卖方可能没有现金采购原材料生产供出口的合同货物。如果能够得到金融机构的贷款，买方或卖方面临的现金流不足问题就能得到解决。因此，国际贸易融资在国际贸易中起着非常重要的作用。国际贸易融资，指为便利国际贸易的进行由金融机构向卖方或买方提供的资金融通或信贷。

国际贸易融资广义上包括所有提供资金信用的安排：既包括买卖双方相互提供信用（如买方预付或货到付款），也包括金融机构向贸易商提供信用；既包括金融机构直接向卖方付款（如跟单信用证），也包括金融机构向买方或卖方提供信贷，而不改变买方向卖方的付款义务。在跟单信用证中，开证行取代了申请人（货物买方）的付款人或主债务人地位。保理或福费廷也属于这类业务，由金融机构直接承购卖方的应收账款（未来到期债权）。狭义的国际贸易融资，仅限于不改变国际贸易中付款人的地位或义务，只是为接受融资的卖方或买方提供资金便利的融资。根据接受融资方的不同，可以分为卖方信贷和买方信贷。根据国际货款支付方式不同，可以分为汇付项下的融资、托收项下的融资、信用证项下的融资。

国际货物买卖中，作为买卖标的的货物本身具有一定的价值。同时，代表货物的单据也具有一定的价值。许多国家立法都赋予提单、仓单、保险单等以价值，允许提单、仓单、保险单等用作担保物。开证行开出的信用证，代表着开证行不可撤销的付款承诺。国际货物买卖的发票，一方面证明债权债务关系的存在，另一方面也代表着相应数额的应收账款，该应收账款可以依法转让或用作担保。而国际货物买卖中使用的票据，如汇票，其权利义务关系受到票据法的保护，当事人可以依法处分。国际货物买卖中的这些货物及相关单据或单证，为国际贸易融资提供了较为坚实的基础和担保，也为国际贸易融资的便捷提供了条件。

二、直接贷款

直接贷款是由金融机构直接向货物的卖方或买方贷款。在买卖双方约定由买方延期付款或赊销的情况下，为了便利卖方采购、备货、托运等，出口国的金融机构直接向卖方提供贷款，此为卖方信贷。在买卖双方约定预付货款或者付款交单时，为了便利买方支付货款，出口国的金融机构向买方提供信贷；也有出口国银行向进口国银行提供信贷由进口国银行向买方转贷的情况，此为买方信贷。有时进口国的进出口银行（通常为政策性银行）也向买方提供信贷。

三、托收下的银行融资

银行在办理托收时，可以利用托收票据向出口商或进口商提供资金融通。

1. 出口托收押汇（collection bill purchased）。托收行买入出口商（委托人）开立的以进口商为付款人的跟单汇票及随附商业单据，扣除利息和费用后将剩余货款付给出口商，托收行通过其联行或代理行向付款人收款。由于托收下债务人有可能不付款，因而出口托收押汇将卖方承担的风险转移到了托收行。除非出口商、进口商的资信良好，托收行一般不做这种业务。常见的是出口商向托收行保证，在进口商拒付时，托收行享有对出口商的追索权。

2. 信托收据（trust receipt，T/R）。代收行利用托收票据向进口商提供资金融通。代收行在付款人付款之前，凭付款人向其出具的信托收据，借出有关单据，供其报关、提货、出售，付款人用所得货款付款，赎回信托收据。有关单据下的货物及收益仍属银行，进口商只是处于信托人的地位。该做法适用于远期付款交单，是代收行向进口商提供信用。除非原来的托收指示要求这样做，代收行承担了进口商不付款的风险。凭信托向进口商出借单据加大了托收原来存在的风险。

四、信用证项下的融资

（一）出口融资

处理信用证的银行可以利用信用证，向受益人或申请人提供出口或进口融资。信用证项下的出口融资包括两类：一是适用于银行对出口商装运前的融资，如打包放款；二是适用于银行对受益人交单时的融资，如出口押汇。

1. 打包放款

打包放款（packing loan），是指出口商以收到的信用证正本作为质押申请贷款，用于该信用证项下的生产、备货、装运等，交单结汇时以所得款项偿还贷款。

信用证是银行有条件的付款承诺，是开证行提供的一种银行信用。一般情况下，有了信用证就有了付款的保证。只要出口商（受益人）按照信用证规定的条件履行合同、交付单据，就能获得货款。因此，银行根据信用证提供融资，一般是有保障的。

申请打包放款的出口商，将信用证质押给提供融资的银行。该银行一般是据信用证向出口商付款、承兑或议付的银行。融资行向出口商发放一定的贷款，其数额一般低于信用证金额。待受益人交单结汇时，融资行从信用证金额中扣除放款本息和费用，如信用证金额不足时，融资行可从出口商的账户中扣除。

打包放款是比较安全的一种银行贷款，但也存在一定的风险。下述情况下可能使提供融资的银行不能收回贷款：出口商不履行合同，不提供信用证要求的单据，不使用信用证；出口商利用自由议付信用证的特点，不向融资银行议付，而向其他银行议付；出口商提供的单据不符合信用证的要求而被开证行拒付。由于打包放款是融资行自己向出口商提供信用，与开证行无关，因而打包放款所引起的风险由融资行自己承担。

2. 利用红条款信用证

信用证加列红色字打印预支条款，表示开证行授权指定议付行预先垫付信用证金额的一部分给出口商。出口商交单议付时，利用信用证金额偿还本息。如果出口商不能交单议付，由开证行向指定议付行偿还议付行提供的贷款，然后由开证行向进口商追索。议付行利用红条款信用证向出口商提供融资比较安全。该贷款的风险由开证行承担，并最终由进口商承担。严格地说，利用红条款信用证提供融资不是议付行提供融资，而是进口商通过开证行、议付行提供融资。因此，需要出口商和进口商在销售合同中对此明确规定。出口商为换取红条款信用证，一般也需付出一定的代价，如降低货物价格等。

3. 出口押汇

出口押汇属于银行在出口商交单时对出口商的融资，适用于承兑信用证和延期付款信用证。这两种信用证下，出口商在交单时不能立即得到货款。如果出口商需要融资，可以利用信用证项下的单据向银行贷款。

出口押汇是出口商（受益人）将信用证项下的单据质押给信用证的指定行，由指定行（押汇行）向出口商提供融资。押汇行利用信用证项下的单据向开证行寄单索偿。由于出口押汇是押汇行自己向受益人提供信用，在开证行拒付或失去支付能力的情况下，押汇行面临不能收回贷款的风险，所以押汇行在提供融资时一般保留向出口商追索的权利。

办理出口押汇一般需要押汇行与出口商之间签订“出口押汇总质权书”，规定双方的权利义务；同时还需要出口商提供出口押汇申请，在押汇行同意后办理出口押汇。在出口商的出口押汇申请中，除同意押汇行的追索权外，一般还将有关单据及单据下的货物转让给押汇行，由押汇行处理。这是利用了有关单据的所有权功能。

在承兑信用证下，押汇行承兑了汇票后，自己对出口商给予贴现，押汇行（承兑行）寄单给开证行，在汇票到期时得到开证行的偿付。在延期付款信用证下，延期付款行（押汇行）在出口商交单时向出口商提供贷款，在信用证金额的付款日到期时，从开证行偿付的信用证金额中受偿。

（二）进口融资

开证行可以对进口商提供与信用证有关的进口融资。进口商作为信用证的申请人，在申请开立信用证时，一般应向开证行交纳一定的保证金（押金），作为将来偿付开证行对外付款的保证。如果开证行免收保证金，视为对进口商提供了信用。除此之外，在申请人无款赎单时，开证行先根据信用证对外付款，后向申请人追偿，形成对进口商融资。

如进口商不能交纳货款，开证行可以用进口单据作为质押提供贷款，进口商还贷赎单。

开证行在收到指定银行寄来的单据后、付款前，一般要求进口商在一定期限内办理付款赎单。如进口商不能在开证行对外付款前付款赎单，银行则与申请人签订进口押汇协议，以单据及单据项下的货物作担保，开证行对外付款后，进口商付款赎单。如果进口商不能付款赎单，开证行可以处理单据及单据项下的货物，收回对外支付的款项。

有时进口商不能及时付款赎单，向开证行申请延期付款，以进口单据作为质押。在提单已经到达而付款日期未到时，如在承兑信用证和延期付款信用证的情况下，进口商可以申请凭信托收据换取提单，利用出售货物的款项偿还开证行。这与托收下的信托收据是一样的。

国际货物运输中，在货物早于单据到达时，存在收货人凭保函向承运人提货的情况。在使用信用证的情况下，单据没有到达使进口商不能付款赎单。这时进口商可以向开证行提出担保提货申请，填写承运人的担保提货书，开证行经审查同意、签章后，由进口商向船公司或其代理人办理提货手续。在开证行收到正本提单后，交给承运人换回担保提货书，解除担保责任。这实际上是开证行出具保函给承运人，要求承运人向进口商放货，如出现责任或赔偿，由开证行负责。开证行在提供担保时，要注意自己拥有提单、换回担保书，防止提单落入他人之手二次提货，使自己承担责任。特别需要注意的是，由于货物已经提走，开证行须向承运人交付正本提单，故而即使单据不符合信用证的要求，银行也无法拒付、进口商也无法要求拒付，进口商、银行的拒付权利随之丧失。

第二节　保理和福费廷

一、债权转让

国际货物买卖中，卖方交付货物后买方应付货款，卖方成为货款的债权人。在托收和汇付这两种支付方式中，均通过买方向卖方直接付款的方式来实现卖方的债权。在信用证支付方式中，经由买方（申请人）的申请，开证行承担了向卖方付款的义务，本质上属于开证行替买方垫付。但在托收项下和信用证项下的融资中，我们看到，在某些情况下，卖方（债权人）可以通过出售单据的方式获得付款。这种债权得以实现的方式，实质上是一种债权转让。只不过它比一般的债权转让复杂一些。这说明，卖方作为债权人，是可以通过债权转让的方式获得付款的。

债权转让，涉及作为转让人的债权人、债务人和受让人三个基本当事人。其核心是转让人和受让人之间的债权转让本身是否有效，这一债权转让对债务人是否产生效力，产生效力的条件是什么，以及债务人对受让人是否可以行使抗辩权、抵消权或提出反请求（反索）。

我国《民法典》合同编含有债权转让的规定。原则上，债权人可以将合同的权利全部或者部分转让给第三人，但有下列情形之一的除外：根据合同性质不得转让；根据当事人约定不得转让；依照法律规定不得转让。债权人转让权利的，应当通知债务人。未经通知，该转让对债务人不发生效力。债权人转让权利的通知不得撤销，但经受让人同意的除外。债务人接到债权转让通知后，债务人对让与人的抗辩，可以向受让人主张。债务人接到债权转让通知时，债务人对让与人享有债权，并且债务人的债权先于转让人的债权到期或者同时到期的，债务人可以向受让人主张抵消。法律、行政法规规定转让权利或者转移义务应当办理批准、登记等手续的，依照其规定。

我国《民法典》合同编规定了债权不得转让的一种情形：当事人约定不得转让。在国际货物买卖合同的框架中，这是指合同的卖方和买方约定不得转让。这种约定是一种合同约定，有可能被违反。与此相关的问题是：债权人违反合同约定转让债权，是导致债权人与受让人之间的转让本身无效呢，还是导致债权人对债务人承担违反约定的责任？国际统一私法协会制定的《国际商事合同通则》规定，尽管让与人与债务人之间存在限制或禁止转让的协议，请求金钱支付权利的转让仍然具有效力，但让与人可能因此向债务人承担违约责任。请求其他履行的权利的转让，如果违反让与人与债务人之间限制或禁止转让的协议，则转让无效，但受让人在转让时既不知道也不应知道该协议的存在，则转让有效，让与人可能因此向债务人承担违约责任。《国际商事合同通则》区分了金钱债权和其他债权，并对转让效力作出了相应的规定。我国《合同法》并没有作这种区分。

《联合国国际贸易中应收款转让公约》（未生效）存在类似《国际商事合同通则》的规定。尽管转让人与债务人之间的协议限制转让人转让其应收款的权利，应收款的转让仍具有效力。这一规定不影响转让人因违反此种协议而承担的任何义务或赔偿责任，该协议的另一方不得仅以此项违反为由撤销原始合同或转让合同。非此种协议当事方的人仅因知悉该协议不承担责任。《联合国国际贸易中应收款转让公约》的这一规定，区分了转让人与受让人、转让人与债务人之间的不同关系。

由于《国际商事合同通则》和《联合国国际贸易中应收款转让公约》区分了债权人与债务人之间的原始协议和转让人（债权人）与受让人之间的转让协议，是否通知债务人这一转让产生的后果也是不同的。我国《民法典》合同编规定：债权人转让债权，应当通知债务人。未经通知，该转让对债务人不发生效力。债权转让的通知不得撤销，但经受让人同意的除外。而《国际商事合同通则》规定，一项权利仅凭让与人和受让人之间的协议即可转让，无须通知债务人；转让无须债务人同意，除非债务具有人身性质。在收到让与人或受让人发出的转让通知之前，债务人可通过向让与人清偿来解除债务；在收到该通知后，债务人只可通过向受让人清偿才能解除债务。当转让通知由受让人发出时，债务人可要求受让人在合理时间内提供转让已经发生的充分证据，例如作出转让的任何书面文件；在提供充分证据之前，债务人可以暂停清偿，原发出的转让通知不产生效力。《联合国国际贸易中应收款转让公约》要求，债务人在收到转让通知前，有权根据原始合同付款而解除其义务。债务人收到转让通知后，债务人仅可通过向受让人付款而解除其义务，多次通知、多次付款指示等情形除外。除非转让人与受让人之间另行约定，转让人或受让人或双方均可向债务人发出转让通知和付款指示，但在通知发出后，只有受让人才可以发出付款指示。如转让人或受让人违反他们的约定而发出转让通知或付款指示，这种通知或指示依然有效；但这一规定不影响违反协议的当事方对其违反协议造成的损害应承担的任何义务或赔偿责任。

我国《民法典》合同编规定了债务人对债权受让人的抗辩权和抵销权。《国际商事合同通则》存在相同的规定。《联合国国际贸易中应收款转让公约》在类似规定的基础上进一步规定：在转让人违反限制转让人转让权的协议的情况下，债务人对转让人的抗辩或抵消权，不得对受让人提出。债务人可以和转让人书面约定，不向受让人提出抗辩和抵消权。

国际贸易中存在的保理和福费廷，是以债权转让为基础设计的国际贸易融资方式，具有其自身独特的作用和价值。

二、保理

1. 保理的概念

保理（factoring），也叫保付代理、客账代理或承购应收账款业务或发票贴现，指银行或保理公司向卖方收购以发票表示的债务人的应收账款来提供综合性服务，包括销售分账户管理、债款回收、信用销售控制、坏账担保和贸易融资。一笔保理业务中保理商至少处理上述两种业务。保理是依以赊销为主的信用销售方式而设计的一种集融资、结算、账务管理和风险担保于一体的综合性金融服务。保理这一结算方式适应了非信用证结算方式扩大化的趋势。它既适用于国际业务，也适用于国内业务。

目前国际上调整保理业务的有关规则主要包括国际统一私法协会于 1988 年制定的《国际保理公约》和国际保理商联合会于 1990 年修订的《国际保理业务惯例规则》。法国、意大利、尼日利亚、德国、匈牙利和拉脱维亚批准了《国际保理公约》，该公约对其生效。《国际保理业务惯例规则》主要对信用风险的承担、付款责任、出口保理商和进口保理商的代理、保证及其他责任、转让的合法性、补偿、预付款、期限、账务、报告和酬金等作了规定。

保理一般涉及四方当事人：出口商、进口商、出口商所在地的保理商（出口保理商）、进口商所在地的保理商（进口保理商）。

保理的特点是，在一般情况下，出口保理商承担了信贷风险；保理商负责对进口商的资信情况进行调查、托收、收款，甚至代办会计处理手续；预支货款。

根据不同标准可以将保理分为多种类型。按出售单据时是否收到货款（是否提供融资）可将其分为到期保理和预支保理。到期保理，是指单据到期时（保理商计算的平均到期日）保理商无追索权地向出口商支付票据金额，而不是在出售单据时向出口商支付。预支保理又叫标准保理，指出口商在将单据出售给保理商时即取得货款。

按是否公开保理商名称可分为公开型保理和隐蔽型保理。公开型保理在票据上写明将货款付给保理商；隐蔽型保理在程序上按托收处理，但保理商在收妥货款后不再向出口商转交。

按保理商是否有追索权，保理可分为有追索权保理和无追索权保理。无追索权的保理形成呆账坏账担保，有追索权的保理仅提供包括融资在内的其他服务。

保理商在从事保理业务时，需要收取有关费用，包括管理费（手续费）和保理商付款到收款时的利息。保理商收取的上述费用转入卖方出口货物的出口价格中，最终由买方承担。相对买方申请开立信用证的成本来说，保理费用对买方仍是较低的。

保理这种支付方式主要针对中小企业，限于批发业务而非零售业务；经营商品限于消费性商品，不适用于资本性商品，如成套设备，因为资本性商品的支付方式复杂并涉及其他融资，且需提供售后服务。保理主要提供短期贸易融资的赊销，对于分期付款的长期销售合同不适用。卖方一般可以迅速得到货款，将风险转移给保理商；同时买方无须支付开立信用证的有关费用、免交押金，尽管货价有所提高，仍可降低成本。

2. 保理协议

保理业务主要涉及以下程序：(1) 出口商和出口保理商存在一定期限的保理协议；(2) 出口商与进口商存在交易意向；(3) 出口商将进口商的名称及有关交易情况告知出口保理商；(4) 出口保理商委托进口保理商对进口商的资信进行调查；(5) 进口保理商进行调查；(6) 进口保理商将调查结果告知出口保理商；(7) 如资信可靠，出口保理商对进出口交易进行确认；(8) 出口商和进口商签订买卖合同，必要时明确规定采用保理方式结汇；(9) 出口商将交付货物后的有关单据售给出口保理商，出口保理商付款；(10) 出口保理商将有关单据交进口保理商；(11) 出口保理商在承购单据时或在约定的日期将扣除利息和费用的货款余额付给出口商；(12) 进口保理商向进口商收款，并向出口保理商划付。

保理协议是出口保理商与出口商之间调整因保理业务而产生的法律关系的协议。保理业务不同，协议的内容也不同。一般包括下述内容：

(1) 有效期限。一般情况下到期终止，但也可展期，或延期到某一具体保理业务完毕。

(2) 收购应收账款。出口商据保理协议同意向保理商出售由保理商向债务人收取的款项。

(3) 核准与未核准应收账款。就某一时间的应收账款进行核准。

(4) 收购价款的计算与支付。应收款项应扣除出口商给予进口商的折扣、佣金或折让，扣除管理费用，扣除预付款的贴现费用（利息扣除）。

(5) 债权转让及履约保证。出口商将债权转让给保理商，并将这种非抵押性质的转让以书面形式通知债务人。与货物有关的其他相关权益也随之转移，如货物所有权、留置权、停运权、再出售权等。同时，出口商应保证：所有出售的应收账款均产生于正当交易；已全部履行了有关合同项下的责任和义务；提供的货物及服务已被或将被客户接受，并不会出现争议及贸易纠纷；客户不是出口商的附属机构、控股公司或集团成员。

(6) 附属机构。在保理商要求下，出口商应促使其所有附属机构以同样的条件与该保理商签订保理协议。一方面防止出口商在其附属机构间转移风险，另一方面也避免几个保理商之间的权益冲突。

(7) 限制条款。未经保理商同意，出口商不得将应收账款抵押给第三者；签订保理协议后不得与第三者签订类似协议（包括母公司、子公司或控股公司）；未经同意不得转让保理协议。

(8) 协议的立即终止。违反协议、申请自动清盘、被迫清盘、接收财产、财产被扣押等。

3. 保理业务涉及的主要法律问题

(1) 债权转让。出口商向保理商的债权转让应满足一定的形式要求，有时还要书面通知债务人。债权转让使保理商取得下述权利：对应收款项的所有权、与此相关的其他求偿权以及解除债务人债务的权利。

(2) 保理商与第三者的利益冲突。尽管有保理协议中的保证，仍会产生保理商与第三人之间的利益冲突。有时会出现几个受让人，一般原则是首先向债务人发出转让通知的受让人有优先权。有时保理商也会与抵押债权人产生冲突，尤其是在浮动抵押的情况下。保理商应事先取得其他债权人的弃权书或作出其他安排。

(3) 债务人的抗辩和反索。保理业务有其局限性。如果出口商和进口商之间存在未了的争议，如货物缺陷引起的争议，保理商的权益会受到影响。保理商在实际做法中，为了方便和避免争议，通常同意进口商的反索要求，借记出口商往来账户，向出口商索偿。

（4）出口商的清盘和破产。在清盘的情况下，出口商处理债权、债务的权利受到影响。保理商应及时取得有效的债权转让。在出口商破产时保理商应及时主张债权，对抗财产接管人。

三、福费廷

（一）福费廷的概念

福费廷（Forfaiting），又称包买票据，是一种付款请求权交易，可理解为一种债权转让。国际商会与国际福费廷协会于2012年共同制定了《福费廷统一规则》（URF800），自2013年起实行。

福费廷是一种国际贸易融资技术，具有很大的灵活性，能够创新应用。传统上，福费廷被理解为与贸易相关的应收款的无追索权的贴现。现代福费廷包括了更多的债权凭证、结构和概念，它具有使证明付款请求权的债权凭证流动的能力。通过使付款请求权更易于转让，福费廷不仅用于获取交付货物或服务的付款，还可用于提供融资。

根据《福费廷统一规则》，福费廷交易，是指无追索基础上卖方出售、买方购买付款请求权（payment claim）。付款请求权是指初始义务人在规定日期或经要求时支付一定数额的义务，以及从初始义务人接收或收回付款的所有的权利和利益。

《福费廷统一规则》只涉及付款请求权的转让，涉及卖方负责付款请求权和其转让的有效性，不涉及任何付款请求权的效力和执行性，不改变付款请求权。付款请求权由信用支持文件所证明。信用支持文件，指证明义务人之外的人对付款请求权予以付款的义务的文件。这使其可与汇票、本票、跟单信用证和发票购买一起使用。当事方需要选择适于证明付款请求权的债权凭证的转让方法，如背书、转让或更新（novation）。

福费廷交易有三个基本当事人，即卖方（债权人）、债务人、包买商（买方）。卖方和债务人是基础义务合同中的债权人和债务人。包买商是从债权人处购买债权（付款请求权）的人。考虑到国际特点和交易便利，和在保理中存在出口保理商和进口保理商一样，在福费廷交易中可分为位于债权人所在国的一级（初始）包买商和位于债务人所在国的二级包买商。因此，福费廷交易可以分为一级市场和二级市场。一级市场中的交易协议称为福费廷协议，二级市场中的交易协议称为福费廷确认。

（二）当事人之间的权利、义务

福费廷协议，是由一级包买商和卖方之间签订的规定福费廷交易条件的书面协议。在一级市场中设立福费廷交易，一级包买商和卖出付款请求权的卖方之间必须在交易日签署协议。福费廷协议应包括下述内容：付款请求权和信用支持文件的详细情况，包含请求权的数额、币种、到期日和义务人；当事人在福费廷协议签署日知悉的所要求文件清单；使用日；购买价格；结算日或预期结算日；适用法律和管辖权条款。交易日是指签署协议的日期，使用日是指卖方必须提交相符文件并满足其他条件的日期。

每一方当事人必须在不晚于使用日前满足对其适用的福费廷协议的所有条件。如果在使用日没有满足任何条件，当事人可约定延期使用日。如果在使用日或使用日前没有根据福费廷协议满足条件，福费廷协议终止。福费廷协议的任何该类终止，都不影响任何一方根据福费廷协议或适用法享有的权利。

卖方必须在不晚于使用日向包买商提交所要求的文件。包买商必须审查卖方提交的文件，以确定这些文件是否构成了所要求的文件；包买商可忽略并向卖方退回不是所要求文件的文件。包买商必须根据市场惯例（market practice）审查所要求文件，并确定是否构成符合要求的文件。如果包买商根据市场惯例确定所交付和审查的文件不是符合要求的文件，或要求其他文件，必须将这一情形通知卖方，并简要说明作出这一认定的理由，指明所要求的其他文件。当其确定其收到了符合要求的文件时，包买商必须通知卖方。购买付款的支付构成了这一通知，除非支付是凭保留支付。

在审查提交的文件时，包买商有权不受限制地考虑下述情况：所要求文件的真实性是否有满意证据的支持；付款请求权和任何信用支持文件下的义务是否是相关义务人的合法的、有效的、有约束力的、可执行的义务；付款请求权的付款是否在到期日以全部的相关货币支付，而没有抵消、反索或任何扣减，或税收代扣，或其他类似情形；付款请求权和信用支持文件下的权利是否可自由转让；所要求文件是否与福费廷协议相符。

包买商必须在结算日向卖方支付购买价款。付款必须以福费廷协议或福费廷确认中规定的币种进行，不得扣除或反索。如果付款到期日是福费廷协议或福费廷确认规定的付款地的营业日，付款必须以立即可使用的资金支付。如果付款到期日不是营业日，必须在到期日后的第一个营业日进行付款。

包买商付款后不得追索。在结算日，卖方向包买商出售、包买商向卖方购买付款请求权，不得追索（without recourse）。买方不得对卖方或任何之前的卖方就付款请求权方面的任何未付数额主张请求权。如果卖方是付款请求权或任何信用支持文件项下的义务人，《福费廷统一规则》中的任何规定都不影响卖方作为义务人的义务。

尽管存在买方购买后不得追索的规定，但如果当事人同意，买方可以凭保留（under reserve）付款，福费廷协议或福费廷确认必须具体规定下述内容，或通过修改具体规定下述内容：保留条款要求；保留日期；回购条款，使用原始销售条款确定的利率。卖方必须在保留日前满足保留条款要求。如果保留日结束时，保留条款要求没有得到满足，且当事人没有就延期保留日达成协议，买方有权向卖方发出通知，要求卖方按回购条款回购。回购条款是指截至保留日保留条款仍未得到满足时，卖方必须回购任何付款请求权的条款。如果买方要求卖方按回购条款回购，卖方必须在收到买方通知后的5个营业日内按回购条款完成回购，并向买方支付相关数额。买方在收到卖方付款后的5个营业日内，必须向卖方返还原收到的卖方的所有文件，并采取一切必要措施，签署所有必要文件，确保享有付款请求权、信用支持文件和其他所要求的文件的权利被重新转移给卖方。此外，当事人的责任也可能涉及买方对卖方的权利。

（三）当事人的责任

如果发生下述任何情形，每方应向其相对方承担责任：如果其没有权限执行和履行福费廷协议、二级销售条件或福费廷确认项下的义务，或没有采取必要的措施确保适当的执行和履行；福费廷协议、福费廷确认项下的义务或与之相关的义务，或在签署福费廷确认前二级销售项下的义务或与之相关的义务，不构成合法的、有效的、有约束力的并且可执行的义务。

如果发生下述任何一种或多种情形，卖方也应对包买商承担责任：（1）在结算日已知或应知与付款请求权、任何信用支持文件或基本交易相关的事件或情形，影响到期付款请求权的存在，或影响信用支持文件项下的任何权利和义务的存在，且在交易日前没有向一级包买商披露；(2) 在向买方转让付款请求权和信用支持文件项下的权利时，它不是付款请求权和这些权利的唯一合法的和实益（权益）的所有人，在这两种情形下应不存在第三人的权利请求或权利；(3) 在结算日或结算日前付款请求权和信用支持文件项下的权利没有不可撤销地、无条件地转让给一级包买商；(4) 无论是在结算日前或日后，没有遵循或违反了付款请求权、信用支持文件或基本交易项下的有约束力的义务，影响到期日付款请求权的存在，或影响信用支持文件项下的任何权利和义务的存在；(5) 无论是在结算日前或日后，存在有关付款请求权或基础交易的欺诈，影响到期日付款请求权的存在或信用支持文件项下的任何义务的存在。

如果发生下述一种或多种情形，一级包买商应对其买方承担责任：(1) 在交易日或交易日前，未披露从初始卖方收到的有关付款请求权、信用支持文件或基础交易的有关下述事件或情形的信息：该事件或情形影响付款请求权的存在，或影响信用支持文件项下的权利、义务的存在；(2) 当向买方转让付款请求权和信用支持文件项下的权利时，不是该请求权和权利的唯一合法的实益的所有人，该请求权和权利应不存在第三方的权利或权利请求；(3) 在结算日或结算日前，付款请求权和信用支持文件项下的权利，没有不可撤销地、无条件地转让给买方；(4) 当购买付款请求权时，没有根据市场惯例采取适当的措施，来确定付款请求权和任何信用支持文件对相关义务人是合法的、有效的、有约束力的、可执行的，付款请求权和信用支持文件项下的权利能够不可撤销地、无条件地转让；(5) 当购买付款请求权时，没有根据市场惯例采取适当的措施，确定所要求的文件反映了基础交易。

如果发生下述一种或多种情形，不是一级包买商的二级市场中的卖方，须对买方承担责任：(1) 在交易日或交易日前，没有披露从卖方收到的有关付款请求权、信用支持文件或基础交易的下述事件或情形的信息：该事件或情形影响付款请求权的存在，或影响信用支持文件项下的义务的存在；(2) 向买方转让付款请求权或信用支持文件项下的权利时，不是付款请求权或信用支持文件项下的权利的唯一合法的和实益的所有人，该请求权及权利不应存在第三方的权利或请求；(3) 付款请求权或信用支持文件项下的权利，在结算日或结算日前，没有不可撤销地、无条件地转让给买方。

卖方只对其直接买方负责，但它可以通过声明对未来买方的利益承担责任，或允许责任的转让，或通过其他合法的有效方式，同意就上述约定的所有或任何事件对后继买方负责。

第三节　备用信用证与保函

一、概述

在国际贸易中，除金融机构直接向买方或卖方提供资金便利外，包括金融机构在内的第三方常常为了国际贸易的进行而提供担保或保证。在国际贸易中，这种担保或保证通常采取备用信用证（或称备用证）和保函的形式。国际机构为了便利担保的形式，制定了一些有关备用证和保函的规则。

国际贸易中的备用信用证和保函，虽然本质上属于保证，但相关规则与中国国内法上的保证或担保存在某些重大区别。根据中国《民法典》，担保关系与被担保的债权债务关系之间存在主从关系，即担保合同是主债权债务合同的从合同，其一般原则是主债权债务合同无效，担保合同无效（法律另有规定的除外）。国际贸易中的备用信用证和保函规则，有的存在类似主合同与从合同的规定，有的则直接规定担保合同独立于被担保的债权债务合同。因此，担保人履行担保义务的不同条件就成为非常重要的内容。

二、备用信用证

在国际货物买卖合同中，有时会使用备用信用证或保函来保证货款支付或合同履行。跟单信用证用于保证买方付款，备用信用证的应用范围不限于此，还广泛用于投标担保、履行担保、付款担保、保留款担保等。保函则保障一方违约时另一方能够获得有效的救济。从严格意义上说，保函不属于国际货款支付的范围。但考虑到保函与备用信用证的密切联系和共同点，此处亦作一介绍。下面主要从货物买卖的角度对备用信用证和保函进行介绍。

（一）UCP 的有关规定

UCP500 在适用范围中包括了备用信用证，但只是在可以适用的范围内对备用信用证适用。可以说，UCP500 的大多数条款不适用于备用信用证。制定 UCP500 时，曾有人提议 UCP500 具体明确适用备用信用证的条款，但这一提议被认为不可能实现而没有被采纳。因此，信用证当事人有必要具体明确信用证的条款与条件。UCP500 包括备用信用证的原因，是因为从法律上说备用信用证与即索担保相同，但备用信用证的适用范围远远广于即索担保的适用范围。UCP500 被认为是最适合备用信用证的规则，故在该惯例中包括了备用信用证。UCP600 仍然沿用了 UCP500 的做法。

（二）《国际备用证惯例 ISP98》

1. 概况

由于 UCP500 不能适应备用信用证的要求，而国际商会也不准备修改 UCP500 以更好地适应备用信用证的要求，在美国国务院的支持下，美国的银行与法律界开始起草备用信用证的有关规则。国际商会组织了专门的工作小组，参与了这一规则的制定工作。1998 年 4 月国际商会银行技术与惯例委员会批准了《国际备用证惯例 ISP98》（The International Standby Practices—ISP98）（以下简称《国际备用证惯例》），由国际商会以第 590 号出版物出版，自 1999 年 1 月 1 日起实施。该惯例反映了已被广泛接受的有关备用信用证的惯例、习惯和用法，为备用信用证提供了独立的规则。

《国际备用证惯例》符合 1995 年联合国通过《联合国独立保函与备用信用证公约》。《国际备用证惯例》在法律不禁止的范围内对适用的法律进行补充；如果这些规则与强制性法律相冲突，应以适用的法律为准。但由于这些问题很少为当地法律所涉及，其结果是《国际备用证惯例》对当地法律进行补充而不是与之冲突。该惯例不仅适用于诉讼，也适用于仲裁。在备用证既受该规则约束，也受其他实务规则约束时，该规则取代其他规则的冲突性规定。

《国际备用证惯例》对下述事项不予界定或规定：开立备用信用证的权力或授权，对签发备用信用证的形式要求（如署名的书面形式），或以欺诈、滥用权利或类似情况为根据对承付提出的抗辩。这些事项由适用的法律解决。

除非备用信用证文本另有要求，或明确地对该规则进行了修改或排除，该规则作为订入条款，适用于备用信用证的开立、保兑、通知、指定、修改、转让、开立申请或当事人同意的其他事项。该规则中含有“除非备用信用证另有说明”或类似语句时，强调备用信用证文本优先于该规则；没有上述语句的规则并不默示其规定优先于备用信用证条款；在“除非备用信用证另有说明”或类似语句前加上“明确地”或“清楚地”等词，强调该规则只有通过在备用信用证中用清晰、明白的文字才可以被排除或修改。《国际备用证惯例》所有规则的效力可以为备用信用证文本所改变，而其中一些规则效力的变动可能使备用信用证在适用法律下丧失作为独立承诺的资格。

2. 备用信用证的概念及适用范围

根据《国际备用证惯例》，备用信用证是指依据该规则开出的任何独立承诺。不同的适用规则，将备用信用证与商业信用证及独立担保区别开来。备用信用证涉及下述当事人：开证人、受益人、通知人、保兑人、在备用信用证中被指定并照其行事或同意照其行事的任何人（指定人）、授权开立备用信用证或同意适用《国际备用证惯例》的申请人。

备用信用证的实质是开证人的独立承诺。根据在基础交易中备用信用证的不同作用以及一些不一定涉及备用信用证自身条款的其他因素，通常对备用信用证进行描述性的分类，如履约备用信用证、预付款备用信用证、投标备用信用证、反担保备用信用证、融资备用信用证、直接付款备用信用证、保险备用信用证、商业备用信用证等，这些分类对《国际备用证惯例》的适用并不产生操作上的影响。该惯例并没有对备用信用证进行类似的分类。但该惯例明确，备用信用证包括履约、融资和直接付款备用信用证。

备用信用证不仅适用于申请人违约、开证人对受益人提供违约担保的情形，也适用于开证人直接付款的情形。在付款义务到期、申请人并没有违约时，备用信用证要求开证人在受益人提交符合要求的单据时履行承诺，而不考虑基础交易的实际情况。这使得备用信用证具有不同于保函的特征。

3. 备用信用证的性质

备用信用证在开立后，即是一个不可撤销的、独立的、跟单的、具有约束力的承诺，并且无须如此说明。

（1）不可撤销性。除非在备用信用证中另有规定，或经对方当事人同意，开证人不得修改或撤销其在该备用信用证下的义务。但受益人可以同意备用信用证的撤销，这种同意一经传达给开证人后即不可撤销。

（2）独立性。备用信用证独立于申请人与开证人之间、申请人与受益人之间、开证人与其他银行之间的协议或关系。备用信用证下开证人义务的履行不取决于下列事项：开证人从申请人那里获得偿付的权利和能力；受益人从申请人处获得付款的权利；在备用信用证中对任何偿付协议或其他基础交易的援引；开证人对任何偿付协议或基础交易的履约或违约的了解与否。开证人对受益人的义务，不受任何适用的协议、惯例和法律下开证对申请人的权利和义务的影响。开证人对下列事项不负责任：任何基础交易的履行或不履行；备用信用证下提示的任何单据的准确性、真实性或有效性；其他方的作为或不作为，尽管该人是由开证人或指定人选择的；除了备用信用证所选择的或开证地所适用的法律和惯例，对其他法律或惯例的遵守。

（3）单据性。这一特征是与独立性密切联系在一起的。开证人的义务仅取决于单据的提示，以及对所要求单据的表面审查。受益人提交的单据，指提示的（书面形式或电子媒介形式的）汇票、索款要求、所有权凭证、投资担保、发票、违约证明，或其他事实、法律或意见的陈述，据以审核是否与备用信用证的要求一致。如果一份备用信用证没有注明任何要求提交的单据，则需要提交一份做成单据的索款要求。开证人的付款义务取决于受益人提交的单据表面上是否与备用信用证的要求一致。

（4）约束性。备用信用证及其修改在开立后即具有约束力，无论申请人是否授权开立，开证人是否收取了费用，或受益人是否收到或因信赖备用信用证或修改而采取了行动，对开证人都是有强制性的。声明备用信用证"不可用"、"没生效"或"没有效力"，不影响备用信用证在脱离开证人控制后的不可撤销性和约束力。备用信用证不应或不必表明是"无条件的或抽象的"、"绝对的"、"第一性的"、"用开证人的自有资金支付"、"见索即付"。

4. 备用信用证的承付

备用信用证的基本程序包括：备用信用证的开立申请、开立、通知、提示、审核、偿付。

（1）受益人的提示

受益人的提示应与备用信用证的规定相符。备用信用证应说明提示的时间、地点及在该地点范围内的场所、接受提示的人和提示的载体（medium of presentation）。如备用信用证并未说明，则应与《国际备用证惯例》一致。

收到备用信用证要求的并据其提示的单据，即构成了提示，开证人应对单据与备用信用证的条款和条件的一致性进行审查，即使备用信用证要求的单据没有全部被提示。提示必须标明据以提示的备用信用证，如果开证人不能从收到的单据表面判定是否据某一备用信用证来处理这些单据，或不能确定与该单据有关的备用信用证，则提示的时间为开证人能够认定的时间。在备用信用证开立之后、到期日之前提示，即为及时提示。提示应在备用信用证规定或《国际备用证惯例》规定的地点或场所作出。单据必须以备用信用证中注明的载体作出提示。《国际备用证惯例》允许使用电子载体的形式作出提示。如没有注明载体，单据必须以纸单的形式提示，除非只要求提交索款要求；如果单据是通过电子方式传送的，则不能视为以纸单提示；如注明以电子载体提示，单据必须以电子记录的方式提示，并能为接收提示的开证人或指定人证实。

每一次提示都是独立的（separate）。无论备用信用证是否禁止部分或多次提款或提示，一次提示的不符、收回提示或未完成预定的或允许的多次提示中的一次，都不影响或损害另一次的及时提示或再次的及时提示的权利。对一次相符提示的错误拒付，并不构成其他提示的拒付或对备用信用证的毁约。对一次不符提示的承付，无论是否注意到了不符点，都没有放弃备用信用证对其他提示的要求。

受益人的展期要求或不展期即付款的要求，构成了提示，意味着受益人同意修改备用信用证将到期日延长到所要求的日期，受益人要求开证人自主决定是否寻求申请人的同意、进行修改；意味着在修改时，受益人撤回索款的要求；意味着受益人同意《国际备用证惯例》规定的审查单据和发出拒付通知的最长期限。

对提示的要求，除了开证人自主决定的事项外，在不影响申请人对开证人的义务的情况下，开证人也可以免除《国际备用证惯例》中的某些规则和备用信用证中注明的、主要为了开证人的利益和操作方便而设的类似条款，无论申请人是否同意或向其发出通知。

（2）对提示单据的审查和处理

备用信用证的索款要求必须在表面上与备用信用证的条款相符。提示是否相符，应依据

《国际备用证惯例》解释和补充的备用信用证的条款，结合标准备用信用证实务，通过审查提示是否表面上符合备用信用证而确定。除非是备用信用证要求提示电子记录，开证人无义务验明受益人的身份。

受益人提示的文件可包括索款要求、违约或其他提款事由的声明、可转让单据、法律司法文件、其他单据。有时备用信用证可能要求受益人自己对他人开立单独的承诺，但无须向开证人提示该承诺或其项下的单据，即便提示，开证人也无须审核，可将其退回提示人或转交申请人，开证人并不承担责任。

如果备用信用证没有具体规定要求的单据，仍视为要求单据性的索款要求。索款要求无须与受益人的声明或其他要求的单据分开，如要求单独的索款要求，应含有受益人向开证人的索款要求、该要求的提出日期、索款金额和受益人的签名。

开证人只需在备用信用证规定的范围内审查单据之间是否一致。非备用信用证要求的单据无须审核，并不予考虑。除非另有规定，所有备用信用证要求的单据必须由受益人出具，无须签名，如要求签名，可以任何方式为之。备用信用证中的非单据条件不予考虑，不管其是否会影响开证人接受相符提示或承认备用信用证已开立、修改或终止的义务。

如果开证人没有通知拒付、承兑或承担延期付款责任，则开证人有义务在到期日付款。如开证人决定拒付，应在合理的期限内（不得超过 7 个营业日）发出拒付的通知，拒付通知应注明拒付的所有不符点。如果没有及时发出拒付通知，没有列明不符点，则开证人就不能再对包含不符点的单据提出不符点，但不影响针对不同提示提出不符点。

如果开证人认为提示不符，可自主决定请求申请人放弃不符点或授权承付。获得了申请人的放弃声明并不使开证人有义务放弃该不符点。如果在收到拒付通知后，提示人要求将单据交给开证人（在指定人的情况下）或要求开证人寻求申请人放弃不符，有关人员没有这样的义务。向开证人的提示应受《国际备用证惯例》规则的约束，除非提示人明确同意偏离《国际备用证惯例》。如果有关人员转交单据或提出放弃不符请求后，提示人不能拒绝开证人通知他的不符点；但开证人据《国际备用证惯例》审查提示的义务没有解除；开证人没有义务放弃不符点，尽管申请人已经放弃；开证人必须持有单据，直至收到申请人的答复或应提示人要求归还单据。

申请人应通过迅速方式及时向开证人提出对承付不符提示的异议。如没有以迅速方式及时发出异议通知，申请人就不能再对开证人主张其收到的单据的不符点或其他表面事项提出异议，但不影响申请人对同一或不同备用信用证下的其他提示提出不符异议。

被拒付的单据必须按提示人的合理指示予以退还、持有或处置。

（3）开证人的承付义务

开证人根据《国际备用证惯例》和标准备用证做法，对表面符合备用信用证条款和条件的提示予以承付。开证人对符合的提示即期承付。但如果备用信用证规定了下述承付方式，则应据备用信用证规定的方式承付：及时承兑受益人开出的以开证人为付款人的汇票，在汇票到期时或到期后提示时对汇票的持有人付款；及时承担延期付款义务，在到期时付款；议付，开证人无追索权地即期支付。开证人承付时应以备用信用证中指定的币种支付可立即使用的资金，除非备用信用证注明以货币记账单位付款或交付其他有价物。

保兑人的义务与开证人的义务相同。如果保兑允许向开证人提示，保兑人承担开证人错误拒付时的承付义务；如果备用信用证允许向保兑人提示，开证人承担保兑人错误拒绝履行保兑时的承付义务。

(4) 偿付义务

在开证人或其指定人承付后，要求开立备用信用证的申请人应向开证人偿付，开证人应向其指定人偿付。有关银行间的偿付适用国际商会的银行间偿付的标准规则。

申请人应对下列事项产生的请求、义务和责任向开证人负赔偿责任：开证地适用的或备用信用证选择的法律和惯例之外的法律、惯例的规定；其他人的欺诈、伪造或其他非法行为；保兑人错误地拒绝履行保兑、开证人代为履行保兑人的义务。

上述规定可以补充规定偿付或赔偿的任何适用协议、交易过程、做法、惯例或习惯。另外，申请人必须支付开证人收取的费用和其他人向开证人收取的费用。开证人有义务支付其他人的有关费用。

5. 备用信用证的欺诈

《国际备用证惯例》不解决以欺诈、滥用权利或类似情况为根据对承付提出的抗辩。这些事项由适用的国内法解决。但是，该惯例包括的一些规则实质上涉及欺诈问题。

这些规则包括：备用信用证的单据性特征；开证人无义务在单据表面相符之外调查基础交易；尽管单据存在欺诈或伪造性，对善意支付的款项获偿的权利；作为受让人的受益人与第一受益人欺诈或滥用行为结果的独立性；尽管存在欺诈或滥用性提款，在指定范围内行事的指定人受偿的权利。

《国际备用证惯例》默示承认存在欺诈例外，但这是建立在下述假定之上的：只有在存在重大欺诈或明确、明显的滥用权利，根本不存在提款依据时，才存在支付义务和独立原则的例外。

三、保函

（一）国际商会的保函规则

保函（letter of guarantee，L/G），是指担保人应委托人要求向受益人开出的保证文件，保证在委托人未尽义务、违约、过失时承担赔偿责任。银行开立的保函称为银行保函。

保函的基本当事人有委托人、受益人和担保人，有时还存在通知人。委托人和受益人之间存在基础性的契约关系，委托人须委托担保人向受益人提供担保。委托人和担保人之间是委托关系及偿付关系，委托人委托担保人出具保函，在担保人向受益人付款后，委托人予以偿付，并承担有关的费用。担保人和受益人之间是保函关系，担保人凭保函付款，受益人按保函要求提出索款声明，获得款项。

国际商会于1978年制定了《合约保函统一规则》(URCG，国际商会第325号出版物)，但该规则未被广泛接受；于1991年又制定了《见索即付保函统一规则》(URDG，国际商会第458号出版物)；于1993年4月通过了《合同保证统一规则》(URCB，国际商会第524号出版物)。[①]《见索即付保函统一规则》于2010年修订（国际商会第758号出版物）。

制定保函规则，旨在为不同当事人的合法利益的平衡提供一个解决的办法。这些规则皆属

① 这三个规则的英文名称分别是：Uniform Rules for Contract Guarantees，Uniform Rules for Demand Guarantees，和 Uniform Rules for Contract Bonds。《见索即付保函统一规则》也译为《即期担保统一规则》。

于惯例性质，只有在保函中明确援引时才对保函有约束力。这些规则在对不同当事人的利益考虑上有所侧重，担保人承担担保责任的条件有所不同，当事人应根据自己的需要，选择适用相应的规则。

《合约保函统一规则》制定后未被广泛接受，其重要原因是，保函与基础合同相联系，不是担保人承担义务的独立文件；受益人在确定申请人确实违约后才能受偿。该规则第 9 条规定：证明索赔要求的文件需要受益人提供法院判决书、仲裁裁决书或委托人同意受益人的索赔及其金额的声明。这些都不利于受益人，使合约保函的作用大大降低。

《见索即付保函统一规则》是在《合约保函统一规则》的基础上制定的。它解决了保函的独立性问题，担保人履行承诺不以受益人实际证明委托人违约为条件。但这又产生了受益人欺诈或滥用保函的危险。倾向于委托人立场的保险业、建筑业更是对此非常关注。为了解决这些关注，使担保人的责任与委托人的责任相联系，以确定的违约为依据，国际商会又制定了《合同保证统一规则》。

根据《合同保证统一规则》，担保人根据保证的责任是第二性的（accessory），因违约而产生，委托人根据基础合同的所有抗辩，担保人都可以援用。担保人出具违约证书，符合要求的第三人出具违约证书，法院的终局裁决或仲裁裁决书，可以证明违约的存在。但该规则也没有明确规定受益人获得付款的时间和条件。

（二）见索即付保函的定义和特征

根据《见索即付保函统一规则》，见索即付保函（demand guarantee），指由银行、保险公司或其他组织或个人（担保人）以书面形式出具的任何保证、担保或其他付款承诺，表示在提交符合保函条款的索赔书或保函中规定的其他文件时承担付款责任。保函应规定委托人、受益人、担保人、要求开立保函的基础交易、应支付的最大数额和货币种类、保函的到期日或到期事件、索偿的条件、减少保函数额的其他规定。

见索即付保函的特点是：(1) 独立性。保函与基础合同相互独立，同委托人与担保人之间的关系独立，即使保函中含有对基础合同的援引。担保人根据保函的付款承诺，不受担保人与受益人关系之外的任何关系所产生的请求或抗辩的约束。(2) 不可撤销性。除非另外明确表明，所有的保函和反担保保函都是不可撤销的。(3) 单据化。担保人根据保函的付款义务，以受益人提示索款要求及保函规定的其他单据为条件。(4) 表面相符。担保人只检查单据与保函要求是否表面一致。在确定付款要求与保函规定的条件表面一致时，担保人即应履行付款义务。

见索即付保函通常分为直接担保和间接担保两种。在国际贸易中，一般多使用间接担保。直接担保有三个当事人：申请人、担保人和受益人。间接担保，又叫反担保，有四个当事人：申请人、指示人（反担保人）、担保人、受益人。间接担保一般由申请人向其所在地的指示人提出申请，指示人指示或要求受益人所在地的担保人向受益人提供担保，并向担保人提供反担保。在间接担保中，反担保保函独立于担保保函。考虑到国家的外汇管制及国际因素，间接担保更有助于担保的真正实现，最大限度地保障受益人的利益。

（三）见索即付保函有关当事人的义务

担保人只根据保函规定的条件和《见索即付保函统一规则》对受益人负责。担保人本着诚实信用和合理谨慎原则确认单据是否表面符合保函的要求、单据相互之间是否一致。在单据不符时，担保人可以拒绝履行担保义务，但应在提示后5个工作日内发出拒绝通知，且一次性指出所有不符点。担保人决定拒绝付款时，应以快速方式通知受益人。

类似《托收统一规则》和UCP500的规定，担保人和指示人，对于向其提交的文件的形式、充分性、准确性、真伪性、法律效果，或任何人的善意、行为或不行为，不承担责任；对于不可抗力造成的营业中断所引起的后果，不承担责任；对于下述事项不负责任，但没有善意和谨慎从事除外：产生于信息、信件或文件传递中的延误或损失的后果；产生于电讯传递中的延误、缺损或其他差错；对技术术语的翻译或解释的差错（并保留对保函文本不予翻译传递的权利）；其传递的指示没被执行。由于不可抗力造成的业务中断，从原来期满日延长30天。

受益人的索款要求，应根据保函的条件在到期日或之前或到期事件前，在开立地向担保人提出。到期日指具体规定的日历日，到期事件指为到期目的规定的文件提示。无论如何规定到期，在向担保人提示保函本身时，或向担保人提示受益人免除保函责任的书面声明时（在这种情况下是否退还保函没有影响），保函被取消。在保函因付款、到期、取消等终止时，保留保函并不保存受益人根据保函享有的任何权利。

如果受益人要求延展保函的有效期代替要求付款，担保人应不迟延地通知给予担保人指示的一方。在允许委托人和受益人达成展期协议、委托人安排展期的合理时间内，担保人应暂停支付。除非在上述期限内展期，担保人应对受益人符合要求的索款要求付款。如果委托人要求展期，除非担保人和指示人或所有各方都同意，则不应展期。

受益人除提交保函要求的文件外，还应提交书面声明（无论是否包括在索款要求或单据中），表明委托人违反了基础合同的义务及委托人违反的方面。保函条款明确排除书面声明时除外。保函要求的所有文件应在保函的开立地向担保人提示，否则担保人可拒绝付款。

（四）支配法律和管辖

除非保函或反担保函另有明确规定，支配法律应是担保人或指示人的营业地的法律，或者，如果担保人或指示人有不止一处的营业地，则是开立保函或反担保函的分支机构的营业地的法律。

除非保函或反担保函另有明确规定，担保人和受益人之间的保函纠纷，或指示人与担保人之间的反担保纠纷，应由担保人或指示人的营业地所在国的有权法院专属管辖；如果担保人或指示人有不止一处的营业地，由开立保函或反担保函的分支机构所在国的有权法院管辖。

上述规定实质上是以保函或反担保函的开立地作为确定法律、确定管辖权的标准。在直接保函的情况下，由担保人所在地的法律调整、法院管辖。如果担保人在中国，中国法律是准据法，中国法院是有权管辖法院；如果受益人在中国，而担保人在外国，则外国法律是准据法、外国法院是有权管辖法院。在间接担保的情况下，由于担保人和受益人处于相同的国家，保函纠纷自应适用该国的法律，该国法院有权管辖；提示人和担保人之间相当于直接保函中的担保人和受益人之间的关系。

中国已制定《民法典》，根据该法典的规定，保证可分为第一性的保证和第二性的保证，其中第一性的保证即相当于上述保函。因此，中国法院在审理有关保函的案件中，可以适用中国的《民法典》。同时，由于《见索即付保函统一规则》的规定不完全与中国的《民法典》的有关规定相同，或中国的《民法典》没有相应的规定，《见索即付保函统一规则》又可对中国的《民法典》起补充作用。中国的《商业银行法》及有关银行业务的一些法规也应在审理保函案件中予以适用。

四、《联合国独立保函与备用信用证公约》

(一) 适用范围

1995 年联合国通过《联合国独立保函与备用信用证公约》,该公约于 2000 年 1 月 1 日生效。到 2014 年 5 月,批准该公约的国家有厄瓜多尔、萨尔瓦多、科威特、巴拿马、突尼斯、白俄罗斯、加蓬和利比里亚。美国签署了该公约,但没有批准。

该公约的目的尤其在于促进独立担保和备用信用证的使用。某些地方传统上使用两者之中的一种。该公约强调对共同基础原则的确认,强化了独立担保与备用信用证共同的特点。为了强调对独立担保和备用信用证均可适用的一套共同的总规则并克服术语存在的差异,该公约使用了"承保"(undertaking)这一中性词泛指这两种单证。"就本公约而言,承保是一项独立承诺,在国际惯例中称为独立担保或备用信用证。"这也说明在法律性质上,备用信用证实际上就是保函。美国法律不允许担保公司之外的机构使用保函,美国银行就使用了备用信用证这种形式。美国牵头起草 ISP98,也说明了这一点。

该公约适用于符合承保定义并且符合下述条件的国际承保:担保人/开证人出具该承保的营业地是位于一个缔约国之内,或国际私法规则导致适用某一国的法律,除非该承保排除该公约的适用。即使不符合公约承保定义的一项国际信用证,只要其声明遵守该公约,该公约亦对其适用。

(二) 承保的概念和性质

根据该公约,承保是一项独立承诺(commitment),是银行或其他机构、个人(担保人或开证人)作出,保证当提出见索即付要求时,或随同其他单据提出付款要求,表明或示意因发生了履行义务方面的违约事件或因另一偶发事件,索还借支或垫付款项,或由于委托人/申请人的欠款到期而应作出支付时,即根据承保条款和任何跟单条件向受益人支付一笔确定的或可确定数额的款项。独立保函与备用信用证也是一种有条件的付款承诺,但它并不总是发生付款。各方通常并不希望索偿要求真正提出,开证行的责任是"备用的"。承保的作出,可以是根据担保人/开证人的客户(委托人或申请人)的请求或指示,根据另一银行、机构或个人(指示方)按该指示方的客户(委托人或申请人)的请求而发出的指示,或担保人/开证人自己作出的承保。这表明,该公约中的承保,可以是直接承保,也可以是间接承保。在直接承保中存在开证人、委托人和受益人三方基本当事人;在间接承保中,另外还存在指示方这一基本当事人。

承保具有下列特性:

1. 独立性。一项承保,在下列情况下即为独立的承保:担保人/开证人对受益人的义务,不取决于任何基础交易的存在或有效性,也不取决于任何其他承保(包括保兑和反担保所涉及的备用信用证或独立担保);担保人/开证人对受益人的义务,不取决于承保未写明的任何条款或条件,除出示单据以外,也不取决于任何未来不确定的行为或事件,或担保人/开证人业务范围内的另一此类行为或事件。在独立承保中,担保人/开证人扮演的角色是付款人,而不是调查者。

2. 跟单性。作为独立于基础交易的一种附加属性,公约范围内的承保具有一种跟单性质。

在面对提出付款要求时，担保人/开证人的义务只限于审查付款要求和佐证单据，核实索款书和所提出的其他单据表面上是否符合独立担保或备用信用证条款的要求。具有非跟单条件的承保不属于该公约的范围。

3. 不可撤销性。承保一经开立即不可撤销，除非承保本身规定是可撤销的。承保在脱离担保人/开证人的控制时即为开立。承保可以以保持完整信息的任何形式开立。自承保开立后，受益人即可据承保的条款和条件作出付款要求，除非承保规定了不同的时间。

4. 付款例外的明示性。该公约明确规定了担保人/开证人对欺诈性或滥用性索款要求可以拒绝付款的情形，以及申请人可以申请法院采取临时救济措施的情形。

(三) 受益人的索款要求

任何索款要求都应以规定的形式提出，并符合承保规定的条件和条款。提示应在可提出索款要求的期限内，在承保的开立地向担保人/开证人作出。

受益人据承保的要求付款权在下列情况下终止：担保人/开证人已收到受益人解除责任的声明；受益人与担保人/开证人达成终止承保的协议；承保的数额已经支付（自动恢复的除外）；承保的有效期已过。

承保可以规定，或受益人和担保人/开证人可以约定，在要求付款权终止时，向担保人/开证人交回含有承保的文件，或以非纸化形式开立时规定或约定等同于交回文件的功能程序。要求付款权终止后，受益人仍持有该文件并不保留受益人据承保享有的任何权利。

承保可以规定具体的到期日或固定期限的最后一天为到期日。如果到期依赖于非担保人/开证人业务范围外的行为或事件，则担保人/开证人得到通知该行为或事件发生并出示了承保书内为此目的所规定的单据时为到期，如未规定出示的单据，则在出示了受益人关于该行为或事件发生的证明时，承保到期。如果承保没有规定到期日，或到期所依赖的行为或事件没有为提示的文件所确立，并且没有另外规定到期日，则在承保开立 6 年后到期。

(四) 担保人/开证人的审查、付款

担保人/开证人和受益人的权利义务，根据承保书的条款和条件，以及该公约的有关条款来确定。在履行承保中的义务时，担保人/开证人应恪守诚信，谨慎行事，适当注意普遍接受的有关独立保函或备用信用证的国际做法。如不能诚信行事，或存在重大过失，担保人/开证人不能免责。担保人/开证人应审查索款要求和随附单据。在确定单据是否表面上与承保书的条款和条件相符以及单据之间相互相符时，担保人/开证人应适当考虑独立保函或备用信用证的国际适用标准。除非承保书另有规定或当事人另有约定，担保人/开证人应在合理时间内（从收到有关要求和文件次日起不超过 7 个工作日）审查、决定是否付款，如果不付，给予通知。在审查索款要求符合有关要求后，担保人/开证人应立即付款，除非是在延期付款基础上的承保。

(五) 付款例外及临时救济措施

该公约特别涉及了欺诈性或滥用性的付款要求以及在此种情况下的司法补救。

下列情况明显而清楚时，担保人/开证人本着诚信办事原则，有权不付款给受益人：任何单据不真或伪造；根据索款要求和佐证单据中所述依据，付款没有到期，并不应作出付款；从承保的类型和目的可断定，该索款要求没有任何可能根据。该规定中对诚信原则的规定，表明

它注意到担保人/开证人关心的问题是，保持承保业务作为独立于基础交易的承诺所应有的商业可靠性。

所谓索款要求无任何可能依据，包括下列几种情况：(1) 为保护受益人而出具承保书的意外事件或风险毫无疑问地没有发生；(2) 法院或仲裁庭已宣布委托人或申请人的基本义务无效，除非承保书表明该情况属于承保的风险范围之内；(3) 承保所规定的基本义务已毫无疑问地令受益人满意地得到了履行；(4) 受益人的故意不当行为显然妨碍了基本义务的履行；(5) 若是根据一项反担保提出索款，反担保的受益人作为与该反担保相关的承保的担保人、开证人，不守诚信地付了款（恶意付款，in bad faith）。

与规定担保人/开证人有权不付款的情况相联系，该公约明确规定委托人或申请人有权请求法院采取临时措施。经委托人、申请人或指示方申请，如果表明上述担保人/开证人有权不付款的情形大有可能（high probability）存在，法院根据立即可得的有力证据（immediately available strong evidence），可以发布临时令，禁止受益人收到支付，或冻结已经付给受益人的承保款项（应考虑不发出这种命令是否会使委托人、申请人受到严重损害）。法院在发布临时令时，可要求有关申请人提供法院视为适当形式的保证。

除存在上述三种拒付理由或利用承保达成犯罪目的之外，法院不得根据任何其他拒付理由发出禁止止付令。但这一规定没有排除法院可以发布临时冻结令的可能性。

上述规定表明，该公约确认对与基础交易有关事实的调查是法院的职责，而不是担保人/开证人的职责。法院采取临时救济措施应满足该公约规定的相应的证据标准。但对于利用承保犯罪，也允许发布临时令，阻止付款或冻结收益。从该公约规定看，冻结对象应仅限于支付的承保款项。据此理解，如果受益人已从开立地转走这笔款项，法院似不可以对受益人的其他财产冻结相当于承保款项的数额。

（六）法律的适用

根据该公约，承保的适用法律的确定可以通过两种方式：选择的确定和非选择的确定。承保可以规定适用的法律，或可从承保书的条款和条件中证明法律的选择，担保人/开证人和受益人可以约定法律的选择，在没有选择法律时，承保由担保人/开证人开立承保的营业地所在国的法律支配。

从上述规定看，主债务人的所在地是确定适用法律的标准。这一标准也应是法院管辖的标准。

第四节　出口信用保险

一、出口信用保险的概念

尽管银行信用通常比商业信用可靠，但无论是银行信用还是商业信用，由于政治风险和商业风险等各方面的原因，因而都可能存在信用风险。出口信用保险正是为了防范这一风险而由国家政府设立的一种风险保障机制。国家为了推动本国的出口贸易，为出口商和银行承担由于进口国政治风险和进口商商业风险在出口收汇和出口信贷等业务上可能遭受的损失提供政策性保障。投保企业在遭遇上述危险和实际损失后，出口信用保险机构支付保险赔偿金以补偿企业损失。同时，在投保出口信用保险后，出口企业收汇风险降低，这又为出口企业向商业银行融资提供了方便。

在中国，提供出口信用保险的是中国出口信用保险公司。根据该公司确立的定义，出口信用保险是国家为了推动本国的出口贸易，保障出口企业的收汇安全而制定的一项由国家财政提供保险准备金的非营利性的政策性保险业务。它体现了出口信用保险以保障出口收汇为核心的下述特点：国家性、政策性、非营利性、保障性。出口信用保险业务遵循的基本原则包括：（1）最大诚信原则：投保人必须如实提供项目情况，不得隐瞒和虚报；（2）风险共担原则：赔偿比率大多低于百分之百；（3）事先投保原则：保险必须在实际风险有可能发生之前办妥。

二、出口信用保险承保的风险和类型

出口信用保险公司对被保险人在经营出口业务时面临的来自进口国家或地区的政治风险和买家的商业风险予以承保。政治风险是指被保险人在对外投资和贸易过程中，因保单约定的、债务人所在国（地区）或贷款须经过的第三国或投资目的地的政府行为和订约双方不能控制的事件，使债权人或权益人可能遭受损失的风险，包括禁止或限制汇兑、进口管制、没收、征用、国有化、撤销进口许可证、颁发延期付款令、战争、暴乱或革命等。商业风险是指，在商业信用付款条件下国外买方或在信用证付款条件下国外开证行或保兑行由于出现信用问题致使被保险人发生收汇损失，包括：买方或开证行破产或者无力偿付债务；买方或开证行拖欠货款；买方拒绝接受货物；开证行拒绝承兑。

出口信用保险按出口合同对进口方的信用放账期不同，可分为短期出口信用保险和中长期出口信用保险。一般情况下，短期出口信用保险保障信用期限在1年以内的出口收汇风险，本保险保障1年期以内，出口商以信用证（L/C）、付款交单（D/P）、承兑交单（D/A）、赊销（OA）方式从中国出口或转口的收汇风险。中长期出口信用保险保障信用期限在1年至15年的出口收汇风险，中长期出口信用保险旨在鼓励我国出口企业积极参与国际竞争，特别是高科技、高附加值的机电产品和成套设备等资本性货物的出口以及承包海外工程项目；支持银行等金融机构为出口贸易提供信贷融资。

出口企业向中国出口信用保险公司填写《投保单》，介绍出口企业的情况，并填写投保范围、出口情况、适保范围内的买方清单及其他需要说明的情况。中国出口信用保险公司基于国别风险分析、买方资信调查、买方风险分析与评估，评估买方资信，对每一个单独买方核定最高保险额度，审批有效信用限额。

问题与思考

1. 简述备用信用证的概念及使用范围。
2. 简述保函的种类及作用。
3. 简述见索即付保函的特点。
4. 简述出口信用保险的特点。

第八章

国际技术贸易

本章概要

技术贸易主要是以知识产权为标的的贸易。知识产权的国际保护构成国际技术贸易的基础。世界知识产权组织、联合国教育科学文化组织和世界贸易组织制定了一系列知识产权国际保护公约。国际技术贸易方式有多种，国际技术许可是其主要方式，包括知识产权内容的经营制度许可的特许经营也是一种重要的方式。

关键术语

TRIPs 协定　巴黎公约　伯尔尼公约　罗马公约　集成电路知识产权条约　know-how　集成电路布图设计　未披露信息　地理标志　出租权　技术许可　特许经营　排他许可　普通许可　最惠受让方条款

第一节　国际技术贸易概述

一、国际技术贸易的技术

顾名思义，技术贸易是以技术为标的的贸易。世界知识产权组织于 1977 年对技术作出的定义是：技术是指制造某一产品、应用某项工艺或提供某项服务的系统知识。这些知识既可表现在某一发明、外观设计、实用新型或植物新品种中，也可以表现为技术情报或技能，还可以表现为专家为某一工厂的设计、安装、运营或某一工商企业的管理及其有关活动提供的服务或协助等。现在看来，这一定义作为技术贸易的标的来讲，已显得过于狭窄，不能满足现在技术贸易的需要。

作为技术贸易标的的技术不仅包括上述定义中所包含的专利或知识，还包括商标、版权等。具体地说，技术包括专有技术（know-how）、商业秘密、专利（发明、实用新型和外观设计）、商标（商品商标和服务商标）、版权（权利对象包括计算机软件）及邻接权、集成电路等，还包括提供的相关服务。以是否受知识产权保护为标准，技术可分为受知识产权保护的技术和不受知识产权保护的技术。

二、国际技术贸易

货物贸易是货物的买卖，是货物所有权的转让。与货物贸易不同，技术贸易虽包括技术的买卖（所有权的转让），但主要不是技术的买卖，而是技术的使用许可。其贸易方式是多样的，包括技术的卖断、许可，提供技术咨询或服务，特许经营，成套设备或关键设备的买卖，以技术投资的合营，工程承包等。

技术贸易与货物贸易、服务贸易关系密切。只有初级产品的贸易不涉及技术，成套设备的贸易既是货物贸易，又是技术贸易。提供技术服务或咨询很显然也属于服务贸易的范围。是否归于某一类贸易，主要视该类贸易所占比例，是货物比重大、技术比重大，还是服务比重大。

技术贸易的国际性并没有一个统一的标准，不同国家有不同的规定。有的以当事人的营业地或惯常住所地在不同的国家为标准，有的以当事人的国籍为标准。而在涉及法人时，法人国籍的确定又有登记国和资本控制人所属国等不同标准。在涉及跨国公司时问题更复杂。但一般情况下对“国际”应作广义上的解释。在贸易只与一个国家有关、不涉及外国因素时，可以认为该贸易为国内贸易。

第二节　知识产权国际保护公约

一、知识产权国际保护公约概述

国际技术贸易的进行，离不开知识产权的国际保护。很难想象，在知识产权普遍不受保护的环境中，国际技术贸易能够正常地进行。知识产权的国际保护公约构成了国际技术贸易的基础。

1883 年签订的《保护工业产权巴黎公约》（以下简称《巴黎公约》）和 1886 年订立的《保护文学和艺术作品伯尔尼公约》（以下简称《伯尔尼公约》），奠定了知识产权国际保护制度的基础，并构建了专利（包括外观设计）、商标和版权三种基本知识产权的国际保护基本规则。此后一系列知识产权国际保护公约的签订，进一步促进了知识产权国际保护的发展。1967 年，世界知识产权组织的成立，标志着世界知识产权的管理进入到一个新阶段。1974 年世界知识产权组织成为联合国的一个专门机构。

以《巴黎公约》为基础，国际社会陆续签订了一系列有关专利、外观设计和商标保护的国际公约，主要包括《专利合作条约》、《专利法条约》、《商标国际注册马德里协定》及《商标国际注册马德里协定议定书》、《商标法条约》。以《伯尔尼公约》为基础，国际社会陆续签订了一系列有关版权和邻接权的国际公约，包括《保护表演者、音像制品制作者和广播组织罗马公约》（简称《罗马公约》）、《世界知识产权组织版权条约》、《世界知识产权组织表演和录音制品条约》。此外，国际社会还签订了《集成电路知识产权条约》（又称《华盛顿条约》），该公约本身虽未生效，但其实质内容却因被《与贸易有关的知识产权协定》（TRIPs 协定，以下称知识产权协定）纳入而产生效力。

世界贸易组织的知识产权协定强化了知识产权保护与国际技术贸易的关系，提高了知识产权的保护力度，并确立了知识产权保护的执法措施与机制。该协定将世界知识产权组织管理的《巴黎公约》、《伯尔尼公约》以及《罗马公约》纳入其规则范围。

联合国教育科学文化组织通过了《保护文化多样性公约》。此外，还有《世界版权公约》。

二、工业产权国际保护公约

(一)《巴黎公约》

《巴黎公约》于1883年签订后经多次修订，存在不同的文本，现大多数国家采用的是1967年的斯德哥尔摩修订本。该公约规定了工业产权保护的三项基本原则：国民待遇原则、优先权原则和独立原则。该公约定义的工业产权的保护对象，包括专利、实用新型、外观设计、商标、服务标记、厂商名称、货源标记或原产地名称，以及制止不正当竞争。“工业产权”中的“工业”一词不限于一般意义上的工业，而应作最广泛的理解，包括农业、采掘业、商业等。适用《巴黎公约》的国家组成巴黎联盟。

（1）国民待遇原则。巴黎联盟成员国的国民在保护工业产权方面，在该联盟其他国家内，应享有该国法律现在或今后可能授予该国国民的保护。这种保护不以在提供保护的国家有住所或营业所为条件。另外，非巴黎联盟成员国的国民，在该联盟一个国家内有住所或真实、有效的工商业营业所的，也享有国民待遇。因此，《巴黎公约》依国籍或住所确定是否给予国民待遇。国民待遇原则适用于各国法律授予其国民的一切利益，保护国按本国的法律对外国国民提供保护，根据本国法确定国民待遇水平。这种保护不以互惠为条件。

（2）优先权原则。某一特定申请人在向某一成员国提出工业产权正式申请的基础上，可以在特定期限内向其他成员国提出申请（在后申请），向其他成员国提出的在后申请视为在第一个申请日提出。这样，相对于第一个申请之后、在后申请之前就同一发明或商标提出的其他申请，在后申请享有优先的权利或地位，不会丧失新颖性。优先权只能以在巴黎联盟成员国就同一事项所提出的第一次申请为基础。同时，第一个申请的撤回、放弃或驳回，都不破坏该申请作为优先权基础的地位。专利和实用新型的优先权期限为12个月，商标和外观设计的优先权期限为6个月。

（3）独立原则。巴黎联盟成员国的国民向某一成员申请的专利权，与在其他成员国或非巴黎公约成员国对同一发明所取得的专利权是相互独立的，各不相关。特别是在优先权期限内申请的各项专利，其无效和被剥夺权利理由以及正常有效期，相互之间是无关的。就商标而言，同一商标在不同国家所受的保护是相互独立的，申请和注册商标的条件，由各成员国的本国法确定。

（4）公约特别规定权利原则。巴黎联盟成员国的国民应享有公约特别规定的权利。这相当于最低标准权利。

《巴黎公约》对于专利权人不实施或不充分实施其专利，规定了强制许可原则，国家可以通过法律强制实施该专利。《巴黎公约》同时规定了对驰名商标的保护。成员国有义务拒绝或取消注册并禁止使用易于与另一个早已在该成员国驰名的商标产生混淆的商标。商标在成员国驰名应由其行政主管机关或司法当局决定。某一商标没有在某一成员国使用，如在该国已经为人所知，该商标在该国仍然可能是驰名的。另外，《巴黎公约》还对服务商标和集体商标作了规定。

知识产权协定要求各成员在知识产权标准、知识产权执法以及知识产权的获得及维护方面，遵循《巴黎公约》(1967) 第1条至第12条和第19条的规定。第1条至第11条是《巴黎公约》的实体条款，第12条是有关国家工业产权专门机构的规定，第19条规定了成员相互间签订专门协定的权利。

在商标的保护客体方面，成员可以根据不违背《巴黎公约》的其他理由拒绝商标注册。《巴黎公约》第6条之二“驰名商标”比照适用于服务，比照适用于与已注册商标的货物或服务不相类似的货物或服务。对地理标志，各成员应向利害关系方提供法律手段，防止构成《巴黎公约》第10条之二范围内的不公平竞争行为的任何使用。

在保证针对《巴黎公约》第10条之二的不公平竞争采取有效保护的过程中，成员应按知识产权协定的新规定保护未披露信息和向政府或其代理机构提交的数据。

(二)《专利合作条约》和《专利法条约》

《专利合作条约》解决了传统的分国别申请专利的问题，确立了国际申请、国际检索和国际公布的制度。该条约缔约国的国民或居民，都可以向本国国家局（包括欧洲专利局）或世界知识产权组织国际局提出国际申请。一项国际申请的效力，等于申请人在条约的所有缔约国都提出了申请。国际申请提出后，由指定的国际检索局进行国际检索，并作出国际检索报告，送交申请人和国际局。申请人可以根据检索报告，决定是否撤回申请。申请人收到检索报告后，可以要求国际初步审查。在国际申请优先权日后18个月，对国际申请进行国际公布，向公众公开该项发明并确定可能最终获得的专利的保护范围。申请人根据国际检索和国际初步审查结果，可以决定进入国家阶段，由向其提出申请的国家决定是否授予专利。

世界知识产权组织还制定通过了《专利法条约》，并于2005年4月生效，截至2014年5月，共有36个缔约国。该条约是有关专利申请的程序性条约。该条约可以视为与《专利合作条约》相配套的条约。在与《巴黎公约》的关系上，每一缔约方均应遵守《巴黎公约》中有关专利的规定，该条约的任何内容均不得减损缔约方相互之间依照《巴黎公约》所承担的义务。

(三)《商标国际注册马德里协定》及《商标法条约》

根据《商标国际注册马德里协定》，在该协定的缔约国内有真实、有效的工商营业所或住所或国籍（原属国）的自然人或法人，可以提出商标国际注册的申请。商标必须在原属国注册以后，才可以通过原属国商标局以法语向国际局提出国际申请。该申请可以要求优先权日。商标经国际注册后，其效力自动延伸至原属国以外的其他缔约国。申请人可以自主决定其商标在所有其他缔约国或部分缔约国获得保护。国际注册经批准、公布后，被申请要求给予保护的国家可以在1年期限内声明，拒绝给予保护，但须说明理由。自国际注册之日起5年内，国际注册与原属国的国家注册存在依附关系，如在原属国因撤回、放弃、驳回、撤销、宣告无效等失效，则该商标在受国际注册保护的一切国家也丧失保护。5年后国际注册则完全独立。

1989年签订的《商标国际注册马德里协定议定书》对《商标国际注册马德里协定》作出了一定的修改。但这两个协定是相互独立的，有不同的缔约国。该议定书所做的修改主要包括：在原属国递交申请但尚未获得国家注册的，也可以提出国际注册；缔约国作出拒绝提供保护的声明的期限延长到18个月；国际注册因原属国基本注册被宣告无效而被国际局撤销时，该国际注册可以转成各指定国的国家申请，以国际注册日为申请日；商标国际注册的语言扩大到英语。

1994 年世界知识产权组织通过的《商标法条约》，主要涉及商标申请、所有权变更、注册及续展的程序性规定，是一项程序性条约。该条约已经生效。该条约适用于由视觉标志构成的商标，但唯有接受立体商标注册的缔约方才有义务将该条约也适用于立体商标；该条约不适用于全息商标和不含视觉标志的商标，尤其是音响商标和嗅觉商标。该条约适用于与商品或服务有关的标志（商品商标或服务商标），或与商品和服务两者有关的标志。但该条约不适用于集体商标、证明商标和保证商标。在该条约与《巴黎公约》的关系上，任何缔约方均应遵守《巴黎公约》中有关商标的条款，各成员应对服务商标进行注册并适用《巴黎公约》中有关商标的条款。

三、版权及邻接权公约

（一）《伯尔尼公约》

《伯尔尼公约》于 1886 年订立，是世界上第一部版权公约，历经多次修订，现行文本是 1971 年的巴黎修订文本。《伯尔尼公约》确立了文学、艺术作品保护的三项基本原则：国民待遇原则、自动保护原则和独立保护原则。该公约规定了受保护作品的范围，确立了作者的专有权利。

（1）国民待遇原则。就享受该公约保护的作品而论，作者在作品起源国以外的其他缔约国中享有该国法律现在给予和今后可能给予其国民的权利。对起源国的界定根据不同标准来确定。可以是作者国籍标准（人身标准）或作品国籍标准，只要作者是成员国国民，或非成员国国民的作品在成员国发表，该成员国即为起源国。对于在规定的保护期不同的成员国发表的作品，规定的保护期最短的成员国为起源国。制片人总部或惯常住所在某成员国内的电影作品，以该国为起源国。建造在某成员国内的建筑作品，或构成某成员国建筑物一部分的平面和立体艺术作品，以该国为起源国。该公约第 6 条规定了有限国民待遇。在成员国内无住所的非成员国的国民，在成员国首次发表作品，若非成员国未能充分保护成员国国民作者的作品，则成员国可以对该作者作品的保护加以限制。这被称为有限的国民待遇或有限互惠。知识产权协定认可这种有限的国民待遇。

（2）自动保护原则。享有和行使缔约国法律和该公约规定的权利，不需要履行任何手续，也不论作品在起源国是否存在保护。保护国的法律对文学、艺术作品的自动保护，这是《伯尔尼公约》不同于《世界版权公约》的非常重要的方面。

（3）独立保护原则。享受和行使文学、艺术作品的权利，不依赖于在起源国是否受到保护。除该公约的条款另有规定外，只有被要求给予保护的国家的法律才能规定保护范围以及为保护作者的权利而向其提供的救济方法。独立保护原则与版权的地域性保护是联系在一起的、一致的。独立保护原则存在某些例外，如保护期限一般不超过起源国规定的保护期限、追续权等。

（4）公约特别规定权利原则。缔约国国民享有公约特别规定的权利。这相当于最低标准权利。

《伯尔尼公约》保护的文学、艺术作品，包括文学、科学和艺术领域内的一切作品，不论其表现形式或方式如何。该公约提供了一些文学、艺术作品的范例，诸如书籍、小册子和其他著作；讲课、演讲、讲道和其他同类性质的作品；戏剧或音乐戏剧作品；舞蹈艺术作品和哑剧作品；配词或未配词的乐曲；电影作品以及以类似摄制电影的方法表现的作品；图画、油画、建筑、雕塑、雕刻和版画；摄影作品以及以类似摄影的方法表现的作品；实用美术作品；与地理、地形、建筑或科学有关的示意图、地图、设计图、草图和立体作品。

《伯尔尼公约》规定了文学、艺术作品的作者享有的经济权利和精神权利。作者的经济权利包括复制权、翻译权、公开表演权、广播权、朗诵权、改编权、录制权、电影权、追续权。经济权利的保护期限，一般文学、艺术作品为作者有生之年加死后50年。电影作品的保护期限为公映后50年；如果作品摄制完成后50年内没有公映，最低保护期为作品摄制完成后50年。不具名作品或署笔名作品，保护期为作品合法向公众发表后50年；能够确定作者身份的，或者作者在保护期内公布身份的，适用作者死后50年的规定；摄影作品和实用美术作品的最低保护期限为作品完成后25年。合作作品的版权保护期，按最后死亡的作者死后50年计算。

1928年罗马修订会议上增加了第6条之二，规定了作者的精神权利：作者的精神权利不受作者的经济权利的影响，甚至在经济权利转让之后，作者仍保有要求其作品作者身份的权利，并有权反对对其作品的任何有损其声誉的歪曲、割裂或其他更改或其他损害行为。作者的精神权利，至少应保留到作者的经济权利期满为止，并由被要求给予保护的国家的本国法所授权的人或机构行使。但在批准或加入该公约时国内法不保护精神权利的国家，有权规定对这些权利中的某些权利在作者死后不予保留。保护精神权利而采取的补救方法由被要求给予保护的国家的法律规定。

知识产权协定要求各成员应遵守《伯尔尼公约》第1条至第21条及其附件的规定（实体规定）。但是各成员不享有《伯尔尼公约》第6条之二授予或引申的权利，即精神权利。因而，知识产权协定没有规定文学、艺术作品的精神权利。

（二）《世界知识产权组织版权条约》

1996年世界知识产权组织通过了《世界知识产权组织版权条约》（WCT，以下简称《版权条约》，已生效）。《版权条约》是《伯尔尼公约》第20条意义下的专门协定。根据该条约，可以给予作者更多的权利，但不得减损缔约方根据《伯尔尼公约》承担的义务。除此之外，不得与任何其他条约有任何联系，不得损害其他条约规定的权利义务。根据该条约，计算机程序按文学作品保护；数据汇编（数据库）本身受到保护，但该保护不延及数据或资料本身，不损害汇编中的数据或资料上已经存在的任何版权；文学、艺术作品的作者享有发行权，享有与发行权独立的出租权，享有向公众传输的权利；摄影作品的保护期限与一般作品的保护期相同。缔约方在某些特殊的、不与作品的正常使用相抵触，也不无理地损害作者合法权益的情况下，可以在立法中对作者的权利规定适当的限制或例外。

（三）《罗马公约》

《罗马公约》1961年订立于罗马，是对邻接权保护的公约。该公约不改动、也不影响对文学和艺术作品的版权保护。对《罗马公约》的解释不得损害对文学、艺术作品的版权保护。该公约要求缔约国必须是《伯尔尼公约》成员国。由于与《伯尔尼公约》的这种关系及成员国之间的这种关系，《罗马公约》有时被称为封闭性的公约。

《罗马公约》给予的保护基本上由各国依其国内立法对本国表演者、录音制品制作者和广播组织给予的国民待遇构成。国民待遇，指被要求给予保护的缔约国的国内法律给予下列待遇：(1) 其节目在该国境内表演、广播或首次录制的、身为该国国民的表演者的待遇；(2) 其录音制品在该国境内首次录制或首次发行的、身为该国国民的录音制品制作者的待遇；(3) 其广播节目从设在该国领土上的发射台发射的、总部设在该国境内的广播组织的待遇。但国民待遇应符合该公约明确保证的最低限度保护以及该公约允许的明确例外或保留除外。对于录音制品制作者，可以依据缔约国国民标准、录制标准或发行标准，给予国民待遇。对于广播组织，可以依据总部标准或发射台播放标准，给予国民待遇。对于表演者，可以按照表演标准、录音制品标准或播放标准，给予国民待遇。

《罗马公约》没有明确规定表演者最低限度的权利，该公约向表演者保证的最低限度保护是防止不经其许可而实施某些行为的可能性。该公约列举需要预先获得表演者同意的某些行为，实际上是授予了表演者权利。这些受到限制的行为包括：广播或向公众传播实况表演；录制未曾录制过的表演；复制表演的录制品，但以原始录制未经表演者同意或制作该复制品的目的是该公约或表演者不允许的为限。

唱片制片者有权许可或禁止直接或间接复制他们的唱片。

广播组织有权许可或禁止 (1) 转播它们的广播节目；(2) 录制它们的节目；(3) 复制它们的未经它们许可录制的广播节目，为非法目的复制合法制作的录制品；(4) 在收费的公共场所向公众传播电视节目。该公约第 16 条第 1 款 (b) 项规定，成员可以宣告不执行上述第四项。如这样，其他成员无义务对其总部设在上述国家的广播组织给予第四项的权利。这类似《伯尔尼公约》第 6 条规定的互惠或有限国民待遇。知识产权协定认可这种待遇。

《罗马公约》规定的最低保护期限是 20 年，自录音制作完成、表演举行或广播播出之年年底起计算。

知识产权协定第 14 条第 1 款、第 2 款和第 3 款授予表演者、录音制品制作者和广播组织的权利，在《罗马条约》允许的限度内，各成员可对这些权利规定条件、限制、例外和保留。《伯尔尼公约》第 18 条的规定“追溯保护”比照适用于表演者和录音制品制作者的权利。与纳入的其他公约不同，知识产权协定没有直接纳入《罗马条约》的具体条款，而只是转述了该条约第 7 条、第 10 条和第 13 条的相关规定，《罗马条约》的许多实体规定并没有纳入知识产权协定中。

《世界知识产权组织表演和录音制品条约》(WPPT) 对“表演者”、“录音制品”、“录制”、“录音制作者”、“发行”、“广播”、“向公众传输”分别予以定义。依该条约受保护的受益人，指缔约各方依据该条约的规定给予保护的其他缔约方国民的表演者和录音制品制作者。该条约规定了表演者的精神权利、表演者对其尚未录制的表演的经济权利、表演者的复制权、发行权、出租权和提供已录制表演的权利。录音制品制作者享有复制权、发行权、出租权、提供录音制品的权利。根据规定，WPPT 的任何内容不得减损缔约方依照《罗马公约》相互承担的义务，该条约提供的保护不得触动、影响或解释为损害对文学、艺术作品版权的保护。该条约不得与任何其他条约有任何关联，也不得损害依其他任何条约的权利和义务。

四、《集成电路知识产权条约》

《集成电路知识产权条约》于 1989 年 5 月 26 日订立于华盛顿，又称《华盛顿条约》。该条约本身并没有生效。但是知识产权协定第 35 条将该条约的第 2 条至第 7 条 (第 6 条第 3 款除外）及第 12 条、第 16 条第 3 款纳入协定中。

该条约第 2 条至第 8 条是实体性条款，第 9 条至第 21 条是程序性条款。知识产权协定基本上采纳了该条约的实体性条款，但排除了第 8 条和第 6 条第 3 款。第 8 条是关于保护期限的条款，该条规定最低保护期限为 8 年。知识产权协定将这一期限延长为 10 年。第 6 条第 3 款规定了未经权利人同意使用的措施，即非自愿许可或强制性许可的实施。知识产权协定排除这一条款，意味着不允许采取强制性许可。在程序性条款方面，知识产权协定仅采纳了两个条款——第 12 条以及第 16 条第 3 款。第 12 条涉及该条约与《巴黎公约》及《伯尔尼公约》的关系，规定该条款不影响任何缔约国根据《巴黎公约》或《伯尔尼公约》所承担的义务。第 16 条第 3 款规定，对于该条约生效时已经存在的集成电路设计，各缔约方无权对其适用该条约，即不得利用该条约对其进行保护，但这一规定不影响该集成电路设计根据其他的国际条约所享有的保护。第 16 条第 3 款实质上是不得追溯保护条款。

该条约第 2 条是定义条款，第 3 条规定了该条约的保护对象，第 4 条规定了保护的法律形式，第 5 条确立了国民待遇原则，第 6 条规定了保护范围，第 7 条涉及利用、登记和披露。

缔约方有义务根据该条约在集成电路方面给予知识产权保护，特别是应采取充分的措施，确保防止根据第 6 条被视为非法的行为，确保在产生这样的行为时给予适当的法律救济。上述义务适用于具有独创性的布图设计，即该布图设计是创作者自己的智力劳动成果，并且在创作时该布图设计在布图设计创作者和集成电路制造者看来不是公认的常规设计。

缔约方可以自由决定通过特别法或版权、专利、实用新型、工业设计、不正当竞争或任何其他法律，实施根据《华盛顿公约》承担的义务。

在遵循确保对集成电路设计提供知识产权保护的义务的前提下，对于其他缔约方国民或在其他缔约方有住所的人，对于在其他缔约方有真实、有效的营业所并创作设计或生产集成电路的法人或自然人，每一缔约方给予与本国国民一样的待遇。但在指定代理人或指定送达地址方面，或对外国人适用的相关法院程序的特殊规则方面，可以不遵循国民待遇。

该条约没有直接规定布图设计创作人的专有权，这一权利是通过确定未经其许可的行为非法而确立的。根据该条约，没有权利人许可而从事的下列行为是非法的：复制；为商业目的进口、销售或经销。缔约方可以自由决定未经权利人许可的其他非法行为。但第三人为了个人目的或为了评估、分析、研究或教学的唯一目的，未经权利人允许的复制行为，不为非法；第三人在评估、分析在先设计的基础上，创作了具有独创性的在后设计，其可以在集成电路中包括在后设计，或对在后设计从事前述评估、分析等行为，而不被视为侵犯了在先设计的权利人的权利。不知或无理由得知其进口、销售或经销的集成电路含有非法复制的集成电路，不为非法。权利人将含有布图设计的集成电路投放市场或同意将其投放市场，可以认为权利用尽。

第三节 《与贸易有关的知识产权协定》的新内容

一、版权与相关权利

知识产权协定规定各成员遵守《伯尔尼公约》1971 年文本中的实体规定（第 1 条到第 21 条）及其附录。但是对于《伯尔尼公约》规定的精神权利（即署名权和保护作品完整权）或由此派生的权利，各成员不享有权利或承担义务。该协定明确版权保护延及表达（expressions）而不延及思想、工艺（procedures）、操作方法或数学概念之类。

计算机程序作为文学作品保护，被纳入版权保护范围。数据或其他资料汇编，只要其内容的选取或编排构成智力创作，应作为智力成果受版权法保护。该保护不延及数据或资料本身，不得损害数据或资料本身已有的版权。

该协定创设了计算机程序和电影作品的出租权。成员应规定计算机程序和电影作品的作者及其合法继承人有权允许或禁止把其作品原作或副本向公众进行商业性出租。对于电影作品，成员可不承担此义务，除非此种出租已导致作品的广泛复制，从而实质损害该成员授予作者及其合法继承人的专有复制权。对于计算机程序，如果该程序本身不是出租的主要标的，则该义务不适用。

除摄影作品或实用艺术作品外，如作品的保护期限不按自然人的有生之年计算，则该期限自作品经授权出版的年度年终起不少于 50 年，或自作品完成后 50 年内未经授权出版，则自作品完成年度年终起 50 年。知识产权协定有关保护期限的这一规定，与《伯尔尼公约》规定的作者有生之年加死后 50 年不同，是按授权出版年度年终开始起算，可以视为对《伯尔尼公约》保护期限规定的补充，更体现了与贸易有关的知识产权保护的特点。

知识产权协定第 13 条规定了对专有权的限制和例外。该条允许各成员对专有权作出限制或例外，但这种限制或例外应仅限于特殊情形，且与作品的正常利用不相冲突，不得无理损害权利持有人的合法权益。这三项要求构成了适用限制或例外的标准。

知识产权协定第 14 条规定了对表演者、录音制品制作者和广播组织的保护。就将其表演固定在录音制品上而言，表演者应有可能阻止下列未经其授权的行为：固定其未曾固定的表演和复制该录制品。表演者还有可能阻止下列未经其授权的行为：以无线广播方式播出和向公众传播其现场表演。录音制品制作者应享有准许或禁止直接或间接复制其录音制品的权利。广播组织有权禁止下列未经其授权的行为：录制、复制录制品、以无线广播方式以及将其电视广播向公众传播。如果成员不授予广播组织这类权利，则应提供广播客体的版权所有人阻止上述行为的可能性，但应遵循《伯尔尼公约》的规定。这些规定类似于《罗马条约》中的有关规定。

知识产权协定第 11 条有关计算机程序的规定（出租权），比照适用于录音制品制作者和按成员法律确定的录音制品的任何其他权利持有人。如果成员于 1994 年 4 月 15 日在录音制品的出租方面已实施向权利持有人公平付酬制度，则可维持该制度，只要录音制品的商业出租不对权利持有人的专有复制权造成实质性损害。

对表演者和录音制品制作者的保护期限，自该固定或表演完成年年底起算，至少应不低于 50 年。对广播组织提供的保护期限，自广播播出年之年底起算至少 20 年。《罗马公约》规定的相应保护期限为 20 年。

各成员对上述授予表演者、录音制品制作者和广播组织的权利，可以在《罗马公约》允许的限度内，规定条件、限制、例外和保留。《伯尔尼公约》第 18 条有关追溯适用的规定比照适用于表演者、录音制品制作者享有的权利。

二、商标

知识产权协定扩大了可构成商标的可保护客体的范围。任何标记或标记组合，只要能够将某一企业的商品或服务区别于其他企业的商品或服务，即能够构成商标。此类标记，特别是文字（包括人名）、字母、数字、图案和色彩组合，以及这些标记的组合，都可以注册为商标。如标记本身不能区别相关的货物或服务，可以根据使用获得的识别性（distinctiveness）注册。成员可以将标记能够为视觉感知作为注册的一个条件。上述规定不得理解为依据不违背《巴黎公约》的理由拒绝商标注册。商标所适用的货物或服务的性质，在任何情况下，都不得成为注册商标的障碍。

使用也可以作为商标注册的依据，但实际使用不应成为提交注册申请的条件。不得仅以自申请日起 3 年期满没有按预定使用为由，拒绝该申请。如维持注册需要使用商标，则只有在至少连续 3 年不使用商标后才可以注销该商标，但如果商标所有权人提供了商标使用障碍存在的有效理由除外。独立于商标所有人的意志而产生的情形，例如对受商标保护的货物或服务的进口限制或其他政府要求，应视为不使用商标的有效理由。

就注册商标所有人权利方面，知识产权协定规定，注册商标所有人有权阻止第三人未经其许可，在贸易过程中在相同或类似的商品或服务上使用相同或类似的商标，导致可能的混淆。在相同货物或服务使用相同标记的情况下，推定存在混淆的可能性。上述规定不得损害任何在先权利，也不得影响各成员以使用为基础提供权利的可能。受权利所有人控制时，其他人对商标的使用构成了维持商标注册目的上的使用。

《巴黎公约》第 6 条之二对货物驰名商标的保护延及服务。在确定商标是否驰名时，各成员应考虑相关公众对商标的了解程度，包括商标在该成员境内的宣传使公众了解的程度。《巴黎公约》第 6 条之二比照适用于与注册商标的货物或服务并不类似的货物或服务，只要该商标在这些货物或服务上的使用可以表示这些货物或服务与商标所有人的货物与服务存在联系，且该使用可能损害注册商标所有人的利益。《巴黎公约》第 4 条的规定（优先权），比照适用于服务标记（service marks）。

商标在贸易中的使用不得受到特殊要求的无理妨碍，例如要求与另一商标一起使用，以特殊形式使用，或以损害商标对一企业与其他企业的货物或服务的识别能力的方式使用。但是上述规定不阻止这样的要求：将识别生产货物或服务的企业的商标与区别该企业的特定货物或服务的商标一起使用，但不将二者联系起来。各成员可以确定商标许可和转让的条件，但不允许商标的强制性许可，且注册商标的所有权人有权将商标与该商标所属业务一同转让或不一同转让。

知识产权协定规定了商标权利的例外。对商标所授予的权利，各成员可规定有限的例外，例如描述性词语的合理使用，但此类例外应考虑到商标所有权人的合法利益和第三方的合法利益。这表明，实施这一例外需要满足三项要求：权利例外的有限性；商标所有人的合法利益要求；第三方的合法利益要求。

商标首次注册的保护期和续展注册的保护期均不得少于 7 年。商标的注册可以无限期续展。

三、地理标志

知识产权协定对地理标志在《巴黎公约》的基础上作了进一步的规定。所谓地理标志（geographical indication），是指识别货物产自某一成员境内或该境内的某一地区或地方的标记，货物的特定品质、信誉或其他特征主要归因于该地理来源。当货物的品质、信誉或其他特征基本上归因于货物的地理产地时，货物的品质、信誉或其他特征本身即构成地理标志的依据。

在地理标志方面，如果货物标志或说明中使用任何手段标明或暗示相关货物来源于真实原产地之外的某一地理区域，或构成《巴黎公约》第 10 条之二范围内的不公平竞争，各成员应向利害关系方提供法律手段予以制止。如果商标中包含的或构成该商标的地理标志所标明的领土，并非货物的来源地，且如果在该成员中此类货物的商标使用该标志会使公众对其真实原产地产生误解，则该成员在其立法允许的情况下，可依职权或经利害关系方的要求，拒绝该商标注册或宣布注册无效。前述保护，可适用于虽在文字上表明货物来源的真实领土、地区或地方，但却虚假地向公众表明该货物来源于另一领土的地理标志。

知识产权协定还对葡萄酒与白酒的地理标志作了补充性的规定；此外，就各成员加强对单个地理标志的保护进行国际谈判提出了要求。

知识产权协定第 24 条第 4 款至第 9 款规定了地理标志保护的 6 种例外。第一，《建立世界贸易组织协定》签署（1994 年 4 月 15 日）前已经使用或善意使用例外。《建立世界贸易组织协定》签署前，某一成员的国民或居民使用其他成员表明葡萄酒或烈酒的特定地理标志，用于货物或服务，至少已 10 年以上或为善意使用，则成员无义务阻止该地理标志的持续或类似使用。该例外仅限于与葡萄酒或烈酒的地理标志相关的地理标志。第二，保护义务前的商标在先善意使用例外。在知识产权协定规定的义务对成员适用之前或该地理标志在其起源国获得保护之前，如商标已善意申请或注册，或通过善意使用获得商标权利，则根据知识产权协定实施保护地理标志的措施，不得因商标与地理标志相同或类似而损害该商标注册的资格、商标注册的效力或商标的使用权。第三，通用惯用术语例外。如其他成员有关货物或服务的地理标志与某成员以通用语文的惯用术语作为其领土内此类货物或服务的通用名称相同，则该协定的规定不得要求该成员对其他成员的相关标志适用这些规定。第四，商标在先善意使用的有限例外。成员可以规定，与商标使用或注册相关的、根据知识产权协定“地理标志”一节提出的任何请求，必须在对受保护标志产生不利影响的使用在该成员广为人知后 5 年内提出，或在该成员商标注册公布日后 5 年内提出（如果后一日期早于前一日期），只要该地理标志未被恶意使用或注册。它表明，如果在 5 年后提出地理标志保护的要求，则可能不受保护，但如果商标的使用或注册是恶意的，则不受该 5 年期限的限制。第五，名称权例外。知识产权协定有关地理标志的规定，不得损害任何人在贸易过程中使用其名称的权利，或使用其所继承业务名称的权利，除非该名称使用的方式使公众产生误解。第六，起源国不保护导致的例外。在起源国不受保护或已经停止保护或在该国中已经废止不用的地理标志，依该协定无保护义务。

四、工业设计

对于独立创造的具有新颖性或原创性的工业设计（工业品外观设计），各成员均应提供保护。如果与已知设计或已知设计特征的组合没有根本性不同，可以认定该设计没有新颖性或原创性。各成员可以规定，对工业设计的保护不延及主要考虑技术或功能的设计。知识产权协定特别规定了对纺织品设计的保护要求。各成员应确保，对纺织品设计的保护要求，特别是费用、审查或公布的要求，不应不合理地阻碍寻求和获得这种保护的机会。各成员可通过外观设计法或版权法履行这一义务。

受保护的工业设计的所有权人，有权制止第三方未经其同意，为商业目的生产、销售或进口带有或含有复制或实质性复制受保护设计的物品。对工业设计提供的保护期限至少为10年。

对工业设计的保护，成员可以规定有限的例外，该例外不应与受保护设计的正常使用存在不合理的冲突；在考虑第三方合法利益的基础上，该例外不应不合理地损害工业设计所有人的合法利益。知识产权协定对工业设计保护规定的例外要求，与对商标保护规定的例外要求有所不同。上述例外要求，意味着例外可以与正常使用存在合理的冲突，工业设计所有人的合法利益比第三方的合法利益似乎更重要一些。

五、专利

《巴黎公约》构成了专利国际保护的基础。知识产权协定扩大了专利的保护范围，扩大了权利人的权利，规定了专利申请人的条件，规定了对权利人权利的限制，并对方法专利的举证责任作出特别的规定。专利权的保护期限自申请之日起不低于20年。此外，对专利撤销或无效的决定确立了司法审查制度。

知识产权协定将可授予专利的客体，延及除对人或动物的诊断、治疗和外科手术方法以及植物和动物品种以外的一切技术领域。任何发明，无论是产品还是方法，只要具有新颖性、创造性并可付诸工业应用，都可以获得专利。成员可以拒绝对某些发明授予专利，如果禁止这些发明在成员境内的商业利用为保护公共秩序或公德所必需，包括保护人类、动植物的生命或健康所必需，或避免对环境的严重损害所必需。但不仅仅因为其法律禁止该发明的利用而拒绝授予专利。各成员可以对下列内容拒绝授予专利：对人类或动物的诊断、治疗和外科手术方法；除微生物以外的植物和动物，以及除非生物和微生物方法外的生产植物和动物的主要生物方法。但各成员应通过专利制度或专门的特别制度或其制度组合，保护植物品种。上述排除事项，只是表明成员无义务授予其专利权，并不表示成员不可以提供保护。知识产权协定对植物品种的保护提出了特别要求。

知识产权协定对专利的获得和专利权的享有规定了非歧视要求。对于专利的获得和专利权的享有，不因发明地点、技术领域、产品是进口或是当地生产而受到歧视。

专利权人对于专利产品，享有制止第三方未经其同意进行制造、使用、许诺销售、销售或为这些目的进口该产品的行为的专有权。知识产权协定增加了专利权人许诺销售权和进口权。对于专利方法，专利权人有权制止第三人未经其同意使用该方法的行为以及下列行为：使用、许诺销售、销售或为这些目的进口至少以该方法直接获得的产品。专利权人有权转让专利，通过继承转移专利，并有权签订许可合同。

知识产权协定规定了专利权的例外和限制。成员可以对专利授予的专有权规定有限的例外，该例外不与专利的正常使用存在不合理的冲突；在考虑第三方合法利益的基础上，该例外不应不合理地损害专利权所有人的合法利益。这一例外要求与工业设计保护的例外要求是一致的。

知识产权协定对强制许可和政府使用规定了条件。如果成员法律允许未经权利人的许可对专利客体作其他使用，包括政府使用或经政府授权的第三方的使用，应遵守下列规定：(1) 这种使用授权应个案审议。(2) 只有在使用前拟使用者已经尽到以合理商业条件获得权利人的授权的努力，该努力在合理时间内没有成功时，才允许这种使用；全国紧急状态或其他极端紧急情形，或公共非商业使用的情况下，可以免除这一要求。(3) 此类使用的范围和期限应限于被授权的目的，半导体技术只应限于公共非商业使用，或者限于救济司法或行政程序确定反竞争的行为。(4) 使用应是非专有的。(5) 此种使用应是不可转让的，除非与享有此种使用的那部分企业或商誉一同转让。(6) 此种使用授权应主要为供应授权此种使用的成员的国内市场。(7) 在充分保护被授权人合法权益的前提下，如导致此类使用的情况已不复存在且不可能再次出现，则有关此类使用的授权应终止。主管当局应审议此类情形存在与否。(8) 任何情形下，均应在考虑授权的经济价值的情况下，向权利人支付适当报酬。(9) 与使用授权相关的任何决定的法律效力，均应接受司法审查，或接受不同的上一级别的主管机关的独立审查。(10) 与使用报酬有关的决定，均应接受司法审查，或接受不同的上一级别的主管机关的独立审查。(11) 如此类使用是救济司法或行政程序确定的反竞争行为，成员无义务适用上述第 (2) 项和第 (6) 项的条件。(12) 如此类使用是允许不侵犯第一专利就不能利用的第二专利的利用，应遵循下列附加条件：与第一专利权利要求的发明相比，第二专利权利要求的发明涉及重要的具有巨大经济意义的技术进步；第一专利的所有权人有权以合理的条件通过交叉许可使用第二专利具有的发明；除非与第二专利一同转让，第一专利授权的使用不可转让。

知识产权协定规定了方法专利的举证责任。对于侵害所有权人权利的民事诉讼，如专利客体是获得产品的方法，则司法机关有权责令被告方证明其获得相同产品的方法不同于已获专利的方法。下列情况下，任何未经过专利权人许可而生产的相同产品，如无相反证明，应视为通过专利方法获得的：(1) 通过专利方法获得的产品是新产品；(2) 通过专利方法获得相同产品存在重大可能，权利人通过合理的努力不能确定实际使用的方法。满足上述任何一种条件，都可以规定前述举证责任在被指控的侵权人。在引述相反证据时，应考虑被告方保护其制造和商业秘密的合法利益。

六、集成电路布图设计

各成员应根据知识产权协定引用的《华盛顿条约》的相关条款保护集成电路的布图设计。此外，知识产权协定还增加了应予遵守的补充性规定。

未经权利人许可，下列行为非法：为商业目的进口、销售或以其他方式分销受保护的布图设计、含有受保护布图设计的集成电路或者含有上述集成电路的物品（继续含有非法复制的布图设计）。但对于含有非法复制的布图设计的集成电路或含有该集成电路的物品，如果从事上述行为的人或命令从事上述行为的人，在获得集成电路或含有集成电路的物品时，实际不知并且也无合理理由知道包括了非法复制的布图设计，不得认定这些行为非法。在收到布图设计是非法复制的充分通知后，该人员可以存货或在此之前的订货从事此类行为，但需向权利人支付一笔费用，数额相当于根据自由达成的许可使用该布图设计应支付的合理提成费。前述专利权部分中政府使用或政府授权使用应遵循的前 11 项条件，比照适用于布图设计的非自愿许可，或未经权利人授权的政府使用或为政府使用。

对布图设计的保护期不得少于 10 年，自申请之日或在世界上任何地方首次进入商业利用之日起计算。在不要求注册作为保护条件的成员中，对布图设计的保护期限自在世界任何地方首次商业利用之日起不得少于 10 年。但任何成员可以规定在布图设计创作 15 年后不予保护。

七、未披露信息

知识产权协定要求对未披露信息（商业秘密、专有技术）进行保护。受保护的信息必须是秘密的，因秘密具有商业价值，合法控制人采取了合理的保护措施。秘密，指信息作为一个整体或作为各部分的精确排列和组合，尚不为通常处理有关信息范围内的人普遍了解或不易为他们获得。对于符合上述条件的信息，自然人和法人应有可能防止其合法控制的信息未经其同意，以违反诚实商业做法的方式，向他人披露、被他人取得或使用。违反诚实商业做法的方式，至少包括违约、泄密、违约诱导，并包括已知或有重大过失而未知信息取得涉及该做法的第三人取得未披露信息。该协定并没有要求将未披露信息视为一种财产，而只是要求合法控制人有可能阻止上述行为。

在针对《巴黎公约》第 6 条之二规定的不公平竞争的有效保护中，成员应根据上述要求保护未披露信息和向政府提交的信息。

第四节　国际技术许可

一、国际技术贸易方式

国际技术贸易方式有多种，具体采取哪种方式需根据实际情况确定，主要包括以下几种。

1. 国际技术的买卖（assignment）

在这种情况下，技术所有人的全部权利或独占权利发生转移，形成技术的买断。现实中这种情况一般很少发生。常用于对产品使用难于控制的情形，如数量多或成本低，或用于制造产品的技术难于商业化经营的情形。

2. 许可（license）

一国的技术权利人许可其他人在确定期限内在一国或一定区域内从事权利人的独占权所包括的一项或多项行为（如制造或使用产品，使用方法制造产品）。这是国际技术贸易中最常用的方式。

3. 专有技术许可（know-how license）

专有技术不享有类似专利等的法律保护。其许可可能与专利许可合同独立，也可能包括在专利许可合同中。许可人可能是专有技术的开发者和持有者。提供者承诺向接受者提供专有技术供接受者使用，可通过有形或无形的方式提供。如提供文件、数据、图表、照片、缩微胶片、手册，提供直接指导和培训（技术服务、管理服务）。由于专有技术没有公开，保密是其中的重要问题。谈判前、谈判中、谈判后都要注意采取保密措施。

4. 设备或其他资本货物的买卖和进口（capital goods）

一般来说，设备或其他资本货物含有较多的技术内容。货物的销售通常附带包含技术信息的文件，如安装、操作、维修手册、技术数据。货物的销售有时与许可合同或专有技术合同合在一起。

5. 特许和经销（franchising and distributorship）

这是一种商品与服务的特许或经销制度。一方以其信誉、技术信息和专长与另一方的投资联合，直接向消费者销售货物或提供服务。通常基于商标、商号和经营场所的独特装饰或设计，并与某种形式的专有技术联系在一起，如技术信息、技术服务、经营管理服务（生产、推销、维持和管理）。

6. 咨询协议（consultant arrangement）

为计划或实际取得某一特定技术提供建议或相关服务，包括有关技术的建议、调研、设计。提供咨询方对结果一般不负责任。

7. 交钥匙工程项目（turn-key project）

即国际工程承包。项目方（发包人）委托工程承包人按约定条件完成整个工程项目，承包人负责项目的设计、施工、设备供应、安装、调试，提供技术培训、质量管理服务。其设计、建设和运营都涉及技术供应或服务。对承包人来说，国际工程承包责任很大。

8. 合营（joint venture）

国际技术贸易可以通过合营的方式进行。合营方是以某种特定方式结合其资源，以制造、生产或销售产品或提供服务，并以某种特定方式共享利润、共担风险。合营可以提供发展所需的后续资金或其他资源。一方知识产权独占权的转让（assignment）可以构成向合营公司的出资部分，也可以是一方向合营企业授予许可（license）。合营有两种基本方式：股权式合营和契约式合营（我国外商投资法意义上的合作经营）。

9. 兼并（merger & acquisition）

通过兼并拥有希望获得的技术的实体也可以形成技术的转让。但一般很少纯为技术而兼并。

二、国际技术许可合同

（一）概述

许可协议是指有权阻止其他人利用或使用某种技术（发明、设计、商标等）的人（许可方），同意某一人（被许可方）使用该项技术从而取得费用的协议。有时被许可方对技术的利用还要受许可方对商业利用的限制。国际技术许可是国际技术贸易中使用最为广泛的一种贸易方式。其最大特征是技术使用权的许可，可应用于专利许可、商标许可、版权许可、专有技术许可、特许权许可、形象许可或包含这些内容的混合许可。其特点是时间性、地域性、权限性、法律性、有偿性和国际性。

国际技术许可合同的当事人分别是许可方和受让方（被许可方）。按受让方在特定区域内取得的使用权限，可以将许可分为排他（独占）许可、独家许可、普通许可三类。

（1）排他许可（exclusive license）。这是被许可方享有最大使用权的一种许可方式。在合同规定的期限内，在合同确定的区域，被许可方对合同项下的技术享有独占或垄断权，许可方或其子公司不得在该区域内使用该技术，也不得将该技术许可给该区域内的第三人。

（2）独家许可（sole license）。在指定区域内，除被许可方外，没有其他的被许可方，但许可方或其子公司可以在该区域内使用该技术。

（3）普通许可（simple or non-exclusive license ）。普通许可仅构成技术使用的授权，许可方或任何其他被许可方都可以在该区域内使用该技术。在普通许可的情况下一般含有最惠受让方条款：同一区域内，被许可方享有的条件不低于以后的被许可方享有的条件。

（二）国际技术许可合同的主要条款

不同目的的许可，其合同条款不尽相同。综合起来，国际技术许可合同可包括下述主要内容。

1. 当事人身份

包括当事人名称、国籍、法律形式等。

2. 鉴于条款

对许可的目的、愿望、背景进行说明，对解释协议条款提供指导原则。

3. 定义条款

对协议中关键性的、易于引起误解、争议的术语，进行解释、界定。

4. 标的

对技术或技术产品的确定或确切的描述，包括技术名称、技术范围、技术性能指标及验收标准、技术资料的交付等。这方面应注意的问题是：第一，须获得利用技术的所有相关权利，如专利、版权、商业秘密等；第二，要明确指明、界定所许可的技术。

5. 权利许可使用范围

技术权利表现为不同方面，协议应确定具体许可的某一或某几个方面的权利，如专利权有5项权能，被许可方是否取得了全部或部分权利。技术使用或活动范围不同，支付价格也不同。

6. 权利利用的充分性

许可方应与被许可方就充分利用许可技术达成一致，包括商标使用、产品质量、生产数量、被许可方对第三人的许可、当地缺乏条件时为满足当地需要的进口、利用许可方的经销渠道等。

7. 地域独占权

包括在何地区从事哪些行为，与第三方的关系，以及对平行进口（灰色市场产品）的规定。对地域范围的规定主要是与许可方国家的出口控制制度一致，保护许可方免于被许可方的进口竞争，保护其他被许可方。这涉及许可方的全球市场安排、销售渠道限制以及与竞争法的关系等问题。

8. 技术改进

包括许可方或被许可方的技术改进的取得或使用，是否相互免费使用，向第三人许可利益的共享、方式和数额，技术的专利申请权等。

9. 保密

在包括专有技术许可的合同中，应包括保密条款，如保密措施、期限、范围、侵权的结果。保密义务在下列情况下存在例外：非违约的原因导致技术向公众公开，在披露之前已为受让方占有，第三方未加保密地向受让方披露，受让方独立开发，司法程序或其他法律要求披露。

10. 侵权情况的处理

包括第三方侵犯许可技术和许可技术侵犯第三方权利两种情形。前一种情形导致受让方处于不利的竞争地位，后一种情形则可能导致受让方承担更大的责任。由谁提起诉讼程序、由谁承担相关费用或损失，需要在协议中明确。通常只有在排他许可的情况下，受让方才有独立的诉权。

11. 保证与免责

一般许可方应提供两方面的担保，即权利担保和技术担保。许可方对技术拥有所有权或许可权，该技术应不侵犯第三者的权利。技术使用、操作及其结果应符合约定的标准，技术符合被许可方的法律要求（如环境要求、水平要求）。一般许可方的担保责任限于许可方控制抗辩和解决的权利要求，且被许可方及时通知、同意提供必要的帮助，许可方一般不担保非许可方提供的改进技术或其他技术。

12. 救济和责任限制

包括替换、修补或支付，赔偿损失。

13. 限制性商业条款

此即许可方对被许可方使用技术的限制条款。在许多国家，限制性商业条款无效。

14. 价格与支付

包括具体支付方式和计价标准、支付货币等。具体内容见下述许可费用部分。

15. 最惠受让方条款

在许可是一般许可时，最惠受让方条款保证被许可方获得许可方向其他第三方可能提供的更优惠的许可条件。

16. 其他条款

包括税收、生效、终止、延长、法律适用、争议解决等。发展中国家一般规定合同在国家有关机关批准时生效。协议应对许可期限和终止作出规定，包括延期、终止条件、终止后的权利和义务。在知识产权许可时，许可期限应符合知识产权权利期限。

(三) 国际技术许可中的许可费用

有关许可费用，即技术的价格与支付，是许可合同中的主要条款，主要包括支付方式、时间、币种等。

许可费用可以采取直接的货币支付方式，包括两种方法。一种是采取总付方式（lump-sum payment），一次性地事先计算许可费用，一次或几次付清。该方法与技术的运行效果没有联系。另一种是采取提成费的方式（royalties），事后计算、按期支付，以经济上的使用或效果（产品、服务量、销售额、利润）为基数。一般情况下先预付一定的数额，称之为入门费。

许可费用也可以采取间接的和非货币的补偿方式。一般可采取下述几种收益：（1）有关经营收入。许可方代表被许可方通过许可方的经销渠道销售产品的佣金，独占购买协议下向被许可方销售产品的收入，向被许可方销售完成营销计划的有关产品的收入，向被许可方销售原料、中间商品、零部件或机械出租等收入。（2）分红。常见于许可方对被许可方的企业有资金投入或双方设立合营企业的情况。这涉及分红与提成的关系，二者成反比关系，一般根据参与的程度、财政和税收因素确定；应符合当地法律要求（包括母子公司、子子公司价格转移、双方间的利益、对许可的有效监督、提供原料或中间品的比例）。（3）费用转移和分摊。（4）技术信息的回馈（构成了一种收入）。（5）市场资料的获得（有助于许可方在其他地区的销售）。

(四) 法律适用与争议解决

同样一份合同可能因为适用法律的不同而导致当事人权利、义务的改变。在技术许可贸易中，技术的许可方和被许可方处于不平等的地位，许可方除努力在合同中加入限制性条款外，还力争适用许可方所在国的法律并在该国诉讼。被许可方则正相反，努力争取在其所属国诉讼，适用其本国的法律。双方争执不下时，有时也规定适用第三国的法律。

技术转让合同的适用法律的确定也遵循一般合同的确定适用法律的原则：当事人选择优先，当事人没有选择时适用与合同有最密切联系的国家的法律。在选择适用的法律时，除了选择当事人所属国的法律外，应注意选择易查明、可靠或发展比较完善的法律。适用法律的选择可以使争议的解决结果更具可预见性，在根据最密切联系原则确定适用法律时，技术的实施地应是其中的一个重要选择。

三、特许经营协议

(一) 特许经营的概念和特征

特许经营（franchising arrangements），是指开发特定商业制度的特许方（franchisor）允许另一人（被特许方，franchisee）根据特许方规定的条件使用该制度，被特许方向特许方支付费用的经营制度。被特许方根据特许方建立和监督的标准和做法进行经营，并持续获得特许方的帮助和支持。在这一经营期间，特许关系继续存在。特许安排与“特许制度”有关。该制度是既包括知识产权也包括其他权利和知识的用于提供货物或服务的一揽子安排。

特许经营关系的主要特征包括：

许可使用已建立的制度。特许经营的核心和本质是制度许可。特许方已经建立了行之有效的经营制度，并获得了一定的商誉。根据许可协议，特许方许可被特许方利用其特许制度。该制度包括一系列的内容，例如特许方的知识产权（如商标、商号等）、商业和技术方法、管理知识等。这是特许经营许可协议的一个重要方面。特许经营协议主要包括知识产权许可，但不限于知识产权许可。

特许方与被特许方在法律上是相互独立的企业，彼此之间是一种合同关系。特许经营许可不以特许方对被特许方投资为构成要件。特许方可以自己经营直营店，直营店不是特许经营店。除投资关系不同外，直营店与特许店一样，应遵循统一的经营制度要求。

特许方与被特许方之间存在密切的控制、管理关系。这一特点使特许经营区别于一般的连锁经营、专卖店。特许经营是介于经销和代理中间的一种经营方式，被特许方在经营管理上受到特许方的控制。特许方有权规定经营方式，不仅监督知识产权，还管理经营，制定实施特许制度的根本方法。特许方对被特许方的影响远大于一般许可的影响。特许方对被特许方进行管理指导，既是特许方的权利，也是特许方的义务。管理、控制关系被认为是判断特许经营协议的重要因素。

特许方与被特许方之间不断进行持续的互动关系。在整个许可期限内，双方互相依赖，每一方的收益都依赖于双方的共同努力。被特许方的成功更依赖于特许方开发赢利制度的能力，以适当方式培训被特许方的能力，改善和促进制度的能力，以及监督、帮助被特许方的能力。而特许方的成功则依赖于被特许方的经营努力。这一特点使特许经营区别于一般的知识产权许可，后者一般是一次性的。

(二)特许经营协议条款

特许经营协议条款主要包括双方各自的权利、义务及共同安排三大方面。

1. 特许方的权利和义务

主要包括信息披露，提供经营手册，进行经营培训，开办帮助，持续支持等。

2. 被特许方的义务

包括开发计划、费用支付、遵守质量控制要求、遵守经营模式、保密等。由于特许方与被特许方在法律上是相互独立的企业，许可协议一般要求被特许方自己投保相关保险及对第三者责任险。

3. 其他规定

包括独占、期限、原料及设备供应、违约、终止时各方的权利和义务、协议的转让、协议的续签等。

经营区域和权利范围是许可协议中的构成要素，涉及特许方、被特许方之间的关系以及被特许方之间的相互关系。一般来说，被特许方相互之间无合同意义上的权利义务关系。例如，如果某一被特许方对另一被特许方进行不正当竞争，通常通过特许方来解决。

特许协议终止时特许方与被特许方的权利义务关系的处理非常重要。由于特许经营的持续和互动性特征，被特许方可能对特许方的成功贡献很大，在一定区域内促进了特许方经营和商誉的发展。如果协议终止时直接剥夺被特许方的续签权或续签优先权，有显失公平之嫌。一些国家立法对此进行干预。

以快餐特许协议为例，协议主要包括下述内容：特许费用的支付、特许公司提供的服务；特许公司保持其本身商誉（措施）；特许内容、区域、期限；场所；参加培训；提成和广告促销费用承担（毛利润的计算、审计）；经营的标准和统一性；保险、补偿；税收；协议转让的条件和限制；过错时的终止；仲裁；等等。协议还包括一般性的规定：释义、非免责条款、适用法律、与特许公司竞争、与其他被许可方的关系、协议修订等。

(三)特许经营协议的管理

虽然特许经营协议本质上是一种合同关系、许可关系，但各国对特许经营协议的管理理念却很不相同，因此，管理手段也呈现出差别。

第一种认识认为，既然特许方与被特许方之间是一种合同关系，根据意思自治原则，国家不应对此进行干预，特许方与被特许方之间的权利义务由他们自己协商确定。第二种认识则认为，虽然特许方与被特许方之间是合同关系，但二者的实际地位是不平等的，特许方可能滥用其地位，损害被特许方的利益，因此有必要通过法律的形式对这种关系进行调整和规范。第三种认识则重在市场竞争，主张从社会的角度对二者之间的关系进行调整。

与上述认识相对应，对于特许经营协议或特许方与被特许方之间的关系，目前国际上存在三种管理模式。第一种，通过信息披露要求来调整特许方与被特许方之间的关系，主要防止特许方的欺诈。这种模式要求特许方在签订特许协议之前，应向被特许方披露相关信息，例如特许方的投资情况、经营情况、对特许制度的描述、现有被特许方的经营情况、是否存在欺诈性刑事犯罪、是否处于破产程序等。该模式被称为披露法，以美国联邦政府采取的措施为代表。中国采用此法，同时兼采备案要求。第二种，直接规范特许方与被特许方之间的权利义务关系，特别是对协议终止或续签时双方权利义务的规范，借此保护处于弱势的被特许方的利益。

该模式被称为关系法，一些国家和美国某些州采取此方法。第三种，从市场竞争角度，通过竞争法则规范特许方与被特许方的关系，关注特许经营协议中是否含有严重限制竞争的条款。该模式被称为竞争法，以欧盟为代表。

问题与思考

1. 如何理解知识产权协定与其纳入的公约之间的关系？
2. 在知识产权保护标准上，知识产权协定有什么新内容？
3. 如何选择技术贸易的具体方式？
4. 试述一般技术许可与特许经营的关系。
5. 国际技术许可合同中被许可方有哪些权利？
6. 简述国际技术许可合同条款。

第九章

电子商务的法律问题

本章概要

电子商务是利用网络技术进行贸易，其发展给国际贸易带来了无限的潜力。电子商务不再是原来意义上的EDI，而是现代的公开的网上交易。正因为如此，它带来了一系列的问题，如安全问题、法律问题等。解决的方法是赋予该交易方式以法律效力，并采取措施解决安全问题。国际社会对电子商务给予了特别的关注，联合国国际贸易法委员会制定示范法给各国立法以指导。许多国家制定了有关电子商务的立法或正在进行立法。

关键术语

EDI　Internet　功能等同　数据电文原件　数据电文的留存　数据电文的签名　数据电文的效力　数据电文的证据力　电子签名　签名要求

第一节　电子商务简介

电子商务（electronic commerce)，又称电子商贸、电子贸易、电子商业或网上交易(online commerce)，指利用计算机网络传递信息签订合同、进行交易，是商业交易的一种特殊交易方式。电子商务既可以通过因特网购买和支付需要实际交付的产品，也可以通过网络直接传送信息、交付产品。电子支付、电子登记托管结算，都是电子商务具体应用的例子。

电子商务的发展经过了从封闭网络阶段到公开网络阶段两个阶段。

一、EDI 阶段

过去的电子商务通过封闭网络进行，最具有代表性的是 EDI（electronic data interchange)。封闭网络传递系统能够实际控制系统的进入，在使用者和负责经营该系统的组织之间创设了法律义务。通过 EDI 技术，交易双方能够直接通过电子手段交换信息，减少并在某些情况下废除了对纸张的使用，极大地影响了商业关系的定义和进行方式。商业信息能够以更快的速度进行传递，对商业供求作出更快的反应，大幅度地降低竞争性推销产品所需的投入、库存、时间，减少商业信息交换中的差错。EDI代表了从传统的物理障碍向不间断的有效率的全球贸易制度转变的第一步。

EDI技术要求各方就广泛的技术性问题达成一致，包括数据形式、标准、实施规则、第三方提供者以及计算机和传递的开发和维持。

EDI贸易协议（EDI trading agreements）或交换协议（EDI interchange agreements）在促进全球电子贸易制度方面发挥了重要的作用。通过私人协议，使用EDI技术的当事方能够确立彼此之间的电子传递关系，并从由此安排产生的责任和义务的协议分配中获益。交易方通过协议降低风险，解决现有法律没有充分规定的活动引起的法律不确定性。当事方能够分析和提供适当的风险分配，包括信息传递中差错或遗漏的风险，或对第三方的行为产生的责任进行分配。电子交换协议允许各方具体规定保护制度安全和完整所需要的程度和保障措施，并解决诸如进入或使用电子传递的数据的范围以及数据的保密等关键问题。电子贸易协议使交易各方可以在他们的技术性协议框架内确定调整他们之间的权利和义务的具体程度和条件。

最早的国际性交换协议是国际商会于1987年颁布的，旨在促进通过EDI进行电子商业交易的确定性的规则协调，促进交易双方间公平交易。《电子交换贸易数据行为通则》① 成为许多国家、地区或行业组织发布的示范或标准贸易协议的基础。1995年联合国国际贸易程序工作组通过了《国际商用EDI示范交换协议》②，提供了新的示范文本，旨在促进与国际商业交易有关的EDI的使用；主要适用于双方交易人之间的双边协议，内容包括范围和结构、传递和操作、信息处理、有效性和可执行性、数据内容要求、责任及一般规定。

这些示范协议尽管存在重大差异，但都解决共同的问题，如技术性要求、通知或认证、第三方服务提供商、记录存储和事后审计、数字安全、保密以及数据保护。示范贸易协议的发展为电子商务的契约性法律框架奠定了基础。

二、封闭系统传递向公开系统传递的转变

技术的迅速更新、传递议定书和信息开发的统一标准的快速开发和使用，使内部运行和相互连接的计算机网络得以高速发展。这些发展建立了新的“公开网络”的信息基础设施，使真正的全球电子贸易基础设施得以实现。公开的非专享的网络的使用为无成本的全球传递和电子商务提供了新的前景。

因特网（internet）这一公开网络系统使没有契约关系的多方可以进入系统传递信息，使其业务可以扩大到先前没有关系的贸易伙伴。公开网络系统提供了拓宽市场、接触新的提供者的可能性，并为潜在的贸易伙伴在不存在原有关系的情况下通过信息交换开发业务提供了方法；而EDI只能在原已设定的线路、在已有的贸易伙伴间按照当前的商业关系进行，就像一个拥有固定会员、按既定规则活动的俱乐部。EDI在联合国国际贸易法委员会的电子商务示范法制定过程中曾作为一个重点内容，但技术的新发展使该委员会将EDI从示范法的名称中删除。

---

① Uniform Rules of Conduct for Interchange of Trade Data by Teletransmission.

② Model Interchange Agreement for International Commercial Use of EDI.

第二节　电子商务的法律问题

一、电子商务的法律问题的性质

电子商务采取了现代交易方式，对传统法律提出了新的要求和挑战。电子商务的法律问题，其实质就是传统法律对这一交易方式的适应、规范问题。

电子商务通过互联网络以电子信息进行交易。传统法律对电子商务的适应、规范问题，就是如何对待电子信息的问题。例如，电子信息是否与纸面信息具有同等效力，签名要求如何体现在电子信息上，如何保证电子信息如纸面信息一样确定、不易更改，电子信息的证据力如何，是否允许以电子信息形式提交政府部门所需要的信息。我们看到，类似问题没有改变商事交易或政府管理的法律框架。例如，它没有改变合同法对合同成立所要求的当事人意思一致这一根本要件，它涉及的只是当事人意思一致的表现或证明形式，如同传统信件向电报、电传、传真转变。法律所做的是，赋予后来这些形式与传统信件一样的效力，同时对这些形式的特殊性作出特殊要求。

因此，电子商务的法律问题是技术性的法律适用、调整问题，而不是法律制度的根本变革问题，与历史上废除私有制转为全民公有制并不相似。从点与面这一对关系来说，电子商务的法律问题属于点的问题，不属于面的问题。它涉及对某些具体法律问题的调整。正如联合国国际贸易法委员会在《〈电子签名示范法〉颁布指南》中所指出的，某些法律问题的答案不一定在示范法中找到，而是要在其他法律中才能找到。示范法并不打算讨论其他法律，例如适用的行政法、合同法、侵权责任法、刑事法和司法程序法。但各国的态度、行动时间不尽一致。联合国国际贸易法委员会在统一电子商务相关法律问题方面，发挥了重要的推动作用。

二、电子商务的具体法律问题

电子商务这一交易形式，其涉及的法律问题，既包括平等交易者方面的法律问题，也包括该交易方式管理方面的法律问题。从一般方面说，主要涉及下述几个方面：

（一）数据电文的法律地位

根据联合国国际贸易法委员会《电子商务示范法》，“数据电文”系指经由电子手段、光学手段或类似手段生成、储存或传递的信息，这些手段包括但不限于电子数据交换（EDI）、电子邮件、电报、电传或传真。这样的看得见、摸不着的信息“幽灵”，符合法律的确定性、可信性、公示性要求吗？

早在1985年，联合国国际贸易法委员会就计算机记录的法律价值问题，向联合国成员提出了建议。该建议包括审查影响使用计算机信息作为证据的法律规则，审查某些交易或法律文件必须是书面的法律规则，审查手签或其他纸质认证方法的法律要求，审查提交政府的文件必须是书面的法律规则，并建议国际组织考虑这一建议，阐明或修订相关法律文件。

1996 年的联合国国际贸易法委员会《电子商务示范法》采取了非歧视性的功能等同法。它从反面肯定了数据电文的中性作用。该示范法确认，“不得以某项信息采用数据电文形式为理由而否定其法律效力、有效性或可执行性”。1999 年的中国《合同法》明确承认，当事人可以使用数据电文签订合同。

（二）数据电文的签名

尽管数据电文获得了与书面文件相同的法律地位，但它毕竟不同于书面文件。在纸质手签的情况下，当事人通过在书面文件上作出能够代表自己的标记，表明了对文件内容的确认并承担相应的责任。通过机器发出的数据电文，如何证明确实出自某人之手呢？这就涉及数据电文的签名问题。

根据联合国国际贸易法委员会《电子签名示范法》（2001 年），“电子签名”系指在数据电文中，以电子形式所含、所附或在逻辑上与数据电文有联系的数据，用于鉴别与数据电文有关的签名人和表明签名人认可数据电文所含信息。在符合该法规定的签名要求或任何适用法律要求的前提下，不排斥、限制或剥夺可生成电文签名的任何方法的法律效力，实现签名技术的平等对待。如果根据各种情况，包括根据任何有关协议，使用电子签名既适合生成或传送数据电文所要达到的目的，而且同样可靠，则对于该数据电文而言，即满足了该项签名要求。符合签名要求的标准采纳了实现目的和可靠标准。

（三）信息和交易安全

从封闭网络向公开网络的转变，对全球贸易制度提出了重要的挑战。由于契约性协议和封闭网络安全程序，通过封闭系统参与电子商务，对交易方的身份和权限有保障。公开网络中，传递中的信息可能被非法截获、读取或修改，或用户被冒名顶替。信息安全和交易安全问题成为电子商务的最大壁垒。在虚拟的开放的网络世界中，仅仅依靠交易一方的单方面表白是不可靠的，有必要建立一个可靠的鉴定和认证交易当事人的框架。

数据电文加密和独立于当事人的电子认证机构，有助于解决信息安全和交易安全问题。一方面，需要保证某一数据电文与其发送人的联系，另一方面需要保证发送人的身份（安全性）、保证数据电文的安全性。通过电子签名、密钥加密，通过第三方电子认证机构提供与个人私钥相对应的公钥，建立了交易双方的安全联系和交易。电子认证机构根据交易者提供的信息，发放代表其身份的电子证书，确认数据电文发送人的身份和数据电文的真实性、完整性。

电子认证机构在保证信息和交易安全方面，起着核心的中枢作用。联合国国际贸易法委员会《电子签名示范法》及许多国家的电子立法，都规定了电子认证机构的义务。电子认证机构的设立与经营，或为政府主导、审批，或为政府引导、市场培育，或为市场培育、行业自律。简单地说，电子认证机构有官办和市场约束两大类型。

（四）证据效力

赋予数据电文等同于传统书面文件的效力，不等于数据电文本身就具有了当然的证据力。前述签名和信息安全问题，从不同方面涉及了证据力问题。我们知道，传统书面文件也存在伪造、涂改、冒签问题，需要进一步鉴定。

数据电文的证据效力问题，至少包括两个方面：第一，它能否作为证据使用；第二，在作为证据使用时，应适用什么样的证据规则。

联合国国际贸易法委员会《电子商务示范法》对于数据电文的证据力问题，同样从反面角度采取了非歧视的态度：不得因为它是数据电文而不接受它。但是否接受数据电文的证据力，需要根据一系列的情况来确定。在评估一项数据电文的证据力时，应考虑到生成、储存或传递数据电文的办法的可靠性，保持信息完整性的办法的可靠性，用以鉴别发端人的办法以及任何其他相关因素。这表明，数据电文的证据力是需要举证的。

(五) 其他法律问题

除上述主要法律问题外，电子商务的出现还引起了其他法律问题。由于因特网的开放性，交易当事人在任何地方都可以进入，获取相关信息，这就使交易当事人的经营地点不确定。以当事人的营业地为标准的一些法律，就面临着挑战。另外，发出和收到数据电文的时间和地点也变得模糊起来。同时，数据电文的使用，使原以书面证书代表所有权的规则出现了适用上的新问题。无纸化证券的出现，改变了证券的交易和结算规则。而电子认证机构或电子登记机构的存在，使交易双方的意思自治受到了很大的影响。

第三节　电子商务国际立法的统一

一、联合国国际贸易法委员会《电子商务示范法》

以前的国际统一立法是在各个不同国家的法律制度的基础上进行的，电子商务国际立法与此不同，一开始就表现出国际统一性的特点。国际规范先于各国立法，并为国家立法提供指导。同时，国际性规范不采取强制约束的方式要求各国加入或批准，而是采取指导性、示范性方式来统一国际立法。国际规范与国家立法表现出很大的统一性。这中间，联合国国际贸易法委员会发挥了巨大的推动和先导作用。

1996 年 12 月 16 日联合国大会通过了《电子商务示范法》，为电子商务有关法律问题的统一提供了指南。联合国大会决议建议各国在制定或修订有关法律时，给予《电子商务示范法》更多的考虑，以统一替代以纸件为基础的信息传递和储存的方法所适用的法律，并建议作出努力确保《电子商务示范法》的广为了解和普及。关于《电子商务示范法》的商贸（商业）应作广义的解释，包括契约性或非契约性的一切商业性质的关系所引起的种种事项。商业性质的关系包括但不限于下列交易：供应或交换货物或服务的任何贸易交易；分销协议；商业代表或代理；保理（客账代理，factoring）；租赁；工厂建造；咨询；工程设计许可贸易；投资；银行业务；保险；开发协议或特许；合营或其他形式的工业或商业合作；空中、海上、铁路或公路的客货运输。

《电子商务示范法》的基本目的是在电子交易和纸面交易间建立一种等同。该目的通过两种方法实现：一种方法是功能上的等同；另一种方法是媒介中性化（技术中立），即纸面交易和电子交易相互之间不存在优先性。

《电子商务示范法》由两部分组成：第一部分是“电子商务总则”，这是示范法的主要部分；第二部分是"电子商务的特定领域"，仅包括一章"货物运输"。第一部分除对适用范围、定义和解释原则作出规定外，主要分为两类内容：第一类是第 5 条到第 10 条，旨在保证不得否定商业活动中使用的数据电文（electronic message）作为证据的法律效力、有效性或可执行性，《电子商务示范法》另有规定的除外。这些规定是解释其他法律或法律要求的基本准则，它规定了数据电文如何满足诸如"书面"、"签名"或"原件"的要求。第 10 条规定了数据电文留存的标准。第二类规定了使用新技术所产生的一些基础问题的规则。这些问题影响到风险的分配和定价、电文归属和信赖等。《电子商务示范法》规定了数据电文发送和收到的时间、地点，还对代理人使用数据电文作了规定，即代理人发送和收到数据电文的时间、地点视为本人发送和收到数据电文的时间、地点。

《电子商务示范法》主要规定了如下原则。

1. 数据电文的法律承认

不得仅仅以某项信息采用数据电文形式为理由而否定其法律效力、有效性或可执行性。

2. 书面要求

如果一项数据电文所含信息可以调取，以备日后查用，即满足了法律对信息的书面要求，而不管该要求是采取义务的形式还是采取规定不采用书面的后果的形式。

3. 签名

如果法律要求签名，如数据电文使用了一种方法，签署了签名人身份，并且表明该人认可了数据电文内含的信息，且从所有各种情况（包括根据相关协议）看，所用的方法可靠，对生成或传递数据电文的目的来说是适当的，则该数据电文即满足了签名要求，无论对签名的要求是以义务的形式表示的还是以规定未签名的后果的形式表现的。

4. 原件

如果法律要求信息须以其原始形式展现或留存，对于一项数据电文，如果有办法可靠地保证自信息首次以其最终形式生成，作为一项数据电文或充当其他用途使用时起，该信息保持了完整性，且如要求将信息展现，可将该信息显示给观看信息的人，则该数据电文即满足了原件要求。

5. 数据电文的可接受性和证据力

在任何法律诉讼中，证据规则在任何方面的适用，不能仅以数据电文为由，或对于举证人按合理预期所能得到的最佳证据，以它不是原样为由，而否定数据电文作为证据的可接受性（admissibility）；对于以数据电文为形式的信息，应给予应有的证据力（due evidential weight）。

6. 数据电文的留存

如果法律要求某些文件、记录或信息须留存，对于数据电文的留存，如果满足了下述条件，即满足了该项要求：其中所含信息可以调取，以备日后查用；按其生成、发送或接收时的格式留存了该数据电文，或以可证明的能使所生成、发送或接收的信息准确重现的格式留存了该数据电文；留存可据以查明数据电文的来源和目的地以及该电文被发送或接收的日期和时间的任何信息（如果有这种信息）。

7. 当事人各方对数据电文的承认

数据电文的当事人各方不得仅仅以采用数据电文形式表达意图或作其他陈述为理由而否定其法律效力、有效性或可执行性。

8. 使用数据电文签订合同的有效性

除非当事人各方另有协议，可以通过数据电文表示要约和承诺来订立合同。如使用数据电文签订合同，则不得仅仅以使用了数据电文为理由而否定该合同的有效性或可执行性。

《电子商务示范法》还对数据电文的归属以及确认收讫，即收件人发出信息或实施行为来确认收到发端人的信息，作了规定。

联合国国际贸易法委员会的《电子商务示范法》仅对一般法律原则作了规定。《电子商务示范法》对其中的一些概念，如签名、原件等，并没有作出明确的规定；同时还需要技术上的支持，这就需要作出进一步的规定。联合国国际贸易法委员会也认为《电子商务示范法》不足以包括电子商务的所有法律问题。

二、联合国国际贸易法委员会《电子签名示范法》

(一)《电子签名示范法》的特点

继《电子商务示范法》之后，联合国国际贸易法委员会又制定、通过了《电子签名示范法》(2001 年)。该示范法的宗旨，是降低使用电子签名这类现代技术可能产生的法律效力的不确定性；对电子签名制定统一的基本规则，实现法律上协调一致、技术上通用的目标。该示范法的目的包括授权或便利使用电子签名，对书面文件的使用者和计算机信息的使用者给予同等待遇。这些目标对于增进国际贸易中的效率至关重要。

该示范法既是单独的法律文书，又是对《电子商务示范法》的重要的实质性补充。该示范法以《电子商务示范法》为基础，在起草时努力确保与《电子商务示范法》的实质内容和术语保持一致。与《电子商务示范法》一样，《电子签名示范法》也采取了不偏重任何手段的非歧视原则，不歧视在功能上等同于传统书面文件概念和惯例的做法，以及对当事人自主权的广泛依赖。

《电子签名示范法》提供了一个框架性法律。《电子签名示范法》虽然是对《电子商务示范法》的补充，细化了后者第 7 条的规定，但它本身没有规定（在使用者之间合同安排以外的）颁布国采用这些技术可能需要的所有细则。另外，该示范法并不打算涉及电子签名使用上的每一方面。因此，颁布国宜发布适当的条例，为该示范法批准的程序填补程序上的细节。除程序事项外，电子签名技术可能提出的某些法律问题，需要去其他法律中寻找答案。例如，该示范法并未详细论述可能涉及电子签名系统运作的当事人各方的赔偿责任问题。

该示范法规定了电子签名的法律承认标准，不偏重任何技术。不论所采用的是何种技术，例如非对称加密法、生物计量法、对称密码法、个人识别码、智能卡、手写签名数字式样、签名动态法或点击“OK”框法等，这些技术可以单独使用，也可以合并使用。

(二)《电子签名示范法》的主要内容

该示范法共有 12 条，除了规定适用范围、概念定义、解释规则、当事人的自主权以及承认外国证书和签名外，主要对签名技术、签名要求及其满足、电子签名所涉当事人的行为作出了规定。

1. 签名技术平等对待

除当事人另有协议外，该示范法任何条款的适用概不排斥、限制或剥夺可生成符合该示范法规定的签名要求或符合适用法律要求的电子签名的任何方法的法律效力。如果满足了签名要求，电子签名的电文与手写签名的书面文件之间，或各种电子签名的电文之间，都将被同等对待。但当事人在法律允许的范围内，可以协议排除某些电子签名技术的适用。

值得注意的是，这一规定仅仅表明某项电子签名所采用的形式不能作为否定该签名的法律效力的唯一理由，但它并没有确立任何特定签名技术或任何电子签名信息的法律有效性。该示范法采取的这一方法，与《电子商务示范法》中对待数据电文的方法是一致的。

2. 符合签名可靠要求

凡法律规定要求有一人的签名时，如果根据各种情况，包括根据任何有关协议，使用电子签名既能符合生成或传送数据电文所达到的目的，而且也同样可靠，则对于该数据电文而言，即满足了该项签名要求。这一规定中的“可靠”标准，要求满足下列四种情况：签名制作数据在其使用的范围内，与签名人相关联，而不与其他任何人相关联；签名制作数据在签名时处于签名人控制之中，而不处于其他任何人的控制中；凡在签名后对电子签名的任何篡改均可被觉察；如签名的法律要求目的是对签名涉及的信息的完整性提供保证，凡在签名后对该信息的任何篡改均可被觉察。

对签名要求的规定，是该示范法的核心条款之一。它为如何达到《电子商务示范法》第7条规定的可靠性检验标准提供了指南。该条款的目的，是确保使用可靠的电子签名会带来与使用手写签名同样的后果。签名要求的可靠性标准是客观标准。至于如何确定电子签名的法律效力，各国应根据自己的相关法律，自行通过推定或实质性规则，建立签名的某些技术特点与法律效力之间的联系。各国可以指定一个机关或机构，确定符合上述要求的签名技术，以达到确定性和可预见性的目的。

3. 签名人的行为准则

该示范法规定了包括签名人在内的相关当事人的最低行为守则（即合理谨慎原则）。签名人应采取合理的谨慎措施，避免他人擅自使用其签名制作数据；如果签名人知悉其签名制作数据失密或可能失密，应及时通知依赖电子签名或提供电子签名服务的任何人员；在使用电子证书支持电子签名时，应保证载入证书内的内容准确无误、完整无缺，证书系指确认签名人与签名制作数据之间关系的某一数据电文或其他记录。签名人应承担不能满足上述要求的法律后果。

该示范法没有规定不遵守这些规则的责任范围，这一问题由各国国内法解决。

4. 验证服务商的行为准则

提供服务、支持电子签名的验证服务商，应遵循下列4项要求：(1) 遵守承诺，按其作出的政策和做法的表述行事。这是最基本的原则。(2) 采取合理谨慎措施，确保电子证书内的所有重大表述准确无误、完整无缺。(3) 提供合理可及的手段，使依赖方得以从证书中或其他方面证实有关内容。(4) 采用可信赖的系统、程序和人力资源提供其服务。验证服务商应承担未遵守上述要求的法律后果。该示范法还为上述第四项中的“可信赖性”的确定提供了可以考虑的因素，使这一概念具有一定的灵活性。

5. 依赖方的行为准则

依赖方指可能根据某一证书或电子签名行事的人。依赖方如果没有采取合理的步骤核查电子签名的可靠性，或者在电子签名有证书支持时，没有采取合理的步骤核查与证书有关的情况，则自担相应的法律后果。该规则采取了合理依赖性这一标准。如果依赖方没有做到这一点，应根据具体适用的国内法承担相应的法律后果。

三、特定领域的电子商务规则

遵循联合国国际贸易法委员会的《电子商务示范法》和《电子签名示范法》确立的原则和模式，国际社会制定了一些适用于特定领域的电子商务规则。

2005年，联合国大会通过了《联合国国际合同使用电子通信公约》。该公约主要针对国际合同中使用电子通信的法律效力不确定产生的对国际贸易的障碍而制定。电子通信，是指当事人在一项合同的订立或履行中以数据电文发出的包括要约和承诺在内的任何陈述、声明、要求、通知或请求。该公约尊重当事人的选择及技术中立、功能等同原则。公约确立了对电子通信的法律确认，即对于一项通信或一项合同，不得仅以其为电子通信形式为由而否定其效力或可执行性。公约同时确立了当事人对电子通信的选择权，该公约中的规定概不要求一项通信或一项合同以任何特定形式作出、订立或证明。该公约适用于与营业地位于不同国家的当事人之间订立和履行合同有关的电子通信。但该公约不适用于与下列情形有关的电子通信：(1) 为个人、家人或家庭目的订立合同。(2) 受管制交易所的交易；外汇交易；银行间支付系统、银行间支付协议或者与证券或其他金融资产或票据有关的清算和结算系统；对中间人持有的证券或其他金融资产或票据的担保权的转让、出售或持有或回购协议。另外，该公约不适用于汇票、本票、运单、仓单或任何可使持单人或受益人有权要求交付货物或支付一笔款额的可转让单证或票据。

2008年联合国大会通过的《全程或部分海上国际货物运输合同公约》，特别规定了电子运输记录一章，并在相应的其他章节中规定了电子运输记录的有关规则。根据该公约，在不违反公约要求的情况下，凡根据该公约应在运输单证上载明的内容，均可在电子运输记录中加以记载，但电子运输记录的签发和随后的使用必须得到承运人和托运人的同意；电子运输记录的签发、排他性控制或者转让，与运输单证的签发、占有或者转让具有同等效力。

国际商会在制定UCP500之后，即制定了有关电子交单的相关规则。UCP600制定时，国际商会同时制定了与之配套、予以补充的有关电子交易的规则，即《跟单信用证统一惯例关于电子交单的附件》(版本1.1) [eUCP (V.1.1)]。该规则的订立旨在适应单独提交或与纸单混合提交电子记录的情形。根据这一规则，当信用证表明受eUCP约束时，eUCP作为UCP的附则适用；受eUCP约束的信用证 (eUCP信用证)，也适用UCP，而无须将UCP明确纳入信用证。当eUCP适用时，如其与适用UCP产生不同结果，应以eUCP的规定为准。如果eUCP信用证允许受益人在提交纸单据或电子记录两者之间进行选择，而其选择了只提交纸单据，则该笔交单仅适用UCP。如果eUCP信用证只允许提交纸单据，则仅适用UCP。

四、各国电子商务立法

面对电子商务这一新的交易方式，以及这一交易方式对法律提出的挑战和要求，各国纷纷制定各种形式的电子商务法。这些立法基本上遵循了联合国国际贸易法委员会《电子商务示范法》的方法和原则。

(一) 美国电子商务立法情况

美国电子商务立法起步较早。联邦政府、州政府和民间团体集体上阵。犹他州于1995年出台了《数字签名法》，开了美国电子商务立法的先河。

美国统一州法委员会经过几年的努力，于 1999 年 7 月完成送交各州批准的《电子交易统一法》文本。该法根据联合国国际贸易法委员会《电子商务示范法》、伊利诺伊州《电子商务安全法》、《美国统一商法典》以及《计算机信息交易统一法草案》、马萨诸塞州《电子记录与签名法草案》制定。美国许多州都采纳了该统一法。

该法是一部程序法，它避开了有关实体法的规定，承认现有实体法在电子环境下的普遍效力，但废除其对电子这一媒介形式的偏见和障碍。该法明确赋予电子记录、签名和协议以效力，确认数字签名和手工签名的功能等同；同时，明确人们设计和使用的机器操作（电子代理，electronic agents）对该机器的使用人有约束力，而不管使用人对某一具体交易是否进行了审查。它具体规定了电子记录的收发标准。通过这些规定，该法使电子交易能够在现有实体法的框架内完成。

美国统一州法委员会还制定了《计算机信息交易统一法》，向各州推荐。该法主要对电子合同的成立、解释、担保、转让、履行、违约及其责任等方面的实体关系作出了规定，具有特别合同法的特点。

美国联邦政府于 2000 年通过、签署了《国内外商务电子签名法》，对数据电文的效力、可执行性和证据力作了规定，同时对消费者利益保护进行了规范。在州一级，绝大多数州都以不同形式通过了有关电子商务的相关法律。

（二）欧盟电子商务立法

1997 年欧盟发布了《欧洲电子商务行动方案》，确定了欧洲电子商务法律框架的四原则：根据需要立法，保证欧盟内部统一市场的自由，尊重商业经营的实际，以及有效地满足保护公共利益的目标。1999 年 12 月，欧盟通过了《建立电子签名共同法律框架的指令》（以下称《电子签名指令》），又于 2000 年 5 月通过了《内部市场中与信息社会的服务特别是电子商务有关的若干法律问题的指令》（以下称《电子商务指令》）。根据欧盟法，指令没有在各成员国直接适用的效力，各成员国根据这些指令制定相应的法律。这些指令，基本上建立了欧盟电子商务立法的法律基础和框架。

欧盟的《电子签名指令》同样采取了技术中立的方法，但对电子签名服务提供者规定了一系列的义务。《电子商务指令》要求各成员协调其国内立法，使电子合同合法化，保证合同的订立制度不妨碍电子合同在实际中的应用。

欧盟成员根据这些指令制定了自己的法律。例如，英国于 2000 年制定了内容广泛的《通信法》，于 2002 年制定了《电子签名〈欧盟指令〉条例》，进一步实施了欧盟指令的相关要求。

（三）德国有关电子商务的立法

德国于 1997 年 8 月 1 日实施了《建立信息和通讯服务通用条件的联邦法》。该法由一系列立法和对原有立法的修订组成，包括远程服务利用法、远程服务中使用的个人资料保护法、数字签名法、刑法典修订、行政违法法修订、损害年轻人道德出版物传播法修订、版权法修订、价格标示法修订、价格标示条例修订。远程服务，指旨在为个人使用而提供可组合的数据（如字符、图像或声音）并基于远程通信方法传递的电子信息和通信服务，尤其包括：在个人通信领域提供的服务（如电子银行）；为信息或通信提供的服务；提供进入因特网或其他网络的服务；提供进入远程游戏的服务；在可进入的电子数据库提供和报价的商品和服务，可相互进入并可直接订购。

德国根据数字签名法，制定实施了数字签名条例（Digital Signature Ordinance）。该条例的目的是确立数字签名的一般条件，依据该条件数字签名可视为是安全的，伪造数字签名或更改的签名数据可以可靠地确定。该条例对数字签名、认证机构、认证证书等作出了规定。

（四）中国的电子立法

1999年中国立法机构通过的《中华人民共和国合同法》（2015年、2019年修正），从合同法这一角度对数据电文的法律效力、利用数据电文签订合同的相关问题作出了规定。中国的这些规定，从世界范围看都是比较先进、比较早的。

2004年8月，中国立法机构通过了《中华人民共和国电子签名法》，以规范电子签名行为，确立电子签名的法律效力，维护有关各方的合法权益。该法由总则、数据电文、电子签名和认证、法律责任和附则共五章构成。电子签名，是指数据电文中以电子形式所含、所附用于识别签名人身份并表明签名人认可其中内容的数据。电子签名依赖方，是指基于对电子签名认证证书或电子签名的信赖而从事有关活动的人。电子签名认证证书，是指可证实电子签名人与电子签名制作数据有联系的数据电文或者其他电子记录。

根据该法，对于民事活动中的合同或者其他文件、单证等文书，当事人可以约定使用或者不使用电子签名、数据电文。当事人约定使用电子签名、数据电文的文书，不得仅因为其采用电子签名、数据电文形式而否定其法律效力。这实际上也采取了国际上普遍采取的技术中立、非歧视的原则。但该法明确，前述有关数据电文和电子签名的规定，不适用于下列文书：涉及婚姻、收养、继承等人身关系的；涉及土地、房屋等不动产权益转让的；涉及停止供水、供热、供气、供电等公用事业的；法律、行政法规规定的不适用电子文书的其他情形。

该法界定了数据电文的书面形式要求、原件形式要求、文件保存要求，肯定了数据电文可以作为证据使用的效力。同时，该法界定了可靠的电子签名应符合的条件，以及认证电子签名的电子认证服务提供者应具备的条件。

该法在法律责任部分，规定了电子签名人以及电子认证服务提供者对他人造成损失的赔偿责任。电子认证服务提供者，如果其不能证明自己无过错，需承担相应的赔偿责任。

问题与思考

1. 联合国国际贸易法委员会《电子商务示范法》和《电子签名示范法》提出哪些指导原则？有哪些特点？

2. 美国《电子交易统一法》有什么立法特点？

3. 比较中国《电子签名法》与联合国国际贸易法委员会《电子签名示范法》。

第二编

国际贸易管理

第十章

国际贸易管理法概论

本章概要

国际贸易越自由，对国际贸易的管理越严格。随着世界贸易组织的建立，世界统一的贸易管理制度得以确立。与调整交易当事人的权利、义务的法律相比，国际贸易管理的法律无论在渊源上、性质上、作用上，还是在内容上，都存在很大不同。国际贸易管理措施，无论是关税措施还是非关税措施，皆经历了不断的变化和发展过程，尤其是非关税措施或非关税壁垒，简直不可穷尽。掌握一般的规律性的常识，利用其原则，处理新出现的情况。

关键术语

贸易保护　自由贸易　公平贸易　市场导向

一、国际贸易管理法是国际贸易政策的条文化、法律化

国际贸易理论有多种，但不外乎两大类：一类是贸易保护理论，另一类是自由贸易理论。最早的贸易保护理论可以追溯到资本原始积累时期的重商主义、先是禁止贵重金属外流，后是管理货物进口，追求贸易顺差，奖出限入，同时扩大到产业政策。以后的贸易保护政策总带有这一痕迹。最早的自由贸易理论产生于英国工业革命之后。贸易保护政策限制了英国工业的进一步发展，奖出限入政策限制了原材料的进口，而通过自由贸易，可以使生产要素得到最优化的配置，形成相互有利的国际分工。在任何国家、任何时期，都不是简单的绝对的自由贸易或贸易保护，总是某一种政策占主导地位；在一国之内总是主张自由主义，在世界范围之内多是贸易保护主义；在经济实力雄厚时多主张自由贸易，在经济衰弱或弱小时多实行贸易保护。随着社会、经济的变化发展和科学技术的进步，国际贸易理论也发生了某些变化，如互惠贸易、公平贸易，但实际上不过是自由贸易和贸易保护理论与政策的结合。

在某一时期采取自由贸易政策立法或贸易保护政策立法是由一国经济利益决定的。国家利益是最终的决定因素。即使在采取自由贸易政策时，各国也没有放松贸易的保护。一国采取自由贸易政策总是以贸易保护为基础的。自由贸易政策表现为一种追求目标，而贸易保护主义则是一种基本政策。

国际贸易管理法是国际贸易理论与政策的法律化。贸易政策不同，导致法律规定也不同，贸易管制法律与贸易政策表现出相同的倾向。如英国在反对重商主义、提倡自由贸易时，废除

了禁止粮食进口的谷物法，废除了垄断进口商品运输的航海法，大幅度地降低了关税。一国的经济实力变化时，其贸易政策、贸易立法也会发生明显的变化。如美国在1923年之前一直坚持有条件的最惠国待遇，第一次世界大战后美国经济地位发生变化，战后签订的第一个贸易协定——与德国的贸易协定，即放弃了有条件的最惠国待遇，转而采取无条件的最惠国待遇。美国于1934年通过的《贸易协定法》要求在无条件的最惠国待遇的基础上签订贸易协定。关税与贸易总协定中的最惠国待遇条款借鉴了美国与其他国家的贸易协定做法。而当美国实力相对衰弱时，美国在其1974年《贸易法》中提出了互惠的最惠国待遇。与发达国家相比，发展中国家贸易保护主义的色彩更为明显。

二、国际贸易管理法的发展

国际贸易管理法最早表现为国家对贸易的管理立法，在内容上多表现为关税立法，通过关税对进出口进行管理。随着贸易的进一步国际化，国内贸易立法出现了产生域外效力的情况，因而协调、调整各国贸易立法的要求出现。

国际贸易立法的真正国际化是在第二次世界大战之后。20世纪30年代的经济大萧条、第二次世界大战的创伤，使各国都希望世界能够在有序的国际环境中发展，包括政治秩序、金融秩序和贸易秩序。联合国、国际货币基金组织、世界银行和关税与贸易总协定（GATT）诞生了。关税与贸易总协定的适用标志着全球性的国际贸易管理多边体制初步形成。随着经济一体化的不断扩大和深入，区域一体化的组织或协定也得到充分发展，最有代表性的是欧洲共同体和北美自由贸易区。

1986年开始、1994年结束的关税与贸易总协定乌拉圭回合谈判建立的世界贸易组织，是真正的国际法意义上的世界贸易管理组织，从国际贸易管理机构方面讲，开启了真正的多边贸易管理的时代。国际贸易趋向更自由的目标在世界统一的贸易规则的约束下进行。

一方面是国家对贸易的管理，另一方面是国际社会对贸易的管理，两方面互相影响、互相作用，构成了国际贸易管理的主干。国内贸易管理法的实践为世界贸易规则提供了经验，国际贸易规则为各国的贸易立法提供了原则与指南。国际贸易法的发展，很大程度上表现为国际贸易管理法的发展，国际贸易管理法的内容、框架在不断完善、发展，成为国际贸易法的重要组成部分。

三、国际贸易管理法的渊源和管理主体

国际贸易管理法的渊源表现为国际条约和国家立法。与国际商事交易法的渊源不同，国际贸易管理法不包括国际惯例。

国际条约包括世界性的、区域性的以及双边的。关税与贸易总协定、《建立世界贸易组织协定》（以下简称《世界贸易组织协定》）是世界性的条约，《欧洲共同体条约》、《北美自由贸易协定》是区域性的条约，而中国与美国的贸易协定则是双边协定。

与国际贸易管理法的不同渊源相联系，国际贸易管理法的管理主体表现为全球性管理组织、区域性管理组织和国家。联合国贸易与发展会议是联合国致力于贸易促进、管理的机构，而主要的全球性贸易管理机构是以前的关税与贸易总协定和现在的世界贸易组织。关税与贸易

总协定不是一个严格意义上的国际组织，但相当长的时间内起到了一个准组织的作用。欧盟、经济合作与发展组织（OECD）都致力于贸易的管理。对从事贸易的人影响最大、直接受其管理的管理机构是国家。国家的有关机构、部门是直接的贸易管理者，国际组织的规范、规则需通过国家来实施。

四、国际贸易管理法的特点

与国际商事交易法相比，国际贸易管理法表现出强制性、层次性、统一性、多边性。国际贸易管理法是国家或国际组织对国际贸易管理的法律规则的总和。无论是国家对国际贸易的管理，还是国际组织对国际贸易的管理，都表现为经济的行政法的特性，具有强制性。这一点随着国际贸易管理的发展，表现得越来越明显。从关税与贸易总协定到世界贸易组织，最大的变化之一是强化了强制性规范。国际贸易管理法在管理者的主体方面，在法律规范的约束性方面，表现出层次性：一方面有全球性的组织、区域性的组织、国家这些管理主体，另一方面有几乎适用于全球国家的国际性规范、区域性规范、双边条约和国家立法，二者形成一个纵横交错的管理网络。尽管各国的贸易立法不尽相同，但其遵循的总原则是一致的，表现出原则的统一性。这使得国际贸易能够在共同的基础上进行。多边性是从关税与贸易总协定诞生以来取得的最大成就。国与国之间的贸易纠纷不再仅仅局限于两国范围内解决，而是依据共同的规则在多边的体制中解决。这就避免了不稳定性，增加了可预见性，也使得国际贸易相对较少地受一国国内政治的影响。多边体制是世界贸易组织的重要特征，世界贸易组织争端解决机构的许多报告都强调了多边体制的重要性，认为本质上世界贸易组织更倾向于以多边方法解决贸易问题。

国际贸易管理法调整的法律关系是一种管理与被管理的不平等主体间的法律关系，而不是商事交易中的平等主体间的权利义务关系。国际贸易管理法相当于中国法律中的经济法，管理者与被管理者之间的关系是管制与服从、约束与遵守的关系。在调整法律关系的方法、手段上，不是通过合同来进行，不是通过平等当事人之间的讨价还价进行，而是通过管理机构执行强制性的规范来进行，依靠管理机构的管理地位来进行；他们之间的纠纷不是通过民事诉讼或商事仲裁进行，而是通过行政诉讼或贸易争端解决机构进行。调整管理关系的法律规范或依据不是双方当事人共同达成的协议，不是合同约定或国际贸易惯例，而是强制性国家立法或国际性规定，当事人尤其是被管理者不能变更、减损或偏离有关的管理规定。

五、国际贸易管理法的原则

（一）国际合作原则

国际贸易是建立在统一的规则基础上的，需要通过多边体制来解决贸易问题，而不是通过单边的报复措施来制裁对方。一国对其他国家采取贸易措施应首先与可能的被报复对象国家进行协商、谈判，只有不能通过谈判达成结果时，才可以根据国际公认的规则采取措施。在世界贸易组织内部，还应取得世界贸易组织的授权。原则上应通过合作而不是对抗来促进国际贸易。

（二）共同、持续发展原则

通过国际贸易，促进各个国家的共同发展，包括不同发展水平的国家的发展。各种贸易管理制度都对发展中国家的发展给予了关注。国际贸易应是互利互惠的贸易。同时国际贸易应在可持续发展的前提下进行，避免以破坏人类资源的方式进行国际贸易；贸易与环境、贸易与发展应是共同关心的问题。世界是一个整体，是一个有机联系、相互依赖的整体，其发展依赖于共同的、持续的发展。

（三）自由贸易原则

自由贸易一直是人类追求的理想，希望通过自由贸易实现世界资源的有效利用，提高生产效率和效益，扩大就业。然而贸易保护依然存在，也许正因为其存在，自由贸易被视为国际贸易应遵循的原则。各国的贸易管理措施应该关税化、透明化、可以预见，降低或废除对国际贸易实施的限制或壁垒。

（四）市场导向原则

国际贸易应在商业基础上进行，考虑产品的成本、质量、信誉和供求。作为贸易基本原则的最惠国待遇和国民待遇都是市场待遇。不以市场导向为基础的国际贸易受到限制或禁止。长期以来，许多贸易规则以市场导向为前提，不适用于非市场经济制度，明显的例子是反补贴规则。反倾销规则也一度因无法确定非市场经济国家产品的价值或成本而无法对其适用，直至后来采取替代国的方法。历史上计划经济国家一度被排除在关税与贸易总协定之外，即使个别国家被允许加入，其享有的权利及承担的义务也不同于其他市场经济国家的。

（五）公平贸易原则

贸易应在公平的基础上进行。在大家遵循普遍的贸易规则的前提下，采取不公平贸易做法的国家会从中取得不当利益，损害其他国家的利益。各国乃至国际社会都允许对不公平的贸易做法采取救济措施。各国立法也对违反公平贸易的做法制定了一系列的法律规范，如关于侵犯知识产权的规定。但国际社会对“公平”的理解存在分歧。

问题与思考

1. 国际贸易管理法是如何发展的？
2. 如何理解国际贸易管理法的原则？

第十一章

世界贸易组织

本章概要

世界贸易组织的成立标志着真正统一的国际贸易制度的形成。与其前身关税与贸易总协定相比，世界贸易组织在许多方面都表现出重大不同。其调整范围不再仅仅限于国际货物贸易，而且还扩大到服务贸易、与贸易有关的知识产权；其职责既包括管理、实施有关贸易规则，还包括对成员的贸易政策进行审查，解决国际贸易中发生的成员之间的贸易争端。世界贸易组织成员不断扩大，其成员间的贸易额占世界贸易的绝大部分。世界贸易组织对国际贸易的影响越来越大。

关键术语

GATT1947　GATT1994　世界贸易组织　非歧视原则　多边制度　临时适用议定书 累积适用　国际公法上的习惯解释原则

第一节　世界贸易组织的建立

一、世界贸易组织的建立

1995年1月1日，世界贸易组织正式成立，从此国际贸易管理的真正多边体制诞生。

世界贸易组织（World Trade Organization，WTO）的建立是关税与贸易总协定乌拉圭回合谈判的结果。在这次谈判中，作为谈判成果之一，签订了《世界贸易组织协定》，该协定以及其他最后文件自1995年1月1日起生效。

第二次世界大战结束后，世界各国希望建立一个在政治上和经济上皆有规则可循的世界。于是联合国、世界银行、国际货币基金组织相继成立，但原计划作为经济三大支柱之一的国际贸易组织却夭折了。美国等许多成员将关税减让谈判达成的协议及哈瓦那宪章（国际贸易组织宪章）草案中有关关税与贸易政策的条款合并起来，即关税与贸易总协定，根据《临时适用议定书》临时适用。关税与贸易总协定自1948年1月1日临时适用时起，一直临时适用到世界贸易组织成立，临时适用期限长达47年。

关税与贸易总协定主持进行了8次贸易回合的谈判，其中前5次主要是关税减让谈判。从20世纪60年代肯尼迪回合谈判开始，谈判议题超出了关税减让范围。第6次谈判达成了反倾销措施协议，第7次谈判东京回合达成了一系列非关税措施框架的守则。

1986年开始至1994年结束的乌拉圭回合谈判，谈判议题空前扩大，不但就关税减让、非关税措施进行了谈判，而且对与贸易有关的知识产权问题、与贸易有关的投资措施问题、服务贸易问题、争议解决机制问题进行了谈判并达成了协议。该谈判的结果是世界贸易组织的产生。

1993年12月15日，乌拉圭回合谈判的代表草签了谈判达成的协议，标志着乌拉圭回合谈判的结束。1994年4月15日，乌拉圭回合谈判代表正式签署了《乌拉圭回合多边谈判结果最后文件》，各国立法机关遵循国内程序批准这一谈判结果。根据《世界贸易组织协定》，世界贸易组织自1995年1月1日起正式成立。

二、世界贸易组织是对关税与贸易总协定的继承和发展

关税与贸易总协定实际上包括两层意义：一是作为国际文件的关税与贸易总协定，该协定规定了国际贸易的基本规则；二是作为国际组织的关税与贸易总协定，负责管理关税与贸易总协定规则的执行。

世界贸易组织成立后，作为国际组织的关税与贸易总协定随之不再存在，而由世界贸易组织代替。作为协议的关税与贸易总协定依然存在，经修订后变成世界贸易组织规则的一部分。作为规则旧文本的关税与贸易总协定，现在被称为GATT1947，而修订的新文本的关税与贸易总协定被称为GATT1994。修订后的GATT1994作为《世界贸易组织协定》的一部分，和知识产权协定（TRIPs协定）以及《服务贸易总协定》（GATS），共同组成调整世界贸易的规则的主要框架。

货物贸易规则、服务贸易规则和知识产权规则构成一整套贸易规则，由同一个多边贸易组织——世界贸易组织管理，适用同一贸易争端解决机制；同时世界贸易组织还设立贸易政策审查机制，共同保证贸易规则的实施。因此，世界贸易组织不是调整范围的简单扩大，从关税与贸易总协定，发展到世界贸易组织，是一个质的变化。

《世界贸易组织协定》是一完整的制度，和关税与贸易总协定制度的分散性有着根本的不同。后一制度由一系列协议、谅解和法律文件组成，其中最重要的是GATT1947和东京回合协议（东京守则）。每一主要协议都是拥有不同缔约方、独立的管理机构和独立的争端解决机制的规则。GATT1947由缔约方全体管理，而东京回合协议由各协议的委员会管理。根据GATT1947第23条提起的争端，缔约方全体负责解决。而各协议委员会则负责据相关协议管理和监督争端解决。由于GATT1947和东京守则是相互独立的法律实体，申诉方可以据GATT1947申诉，启动关税与贸易总协定第23条的争端解决程序，或者据东京守则的规定，据该守则开始磋商。

《世界贸易组织协定》是由全体成员作为整体承诺接受的单一的条约文件。其第2条第2款明确规定，附件1、附件2和附件3是《世界贸易组织协定》的有机组成部分，对所有成员都有约束力。所有世界贸易组织成员都受《世界贸易组织协定》和3个附件中的权利和义务的约束。

世界贸易组织是一个具有法律人格的国际经济组织，具有每一成员赋予的履行其职责所需要的法定资格，《世界贸易组织协定》是其成立的法律依据。世界贸易组织及其官员和各成员

代表享有履行职责所必需的特权和豁免。而关税与贸易总协定从始至终，都没有正式取得法律人格，而只是从一个多边条约逐渐演变为一个事实上的国际组织，它缺乏履行职能所必需的组织机构和制度。在国际法上，世界贸易组织和关税与贸易总协定的法律地位是不同的。

尽管存在上述不同点，世界贸易组织和关税与贸易总协定之间是继承和发展的关系：关税与贸易总协定是世界贸易组织的前身，世界贸易组织是关税与贸易总协定的延续。关税与贸易总协定的缔约方成为世界贸易组织的创始成员。GATT1994 主要是由 GATT1947 组成的，吸收了世界贸易组织成立前关税与贸易总协定几乎所有的贸易规则（临时适用议定书除外）。

在基本原则方面，关税与贸易总协定中的主要原则，如最惠国待遇原则、国民待遇原则、透明度原则，都被另外两项重要协定即《服务贸易总协定》、《与贸易有关的知识产权协定》吸收，并具体适用于各自的适用范围和调整事项。这是世界贸易组织规则和关税与贸易总协定规则密切联系的重要体现。

在决策方式方面，世界贸易组织继续实行 GATT1947 所遵循的经协商一致作出决定的做法。在作出决定时，出席会议的成员均未正式反对拟议的决定，则有关机构应被视为经协商一致对提交其审议的事项作出了决定。除《世界贸易组织协定》或多边贸易协定项下另有规定外，世界贸易组织应以 GATT1947 缔约方全体和在 GATT1947 范围内设立的机构所遵循的决定、程序和惯例为指导。

在争端解决方面，世界贸易组织成员确认，遵守世界贸易组织成立前根据 GATT1947 第 22 条和第 23 条实施的管理争端的原则。《关于争端解决规则和程序的谅解》与 GATT1947 第 22 条和第 23 条尽管适用范围不同，但实质上是对后者反映的规则和程序的进一步澄清、细化和补充。

第二节　世界贸易组织的职能和机构

一、世界贸易组织的宗旨

世界贸易组织作为世界上唯一的多边性国际贸易管理组织，旨在提高生活水平，保证充分就业，扩大货物与服务的生产与贸易，为持续发展之目的扩大对世界资源的合理利用，保护和维护环境，并以与不同经济发展水平相适应的方式采取相应的措施；强调发展中成员尤其是最不发达成员在国际贸易中获得增长并取得更大的份额，建立完整的、更有活力的和持久的多边贸易体系，保持多边贸易制度的基本原则和加强该体制的目标。

二、世界贸易组织的地位和职能

世界贸易组织具有国际法上的法律人格，享有各成员所赋予的为履行其职责所需的特权或豁免；其官员和各成员代表同样享有各成员所赋予的独立行使世界贸易组织有关职责所必需的特权和豁免。

世界贸易组织主要履行以下四种职能：

第一，促进乌拉圭回合各项法律文件以及今后可能达成的各项新的协议的实施、管理与运作；

第二，为世界贸易组织就协议范围内的问题和世界贸易组织授权范围内的新议题的进一步谈判提供谈判场所；

第三，负责解决其成员间存在的贸易分歧和争端；

第四，负责定期审查其成员的贸易政策。

此外，世界贸易组织还负责对发展中成员提供技术援助和培训，与其他国际组织合作。

三、世界贸易组织的机构

世界贸易组织的最高决策机构是部长会议。部长会议履行世界贸易组织的职能，并为此采取必需的措施。部长会议有权对各多边贸易协议中的任何事项作出决定。部长会议至少每两年召开一次。部长会议由各成员代表组成。

在部长会议休会期间，由总理事会行使部长会议的职能。总理事会还应执行《世界贸易组织协定》指定的各项职能。总理事会作为争端解决机构召开会议，履行《关于争端解决规则与程序的谅解》(DSU) 规定的争端解决机构的职责。总理事会还可召开会议，行使贸易政策机制所规定的贸易政策审议机构的职责。总理事会包括所有成员代表。

在总理事会的指导下，设立货物贸易理事会、服务贸易理事会和与贸易有关的知识产权理事会，分别负责货物多边贸易协议、GATS 以及 TRIPs 协定的运作。各理事会可据需要建立自己的下属机构。各理事会应行使各有关协议及总理事会赋予的职责。各理事会的成员应当从所有成员代表中产生。

世界贸易组织设立秘书处，由总干事领导。部长会议任命总干事，并制定有关规则确定总干事的权力、责任、任职条件及任期。总干事任命秘书处职员，并据部长会议确定的规则确定他们的责任和任职条件。总干事和秘书处的职员具有纯国际性质，在履行职责方面，不应当寻求和接受世界贸易组织之外的任何政府或其他当局的指示，应避免有损其国际官员身份的行为；同时世界贸易组织的成员应当尊重总干事和秘书处职员在其职责方面的国际性质，不应对他们行使职权施加影响。

世界贸易组织的成员包括国家和单独关税区，欧盟及其成员皆是世界贸易组织的成员。中国香港、澳门和台湾地区皆以单独关税区的身份成为世界贸易组织的成员。成员分原始成员和加入成员。在《世界贸易组织协定》生效日，原关税与贸易总协定的缔约方和欧盟，接受《世界贸易组织协定》及多边贸易协议，并在 GATT1994 附有承诺和减让表以及在《服务贸易总协定》中附有具体承诺者，都是世界贸易组织创始成员。不是原关税与贸易总协定缔约方的任何国家，或在对外贸易关系方面和《世界贸易组织协定》及多边贸易协议所规定的事务方面享有充分自治的单独关税区，可以在它和世界贸易组织议定的条件下，加入世界贸易组织。这种加入适用于《世界贸易组织协定》及所附的多边贸易协议，加入应由部长会议作出决定，经 2/3 多数同意。

中国以加入的方式，于 2001 年 12 月 11 日正式成为世界贸易组织的成员。根据《世界贸易组织协定》，任何国家或单独关税区申请加入该组织，都必须按该国与世界贸易组织成员达成的条件进入。中国加入世界贸易组织的条件规定在《中国加入世界贸易组织议定书》及其附件《工作组报告》中。

四、世界贸易组织的决策程序

世界贸易组织继续遵循GATT1947奉行的协商一致的决策惯例。在就有关事项作出决议时，如果在场的成员未正式提出异议，视为一致作出决议。如果不能取得一致，则投票决定。在部长会议和总理事会会议上，世界贸易组织的每一成员都有一票投票权。除非另有规定，部长会议和总理事会的决定以多数票表决通过。但对任何协议条款的解释，需2/3多数通过；一般条款的修改一般需2/3多数通过，但修改《世界贸易组织协定》第9条（决策）、第10条（修正）、GATT1994第1条和第2条（最惠国待遇和减让）、GATS第2条第1款（最惠国待遇）、TRIPs协定第4条（最惠国待遇），需由全体成员接受方始有效；豁免某成员的世界贸易组织义务需3/4多数同意。

尽管存在上述投票表决的规定，但由于关税与贸易总协定从1959年以来在重大问题上再也没有采取过投票表决的做法，协商一致的做法成为普遍接受的做法和惯例。世界贸易组织继续遵循这一惯例。实践中未发生过投票表决的情况。

应该注意的是，争端解决机构在作出决定时，按协商一致的方式进行，但在通过专家组或上诉机构的报告时，却采取自动通过原则，即除非争端解决机构一致不通过相关报告，否则该报告即得以通过。争端解决机构通过的专家组或上诉机构的报告仅对有关争议各方有约束力，不是一般意义上的决定。

第三节　世界贸易组织法律制度的基本原则与特点

一、世界贸易组织法律制度的基本原则

（一）非歧视原则

世界贸易组织的非歧视原则包括两个方面，即最惠国待遇原则和国民待遇原则。前者适用于其他外国成员相互之间就相关事项在内国成员边境或境内的待遇关系，后者适用于外国成员与内国成员就相关事项在内国成员境内的待遇关系。简单来表示，前者是“外—外”关系，后者是“内—外”关系。但给惠国或义务主体都是内国。一国不能对其贸易伙伴实行歧视，所有贸易伙伴都应平等地获得最惠国待遇；同时，一国也不能在其国内的产品、服务或国民同其他成员的产品、服务或国民间进行歧视，其他成员的产品、服务或国民应平等地获得内国国民享有的待遇。

从严格意义上，说非歧视原则包含了外外之间或内外之间的平等待遇，是不准确的。非歧视原则的真正内涵是，某一待遇对象获得不低于其他可比对象的待遇，而“不低于”的含义是优于或等于。因此，授予待遇的成员给予其他成员的待遇优于给予本国国民的待遇，不违反国民待遇义务。

(二) 贸易自由化原则

世界贸易组织以追求贸易更加自由化为目标，禁止非法的贸易限制措施。通过谈判逐渐地降低贸易壁垒。

自从关税与贸易总协定诞生之后，进行了 8 轮贸易谈判。前几轮主要是关税减让的谈判，后来谈判重点转向货物贸易的非关税壁垒以及服务贸易和知识产权的新领域。无论是关税减让还是服务贸易、与贸易有关的知识产权问题，都取得了很大的进展。通过渐进性的自由化措施，逐步地对开放市场作出调整。开放市场会更大地促进自由贸易，产生更大的利益。多哈谈判也旨在促进贸易的更加自由化。

(三) 透明和预期原则

通过各成员作出的约束性承诺，贸易条件得到保障。在世界贸易组织中，存在越来越多的约束性关税税率和开放市场的约束性承诺。承诺不提高贸易壁垒，使贸易者对将来的贸易机会有比较明确的了解，具有稳定性和预期性。多边贸易制度的建立，创造了更稳定、更能预期的商业环境。

一成员作出约束性承诺并不表示该成员不能改变这一承诺，但其更改必须与其他贸易伙伴磋商，必须对其他贸易伙伴因其改变而遭受的损失作出补偿。这就保证了贸易的安全性。

预期性原则也可以通过其他方面实施。一方面，阻止使用配额和其他数量限制措施，该类措施容易导致官僚主义和不公正；另一方面，通过透明措施，向世界贸易组织通知，使一成员的政策和规则明确、公开。另外，世界贸易组织的贸易政策审查机制也提供了鼓励更加透明的方法。

(四) 公平竞争原则

世界贸易组织允许采取关税和一定条件下的其他形式的保护措施的同时，世界贸易组织提供旨在开放、公平和非扭曲贸易的一整套竞争规则。

非歧视原则旨在保障公平的贸易条件，反倾销与反补贴的有关规则亦是如此。由于涉及的问题比较复杂，这些规则试图明确公平与不公平的情况，以及政府如何采取有关措施，特别是鼓励采取附加进口税的方法补偿不公平贸易造成的损失。世界贸易组织的其他协议也旨在支持公平竞争。作为诸边协议之一的政府采购规则，将竞争规则引入了政府实体的采购。

(五) 对发展中成员优惠原则

世界贸易组织 2/3 的成员是发展中成员和经济过渡型成员。世界贸易组织承认发展中成员需要时间对国内经济作出进一步的调整，在实施有关协议方面需要更大的灵活性，因而世界贸易组织有关协议对发展中成员给予一定的过渡期，同时在服务贸易和知识产权的保护方面，对其国情给予适当的考虑。

(六) 遵循多边体制

世界贸易制度的多边化成为其一大特点和重要原则。世界贸易组织的有关协议对此都作了规定。《世界贸易组织协定》规定，以乌拉圭回合协定和以往的自由化成果及市场经济导向政策和各参加方的承诺为基础的世界贸易体制，决心建立一个完整的、更有活力的和持久的多边

贸易体系，决心保持该多边贸易体制的基本原则和加强该体制的目标，世界贸易组织应为各成员处理与该协定各附件有关的多边贸易关系提供谈判场所，为进一步谈判提供场所，并为执行该谈判的结果提供框架。DSU 第 23 条名称为“加强多边体制”，其中第 1 款规定，当违背有关协议的义务或有关协议的利益损害或丧失，以及妨碍有关协议目标的实现，各成员寻求解决方法时，应遵守该谅解的规则和程序。GATS 规定，建立一个服务贸易原则和规则的多边框架，在透明和逐步自由化的条件下扩大服务贸易，以此作为促进所有贸易伙伴的经济增长和发展中成员发展的手段。根据 TRIPs 协定，制定有效、迅速的程序，在多边一级防止和解决政府间争端方面制定新的规则和纪律，需要一个包含原则、规则和纪律的多边框架以处理国际冒牌货贸易问题，强调通过多边程序达成强有力的承诺以解决与贸易有关的知识产权争端从而减少摩擦的重要性。

二、世界贸易组织法律制度的特点

世界贸易组织的法律制度主要具有以下特点。

（一）制度的永久性

世界贸易组织多边法律制度的基础是《世界贸易组织协定》，这是一个永久性的协定；而适用 1947 年关税与贸易总协定的依据则是 1947 年签署的《关税与贸易总协定临时适用议定书》（PPA），该议定书已被 1994 年关税与贸易总协定废除。

（二）规则的普遍性

世界贸易组织在实质意义上不允许成员对世界贸易组织规则作出保留或偏离世界贸易组织规则，它要求各成员的国内立法与世界贸易组织规则保持一致，国内法的规定不应成为不履行有关世界贸易组织义务的理由；而在以前的关税与贸易总协定制度下，《关税与贸易总协定临时适用议定书》则明确允许在不违反现有国内立法的范围内最大限度地适用关税与贸易总协定的第二部分（被称为祖父条款或祖父权利），国内法的规定可以成为不履行有关义务的借口。

（三）规则的统一性

综观世界贸易组织多边法律制度，尽管协议繁多、复杂，却是一个完整的统一制度，作为一揽子规则对所有的成员都有约束力，成员不得有选择性地参加协议（极少数成员参加的附件 4 中的诸边协议除外），各成员承担的义务是相同的；而在以前的关税与贸易总协定框架下，各协议间是相互独立、分散的，不同的协议有不同的参加方，不同成员受不同协议的约束。

（四）调整范围的广泛性

世界贸易组织既调整货物贸易，又调整服务贸易，还调整与贸易有关的知识产权；它所调整的货物贸易还包括纺织品贸易和农产品贸易。而关税与贸易总协定只调整货物贸易，但不包括纺织品贸易，对农产品贸易的调整也缺乏强有力的约束。

（五）争端解决制度的统一性

世界贸易组织的争端解决制度是统一的，各成员间根据不同协议产生的争端都适用同一争

端解决制度；而在关税与贸易总协定框架下，不同的协议有不同的争端解决制度，表现出分散性。两个制度下，申请设立专家组、通过和实施争端解决报告的程序，都不相同。

(六) 对关税与贸易总协定的继承性

GTATT1947 经过修改，成为 GTATT1994 的一部分，也成为世界贸易组织规则的一部分。在关税与贸易总协定框架下行之有效的原则，被扩大适用到新制定的协定中，例如 GATS 以及 TRIPs 协定。

世界贸易组织遵循了关税与贸易总协定框架下形成的协商一致的决策方法，并且，在关税与贸易总协定框架下作出的决定、程序和惯例，对世界贸易组织也有指导性作用。在争端解决制度方面，世界贸易组织信守关税与贸易总协定的争端解决适用的原则。可以说，世界贸易组织吸收了关税与贸易总协定的经验和精华。

第四节　世界贸易组织规则体系

一、世界贸易组织规则体系的构成

世界贸易组织协议是多边贸易制度的核心，这些协议是由主要贸易成员签署并由议会批准的，是国际贸易的法律规则。从某种意义上讲，这些协议是有关政府间签订的国际合同，约束有关政府将其贸易政策、贸易措施限制在达成的条件之内。

世界贸易组织管理的世界贸易组织相关协议构成了一个比较复杂的庞大体系。根据乌拉圭回合谈判达成的最后文件，《世界贸易组织协定》是世界贸易组织的主要协定，其他协议都是该协定的附件。

《世界贸易组织协定》本身并没有规定各成员的具体权利、义务，这样的权利、义务是通过其附件来规定的。《世界贸易组织协定》是一个组织性或机构性协定，它建立了世界贸易组织，并规定了与组织机构相关的问题。

《世界贸易组织协定》有 4 个附件，其中附件 1、附件 2 和附件 3 是适用于全体成员的法律规则，附件 4 为诸边贸易协议，仅对接受的成员有效。附件 2 是争端解决规则与程序的谅解，附件 3 为贸易政策审议机制。附件 4 原包括《民用航空器贸易协议》、《政府采购协议》、《国际奶制品协议》和《国际牛肉协议》4 项协议，但后两项协议已经终止。1996 年在新加坡会议上签订的《信息技术产品协议》，性质上属于诸边协议的范围。

附件 1 包括 3 个附件，即附件 1A 多边货物贸易协议、附件 1B 服务贸易总协定及附件、附件 1C 与贸易有关的知识产权协定。这三个附件之间是并存的统一适用关系，不存在优先适用或替代适用的问题。

货物贸易多边协议，包括 GATT1994、《农业协议》、《卫生与植物卫生措施协议》(以下简称《卫生措施协议》)、《纺织品与服装协议》(于 2004 年 12 月 31 日终止)、《技术性贸易壁垒协议》、《与贸易有关的投资措施协议》(TRIMs 协议)、关于履行 GATT1994 第 6 条的协议(《反倾销协议》)、关于履行 GATT1994 第 7 条的协议 (《海关估价协议》)、《装运前检验协

议》、《原产地规则协议》、《进口许可程序协议》、《补贴与反补贴措施协议》、《保障措施协议》。

GATT1994 的结构比较复杂。根据“关于 GATT1994 包括内容的规定”，它由四部分组成：第一部分，1947 年 10 月 30 日的关税与贸易总协定（不包括临时适用议定书）及根据《世界贸易组织协定》生效之前实施的法律文件核准、修正和修订的文本，即 GATT1947；第二部分，在世界贸易组织协定生效之前，根据 GATT1947 生效的有关文件；第三部分，乌拉圭回合谈判中达成的一系列谅解；第四部分，GATT1994 马拉喀什议定书。

上述第二部分包括下列法律文件：（1）有关关税减让的议定书和核准书；（2）加入议定书（但不包括临时适用或撤销临时适用的有关规定，不包括议定书包含的与加入日存在的立法不违背的情况下最大限度适用 GATT1947 第二部分的规定）；（3）根据 GATT1947 第 25 条授予的、在《世界贸易组织协定》生效之日仍然有效的豁免决定；（4）GATT1947 缔约方全体作出的其他决定。

根据上述（1）的规定，一个国家在不同时期的关税减让表依然是有效的法律文件。新的、关税更低的减让表并不使原减让失效。另外，上述（4）范围内的决定，为涉及一般权利、义务的决定，包括诸如缔约方全体于 1971 年通过的“授权决定”，但不包括关税与贸易总协定框架下缔约方全体通过的针对特定成员的争端解决报告。

上述第三部分所包含的各项谅解为乌拉圭回合谈判时新达成的对原规则的进一步澄清或修订，包括：关于解释 GATT1994 第 2 条第 1 款（b）项的谅解（其他税费）；关于解释 GATT1994 第 17 条的谅解（国营贸易企业）；关于解释 GATT1994 国际收支条款的谅解；关于解释 GATT1994 第 24 条的谅解（关税同盟与自由贸易区）；关于豁免 GATT1994 义务的谅解；关于解释 GATT1994 第 28 条的谅解（减让表的修改）。

GATT1994 从严格的意义上讲比较复杂，但在实际引用时并不存在很大的问题。就世界贸易组织来说，GATT 已不存在。由于其他部分都有专门的名称，因而一提 GATT1994，一般指 GATT1947。但“关于 GATT1994 包括内容的规定”本身不属于上述所说的四个组成部分，在引用这一部分时，在具体条款号上应有所区别，例如“GATT1994 第 1 条（b）（i）”，而 GATT1994 的引用方式如下：“GATT1994 第 1 条第 1 款（a）项”。

对于 GATT1994 与 GATT1947 的关系，《世界贸易组织协定》第 2 条第 4 款明确规定，“GATT1994 和 GATT1947 在法律上是不同的”。前者除了包括后者外（临时适用议定书除外），还有另外三个组成部分。《世界贸易组织协定》是构成关税与贸易总协定制度的 GATT1947、其他协议和谅解的继承性条约，是其成员完全接受的条约。但《世界贸易组织协定》第 16 条第 1 款规定，除该协定或多边贸易协议另有规定外，世界贸易组织应当接受 GATT1947 缔约方全体以及该协议框架内各机构所遵循的决定、程序和惯例的指导。GATT1947 通过《世界贸易组织协定》附件 1A 包括在《世界贸易组织协定》中。

虽然 GATT1947 被并入并成为 GATT1994 的一部分，但其规定不是世界贸易组织成员就与货物贸易相关的某个问题的全部权利和义务。除 GATT1994 外，构成货物贸易规则的还有其他 12 个货物贸易协议（从 2005 年 1 月 1 日起有 11 个货物贸易协议）。以补贴为例，《农业协议》和《补贴和反补贴措施协议》反映了成员有关农产品补贴的权利和义务的最新说明。《补贴和反补贴措施协议》包括了适用和解释 GATT1994 所没有的权利和义务。《附件 1A 的总体解释性说明》表明，附件 1A 中的其他货物协议在很多方面是对 GATT1994 的重要阐释，并在

与 GATT1994 相冲突的范围内优先。但这不表明附件 1A 中的其他货物协议取代 GATT1994，相反，应该统一适用。

二、认识世界贸易组织规则体系的意义

以《世界贸易组织协定》为核心的世界贸易组织规则，构成了一个内容极为庞杂的制度，同时各规则之间又具有一定的联系，形成了一个统一的结构。这一体系结构，对于我们认识世界贸易组织规则所包括的权利和义务，弄清规则之间的关系，很有帮助。

《世界贸易组织协定》像一把巨伞，将其他协议覆盖于其中。整个世界贸易组织规则形成了一个伞形结构，或者由几大支柱（几大附件协议）支撑穹顶的建筑。这一结构具有相对的稳定性、适应性和包容性。在无须对这一结构进行重大变动的情况下，这一结构也可以容纳有关新议题的新协议。

世界贸易组织规则体系

<table>
<tr><td colspan="6">《世界贸易组织协定》</td></tr>
<tr><td colspan="5">多边贸易协定
（强制适用）</td><td>诸边贸易协议
（选择适用）</td></tr>
<tr><td colspan="3">附件 1</td><td rowspan="2">附件 2</td><td rowspan="2">附件 3</td><td rowspan="2">附件 4</td></tr>
<tr><td>附件 1A</td><td>附件 1B</td><td>附件 1C</td></tr>
<tr><td>货物贸易多边协议（附件 1A 的总体解释性说明）</td><td rowspan="14">《服务贸易总协定》</td><td rowspan="14">知识产权协定</td><td rowspan="14">《关于争端解决规则与程序的谅解》</td><td rowspan="14">贸易政策审查机制</td><td>《民用航空器贸易协议》</td></tr>
<tr><td>GATT1994（GATT1994包括内容的规定）
GATT1947
以前议定书等
1994 年谅解
1994 年议定书</td><td>《政府采购协议》

《信息技术产品协议》（1996 年新订）

《国际奶制品协议》（已终止）</td></tr>
<tr><td>《农业协议》</td><td rowspan="3">《国际牛肉协议》（已终止）</td></tr>
<tr><td>《卫生措施协议》</td></tr>
<tr><td>《技术性贸易壁垒协议》</td></tr>
<tr><td>《与贸易有关的投资措施协议》</td><td rowspan="9"></td></tr>
<tr><td>《反倾销协议》</td></tr>
<tr><td>《海关估价协议》</td></tr>
<tr><td>《装运前检验协议》</td></tr>
<tr><td>《原产地规则协议》</td></tr>
<tr><td>《进口许可程序协议》</td></tr>
<tr><td>《补贴与反补贴措施协议》</td></tr>
<tr><td>《保障措施协议》</td></tr>
<tr><td>《纺织品与服装协议》（已终止）</td></tr>
</table>

相关规则构成了相对独立的规则群，使其在内外规则的关系上具有不同的特点。例如，附

件1、附件2和附件3构成了强制性适用的贸易规则，而附件4只是供成员选择的规则，只对选择适用的成员有约束力。附件1A、附件1B和附件1C是主要贸易规则的组成部分，各附件之间是并存关系，无优先或替代适用的问题。在附件1A中，在冲突的范围内，其他12个货物贸易协议优先于GATT1994适用。就GATT1994来说，尽管四个组成部分的具体制定时间不同，但就整个协议来说，它们都是乌拉圭回合谈判修改的结果，在法律意义上构成了同一时间达成的同一协议的不同组成部分，因而在适用时应遵循统一适用的原则，无替代或优先适用的问题。

某一措施是否受某一协议调整，影响着相关成员的权利、义务，影响着争端解决中成员的举证和抗辩问题。以GATT1994和《卫生措施协议》为例。GATT1994第20条提供的一般例外，其规定相对比较简单，《卫生措施协议》则规定了卫生措施合理、合法性的一系列条件。很显然，两个协定的适用是不同的。

第五节　世界贸易组织规则的解释

一、解释的种类和权限

世界贸易组织规则繁杂、晦涩。同时作为国际条约，各成员对其内容的理解存在分歧，是不可避免的。因此，对世界贸易组织规则的含义予以澄清、解释是必要的。根据解释机构和解释的作用不同，世界贸易组织规则的解释可以分为两类：一类是部长会议解释，另一类是争端解决机构解释。二者的区别在于：部长会议对世界贸易组织规则所作的解释，对所有的成员都具有约束力；争端解决机构在解决成员间的争端过程中对规则所作的解释，只对有关争议的当事人成员有约束力，但对未来的争端解决案件的处理有指导性作用。

部长会议和总理事会拥有对《世界贸易组织协定》和多边贸易协议进行解释的专有权，这种解释直接改变成员的权利、义务，但须成员的3/4多数通过才能生效。争端解决机构（通过专家组特别是上诉机构）在争端解决过程中，依照国际公法的习惯解释原则澄清这些协议的现有规定，这样的澄清或解释不得增加或减少成员的权利、义务。

尽管部长会议解释的效力高于争端解决机构解释的效力，但部长会议解释的机会和可能性是非常小的。实践中常见的是反映在争端解决机构通过的争端解决报告中的解释，即所谓的争端解决机构解释。在具体争端中，这一解释直接关系到争端方的权利、义务，关系到申诉方的申诉或被诉方的抗辩的成功与否。下文中所说的解释，主要指争端解决机构的解释。

二、争端解决机构解释所遵循的一般原则

世界贸易组织规则本身对其规则间的相互关系作了原则性规定。(1)《世界贸易组织协定》本身规定，在其与任何多边贸易协议（包括诸边贸易协议）条款冲突时，以《世界贸易组织协定》为准。(2) 货物贸易规则、服务贸易规则、与贸易有关的知识产权规则，是相互独立的、并行的，三类规则可能对同一事项都有规定，也就是说，某一事项可能同时受该三类规则的调

整。某一项贸易措施受其中一个协议的调整，并不表明因此而不受其他协议的支配。(3) 就货物贸易规则而言，12 个货物贸易协议优先于 GATT1994。

《关于争端解决规则与程序谅解》要求根据国际公法上的习惯解释原则进行解释。在美国汽油标准案中，上诉机构指出，《维也纳条约法公约》第 31 条、第 32 条所规定的原则，就是国际公法上的习惯解释原则。《维也纳条约法公约》第 31 条要求：条约应依其用语，按其上下文并参照条约之目的及宗旨所具有的通常意义，善意解释。为了证实根据该第 31 条解释规则所得出的意义，或者根据该第 31 条进行的解释得出的意义不明或难解时，或者导致明显荒谬或不合理的结果时，《维也纳条约法公约》第 32 条规定，为了确定该用语的含义，可以使用补充性解释资料，包括条约的准备资料及其缔约的情况。但世界贸易组织成立以来的争端解决实践表明，专家组特别是上诉机构，不采取许多国家采取的目的性解释方法，其解释主要依靠实际用语和上下文。实际用语、上下文和条约的目标及宗旨诸因素的相互关系及先后次序是：先条文、上下文，后目标宗旨；每种方法解释出来的结果，相互确认而非相互替代。

在争端解决的实践中，在涉及不同协议、不同规定的相互关系时，争端解决机构总是遵循协调一致的解释方法，认为每一协议/每一规定，都是《世界贸易组织协定》这一条约的不可分割的组成部分，应共同适用、累积适用。比如说，一项贸易措施可能既受货物贸易规则的调整，同时又受服务贸易规则的调整。不能因为受到货物贸易规则的调整，而排除服务贸易规则的适用。

在解释时，争端解决机构遵循着国际法中的避免冲突的假定。根据该假定，除非不能同时履行两项义务，否则不能认定不同规定间存在冲突。而《世界贸易组织协定》及其附件是由相同的谈判方在同一谈判中达成的一揽子协议，应推定不存在相互冲突，除非成员不能同时履行相互矛盾的要求。

GATT1947 框架下争端解决机制的做法，对世界贸易组织起着指导作用。这主要是指争端解决机构所通过的案件报告的指导作用。在世界贸易组织争端解决制度中，不存在英美法系中的先例约束制度，但承认以前案件的指导作用。

问题与思考

1. 简述关税与贸易总协定同世界贸易组织的区别与联系。
2. 如何理解世界贸易组织的基本原则?
3. 世界贸易组织制度有什么特点?

第十二章 国际贸易待遇

本章概要

国际贸易待遇是国家或地区之间进行贸易所要解决的根本问题。贸易待遇可以规定在国家或政府间的双边贸易协议中，也可以规定于多边贸易协定中。贸易待遇是协定待遇。取得什么样的贸易待遇直接影响到一国的贸易。最惠国待遇是一种正常的贸易待遇或正常的贸易关系。普遍优惠待遇、关税同盟和自由贸易区是最惠国待遇的例外。国民待遇在货物贸易方面指外国产品进入进口国之后在进口国境内享有的与内国同类产品一样的待遇。贸易待遇适用于国际货物贸易、服务贸易以及与贸易有关的知识产权，在不同领域其具体适用条件存在一定的差异。

关键术语

最惠国待遇　同属性　关税同盟　自由贸易区　国民待遇　同类产品　直接竞争或可替代产品　普遍优惠待遇　授权条款　竞争需要限制

第一节　最惠国待遇

一、最惠国待遇的概念

规定在GATT1947中的最惠国待遇，构成了多边贸易制度的基石。乌拉圭回合谈判中达成的GATS和TRIPs协定吸收了关税与贸易总协定中的最惠国待遇原则。有鉴于此，本章主要阐述关税与贸易总协定中的最惠国待遇原则。

关税与贸易总协定第1条第1款即对最惠国待遇作了规定：在对进口或出口、有关进口或出口及进出口货物的国际支付转账所征收的关税和费用方面，在征收上述关税和费用的方法方面，在进口和出口的规章手续方面，以及在该协定第3条第2款（国内税或其他国内费用的征收）及第4款（国内销售、推销、购买、运输、分销或使用的法律、规章和规定）所述事项方面，一缔约方对原产自或运往其他国家的产品所给予的利益、优待、特权或豁免（优惠），应当立即无条件地给予原产自或运往所有其他缔约方境内的同类产品。简言之，一缔约方对产自或运往任何其他国家或地区的产品所给予的优惠，应当立即无条件地给予产自或运往所有其他缔约方的同类产品。

关税与贸易总协定的最惠国待遇被称为普遍的无条件的最惠国待遇。这表明该待遇的一般性与普遍性。最惠国待遇从给惠国讲就是最惠国义务。关税与贸易总协定关于最惠国待遇的规定不仅是第1条第1款，其第1条第1款为根本性规定，第3条第7款、第4条（b）款、第5条第2款、第9条第1款、第13条第1款也是GATT1994中规定的最惠国义务，是特定方面的具体规定。

最惠国条款的作用是通过最惠国条款把不同时间、不同国家间的贸易协定、贸易待遇联系起来。开始时适用于特定国家的减让逐渐普遍适用于所有国家。就受惠国来讲，其作用是在保证自己享有优惠的待遇的同时，保证自己享有不差于其他国家享有的待遇。由于最惠国待遇适用的普遍性，该待遇成为一种实质上的平等待遇。最惠国待遇不是对一些国家赋予的特别优惠待遇，实际上是国际贸易中正常的一般待遇，或在关税方面体现为一般关税水平。相反，没有获得最惠国待遇不是没有获得特殊优惠待遇，而是得到事实上最不优惠国待遇，即歧视性待遇。对某一特定国家来说，它保证其他国家享有该国的待遇都是一样的。但这不表示一国享有高于其他国家的优惠的待遇。

在性质上，最惠国待遇仅仅是一种协定待遇，不是一般的或习惯的国际法的待遇。正因为如此，有些国家不能取得最惠国待遇。1978年联合国国际法委员会完成了30条的最惠国条款的草案，向联合国大会推荐，建议成员国应就这些条款订立公约。这些条款明确规定了最惠国待遇的基础是协定。该草案将最惠国条款分为三种，分别称之为不以补偿为条件的最惠国条款、以补偿为条件的最惠国条款、以互惠待遇为条件的最惠国条款。

二、最惠国待遇的特点

（一）最惠国待遇的多边性或普遍性

关税与贸易总协定的最惠国待遇是一种多边的普遍的最惠国待遇。任何成员给予任何第三方（无论是不是世界贸易组织的成员）的最惠国待遇，其他成员都有权享有。它真正体现了利益共享原则。没有参加有关成员之间的关税减让或非关税壁垒的谈判、没有作出减让或者减让很小的成员，也有权享有其他成员谈判的结果。此即所谓的双边谈判、多边受益。这种利益共享为搭便车创造了条件。

双边的最惠国待遇尽管也能使一方享有另一方给予第三方的优惠，但前提是双方必须分别与不同的国家签有许多最惠国条款（协定）。另外，双边最惠国待遇可以根据不同的情况给予最惠国待遇。双边最惠国条款的一方如果同时是多边最惠国条款的一方，该方一般不将多边最惠国待遇给予双边条款中的另一方。

（二）最惠国待遇的无条件性

最惠国待遇的无条件性，是指给予最惠国待遇不得直接或间接以与产品产地相关的要求为条件，不得以产品产地不同为由给予歧视性待遇。例如，以出口国是否存在与进口国类似的家庭补助计划作为是否给予出口国产品优惠关税待遇的条件，即违反了无条件最惠国待遇的要求。

最惠国待遇的无条件性，并不意味着不可以对产品本身规定与产地无关的条件。例如，进口国可以规定进口产品必须达到某种质量标准，该到该标准的即允许进口，达不到的则禁止其进口。甲国产品没有达到进口标准，乙国产品达到标准被允许进口，甲国不能指控进口国因为不允许其产品进口而违反了最惠国待遇义务。

按照传统理解，有条件和无条件最惠国待遇的区别，在于受惠方是否需要为该优惠提供补偿。按照有条件的最惠国待遇，缔约方之间尽管签订有最惠国条款，但其中一方给予第三方的更优惠的待遇，另一方不能自然取得，而必须根据第三方取得该优惠待遇的情况来确定。如果第三方是以付出某种代价换取的，另一方也应该付出同等的代价才能享有该优惠；如果第三方是无偿取得的，则另一方可直接根据最惠国条款无偿享有该待遇。缔约另一方按照最惠国条款获得的不是直接享有最惠的权利，而是享有最惠的机会或资格。具备了这种机会或资格，才可以进一步落实享有第三方享有的待遇。根据无条件的最惠国待遇，无论缔约方给予第三方何种优惠，其他缔约方都有权直接享有而不需进一步的谈判或减让。与有条件的最惠国待遇相比，无条件的最惠国待遇是一劳永逸的。

（三）最惠国待遇的相互性

相互给予最惠国待遇是关税与贸易总协定最惠国待遇的第三个特征。缔约方彼此都是给惠者和受惠者，同时兼有两种身份。历史上，许多最惠国待遇的规定往往是单方面的，只有一方享有最惠国待遇，而另一方并不享有。例如中国清朝政府与西方列强之间签订的只有西方列强享有最惠国待遇的不平等条约。

如果缔约方实力相差悬殊，则相互给予最惠国待遇仅仅是形式上而非实质上的平等待遇。即使发展水平相若的国家间的相互最惠国待遇也易流于形式上的平等，由此运行的结果可能是不平等的。美国为了解决这种运行结果上的不平等，在其国内法中规定了互惠的最惠国待遇。相互给予最惠国待遇与互惠的最惠国待遇，二者不是同一概念。如果不是相互给予最惠国待遇，而只是单方面的给予，连形式上的平等都谈不到。互惠的最惠国待遇，既求形式上的平等，也求运作结果上的平等。

三、最惠国待遇的适用条件和范围

（一）最惠国待遇的适用条件

违反关税与贸易总协定第 1 条的最惠国待遇义务，须证明三个条件：第一，存在利益；第二，该利益没有给予其他成员的同类产品；第三，有无条件。

（二）最惠国待遇的适用范围

最惠国待遇的适用范围，指对哪些事项享有最惠国待遇。最惠国待遇既适用于进口，也适用于出口，还包括了国内的待遇。关税与贸易总协定第 1 条第 1 款规定了四方面的最惠国待遇：（1）与进出口相关的关税和费用；（2）关税和费用的征收方法；（3）进口和出口的规章手续；（4）国内税费以及有关产品的国内销售、推销、购买、运输、分销或使用的法律规章。依据最惠国条款，受惠国只能在该范围内享有该待遇，超出了这一范围，无论给惠国给予第三国什么好处，受惠国都无权要求享有。但该范围内的具体优惠的享有以同属为基础。在联合国国际法委员会拟定的最惠国待遇条文草案中，使用了最惠国待遇的范围和依据最惠国条款享有的权利的范围两个不同的概念。最惠国待遇的范围“决定于给惠国给予第三国的人或事的待遇”；而权利的范围仅是“该条款的主题范围内的权利”。受惠国唯有在给惠国给予最惠国待遇的该条款主题范围内，才取得最惠国待遇的权利。

最惠国待遇义务存在例外情形。关税同盟和自由贸易区、特殊差别待遇、边境贸易、一般例外，是最惠国待遇义务的重要例外。此外，关税与贸易总协定第 21 条允许因国家安全理由偏离最惠国待遇，第 25 条规定可对最惠国义务给予豁免。

第二节 国民待遇

一、世界贸易组织对国民待遇的规定

国民待遇原则是世界贸易组织的重要原则，既是对最惠国待遇的补充，又独立于最惠国待遇，二者共同构成了不歧视待遇。世界贸易组织的三个主要协定中都确立了国民待遇原则，这就是 GATT1994 第 3 条、GATS 第 17 条以及 TRIPs 协定第 3 条。泛泛地说，根据国民待遇原则，对于产品，一成员给予其他成员产品的待遇不低于其给予国内同类产品的待遇；对于服务/服务商，一成员给予外国服务/服务商的待遇不低于其给予本国的同类服务/服务商的待遇；对于知识产权，一国给予其他成员国民的待遇，不低于其给予本国国民的待遇。

国民待遇原则在上述三个协议中的具体适用有所不同。在关税与贸易总协定中，国民待遇是成员的普遍义务。在《服务贸易总协定》中，国民待遇属于各成员的具体承诺的范围，即一成员只有作出具体承诺，承诺给予外国服务或服务提供者国民待遇后，才存在国民待遇义务；对于未作出承诺的服务部门，则不存在国民待遇义务；即使在已经作出承诺的部门，《服务贸易总协定》也允许对国民待遇采取某些限制。在 TRIPs 协定中，国民待遇的规定又有不同，其国民待遇义务存在某些限制。该协定规定：在知识产权保护方面，在遵守《巴黎公约》、《伯尔尼公约》、《罗马公约》或《集成电路知识产权条约》各自规定的例外的前提下，每个成员给其他成员国民的待遇不应低于它给本国国民的待遇。对表演者、录音制品制作者和广播组织而言，该项义务仅适用于该协定规定的权利。各成员可利用上述规定所允许的司法和行政程序方面的例外，但这些例外应为确保遵守不与该协定的规定抵触的法律和规章所需，且实施这种做法不对贸易构成变相限制。

关税与贸易总协定中的国民待遇义务是一般义务，内容复杂，由此产生的纠纷比较多，下面的内容主要是对于关税与贸易总协定中国民待遇的介绍。

二、关税与贸易总协定对国民待遇的规定

（一）概述

关税与贸易总协定关于国民待遇的规定主要体现在关税与贸易总协定第 3 条及关税与贸易总协定附件第 3 条的注释之中。关税与贸易总协定第 3 条的国民待遇的根本目标是避免使用国内税和国内管理措施中的保护主义。更具体地说，是确保国内措施不以对国内生产提供保护的

方式适用于进口或国内产品。为此目的，关税与贸易总协定第 3 条要求世界贸易组织成员对与国内产品有关系的进口产品提供平等的竞争条件。进口产品一旦入关，即应按对待国内同类产品的方式对待进口产品，否则会给予国内产品间接的保护。是否违反国民待遇不根据贸易效果来确定，进口量反映出来的进口产品和国内产品间的税收差别的"贸易效果"不明显或根本不存在，对是否违反国民待遇不产生影响。该第 3 条不保护对特定贸易数量的期望，而是保护进口产品和国内产品间的平等竞争关系。世界贸易组织成员可以通过其国内税收和管理规章自由追求其国内目标，只要不违反该第 3 条或据关税与贸易总协定作出的承诺。在没有进口的情况下，也可能存在违反国民待遇义务的情况。虽然表面上不存在进口产品与国内同类产品的比较，但没有进口可能正是违反国民待遇义务、对其他国家的产品歧视的结果。

关税与贸易总协定第 3 条共有 10 款，重要的条款是该条第 1 款、第 2 款和第 4 款。该条第 1 款规定了国民待遇义务的目的，即国内税和管理不应用于对国内生产提供保护。第 2 款要求国内税费方面的国民待遇。第 4 款规定影响货物的销售、使用等法律、规章和规则方面的国民待遇。

在适用国民待遇时要处理好促进国内经济发展的措施与对国内产业提供保护的关系。关税与贸易总协定第 3 条第 8 款规定，该条的国民待遇义务不适用于政府采购和对国内生产商的支付补贴。

（二）国民待遇的适用

1. 国内税费

《关税与贸易总协定》第 3 条第 2 款规定了国内税费方面的国民待遇义务。可分为同类产品和直接竞争或替代产品两种情况。

进口成员对进入到其境内的产品，不得对其直接或间接征收超过对国内同类产品直接或间接征收的任何各类的国内税或其他国内费用。简言之，对进口产品征收的税费不得超过对国内同类产品征收的税费。确定进口国是否违反这一义务，只需确定进口产品与国内产品是否是同类产品，进口产品承担的税费是否高于国内产品承担的税费。如果对这两个问题的回答都是肯定的，则进口国违反了国民待遇义务。至于进口产品税费超过国内同类产品税费的数额有多大，该数额是否真正对进口产品造成了不利影响或损害，对确定进口国是否违反义务没有影响。

如果进口产品与国内产品不是同类产品，而是直接竞争或替代产品，则对进口国是否违反国民待遇义务的确定，需要考察三个方面：第一，进口产品和国内产品是否是直接竞争或替代产品；第二，进口产品承担的税费是否超过国内产品承担的税费，即没有同等征收税费；第三，没有同等征收税费是否是为了保护国内生产。如果对上述问题都得出了肯定的答案，则进口国违反了国民待遇义务。进口产品承担的国内税费超过国内产品承担的国内税费本身，并不必然导致违反国民待遇义务，还需要继续审查第三个问题。对于第三个问题，可以从有关措施的设计、结构和形式方面进行审查。如果进口产品承担的税费高出国内产品承担的税费许多，通常认为进口国是为了保护国内产业。

同类产品、直接竞争或替代产品的确定，是国内税费方面的国民待遇义务中的重要问题。从关税与贸易总协定迄今，从来没有形成关税与贸易总协定第 3 条第 2 款中"同类产品"一词的一般定义。通常都是根据个案考虑一系列相关因素作出认定。这些相关因素包括：产品是否相似（similar）；既定市场中的产品的最终用途；消费者的口味和习惯；产品特征（property）、性质（nature）和质量；关税分类。第 2 款第二句中“直接竞争或替代产品”的适当范围的确定也需根据个案进行。不属于同类产品的产品可能落入直接竞争或替代产品范围，后者的范围比前者小。在确定是否为直接竞争或替代产品时，不仅要考虑上述因素，还可以考虑市场位置（market place）、营销手段、直接或潜在的竞争状况等。这些并非穷尽所有相关因素，需要根据每个案件的具体情形来考察。

2. 国内规章

与第 3 条第 2 款从国内税费角度考虑国民待遇义务不同，第 4 款从国内管理规章方面考虑，在影响产品国内销售、推销、购买、运输、分销或使用的国内规章方面，进口产品享有的待遇应不低于国内同类产品享有的待遇。“待遇”这一概念的含义非常广，远远超出了税费差别这一情况。“不低于国内同类产品享有的待遇”既包括了量的要求，也包括质的要求。此处“同类产品”的范围大于第 3 条第 2 款中的同类产品，小于“直接竞争或替代产品”。

国内规章不仅包括直接限制，还包括间接限制。法律、规章和要求既包括实体法，又包括程序法；既可以是强制性的，也可以是非强制性的。企业为从政府得到某一利益而自愿接受的要求也属于法律、规章和要求的范围。

3. 国民待遇与国内含量

关税与贸易总协定第 3 条第 5 款对产品的国内含量作出了规定：成员不得建立或维持某种要求产品的混合、加工或使用须符合特定数量或比例的国内数量限制规章，不得直接或间接要求某一特定数量或比例的条例对象产品必须由国内来源供应。成员不应采用其他与该条第 1 款规定的原则有抵触的办法来实施国内数量限制。第 7 款规定：任何关于产品的混合、加工或使用须符合特定数量或比例要求的国内数量限制条例，在实施时不得把这种数量或比例在不同的国外供应来源之间进行分配。国内含量（domestic content）要求在境内销售的产品应包含一定比例的国内含量（在该国内生产的价值或来自该国内的原料）。

乌拉圭回合达成的《与贸易有关的投资措施协议》含有类似的独立的规定。在不损害 GATT1994 项下其他权利和义务的前提下，任何成员不得实施任何和关税与贸易总协定第 3 条或第 11 条（数量限制）的规定不相符的与货物贸易有关的投资措施。在该协议的解释清单中，和关税与贸易总协定第 3 条的国民待遇不相符的与贸易有关的投资措施，包括那些根据国内法或行政裁决强制性的或必须执行的措施，或为获取某种好处所必需的措施。这些措施要求：（1）企业购买或使用当地生产的或来自当地的产品，不论这种要求是以规定特定的产品、产品数量或价值的形式提出的，还是以规定该企业在当地生产的一定比例的产品数量或价值的形式提出的；或（2）限制企业购买或使用进口产品的数量，并把这一数量与该企业出口当地产品的数量或价值相联系。不过该投资措施协议认为上述措施是和关税与贸易总协定第 3 条第 4 款不符，而不是与第 5 款或第 7 款不符。

第三节　关税同盟与自由贸易区

一、概述

GATT1994 第 24 条允许最惠国待遇对关税同盟和自由贸易区例外。

关税同盟应理解为以一个单独的关税领土代替两个或两个以上的关税领土，对同盟的组成领土之间的贸易或至少对这些领土产品的所有贸易，实质上已取消关税和其他贸易限制；同盟的每个成员对于同盟以外领土的贸易，已实施实质上同样的关税或其他贸易规章。自由贸易区应理解为由两个或两个以上的关税领土所组成的，一个对这些组成领土的产品的贸易已实质上取消关税或其他贸易限制（必要时可以例外）的集团。

关税同盟与自由贸易区的区别在于：前者对内没有关税，对外有一个统一的关税制度和关税税境；后者各参加国仍保持自己的关税制度和关税税境，但对区内成员国的产品实行免税或减税，其待遇优于最惠国待遇。前者有一条实实在在的界线，而后者仅是一个虚线。正因为如此，在自由贸易区的情况下，防止区外国家的产品借区内的一国向区内的另一国出口就成为很重要的问题。这也是自由贸易区的产地规则严于关税同盟的产地规则的原因。

关税与贸易总协定并不禁止或限制关税同盟或自由贸易区的建立，相反，它允许该类安排，只是不要损害盟外或区外的利益。关税与贸易总协定规定，关税与贸易总协定的各项规定不得阻止各成员在其领土之间建立关税同盟和自由贸易区，或为建立关税同盟和自由贸易区的需要采用某种临时协定，只要该关税同盟对未参加的各成员的贸易所实施的关税或其他贸易规章，大体上不得高于或严于未建立时各组成领土所实施的关税和贸易规章的一般限制水平；只要该自由贸易区的每个组成领土维持的对未参加的各成员的贸易所实施的关税或其他贸易规章，大体上不得高于或严于同一组成领土在未建立自由贸易区时所实施的相当关税和贸易规章。《1994 年关税与贸易总协定关于解释第 24 条的谅解》指出，此类协议的成员之间经济的进一步一体化可以为扩大世界贸易作出贡献，而如果组成领土之间税收和其他限制性商业规定的取消扩展到所有贸易，这样的贡献将会增加，但如果未扩展到主要部门的贸易，这类贡献就会减少。此类协议的目的应当是促进组成领土之间的贸易，并不得增加其他成员与这些领土之间的贸易壁垒。在组成或扩大其区域时，此类协议的成员应在最大限度上避免对其他成员的贸易造成不利影响。

实践中的关税同盟或自由贸易区是否是关税与贸易总协定意义上的关税同盟或自由贸易区，对此并没有得出结论。法律问题常常被忽视或无结论地被搁置，或根据豁免条款给予豁免。虽有大量的关税同盟和自由贸易区协议被关税与贸易总协定审议，但极少获得大会的正式批准。

二、自由贸易协定概况

几乎与《世界贸易组织协定》生效、世界贸易组织成立同时，世界贸易组织成员相互之间谈判、签署、实施自由贸易协定成为一种势头，以至于很多人担心以世界贸易组织制度为代表的多边贸易体制，特别是最惠国待遇制度会受到削弱。经济学者还提出自由贸易协定具有贸易创造和贸易转移两种影响。

自世界贸易组织于 1995 年成立，特别是 2001 年发起多哈发展回合以来，至 2013 年年底第九届部长会议，世界贸易组织作为贸易谈判、规则制定机构，几乎毫无建树。越来越多的成员，一揽子的谈判方式，协调一致的决策制度，以及发展中国家与发达国家间的利益矛盾，似乎都可以来解释世界贸易组织多哈谈判进展的困难，但似乎无法解释为何自由贸易协定随着《世界贸易组织协定》生效、世界贸易组织成立而急剧增加。

《世界贸易组织协定》催生了自由贸易协定。关税与贸易总协定第 24 条和《服务贸易总协定》第5条允许世界贸易组织成员建立促进贸易自由化的自由贸易区和经济一体化，并且这两条作为最惠国待遇义务例外，与最惠国待遇义务一起成为世贸组织多边贸易体制的重要组成部分。因此，从性质上说，自由贸易协定数量的增多，不是削弱多边体制的结果，而是实施多边制度的结果。自由贸易协定产生的更优惠待遇，是世界贸易组织规则本身所允许的。涵盖领域广泛、构成了全球贸易制度框架的世界贸易组织规则，为世界贸易组织成员在现有世界贸易组织规则基础上进一步在双边、区域基础上实施贸易自由化奠定了基础。《世界贸易组织协定》生效后签署、实施的自由贸易协定，都明确遵守世界贸易组织规则，根据世界贸易组织规则享有权利并承担义务。

自由贸易协定实质性条款大致可以分成下述几类：第一，确认现有世界贸易组织权利、义务条款；第二，处理多边规则双边适用的条款；第三，在现有世界贸易组织义务基础上承担更多义务的条款；第四，现有世界贸易组织规则没有调整的条款。世界贸易组织成员双边政府间的贸易合作与协调，属于第二类。原来承诺关税减让为5%，现在进一步降到2%或完全免税，或者原来承诺开放5个部门的服务贸易，现在开放10个部门的服务贸易，属于第三类。投资条款、竞争条款、劳工条款、环境保护条款等等，属于第四类。第三类和第四类分别被称为WTO Plus和WTO Extra条款。对自由贸易协定削弱最惠国待遇的担心，主要集中在第三类。但从制度上讲，自由贸易协定创造的贸易更加自由化，本是多边体制自身的安排，只是由于自由贸易协定数量大幅增长，这种担心随之强化了。

自由贸易协定制度是多边贸易制度的组成部分，其可能产生的种种问题，应当由多边贸易制度来解决。也可以说，自由贸易协定制度是世界贸易组织成员自己创设的制度，作为一个由成员驱动的世界贸易组织，也只能由世界贸易组织成员自己来解决相关的问题。在多边贸易谈判进展困难的情形下，通过自由贸易协定逐渐开放市场、逐步达成规则共识，或许是最终实现多边贸易规则进一步发展的一种途径。

第四节　特殊差别待遇与普遍优惠待遇

发展中国家与发达国家间的发展不平衡使得二者很难在同一起跑线上竞争。发展中国家似乎应该得到更特殊、更优惠的待遇。这在关税与贸易总协定第18条中得以体现。在1964年的联合国贸易与发展大会上，来自发展中国家的代表认为现在的贸易制度是偏向于发达国家的，主张应该对发展中国家提供特别的优惠以补救这一不平衡，激励发展中国家的发展。后来在关税与贸易总协定中增加了针对发展中国家的第四部分。该部分于1965年2月8日以《关于修订关税与贸易总协定增加第四部分贸易与发展的议定书》的形式通过，该议定书于1966年6月27日生效。在此之后的1968年，联合国秘书长召集了由各国政府代表组成的委员会，考虑对发展中国家的援助计划问题。会议一致同意建立一个相互接受的普遍优惠待遇（GSP）。但该制度被认为是违反了关税与贸易总协定的最惠国待遇条款。

1971年关税与贸易总协定缔约国大会对希望为发展中国家建立普遍优惠待遇的国家授予暂时性豁免，免除总协定第1条规定的无条件的立即的最惠国义务，旨在使1968年联合国贸易与发展会议达成的普遍的非互惠的和非歧视的优惠制度的实施成为可能，但它并没有具体规定受益国的确定，而是包括了给惠国在贸易与发展会议上提出的确定受益国的一般原则，根据该原则由给惠国自主决定。除关税与贸易总协定第1条外，该豁免并不损害关税与贸易总协定任何条款的规定，关税与贸易总协定第23条规定的权利得以全部保存。该豁免原定于1981年期满，后来的东京回合谈判又通过授权条款予以延长。1979年11月28日通过“发展中国家的差别和更优惠的待遇，互惠和全面参与”，即所谓的授权条款，授权发达的缔约方根据普遍优惠制度对原产自发展中国家的产品给予优惠的关税待遇。根据世界贸易组织争端解决的实践，普遍优惠待遇构成最惠国待遇义务例外。

1979年的授权条款规定，尽管有GATT1947第1条的规定，缔约方可以授予发展中国家差别的和更优惠的待遇，而不授予其他缔约方该待遇。该规定适用于：(1) 发达国家对原产自发展中国家的产品根据普遍优惠制度授予的优惠的关税待遇；(2) 关于关税与贸易总协定规定的由其主持的多边谈判协定调整的有关非关税措施的差别的和更优惠的待遇；(3) 较不发达国家之间对彼此进口的产品达成的关税减让或取消的区域或全球性安排，以及根据缔约方大会可能规定的标准或条件达成的非关税措施的减让或取消；(4) 发展中国家中根据有利于发展中国家的任何一般或具体的措施对最不发达国家的特殊待遇。

普遍优惠待遇制度不是一种统一的各发达国家作出同样的减让或优惠的制度，相反，它是一种基于共同的目标和原则、由各个发达国家实施的制度，每一发达国家自由决定优惠待遇的具体情况。该待遇是单向的，不要求互惠的贸易待遇，主要表现在发达国家对来自发展中国家的产品降低关税，使得发展中国家的产品与发达国家的产品相比获得价格上的优势，以便与发达国家产品、进口国产品进行竞争。

普遍优惠待遇对没有资格享有这一待遇的国家来说是歧视的，偏离了最惠国待遇原则。同时它具有自愿的性质，是一种由给惠国单方面给予优惠的制度，不要求受惠国给予回报或补偿。但其范围一般来说不超出授权条款规定的范围，受惠国的指定、受惠产品（合格产品）的指定都是由给惠国单方面决定的，而该指定又是根据给惠国的经济、对外贸易关系来进行的。授权条款的主要规定是允许缔约方对发展中国家授予差别的更优惠的待遇，而不将该待遇授予其他国家。授权条款没有规定发达国家负有向发展中国家提供差别待遇的义务。正如其名称所显示的，它只是授权缔约方给予发展中国家差别的更优惠的待遇。授权条款的效力实质上被第7款的毕业条款抵消。毕业条款重申了关税与贸易总协定第36条第8款的非互惠原则，但接着规定随着发展中国家经济状况的改善，发展中国家应尽更大的义务。它也规定随着发展中国家的发展、金融和贸易需求，应对差别待遇进行修订。授权条款一方面规定了四方面的差别待遇，另一方面又规定了差别待遇的范围在总协定结构中进一步的扩大，要经过缔约方大会的批准。毕业条款在总协定制度中确立了一个法律上的先例，即要求发展中国家在经济状况改善时承担更多的义务。

普遍优惠待遇的受惠国不仅面临着毕业的问题，而且其受惠的范围要与关税与贸易总协定以及世界贸易组织的目的、宗旨相一致。1994年经欧共体和非加太（ACP）国家申请，关税与贸易总协定缔约方全体豁免欧共体就《洛美协定》的关税与贸易总协定的某些义务。允许欧共体在按照《第四洛美协定》的有关条款的要求，向产自ACP国家的产品提供优惠待遇、而不对其他缔约方的同类产品提供同样的优惠所必要的限度内，免除关税与贸易总协定第1条第1款的义务。世界贸易组织理事会据《世界贸易组织协定》第9条第3款、第4款及GATT1994关于豁免的谅解，于1996年10月14日将该豁免延长到2000年2月19日。世界贸易组织争端解决机构受理的欧共体香蕉案，第一次对《洛美协定》进行了实质审查，并对上述豁免进行了审查和解释，指出欧共体对 ACP 国家的待遇应在必要的限度内，欧共体的香蕉进口体制应对所有的进口香蕉，无论产地如何，均适用不歧视的政策和义务。这一裁决使得发展中国家的受惠受到了进一步的限制。

问题与思考

1. 如何理解最惠国待遇原则？享有最惠国待遇应具备什么条件？
2. 货物方面的国民待遇是如何适用的？
3. 如何理解发达国家对发展中国家的普遍优惠待遇？
4. 如何理解自由贸易协定的性质与作用？

第十三章

关税法律制度

本章概要

关税是最早用于保护国内产业的措施，俗称关税壁垒。随着关税水平的降低，关税在贸易管理中的作用有所下降，但仍是最基本的管理措施。约束关税并不断降低关税，是世界贸易组织的纪律。商品的完税价格决定着商品关税的税负，海关估价协议确立了海关估价的基本方法。在不同国家的产品仍然享有不同关税待遇的情况下，产品的原产地规则可能扭曲国际贸易。原产地规则协议没有确立用于确定产品原产地的肯定标准。

关键术语

关境　约束关税　从价税　从量税　优惠税率　关税配额　商品实质改变　商品增值　交易价格　相同货物　非优惠原产地规则

第一节　关税在国际贸易管理中的作用

一、关税的含义

关税（customs duties，tariff）是一国海关根据其法律规定，代表国家对进出关境的货物征收的一种税。根据世界贸易组织上诉机构在中国汽车零部件案中的解释，支付关税的义务必须在进（出）口当时并因进（出）口本身而产生。关境又称税境，指一个国家的海关法律、规章实施的领土范围。关境与国境是不同概念。关境指海关权力所及的范围，国境指领土范围。在签订关税同盟的情况下，关境大于国境；在一国设有自由港、自由贸易区、保税区或单独关税区时，关境小于国境。

根据货物进出关境的流向可以将关税分为进口税、出口税和过境税。许多国家不征收出口税、过境税，有的征收出口税的国家实施出口退税政策。各国（关税同盟作为一国）都征收进口税，不是一国但作为一个单独关税区的地区也征收关税，如中国的香港等。有时一正常进口关税之外增加某种税收，称为进口附加税，多为临时性限制进口措施，如反倾销税。

按一国确定关税的独立程度可将关税分为自主关税和协定关税。自主关税指一国关税法独立确定的关税。该关税构成了一国的法定固定关税，该税税率通常较高，适用于与征税国没有贸易协定或没有取得征税国特殊优惠关税的国家出口的商品。协定关税是据与其他国家签订的贸易协定确定的关税，该税税率低于自主关税税率。最惠国待遇关税即是一种协定关税，是依据最惠国协定确定的。由于协定关税是通过与他国的贸易协定确定的关税，一国不能修改、提高，除非存在协定规定的例外，如保障措施下增加的关税。

从征收方法上区分，关税可分为从价税、从量税、混合税。从价税（ad valorem）是指按照进口商品的价值确定税额，一般是进口商品的评估价值的一定百分比，价值不同，税额也不同。从量税（specific duties）指按货物的单位或数量收取统一的数额，件与件之间的税额是一致的。混合税（mixed or compound duties）是前两种税的结合，既征收从价税，又征收从量税。由于从量税容易造成税负的不同，在国际贸易中多使用从价税。

商品的产地不同、品种不同、价值不同，对商品征收的关税也不相同。对不同商品进行分类并确定相应的税率构成了关税表或关税税则的内容。在使用从价税的情况下，商品的价格不同，征收的关税也不同。而进口商可能虚报商品价格，逃避关税。因此，海关征税就需要对商品的价值进行估价，按海关估价征收关税。海关估价制度成为关税制度的组成部分。同时，商品的原产地规则、商品分类共同组成关税制度。关税征收程度对贸易也有影响。

二、利用关税保护国内产业

关税一直被用作管理贸易，尤其是限制货物进口的措施，由于高关税实质上阻止了外国商品的进口，因而关税措施被形象地称为关税壁垒。关税可以明确地表示出对货物征收的关税数额，因此，关税措施被关税与贸易总协定确定为管理贸易的主要手段和原则。

关税与贸易总协定是建立在自由贸易基础之上的，自由贸易也是其追求的目标与宗旨。但同时总协定也认识到缔约国存在对国内产业进行保护的愿望，因而允许缔约国于一定条件下采取措施保护国内产业免于国外竞争，但该保护措施应通过关税手段来进行，禁止对进口商品使用数量限制。这是关税与贸易总协定的基本原则之一。世界贸易组织的一系列规则更加强了对使用数量限制的约束，对于在过去常使用数量限制的部门或产业，要求使用关税措施。《农业协议》要求用关税代替数量限制和其他各种税收，实现农业部门措施关税化，根据数量限制和其他措施对进口商品价格的影响程度，确定、换算成相应关税税率，加在现有的关税上，只能通过关税保护国内农业。在国际收支处于困难时，《1994 年关税与贸易总协定关于国际收支平衡条款的谅解》强烈要求成员避免采取数量限制保障国内收支平衡地位，要求优先采用价格机制措施而不是数量限制措施；只有价格机制措施确实不能抑制国际收支的急剧恶化时，才可以求助于数量限制措施。价格机制措施，如进口附加税、进口押金要求，等等，既透明，又可以衡量。对进口造成的损害采取的救济措施也应主要是关税措施，如反倾销税、反补贴税、中止关税减让等。

第二节　世界贸易组织的约束关税制度

一、约束并进一步削减关税

世界贸易组织允许各成员利用关税作为管理贸易的手段，但同时确立了相应的纪律。关税与贸易总协定有关关税减让表的第 2 条的规定，构成了该制度最核心的部分。从关税与贸易总协定到世界贸易组织，每一回合的谈判，降低关税都是重点。在关税与贸易总协定的前 5 次回合的谈判中，降低关税是唯一议题。

约束关税并分阶段削减原则是关税与贸易总协定的基本原则。各成员在降低关税谈判中作出的关税减少承诺，通常称为关税减让。各成员对其进口产品作出的关税减让，构成了该成员的关税减让表。各成员在关税减让表中公布的税率是受到约束的，是可以适用的税率的最高限。一国在作出关税减让后不得再进一步提高，成员有义务不再实施超过减让表所列的关税水平或其他税费，也不得再采取诸如数量限制之类的措施，减损关税减让的价值。关税减让表中的税率被称为约束关税税率。约束关税是作出减让的成员可以征收的关税的上限，关税与贸易总协定不禁止作出减让的国家实际适用比约束关税低的关税。另外，如果实际适用的关税的种类与减让表中列举的种类不同，只要转换的税率不超过减让表中的约束税率，就不视为违反了约束关税义务。

根据关税与贸易总协定的规定，每一成员给予其他成员产品的关税待遇，不得低于减让表中规定的待遇。在外国产品进口时，不得征收超过减让表中规定的普通关税的部分，也不得征收超过自协定生效日所实施的所有其他税费的部分。普通关税与其他税费是两类税费。"待遇"这一概念，不仅包括了关税税率本身，也包括了构成待遇的其他方面，例如关税配额等。关税配额，是指在规定数量或价值内进口按正常关税征税、超出规定数量或价值按高税率征税的一种限制性管理方式。

成员减让表是关税与贸易总协定的组成部分，应根据客观标准进行解释，而不能根据出口成员单方的所谓合法预期来确定。不同回合谈判中达成的关税减让表，都是有效的，新的减让并不导致旧的减让的失效。《关于 1994 年关税与贸易总协定组成部分的说明》明确指出，该协定包括《世界贸易组织协定》生效之日前在 GATT1947 项下已实施的与关税减让相关的议定书和核准书，包括 1994 年《关税与贸易总协定马拉喀什议定书》。

在采取约束关税和削减关税原则时，采取的是互惠互利原则，但发达国家与发展中国家之间可以不要求完全互惠，而要求发展中国家承担与其出口相一致的义务。这主要表现为发达国家对发展中国家的特殊优惠关税待遇。但在作出减让承诺之后，在实施过程中，不能以互惠为借口，改变已经作出的减让。如果一国修改关税减让，必须与其他国家重新进行谈判，以达成新的平衡。

无论进口国对进口货物适用减让表中的约束关税税率，还是适用比约束关税税率低的实际适用税率，都应该在最惠国待遇基础上实施。这是最惠国待遇的基本要求，是最惠国待遇在关税方面的体现。

根据关税与贸易总协定第 28 条，经其他成员同意作出关税减让的成员可以修改关税承诺，但应作出补偿。

二、约束关税义务的例外

关税与贸易总协定禁止成员给予其他成员的货物低于减让表中的待遇，禁止高于减让表中的税率对进口货物征税，但同时允许根据其他规则征收税费。

关税与贸易总协定第 2 条第 2 款规定：该条的任何规定，不得阻止任何成员对任何产品的进口随时征收下列关税或费用：(1) 对于国内同类产品或对于全部或部分用于制造或生产进口产品的产品所征收的、与第 3 条第 2 款的规定相一致的国内税费相当的费用；(2) 根据第 6 条的规定适用的任何反倾销税或反补贴税；(3) 与所提供的服务费用相当的规费或其他费用。

该第 2 条第 2 款规定了三种可以不受上述约束关税义务约束的情况。第一种，对国内产品生产的投入物征税。如果进口产品含有该类物质，进口国可以对该产品按投入物的价值征税；如对国内同类产品征税，也可以对进口产品征税，当然这类征税不能违反国民待遇义务。第二种，反倾销税和反补贴税不受约束关税义务的约束。应该说，保障措施所实施的中止关税减让或其他义务，也不受约束关税义务的制约。第三种，如果进口国对进口货物提供了服务，则可以按照提供服务的费用收取服务费。

第三节　关税税则与商品分类

一、关税税则

一国采取的进口关税主要是规定于关税表中或关税税则中。关税税则是一国通过立法程序制定并公布实施的税率目录表，是海关征收关税的重要法律依据。该表内容按进出口商品类别排列。通常包括税则号、商品名称和税率三部分内容。税则可分为单一税则和多栏税则。单一税则指一个科税目只规定一种单一税率，对来自不同国家的相同产品统一适用；而多栏税则指对来自不同国家的相同产品规定不同税率，如法定税率、最惠国税率、特殊优惠税率等。

由于关税是在关境对进口商品征收的，不对国内生产的商品征收，而且征收关税的结果提高了进口商品的价格，客观上起到了排斥进口商品的作用，保护了同类商品的国内生产商。这可能引起两种结果：一方面，由于没有外国商品的竞争，国内生产的商品价格高挂，不利于消费者的利益；另一方面，外国出口商由于不能进入该国国内市场而对该国抱怨不已，从而导致外国政府对该国采取抵制进口的措施。因此，关税税率的高低一方面要考虑生产商和消费者的利益，另一方面要考虑与其他外国的贸易关系，既要扩大本国的出口，同时又要许可外国对本国的出口（本国进口）。由于历史、文化、传统、政治、社会、经济制度、地缘等的不同，不同国家间的关系也不一样，反映在一国的关税上，表现为对某些国家采取低税率，甚至免税对某些国家采取高税率。大多数国家都实行多栏税则，对不同国家实施不同的贸易政策。

二、商品分类

不同的商品适用不同的税率。这就需要对商品进行分类。商品的分类是非常复杂的。在国际贸易活动中，主要根据商品的自然属性、组成结构、加工程度、使用用途等进行分类。但各国对商品的具体分类存在不同的做法，阻碍了国际贸易的发展。有时分类也可以起到非关税壁垒的作用。统一商品的国际分类成为世界各国的普遍要求。1983 年海关合作理事会通过了《商品名称及编码协调制度的国际公约》，确立了《商品名称及编码协调制度》(以下简称协调制度，HS)。该制度于 1988 年 1 月 1 日生效。协调制度是一部完整、系统、通用、准确的国际贸易商品分类体系。世界上大多数国家都采取这一制度。中国于1992年加入并实施《商品名称及编码协调制度的国际公约》。

协调制度基本上采用法律文书的层次关系来安排商品目录的基本结构，由类、章和商品条目三个框架组成，在商品条目下还有几级子目结构。类是该制度的基本框架，基本上是按照社会生产的分工分类，共有21类。类以下是章，按类的范围分别列在21类下面，共96章。章基本上按商品的属性或用途安排。商品条目是该制度的最基本成分，每一条目中列有一组或一类商品。商品条目的编排比较复杂，较为明显的特点是原材料先于成品，加工程度低的产品先于加工程度高的产品，列名具体的品种先于列名一般的品种。

协议制度的编码采用结构性号列，编码的位数表示目录的等级，而不是简单的先后次序。协调制度中的编码分为四位数级、五位数级和六位数级，各国可以根据本国需要和编排规则将其扩展到七位数以上。商品条目编码的基础结构是四位数字结构，前两位表示商品条目所在的章，后两位表示该商品条目在该章的先后位置。

关于商品分类的归类总规则共有六项，使用次序是规则一优于规则二、规则二优于规则三，依次类推。其中第五项是关于特殊商品的分类规则。其他五项规则是：

规则一：类、章和分章的标题仅为查找方便而设；具有法律效力的分类，应按税目条文及有关类注或章注确定，如税目（品目）、类注或章注没有另外要求，按下述规则确定。

规则二：(1) 税目所列商品，应视为包括该商品的不完整品或未制成品，只要在进口或出口该项时不完整品或未制成品具有完整品或制成品的基本特征；税目中所列商品也包括该商品的完整品或制成品（或按该款可作为完整品或制成品分类商品）在进口或出口时的未组装件或拆散件。(2) 税目所列材料或物质，应视为包括该种材料与其他材料或物质混合或组合的商品；税目所列某种材料或物质构成的商品，应视为包括全部或部分由该材料或物质构成的商品。由一种以上的材料或物质构成的商品，应按规则三分类。

规则三：当商品按规则二 (2) 或因其他原因，看起来可分为两个或更多的税目时，应据以下规则分类：(1) 列名比较具体的税目优先于一般的税目。但当两个或更多的税目各自仅指混合或组合商品所含的一部分材料或物质时，或零售的成套商品的一部分时，即使其中某个税目对该商品描述得更全面、详细，这些商品在有关税目中的列名也应视为同样具体。(2) 混合物、不同材料构成或不同零部件组成的组合物以及零售的成套商品，如不能根据规则三 (1) 分类，在该款适用的情况下，应按构成商品的基本特征的材料或部件分类。(3) 当商品不能按规则三 (1) 或规则三 (2) 分类时，应据号列顺序归入最末一个税目。

规则四：根据上述规则无法分类的商品，应归入与其最相类似的商品税目。

规则五：商品在某一税目项下各子目的法定归类，应按子目条文或有关的子目注释以及以上各条规则来确定，但子目的比较只能在同一数级上进行，除税则目录另有规定外，有关的类注、章注也适用。

上述商品分类规则，是最基本的归类规则。正如协调制度名称所显示的那样，该规则并不代表某一国家对产品的具体分类。因此，在实践中，商品分类仍然容易产生争议，特别是在分类、归类不明而税负差别较大的情况下。有关某一特定商品据某一适当的关税规定分类的主要问题或最终问题，必然依赖于相关条款的含义，涉及法律的解释问题。另外，关税分类表本身在某种程度上也存在模糊性。先是一般的税目，接着是具体的税目，最后以“其他”结尾。有一些新商品，无论是在商业界还是在科学界，都还没有一个普遍接受的解释。这些都增加了关税目的的商品分类的困难。

第四节 海关估价

一、海关估价协议

一般情况下对进口商品征收从价税。如何确定进口商品的价值，即进口货物的完税价格，成为从价税的主要内容。进口货物的完税价格，指海关为征收进口货物的从价关税目的所使用的货物的价格。

不同的复杂的估价方法几乎演变成了一种非关税壁垒。统一估价准则的必要性日益突出。1947 年关税与贸易总协定第 7 条规定了估价的一般原则：对进口商品的海关估价应根据进行关税估价的进口商品或同类商品的实际价格，不应根据国内产品的价格或任意的或虚构的价格。任何进口产品的完税价格，不应包括原产国或出口国国内适用的、且进口产品已经免除的或已经或将要通过退还方式予以免除的任何国内税额。但相对于海关估价的复杂性，这一规定过于简单和原则化。乌拉圭回合达成的《关于履行 1994 年关税与贸易总协定第 7 条的协议》(《海关估价协议》)，进一步细化、明确了估价规则，作为《世界贸易组织协定》不可分割的一部分适用。

制定《海关估价协议》的目的是进一步详述适用关税与贸易总协定第 7 条的规则，在执行中提供更大的统一性和确定性，建立一个公平、统一和中性的海关货物估价制度，防止使用任意的或虚构的完税价格。该协议要求海关对货物估价的依据在最大限度内应为被估价货物的成交价格，完税价格应依据商业惯例的简单和公正标准，估价程序应不分货物来源普遍适用。根据《海关估价协议》，估价程序不适用于反倾销。

二、海关估价规则

《海关估价协议》第 1 条至第 7 条规定了完税价格的六种海关估价方法。

海关估价的主要依据是成交价格。如果不能据此确定海关估价，如由于资料的原因，一般应由海关当局和进口商进行磋商以取得确定价格的依据。在不能按进口货物或相同或类似货物的成交价格确定海关估价时，可以进口国一个独立买方进口的条件出售货物的价格为依据确定。进口商有权选择适用后两种方法的次序。具体来说，海关估价协议规定了以下六种估价方法。

1. 进口商品的成交价格

这是指进口商品出口销售至进口国时经依法调整的实付或应付的价格。对实际发生的但没有在价格中体现出来的成本、收费、开支等（包括销售佣金、集装箱成本、包装费用、提成费和许可费）进行调整。

2. 相同货物的成交价格

如果进口货物的完税价格不能根据上述成交价格确定，则完税价格应为与被估价货物同时或大约同时出口销售至相同进口国的相同货物的成交价格。在使用该方法时，应依与被估价货物相同的商业水平销售的、数量实质相同的相同货物的成交价格确定完税价格。

3. 类似货物的成交价格

如果相同货物的交易价格也不能确定，则使用与被估价货物同时或大约同时出口销售至相同进口国的类似货物的成交价格。在使用该方法时，应依与被估价货物相同的商业水平销售的、数量实质相同的类似货物的成交价格确定完税价格。

4. 倒扣价格

如果不能通过进口货物的成交价格、相同货物的成交价格或类似货物的成交价格确定完税价格时，则应采用倒扣价格。如果进口商要求，也可以先使用第5种方法估算价格。

倒扣价格，简言之，是以进口货物在进口国的国内销售价格为依据，扣除相关的价格因素而得出的价格。如果进口商品、相同商品和类似商品在进口国按进口时的状态销售，进口货物的完税价格，应依据与被估价货物进口时或大致进口时，销售给与出售者无关联的买主的最大量的进口货物或相同或类似货物的单位价格，扣除佣金和利润、一般费用、运输和保险费、关税以及再销售而发生的其他费用、收费和开支等。

倒扣价格是依据货物在进口国国内销售的价格（转售价格）确定的，不依据进出口商之间的成交价格。

5. 估算价格

估算价格，通过计算出口国生产该商品的费用（原材料）、一般费用和利润（销售）、反映定价选择（如CIF价或CIP价）所必需的其他费用或开支（运输和保险费）等，确定进口商品的价格。

估算价格既不是成交价格，也不是转售价格，而是以发生在生产国的生产成本为基础的价格。

6. 依据一般原则合理确定

如果不能按上述5种方法进行海关估价，可按与海关估价协议和关税与贸易总协定第7条的原则和规则相一致的合理方法来确定，即合理确定法。但不得根据进口国生产的该种货物的销售价、货物在出口国国内市场上的价格、向进口国以外的国家出口的货物的价格，以及任意的或虚构的价格来估价。

根据海关估价协议，“相同货物”是指在所有方面都一样的货物，包括相同的物理特征、质量和信誉，表面上的细小差别不妨碍被认定为相同货物。“类似货物”指在所有方面虽不完全相同，但在材料和特点方面与被估价货物极其相似，与被估价货物具有相同功能、在商业上可以互换的货物。在确定某一货物是否为类似货物时，应考虑的因素包括货物的品质、信誉及商标存在，等等。但无论是相同货物还是类似货物，该货物必须与被估价货物在同一国家生产。

成交价格应是买方和卖方没有关联关系的成交价格，或虽有关联关系但该关系本身并不构成该成交价格不能接受的理由的可以接受的成交价格。如果进口商表明该价格非常近似于在同一时间或大约在同一时间的下述价格，该成交价格可以被接受：向同一进口国无关系的买方出售的相同或类似货物的成交价格；按倒扣价格确定的相同或类似货物的海关估价；按估算价格确定的相同或类似货物的海关估价。关联关系人包括：在彼此的企业中互为管理人员或董事；合伙人；雇主和雇员；直接或间接拥有、控制两个企业5%或以上的有表决权的发行在外的股票的人；一方直接或间接控制另一方；同受第三方直接或间接的控制；一起直接或间接控制第三方；同一家庭的成员。

第五节　原产地规则

一、原产地规则的重要性

对来自不同国家的商品适用不同的税率、给予不同的待遇，突出了商品原产地的重要性。原产地规则实质上就是贸易待遇原则，或者说贸易待遇建立在原产地规则的基础上。贸易统计、国别贸易政策的制定和实施、最惠国待遇、配额、反倾销、反补贴、保障措施、政府采购等，都离不开原产地规则。

国际贸易，是不同关境之间的贸易。由于经济、政治、文化、宗教等原因，不同关境之间的贸易关系、贸易待遇仍然存在着差别。确定不同关境的，正是商品的原产地规则。在具体规则和技术上，商品名称不同，制造方法不同，用途不同，技术含量不同，即使是相同商品，对各国的重要性仍然可能不同。这些都可能导致产地确定规则的不同与冲突。另外，适用原产地原则的具体目的，或促进贸易，或限制贸易，影响着主管机关的具体操作。国家的贸易政策对行使司法审查功能的法院不可避免地也会产生影响，从而可能使法律的规定扩大或缩小地适用。

二、原产地规则协议

GATT1947 第 9 条规定了原产地标记方面的待遇：一缔约国在有关标记规定方面对其他缔约国领土上的产品所给予的待遇，应不低于给予任何第三国同类产品的待遇。该条还同时要求各国合作，防止使用商品名称假冒产品的真实原产地、损害国内立法保护的产品的独特地区或地理名称。1973 年海关合作理事会主持制定的《关于简化和协调关税制度的国际公约》（又称《京都公约》），涉及原产地的一般原则。关税与贸易总协定乌拉圭回合谈判在东京回合的基础上达成了新的《原产地规则协议》。

根据该协议，原产地规则被定义为确定货物原产地而实施的普遍适用的法律、法规及行政决定，只要此类原产地规则与导致超出 GATT1994 第 1 条第 1 款适用范围的关税优惠的契约式或自主式贸易制度无关。简言之，该协议所包括的原产地规则，包括所有用于非优惠商业政策措施的原产地规则。该协议确立的纪律主要是对非优惠原产地规则确立的纪律。附件 2“关于优惠原产地规则的共同宣言”宣布了适用优惠原产地规则应遵循的原则。优惠原产地规则，指任何成员实施的用于确定货物是否有资格根据契约或自主贸易制度享有优惠待遇的普遍适用的法律、法规和行政决定，该契约或自主贸易制度导致对货物授予超出 GATT1994 第 1 条第 1 款适用范围的关税优惠。

原产地规则协议提出了原产地规则协调的目标和原则，以及工作计划。该协议提出的原产地规则协调的目标和原则是：（1）原产地规则应平等适用于非优惠原产地目的；（2）商品的原产国，应是完整生产该项商品的国家，或当该商品的生产过程涉及一个以上的国家时，则是对商品最后实现实质性改变的国家；(3) 规则应客观、可理解、可预知、有连贯性；(4) 不应对国际贸易产生限制、扭曲或扰乱性的影响；(5) 原产地规则应以一致、统一、公平和合理的方式进行管理；(6) 原产地规则应具有一致性；(7) 原产地规则应依据肯定目标，否定标准可以用以澄清肯定标准。在工作计划中，该协议责成技术委员会就下列事项提出解释和意见：完全获得和最小操作或工序；实质性改变—税则归类改变；实质性改变—补充标准。该协议原规定在协议生效后 3 年内完成这一工作计划，但迄今为止，这一计划也没有完成。这说明了原产地规则协调的困难。

原产地规则协议确立的实施原产地规则的纪律，依据上述原产地规则协调计划的完成，分为过渡期内的纪律和过渡期后的纪律。尽管原产地规则协议要求各成员制定的原产地规则以肯定标准为依据，该协议本身确立的过渡期内的纪律却没有使用确切的肯定性标准，相反采用了否定性标准。原产地规则协议要求原产地规则不得用作直接或间接实现贸易目标的工具，原产地规则本身不得对国际贸易产生限制、扭曲或破坏作用；适用于进出口货物的原产地规则不得严于用于确定货物是否属国产货物的原产地规则，且不得在其他成员之间造成歧视。世界贸易组织处理的印度就美国纺织品原产地规则提出的申诉案表明，这种否定性要求的约束效力不大，削弱了该纪律的效力。

过渡期内的纪律提供了几种确立原产地的标准：税则归类改变标准，从价百分比标准和制造或加工工序标准。特定货物原产地的国家，应为货物完全获得的国家，或如果该货物的生产涉及一个以上国家，则为进行最后实质性改变的国家；适用于进出口货物的原产地规则，不得严于用于确定一货物是否属国产货物的原产地规则，且不得在其他成员之间造成歧视，无论有关货物生产者的从属关系如何。

问题与思考

1. 关税在国际贸易管理中有什么作用?
2. 世界贸易组织确立的关税纪律是什么?
3. 确定商品原产地的主要原则是什么?
4. 海关估价有哪些方法?

第十四章

数量限制及其他非关税措施

本章概要

世界贸易组织除允许对进出口产品采取税费措施进行限制外，原则上禁止一切形式的数量限制，包括直接数量限制、配额和进口许可。如果实施数量限制，应在非歧视的基础上实施。为了国际收支平衡原因而实施的数量限制可以除外。与进出口产品有关的其他技术性措施，如进口许可程序、技术性规章，都要符合有关协议的规定。

关键术语

普遍取消数量限制　国际收支困难　自动许可　非自动许可　技术性贸易壁垒　技术法规和标准

第一节　普遍取消数量限制

一、原则上取消一切数量限制

对进出口产品采取数量限制，是指对进出口产品采取除关税、国内税和其他费用之外的禁止或限制措施。数量限制可以采取配额的形式，也可以采取出口许可证形式，或其他形式，例如进口证书、最低进口价格、通过进口垄断生效的进口限制等。与税费措施相比，数量限制缺乏透明性，对贸易的影响不易在产品价格上直接反映出来，缺乏可预见性和公正性。

关税与贸易总协定第 11 条要求普遍取消数量限制：对任何其他成员领土上的产品的进口，或向任何其他成员领土出口或销售供出口的产品，任何成员不得设立或维持除关税、国内税或其他费用外的禁止或限制，无论该种禁止或限制是通过进出口配额实施的，还是通过进出口许可证或者其他措施实施的。普遍取消数量限制原则，既适用于进口，也适用于出口，实践中多作为进口管制手段使用。此处的“限制”包括允许进出口但数量受限的限制措施和完全不允许进出口的禁止措施。

关税与贸易总协定确立的普遍取消数量限制的义务，是一项极为严格的义务。从关税与贸易总协定临时适用，到世界贸易组织成立以来的争端解决实践中，几乎所有实施数量限制的缔约方或成员都被裁决违反了这一义务。除非属于关税与贸易总协定明确规定的例外，数量限制本身，即违反了这一义务。至于数量限制是否阻碍了限制对象产品的增长，被分配配额的国家是否用完这一配额，对认定违反这一义务没有影响。关税与贸易总协定框架下处理日本皮革进口案的专家组指出，进口限制就是为了限制。数量限制的存在，不仅仅对贸易数量产生影响而被推定为造成利益的丧失或受损，而且导致交易成本的增加，产生影响投资计划的不确定性。

普遍取消数量限制义务，在乌拉圭回合谈判中达成的《与贸易有关的投资措施协议》中得到了进一步的强化：在不损害 GATT1994 项下其他权利和义务的情况下，各成员不得实施任何和关税与贸易总协定第 11 条的规定不符的与贸易有关的投资措施。该协议实际上是扩大了普遍取消数量限制义务适用的范围。作为该协议附件的示例清单，列举了与普遍取消数量限制义务不符的与贸易有关的投资措施。该类措施除具备根据国内法律或行政裁定属强制性或执行的措施或为获得一项利益而必须遵守的措施这一总特点外，还具有以下特点：普遍限制企业进口用于当地生产或与当地生产相关的产品，或将进口限制在与其出口的当地产品数量或价值相关的水平上；通过将企业使用外汇限制在该企业的外汇收入水平上，限制企业进口用于当地生产或与当地生产相关的产品；限制企业出口产品或供出口的产品销售，无论该限制按照特定产品确定，还是按照产品的数量或价值确定，或按照当地生产在数量或价值上所占比例确定。

二、普遍取消数量限制的例外

世界贸易组织规则在规定了取消数量限制这一一般原则的同时，还明确列举了可以实施数量限制的几种例外情况。由于普遍取消数量限制这一义务的根本性和明确性，可以说任何数量限制都违反了这一义务，因而有关数量限制的争端、争议的主要问题，是有关国家所实施的数量限制措施是否符合世界贸易组织规则规定的这些例外。同时，在对例外条款的解释上，遵循从严解释的原则。

除关税与贸易总协定第 20 条规定的一般例外和第 21 条规定的安全例外之外，确立数量限制纪律的第 11 条列举了普遍取消数量限制义务的例外情形。这一义务不适用于下列措施：（1）为防止或缓解出口成员的粮食或其他必需品的严重短缺而临时实施的出口禁止或限制；（2）为实施国际贸易中的商品归类、分级和销售标准或法规而必须实施的进出口禁止或限制；（3）为了限制国内产品数量或消除国内产品的过剩而对农产品或渔产品进口实施的限制。

关税与贸易总协定第 12 条允许为保障国际收支平衡而实施限制。据此规定，任何成员为保障其对外金融地位和国际收支，在遵守该条所规定的条件的前提下，可限制允许进口的商品的数量或价值。关税与贸易总协定第 18 条 B 节，专门针对发展中国家在发展中遇到的国际收支困难作出了规定，允许发展中国家为解决国际收支问题采取进口限制措施。这样，第 12 条的规定专门适用于发达国家，第 18 条 B 节适用于发展中国家。二者的主要区别在于对国际收支困难的程度要求不同。不过，发达国家基本不援用第 12 条。

发展中国家因收支平衡原因采取限制措施，受到一系列条件的限制。关税与贸易总协定第 18 条 B 节第 9 款规定，发展中国家成员在符合第 10 款至第 12 款的条件下可以限制进口数量或价值。第 9 款本身也规定了进口限制的条件，即为了预防货币储备严重下降的威胁或制止货币储备下降，或者是因货币储备不足而使货币储备合理增长到必需的程度。第 10 款规定可以对不同产品采取不同的限制方式，保证急需产品优先进口，但不能对其他成员的贸易利益造成不必要的损害，不能干脆不进口。第 11 款要求在收支平衡情况好转时，采取进口限制的成员应逐步放宽限制，没有必要采取限制时应立即取消，但其他成员不得要求实施限制的进口成员改变可能使其限制不必要的发展政策而要求该成员取消或修改这种限制。对于第 11 款第二句中的逐步放宽或撤销限制，关税与贸易总协定中有一注释，即该放宽或撤销如导致可以采取进口限制的条件产生，则不必放宽或撤销限制。这些条件都是累积适用的。从争端解决的实践来看，发展中国家因国际收支平衡困难而采取数量限制措施，即使在适用初期没有反对意见，时间稍长即面临异议，在争端解决中因不能满足上述所有条件而败诉。

乌拉圭回合谈判中达成的《关于 1994 年关税与贸易总协定国际收支条款的谅解》，构成了 1994 年关税与贸易总协定的组成部分，和关税与贸易总协定第 12 条和第 18 条 B 节共同调整国际收支原因的数量限制问题。该谅解要求成员尽快公布取消为国际收支目的采取的限制性进口措施的时间表。在采取限制措施时，优先选择那些对贸易干扰作用最小的措施（价格机制措施），包括进口附加税、进口押金要求或对国际货物价格有影响的其他等效贸易措施。除非由于严重的国际收支状况，价格机制措施不能阻止国际支付地位的变化，应避免为国际收支目的而实施新的数量限制。为国际收支目的采取的限制性进口措施，只能用于控制进口的总体水平，而不能超过处理国际收支状况所必需的程度。该谅解还规定了国际收支的磋商程序、通知要求等。

三、实施数量限制应遵循的原则

（一）实施数量限制应遵循非歧视原则

数量限制措施，即使根据上述例外条款获得维持或实施的正当理由，其实施方式应遵循最惠国待遇的非歧视原则。关税与贸易总协定第 13 条规定，任何成员不得禁止或限制来自任何其他成员领域的任何产品的进口，或向任何其他成员领域的出口，除非来自所有第三国的同类产品的进口，或向所有第三国的同类产品的出口，同样受到禁止或限制。这一规则是关税与贸易总协定第 1 条第 1 款的普遍的无条件的最惠国待遇的实际应用。此处承担义务的对象是任何成员，但用作比较标准的是所有第三国，不限于成员国。

数量限制可以采取配额或进口许可证的方式。在实施进口限制时，根据非歧视规则对限制产品贸易的分配，应尽可能接近无此类限制时各成员预期获得的份额，且应首先使用配额方式，在配额方式不可靠时方可使用进口许可证方式。如果使用配额方式，实施限制的成员要公布未来进口的总量，并确定代表允许进口总量的配额。在供应国之间分配配额时，限制成员应寻求与其他有关成员达成协议。达成分配协议不合理、不可行时，应根据前一时期有关成员的供应量占进口总量或总值的比例，适当考虑可能影响该产品贸易的特殊因素、分配配额。在分配期内使用份额的前提下，成员不得设立任何条件或手续，妨碍任何成员充分利用分配的份额。除非在分配配额的情况下，成员不得要求进口许可证用于特定成员或来源的进口。在欧共体家禽制品进口限制案中，巴西指控欧共体没有把与巴西达成的家禽制品配额全部给巴西，而是给予了包括非成员国在内的所有供应国。专家组和上诉机构都裁定欧共体的做法是对的，因为欧共体的配额是全球配额，数量限制应在最惠国待遇基础上实施。

上述纪律适用于成员维持或实施的关税配额，而且可行时适用于出口限制。

（二）非歧视原则的例外

依据国际收支理由采取数量限制措施时，关税与贸易总协定第 14 条允许以效果上等同于《国际货币基金组织协定》相关条款允许的国际收支限制的方式，偏离第 13 条要求的非歧视原则。经总理事会同意，实施进口限制的成员可以对其小部分的对外贸易暂时偏离第 13 条的非歧视要求，如果对该成员或其他相关成员的利益远远大于对其他成员贸易的损害。在国际货币基金组织中拥有共同配额的一组成员，可以对来自其他国家的进口实施限制，而不在它们之间实施，但须满足第 13 条规定的其他条件。另外，实施限制的成员可以采取引导出口、增加外汇收入的措施，不偏离第 13 条的规定。任何成员可以实施与《国际货币基金组织协定》第 7 条第 3 款（b）项允许实施的外汇限制有相同作用的数量限制。

鉴于发达国家极少引用国际收支理由采取数量限制措施，这些例外实际上仅对发展中国家适用。

第二节　进口许可程序

一、基本要求

进口许可，按照世界贸易组织《进口许可程序协议》的定义，指用于实施进口许可制度的行政程序，该制度要求向有关行政机关提交申请或其他文件（报关所需文件除外），作为货物进入进口成员关税领土的先决条件。

作为货物进口的先决条件，进口许可如不被适当使用，可能阻碍国际贸易的流动；同时进口许可又是一种在某种程度上不可替代的管理手段。因此，世界贸易组织《进口许可程序协议》一方面认可进口许可的效用，另一方面期望进口许可以透明和可预测的方式实施，期望简化国际贸易中使用的行政程序和做法，使之具有透明度，并保证公平、公正地实施和管理此类程序和做法。

根据《进口许可程序协议》，进口许可程序规则的实施，应保持中性，并以公平、公正的方式进行管理。与提交申请的程序有关的规则和信息，应提前公布（最迟不迟于要求生效日），使其他成员政府和贸易商知晓。规则或产品清单的任何例外、变更，也应公布。

根据该协议，进口许可程序应尽可能简单。申请表格应简单明了。任何申请不得由于文件中出现的未造成基本数据改变的微小失误而被拒绝。得到许可的产品不得因为运输途中产品的差异或与正常贸易做法一致的微小差异而导致货物与许可证有微小差异而被拒绝。制定许可程序或更改这些程序的成员，应向世界贸易组织进口许可程序委员会通知。该通知应包括下列信息：许可程序管理的产品清单；有关资格信息的联络点；向其提交申请书的行政机关；已公布的许可程序的公布日期和出版物名称；表明是自动许可程序还是非自动许可程序；自动许可程序的管理目的；通过非自动许可程序实施的措施；许可程序的预计期限。

《进口许可程序协议》和关税与贸易总协定第 10 条第 3 款的透明度要求，在性质上是一致的，但前者比后者更具体。在解决与进口许可程序相关的争端时，为了有效地解决争端，应优先适用前者，但前者并不替代后者。

二、进口许可的种类

进口许可分为自动许可和非自动许可两种。

自动许可，指在所有情况下申请均获批准，其管理方式对进口产品不产生限制作用的许可。自动许可程序如不能满足下述条件，则被认为对贸易具有限制作用：任何个人、公司或机构，只要满足进口成员有关从事受自动许可管理的产品的进口经营的法律要求，均有同等资格进行申请，并获得进口许可证；许可证申请可在货物结关前任何一工作日提交；适当和完整提交的申请，在收到后应立即获得批准，最多不超过 10 个工作日。

如果不能获得其他适当程序，自动许可即具有存在的必要性。只要导致采用自动进口许可的情况存在，且只要其管理目的无法以更适当的方式实现，自动许可即可予维持。要求交纳对进口产品无限制作用的保证金的进口许可程序，属于自动进口许可的范围。

非自动许可是不能自动获得许可的许可。凡不属自动许可的许可皆为非自动许可。与自动许可不同，非自动许可是实施贸易限制的手段。但是，除进行限制本身造成的贸易限制作用或扭曲作用外，非自动许可本身不得另外产生此类的贸易限制或扭曲作用。

非自动许可的发放，可以采取先来先得的方式（on a first-come first-served basis)，在 30 天内处理申请；也可以同时考虑所有的申请，在申请期限截止后的 60 天内予以处理。在分配许可证时，应考虑申请人的进口实绩（import performance)，还应考虑许可证对新进口商的合理分配。许可证的有效期不应过短而妨碍进口，进口成员不得阻止使用已经发放的许可证进口产品，也不得阻碍对配额的充分使用。在对供应国分配配额的情况下，许可证应明确规定国别；不对供应国分配配额的情况下，许可证持有者有权选择进口产品的来源。

尽管并非所有的非自动许可申请都能获得批准，但在申请资格上不能存在歧视。任何满足进口成员的法律和管理要求的个人、公司或机构，均有同等资格申请许可证，并有同等资格获得考虑。在许可证申请未获批准，申请人提出要求时，应被告知拒绝的原因，且申请人有权对该拒绝提起上诉或要求审查。

第三节　技术性贸易壁垒

一、技术性贸易壁垒协议

为了保护人类和动植物的生命与健康，规定产品的技术标准是必要的。不符合标准的产品应受到限制或禁止。然而，技术标准的复杂多样，可能产生限制贸易的效果。另外，进口国也可能制定一些技术规章以限制进口，从而构成技术性贸易壁垒。因此，国际社会有必要统一有关技术标准制定的规范。国际标准和合格评定体系，可以提高效率，便利国际贸易，促进关税与贸易总协定目标的实现。世界贸易组织《技术性贸易壁垒协议》（TBT 协议）的签订，即是期望鼓励制定此类国际标准和合格评定体系，期望保证技术法规和标准，以及对技术法规和标准的合格评定程序不给国际贸易造成不必要的障碍。但该协议同时也认识到，任何国家不应被阻止在其认为适当的限度内采取必要措施，保证其出口产品的质量，或保护人类、动植物的生命或健康及保护环境，或防止欺诈行为；不过这些措施的实施方式不得构成在情形相同的国家之间进行任意或不合理歧视的手段，或构成对国际贸易的变相限制，在其他方面应符合协议的要求。该协议还认可不应阻止任何国家采取必要措施以保护其基本安全利益。

从《技术性贸易壁垒协议》的前言中可以看出，该协议实质上是1994年关税与贸易总协定第20条“一般例外”中相关内容的进一步阐释。尽管世界贸易组织的规则体系中，《技术性贸易壁垒协议》与1994年关税与贸易总协定是平行的相互独立的协议，但在内容上，前者比后者对相关事项的规定更详细。因此，在审查有关措施是否违反两个协议时，通常先审查规定更为详细的协议。

根据《技术性贸易壁垒协议》，所有产品，包括工业品和农产品，均应遵循该协议的规定。该协议与《卫生措施协议》都是有关产品标准的协议，但二者的具体适用范围不同，前者不适用于卫生检疫措施。比如，一瓶矿泉水，对容纳矿泉水的瓶子适用《技术性贸易壁垒协议》，对矿泉水则适用《卫生措施协议》。另外，《技术性贸易壁垒协议》不适用于政府机构为其生产或消费要求所制定的采购规格。

《技术性贸易壁垒协议》重点对技术法规和标准、技术法规和标准的遵守作出了规定。“技术法规”是指规定强制执行的产品特性或其相关工艺和生产方法的、包括适用的管理规定在内的文件。根据世界贸易组织上诉机构的解释，一项措施，如果影响一种或多种特定产品，该措施具体规定了该产品在采取该措施的成员境内销售的技术特性，而且遵循这一要求是强制性的，则该措施构成了《技术性贸易壁垒协议》定义的技术法规。“技术标准”，指经公认机构批准的非强制性的产品或相关工艺和生产方法的规则、指南或特性的文件，供通用或重复使用。该文件还可包括或专门规定适用于产品、工艺或生产方法的专门术语、符号、包装、标志或标签要求。“合格评定程序”指任何直接或间接用以确定是否满足技术法规或标准中的相关要求的程序。

二、对技术法规和标准的要求

（一）非歧视

各成员应保证在技术法规方面，给予源自任何成员领土的进口产品不低于其给予本国同类产品或来自任何其他国家同类产品的待遇。这一要求体现了国民待遇原则和最惠国待遇原则，是这两项原则在技术法规方面的具体化。具体说，在技术法规方面，进口成员给予来自其他成员的进口产品的待遇不应低于给予国内同类产品的待遇（国民待遇）和给予来自其他成员的进口产品的待遇，不应低于给予任何第三国同类产品的待遇（最惠国待遇）。

（二）不得对国际贸易造成不必要的障碍

各成员应保证技术法规的制定、采用或实施，在目的或效果上，均不得对国际贸易造成不必要的障碍。为此目的，技术法规对贸易的限制，考虑到不能实现合法目标可能带来的风险，不得超过实现合法目标所必需的限度。此类合法目标尤其包括：国家安全要求；防止欺诈行为；保护人类健康或安全，保护动植物的生命或健康及保护环境。在评估此类风险时，应特别需要考虑的相关因素有：可以获得的科学和技术信息，有关的加工技术或产品的预期最终用途。

如果与技术法规的采用有关的情况或目标已不复存在，或改变的情况或目标可采用对贸易限制较少的方式处理，则不得维持此类技术法规。

（三）遵循国际标准

在存在国际标准或国际标准即将完成时，各成员应使用这些国际标准或其中的相关部分作为其技术法规的基础，除非这些国际标准或其中的相关部分对达到成员所追求的合法目标无效或不适当，例如由于基本气候因素或地理因素，或基本技术问题。如果出于上述合法目标，并依照有关国际标准制定、采用和实施技术法规，则初步推定对国际贸易没有造成不必要的障碍。

（四）透明度

如果不存在有关国际标准，或拟定的技术法规的技术内容与相关国际标准的技术内容不一致，并且如果该技术法规对其他成员的国际贸易可能产生重大影响，相关成员应在早期的适当阶段公布技术法规，对技术法规的目的和理由作出简要说明，向所有成员提供评议的合理机会。

（五）等效性

各成员应积极考虑将其他成员的技术法规作为等效法规予以接受，即使这些法规不同于自己的法规，只要它们确信这些法规足以实现与自己的法规相同的目标。

（六）中央政府对地方政府的行为的责任

《技术性贸易壁垒协议》对成员制定、采用和实施技术法规提出了要求，既包括了对中央政府机构的直接要求，也包括通过规定成员义务对地方政府机构和非政府机构的间接要求。各成员应采取其所能采取的合理措施，保证地方政府机构和非政府机构遵循该协议对中央政府机构的要求。各成员不得要求或鼓励其领土内的地方政府机构或非政府机构以与上述要求不一致的方式行事。各成员对遵守上述要求负有全责。

三、技术法规和标准的遵守

（一）非歧视

《技术性贸易壁垒协议》除了对技术法规和标准本身的要求外，还对这些法规和标准的遵守提出了要求，其中包括合格评定程序、对合格评定的承认等。在具体事项上，类似于对技术法规或标准的要求。

合格评定程序的制定、采用和实施，提供给源自其他成员领土的产品的供应商的准入条件，在可比的情况下，应不低于给予本国同类产品的供应商或源自任何其他国家的同类产品的供应商的准入条件。合格评定程序尽可能迅速地进行和完成，在顺序上给予源自其他成员的产品不低于本国同类产品的待遇。由此类合格评定程序产生或提供的与其有关的源自其他成员的产品的保密信息，应获得国内同类产品的待遇，保护合法的商业利益。对源自其他成员的产品进行合格评定所征收的费用，与对本国同类产品或源自任何其他国家的同类产品所征收的费用相比，考虑到申请人与评定机构所在地不同而产生的通信、运输及其他费用，是相当的。

（二）不应对国际贸易造成不必要的障碍

合格评定程序的制定、采用或实施，在目的和效果上，不应对国际贸易造成不必要的障碍。尤其是，考虑到不符合技术法规或标准可能带来的风险，合格评定程序或其实施方式，不应比充分确信进口成员的产品符合适用的技术法规或标准所必要的程度更严格。对信息的要求应限于合格评定和确定费用所必需的限度内。合格评定程序所用设备的设置地点及样品的提取，不应对申请人或其代理人造成不必要的不便。如果在确定产品符合适用的技术法规或标准后，产品的规格发生了变化，对变化后的产品的合格评定程序，应限于确定是否存在对该产品仍然符合相关技术法规或标准的信任所必要的限度内。

（三）使用国际标准化机构的指南或建议

如需切实保证产品符合技术法规或标准，存在或即将完成国际标准化机构发布的相关指南或建议，则各成员应保证中央政府机构使用这些指南或建议，或其中的相关部分，作为其合格评定程序的基础，除非由于下述原因而不适合：国家安全要求；防止欺诈行为；保护人类健康或安全，保护动植物生命或健康及保护环境；基本气候因素或其他地理因素；基本技术问题或基础设施问题。

（四）透明度

如果不存在国际标准机构发布的相关指南或建议，或拟定的合格评定程序的技术内容与国际标准化机构发布的指南或建议不一致，并且该合格评定程序可能对其他成员的贸易产生重大影响，相关成员应在早期适当阶段公布拟采用的合格评定程序，对该程序的目的和理由作出简要说明，并对其他成员提供评议、讨论的机会。

（五）认可其他成员合格评定程序的结果

各成员应就达成相互承认合格评定程序结果的协议进行谈判。鼓励成员允许其他成员的合格评定机构，以不低于给予自己或其他任何国家合格评定机构的条件，参与其合格评定程序。只要可能，各成员应保证接受其他成员合格评定程序的结果，即使这些程序不同于它们自己的程序，只要确信这些程序与其自己的程序相比，同样可以保证产品符合有关技术法规或标准。

（六）中央政府对地方政府机构和非政府机构的合格评定程序的责任

各成员应采取其所能采取的合理措施，保证地方政府机构和非政府机构的合格评定程序遵循上述要求。各成员对上述要求负有全责。各成员不得采取具有直接或间接要求或鼓励非政府机构以与上述要求不一致的方式行事的效果的措施。

问题与思考

1. 如何理解普遍取消数量限制义务？
2. 如何认识技术性贸易壁垒？世界贸易组织对其确立了哪些规则？
3. 实施非自动许可应遵循什么要求？

第十五章

农产品贸易制度

本章概要

在关税与贸易总协定框架下，农产品贸易一直没有受到严格的约束。配额和补贴的大量使用，扭曲了农产品贸易。世界贸易组织将农产品纳入了新的多边贸易制度，并通过一定的过渡期安排，使农产品贸易彻底融入多边体制中。动植物卫生检疫制度，是与农产品贸易紧密相关的制度。

关键术语

市场准入　农产品的国内支持　农产品出口补贴　特别保障措施　过渡性保障措施　风险评估

第一节　农产品贸易的新纪律

一、农业协议概述

在关税与贸易总协定框架下，农产品的贸易虽受到调整，但对它的约束力度较轻。关税与贸易总协定本身含有对农产品网开一面的条款，例如第 11 条第 2 款对农渔产品数量限制的例外，第 16 条补贴对初级产品和非初级产品的区别，以及第 20 条一般例外条款对原料产品的例外。关税与贸易总协定临时适用后不久，美国即向关税与贸易总协定申请农业豁免并取得了缔约方大会的批准，这一做法为不少缔约方所效仿，极大地削弱了关税与贸易总协定在农产品方面的约束力。由于农产品乃生活必需品，就业人口众多，与其他普通产品相比，农产品贸易更多地受到其他因素的影响。

农产品贸易是乌拉圭回合谈判的议题之一。农产品贸易谈判的目标在于实现农产品贸易更大的自由化，建立一个公平的、以市场为导向的农产品贸易体制，并通过对支持和保护承诺的谈判，通过强化关税与贸易总协定的规则和纪律并使其更加有效，进行改革。持续对农业支持和保护逐步进行实质性的削减，纠正和防止世界农产品市场的限制和扭曲，期望在市场准入、国内支持、出口竞争方面达成具体的约束性的承诺，并就卫生与植物卫生措施问题达成协议。

经过艰苦的谈判，终于达成了《农业协议》（又称为农产品协议），以此加强对农产品贸易的约束。

《农业协议》与 GATT1994 是两个相互独立又相互联系的协议，前者是对农产品贸易规则的特殊规定。同样，《农业协议》与《卫生措施协议》尽管联系非常密切，《农业协议》在其条文中规定了各成员实施《卫生措施协议》的义务，但两个协议的具体内容是不同的，后者适用于可能直接或间接影响国际贸易的卫生与植物卫生措施。可以说，《卫生措施协议》调整内容只是农产品贸易所涉问题的一部分。

《农业协议》对某些事项确立的义务和纪律，如出口补贴、保障措施，不同于其他协议中的规定，如《补贴与反补贴措施协议》和《保障措施协议》。在适用时，应遵循《农业协议》的规定。例如，《农业协议》第 5 条"特别保障条款"第 8 款规定，如特别保障措施符合该条规定，不得对此类措施援用关税与贸易总协定第 19 条第 1 款（a）项和第 3 款的规定，或《保障措施协议》第 8 条第 2 款的规定。因此，弄清《农业协议》与其他相关协议之间的关系，非常重要。

《农业协议》所适用的农产品，包括《商品名称及编码协调制度》第 1 章至第 24 章所包括的产品，鱼及鱼制品除外，另加属于其他章的一些产品，如生皮、生丝、羊毛等。上述产品不限制《卫生措施协议》的产品范围。

二、农产品贸易的新纪律

（一）承诺列入减让表

《农业协议》确立的农产品新纪律，主要由市场准入承诺、国内支持承诺和出口补贴承诺三部分组成。国内支持承诺和出口补贴承诺，构成了限制补贴的承诺。这些承诺皆被列入各成员减让表，构成 1994 年关税与贸易总协定的组成部分。

1. 市场准入关税化

市场准入主要指通过降低进口关税和放松各种进口限制所体现的市场开放。《农业协议》中的市场准入承诺，指关税的约束和削减以及减让表中列明的其他市场准入承诺。通过统一适用关税来取代以前存在的各类非关税措施，通过关税配额来实现各类限制，使得对农产品贸易的限制量化、透明，减少扭曲贸易的可能性。各种非关税措施转换成关税后，列入关税减让表中，该关税税率是约束性关税，代表了最高的关税水平。

除下文所述的特别保障措施外，各成员不得维持、采取或重新使用已经转换成普通关税的任何措施，包括进口数量限制、进口差价税、最低进口价格、任意性的进口许可、通过国家专营企业维持的非关税措施、自动出口限制及除普通关税外的类似边境措施，等等。

2. 国内支持弱化、量化

国内支持，指对国内农业生产者的支持措施，包括对农业生产者的国内补贴。国内支持可以是市场价格支持，也可以是政府直接付款。《农业协议》允许提高或保证农产品价格和农民收入的各类补贴和支持，但应当逐步减少这类补贴和支持。发达国家减少的速度和幅度大于发展中国家减少的速度和幅度。各成员提供的国内支持，列入减让表中；除另有规定外，任何成员不得超过减让表列明的承诺水平提供有利于国内生产者的支持。《农业协议》将国内支持分为黄箱措施、蓝箱措施和绿箱措施。黄箱措施是应作出削减的国内支持措施。绿箱措施指不需作出削减的国内支持措施。蓝箱措施指要实施限产计划的不需削减的国内支持措施。

国内支持通过综合支持量（AMS）来量化。综合支持量指以货币形式表示的、对某一基本农产品的生产商提供的年度支持水平，或对总体农业生产者提供的年度支持水平，不包括《农业协议》附件 2 允许的计划所提供的支持。有利于农业生产者的所有国内支持的总和，构成对农业的综合支持总量（Total AMS），包括基本农产品的综合支持量、非特定产品的综合支持量以及对农产品的所有类似支持量的总和。这些数量代表了成员可以提供国内支持的最大量。在某一特定年度内，成员可以在综合支持总量的范围内，对不同产品的综合支持量进行平衡。

如果国内支持措施对生产没有或有非常小的扭曲作用，可以不用作出减让承诺。这是附件 2 规定的绿箱支持。这些不用作出减让承诺的国内支持措施，应通过政府公共资金计划提供，并且不能具有对生产者提供价格支持的作用。这样的措施包括：政府提供的一般性服务，如病虫害研究和控制、培训服务，推广和咨询服务，检验服务，营销和促销服务，基础设施服务等；用于粮食安全目的的公共储备；国内粮食援助，如为贫困人口提供粮食；自然灾害救济而对生产者提供的直接支付；结构调整援助；环境保护计划援助；贫困地区援助计划等。

2013 年部长会议决定将土地改革和农村生活保障列入政府提供的一般服务，同时对于粮食安全目的的公共储备，暂不提出指控。

上述绿箱国内支持措施，是反补贴税意义上的不可诉补贴，不得据可诉补贴采取措施，不得提起非违反性申诉。

3. 出口补贴列明化、约束化

根据《农业协议》，对于减让表列明的农产品或产品组成，不得提供该协议第 9 条第 1 款列举的超过所列预算支出和数量承诺水平的出口补贴，不得对减让表中未列明的任何农产品提供此类补贴。每一成员不得提供不符合该协议且不符合承诺的出口补贴。这表明，除非对农产品的出口补贴已列入成员的减让表（有关减让和承诺的一览表），不得对未列明的农产品实施出口补贴；对列明的农产品的补贴，不得超出所列的最高水平。

《农业协议》第 9 条第 1 款规定下列对农产品的出口补贴受到约束：政府依赖出口实绩而提供的直接补贴（包括实物支付）；政府为出口，以低于国内市场上同类产品的可比价格，销售或处理农产品的非商业性库存；通过政府措施资助对农产品出口的付款；为减少农产品出口成本而提供的补贴；对出口货物提供优惠的国内运费；对出口产品中含有的农产品提供补贴。

为了防止规避出口补贴承诺，《农业协议》规定，不得以产生规避出口补贴承诺或威胁导致这种规避的方式，适用未列入第 9 条第 1 款的出口补贴；也不得使用非商业性交易来规避此类承诺。任何声称未超过削减承诺水平的任何出口数量提供补贴的成员，须证实未对所涉出口数量提供补贴，无论此种补贴是否列入第 9 条。

《农业协议》规定的农产品出口补贴纪律与《补贴与反补贴措施协议》完全禁止出口补贴不同。《农业协议》允许对农产品的出口补贴，但补贴要逐渐减少，既要减少补贴资金数额，又要减少接受补贴的产品数量。

4. 和平条款的适用

《农业协议》第 13 条“适当的克制”（又称和平条款）规定，在该协议生效后 9 年内的实施期内，对符合条件的国内支持采取适当的克制，不得征收反补贴税或向世界贸易组织申诉，不得提起非违反性申诉。对符合减让表规定条件的出口补贴，进口成员只有按照反补贴协议作出损害或损害威胁裁定后，才可征收反补贴税，不得采取其他措施。该条所适用的实施期已于2003年年底届满。

(二）特别保障措施

对于进口产品对国内农产品造成的损害，进口成员可以采取一般保障措施。除此之外，《农业协议》规定了针对具体农产品的特别保障措施（special safeguard，SSG)。该特别保障措施仅适用于已经将其他限制措施转换成普通关税且在减让表中标明SSG符号的农产品。

特别保障措施的实施条件与一般保障措施的不同。它不依赖于进口农产品对国内同类产品或直接竞争产品产业的严重损害，而是依据一定的进口量或进口价格。

只要满足下述任何一个条件，作出关税减让的进口成员对进口农产品采取特别保障措施，征收附加关税。存在两种情况，就是进口量超过触发水平和进口价格低于触发价格。

1. 进口量超过触发水平

这是指该产品在任何年度内的进口量，超过了现有市场准入机会的触发水平。该触发水平根据进口占进口成员最近三年相应国内消费量的一定百分比确定。触发水平根据以市场准入机会为基础的公式确定。市场准入机会指进口相当于可获数据的最近三年相应国内消费量的百分比。

2. 进口价格低于触发价格

这是指进口农产品的到岸价，低于称为触发价格的价格。该触发价格相当于该产品在1986年到1988年的平均参考价格。

第二节　动植物卫生检疫措施

一、《卫生与植物卫生措施协议》概述

进口的农产品是否安全，是否影响到人类动植物的健康和安全，需要一定的检疫标准和措施。检疫标准的不统一和实施措施的任意性，可能成为限制或禁止进口的滥用。制定统一的卫生检疫措施标准，对于促进国际贸易的发展是必要的。

世界贸易组织《卫生措施协议》明确承认各成员有权采取为保护人类、动植物生命或健康所必需的卫生与植物卫生措施（以下简称卫生措施)，但同时要求该类措施不应违反该协议的要求；期望建立规则和纪律的多边框架，指导卫生措施的制定、采用和实施，将其对贸易的消极影响减少到最低限度；承认国际标准、指南和建议（以下简称国际标准）在这方面作出的重要贡献；期望进一步推动各成员使用协调的、以有关国际组织制定的国际标准为基础的卫生措施，但不要求各成员改变其对人类、动植物的生命或健康的适当保护水平；对发展中国家在这方面的困难给予帮助；同时期望澄清关税与贸易总协定第20条（b）项的适用规则。

《卫生措施协议》适用于所有可能直接或间接影响国际贸易的卫生措施。此类措施应按照

该协议的规定制定和适用。对于不属该协议范围的措施，该协议的任何规定，不得影响各成员根据《技术性贸易壁垒协议》所享有的权利。

卫生措施，指用于下列目的的任何措施：(1) 保护成员领土内的动物或植物的生命或健康免受虫害、病害、带病有机体或致病有机体的传入、定居或传播所产生的风险；(2) 保护成员领土内的人类或动物的生命或健康免受食品、饮料或饲料中的添加剂、污染物、毒素或致病有机体所产生的风险；(3) 保护成员领土内的人类的生命或健康免受动物、植物或动植物产品携带的病害产生的风险，或虫害传入、定居或传播所产生的风险；(4) 防止或控制成员领土内因虫害的传入、定居或传播所产生的其他损害。卫生措施，包括所有相关法律、法令、法规、要求和程序，特别包括：最终产品标准；工序和生产方法；检验、检查、认证和批准程序；检疫处理，包括与动物或植物运输有关的或与在运输过程中为维持动植物生存所需物质有关的要求；有关统计方法、抽样程序和风险评估方法的规定，以及与粮食安全直接相关的包装和标签要求。

从内容上说，《卫生措施协议》是关税与贸易总协定第 20 条“一般例外”中有关保护人类、动植物生命或健康内容的细化，但从规则形式看，《卫生措施协议》和关税与贸易总协定是相互平行的独立协议。某一措施可能同时受到这两个协议及相关条款的调整，但由于《卫生措施协议》规定得比较具体、详细，实践中通常适用《卫生措施协议》判断某一卫生措施是否违反了该协议。在根据关税与贸易总协定的其他条款指控时，第 20 条的相关规定则常被作为一个抗辩理由提出。

就《卫生措施协议》与《技术性贸易壁垒协议》的关系而言，这两个协议是相互独立的协议，《技术性贸易壁垒协议》虽适用于工业品和农产品，但不适用于上述的《卫生措施协议》附件 A 定义的卫生措施。《技术性贸易壁垒协议》所适用的技术法规，指规定强制执行的产品特性或其相关工艺和生产方法的文件。包括适用于产品、工艺或生产方法的专门术语、符号、包装、标志或标签要求的文件，或这样的专门文件，都属于技术法规的范围。举例来说，一瓶矿泉水，对水质适用《卫生措施协议》，对容器适用《技术性贸易壁垒协议》。

二、成员维持人类、动植物生命与健康的基本权利和义务

各成员有权采取为保护人类、动植物的生命或健康所必需的卫生措施，只要此类措施不违背《卫生措施协议》的规定。

各成员应确保，任何卫生措施的实施不得超过为保护人类、动植物的生命或健康所必需的限度，并以科学原理作依据，如果没有充分的科学依据，则不得维持，但《卫生措施协议》另有规定的例外。该协议第 5 条第 7 款规定了上述规则的例外。在有关科学根据不充分的情况下，一成员可根据现有的相关信息，包括来自有关国际组织以及其他成员实施的卫生措施的信息，临时采取某种卫生措施。这种情况下，各成员应寻求更客观地评估风险所必要的补充信息，并在合理的期限内对卫生措施相应地进行审查。

各成员应确保，其卫生措施不得对情况相同或相似的成员领土间，包括在成员自己境内和其他成员领土之间，构成任意的或不合理的歧视；卫生措施的适用方式不得构成对国际贸易的变相限制。

符合《卫生措施协议》的卫生措施，视为符合根据关税与贸易总协定有关使用卫生措施的

规定所承担的义务，特别是第 20 条（b）项的义务。

各成员对遵守《卫生措施协议》项下的所有义务负全部责任，应制定和实施积极的措施和机制，支持中央政府机构以外的机构遵守该协议的规定。各成员应采取能够采取的合理措施，保证其领土内的非政府实体以及其领土内的相关实体为其成员的区域机构，符合该协议的相关规定。此外，各成员不得采取其效果为直接或间接要求或鼓励此类区域或非政府实体、地方政府机构以违反该协议的方式行事的措施。各成员应保证只有在非政府实体遵守该协议的前提下，方可依靠这些实体提供的服务实施卫生措施。

三、卫生措施的协调与等效

为了在尽可能广的基础上协调卫生措施，各成员的卫生措施应根据现有的国际标准制定。符合国际标准的卫生措施，视为为保护人类、动植物的生命或健康所必需的措施，并视为和关税与贸易总协定的有关规定相一致。但如果存在科学理由，或成员根据风险评估的有关要求确定对动植物的保护水平是适当的，成员可以采用或维持其达到的水平比根据国际标准制定的措施所能达到的保护水平更高的卫生措施。这类措施不应违反《卫生措施协议》的其他规定。如成员根据该协议的有关规定，对现有科学信息进行审查和评估，确定有关国际标准不足以实现适当的动植物卫生保护水平，则为存在科学理由。

如出口成员向进口成员客观地证明其卫生措施达到进口成员的卫生与植物卫生的适当保护水平，则进口成员应将出口成员的措施作为等效措施予以接受，即使这些措施不同于进口成员自己的措施，或不同于从事相同产品贸易的其他成员使用的措施。为此，应请求，其他成员应给予进口成员进行检查、检验及其他相关程序的合理机会。此外，应请求，各成员应进行磋商，以就承认具体卫生措施的等效性问题达成双边或多边协议。

四、风险评估与适当保护水平的确定

《卫生措施协议》允许成员采取比国际标准保护水平高的植物卫生保护水平，制定卫生措施。但这种措施应建立在风险评估的基础上。

各成员应保证其卫生措施的制定，以对人类、动植物的生命或健康所进行的、适合有关情况的风险评估为基础，同时考虑有关国际组织制定的评估技术。在进行风险评估时，应考虑可获得的科学证据：有关工序和生产方法，有关检查、抽样和检验方法；特定病害或虫害的流行；病虫害非疫区的存在；有关生态和环境条件；检疫或其他处理方法。在评估风险并确立适当的保护水平时，应考虑下列有关经济因素：由于虫害或病害的传入、定居或传播造成生产或销售损失的潜在损害，在进口成员领土内控制或根除病虫害的费用，以及采用替代方法控制风险的相对成本效益。

在确定适当的卫生与植物卫生保护水平时，成员应考虑将对贸易的消极影响减少到最低限度的目标。每一成员应避免其认为适当的保护水平在不同情形下的任意的或不合理的差别，如果这种差别对国际贸易构成歧视或变相限制，以实现防止对人类、动植物的风险适用适当的卫生或植物卫生保护水平这一概念的一致性。各成员为此应在卫生与动植物卫生措施委员会中合作。各成员应保证其采取的卫生措施，对贸易的限制不超过为达到适当的保护水平所要求的程度，同时考虑其技术和经济的可行性。如果一成员有理由认为另一成员采用或维持的某一卫生措施正在限制或可能限制其产品出口，且该措施不是根据有关国际标准制定的，或不存在此类标准，则可请求说明此类卫生措施的理由，维持该措施的成员应提供此种说明。

《卫生措施协议》还要求，各成员应保证其卫生措施适应产品的产地和目的地的卫生与植物卫生特点，无论该地区是一国的全部或部分地区，还是几个国家的全部或部分地区。

问题与思考

1. 《农业协议》建立了哪些农产品贸易的新纪律?
2. 农产品特别保障措施的实施条件是什么?
3. 世界贸易组织成员在保护人类、动植物生命和健康方面享有哪些基本权利?
4. 世界贸易组织成员在采用比国际标准保护水平高的卫生措施时，应遵循什么义务?

第十六章
反倾销措施

本章概要

反倾销措施是关税与贸易总协定和世界贸易组织允许的国内产业保护措施，反倾销税是约束关税的例外。进口产品倾销、进口国国内产业损害及二者之间的因果关系是采取反倾销措施的必备条件。采取反倾销措施应遵循严格的反倾销调查程序，基于该调查得出肯定结论。除非日落审查得出撤销反倾销措施可能导致倾销或损害继续或再度发生的结论，应终止反倾销措施。

关键术语

倾销　正常价值　出口价格　倾销幅度　国内产业　区域产业　关联企业　同类产品　实质损害　反倾销税　价格承诺　临时措施　日落复议　追溯征收　下游产品的监督　反吸收审查　反规避调查

第一节　反倾销措施概述

一、反倾销规则

国际贸易中的倾销，指以低于同类产品国内消费的正常价值的价格，在国外市场销售。倾销是一种企业行为。尽管企业倾销的动机多种多样，在经济上如何对消费者有利，但它实际上是一种扭曲竞争条件的不公平行为。在国际贸易中更是如此。倾销进口可能造成对进口国生产同类产品的国内产业的损害。对此，一些国家制定反倾销法，对满足一定条件的倾销进口采取反倾销措施。

GATT1947 认可进口国对倾销进口采取反倾销措施的权利。其第 2 条确立了约束关税制度：缔约方对其他缔约方的贸易所给予的待遇不得低于减让表中所规定的待遇。尽管这一制度构成了 GATT1947 的核心，但它同时提供了反倾销税的例外：第 2 条的规定不得阻止任何缔约方对任何产品的进口，按照第 6 条规定的方式征收反倾销税。第 6 条确认对造成国内产业损害的倾销应予以谴责。同时，为防止缔约方滥用反倾销措施、限制国际贸易，GATT1947 第 6

条确立了征收反倾销税的规则，向实施反倾销税措施的缔约方施加了义务。

但 GATT1947 确立的反倾销税规则过于简单，不能有效地约束反倾销税的实施。反倾销税逐渐成为一种非关税壁垒，这在关税不断降低的情况下更为明显。为了解决这一问题，在肯尼迪回合谈判中，缔约方签订了实施 GATT1947 第 6 条的反倾销法典，但却由于美国国会反对而没有生效。东京回合谈判再次达成了反倾销守则。该守则只对接受它的缔约方生效，并没有成为对所有缔约方具有普遍约束力的规则。乌拉圭回合谈判对该守则进行了修订，形成了《关于实施 1994 年关税与贸易总协定第 6 条的协议》（又称《反倾销协议》）。该协议作为世界贸易组织协议附件 1 的组成部分，成为世界贸易组织货物贸易的重要规则，对所有的世界贸易组织成员均有约束力。从该协议的名称可以看出，该协议是 GATT1994 第 6 条的实施协议，是对第 6 条规则的阐释和细化，而不是替代第 6 条。因此，GATT1994 第 6 条和《反倾销协议》，共同构成了世界贸易组织的反倾销规则。

二、反倾销措施的性质

倾销是企业行为，而世界贸易组织规则的规范对象却是成员政府的行为。因此，世界贸易组织反倾销规则的调整对象不是倾销本身，而是成员的反倾销措施。虽然允许对倾销进口征收反倾销税，但其前提必须是倾销进口产品对生产同类产品的进口国的国内产业造成了实质损害，即损害性倾销。不产生国内产业损害的产品倾销本身，不能成为采取反倾销措施的依据。对倾销进口产品征收反倾销税，以消除对国内产业的损害为限，征税数额不得超过倾销幅度。

反倾销措施是世界贸易组织规则允许的国内产业救济措施，但不能滥用。

第二节　采取反倾销措施的条件

一、概述

世界贸易组织规则中的反倾销措施，指针对造成进口国国内产业损害的倾销进口产品采取的、旨在消除损害后果的措施。反倾销措施通过消除倾销，或者说消除倾销幅度，实现消除损害后果的目的。

反倾销措施包括临时措施、价格承诺和反倾销税三种形式。除此之外的其他针对倾销所采取的措施，不是反倾销规则所允许的措施，从而违反了反倾销规则。

反倾销措施只能根据发起和进行的反倾销调查的结果实施。GATT1994 第 6 条和《反倾销协议》确定的基本原则，成员国不得征收反倾销税，除非其根据《反倾销协议》的规定进行的调查确定存在倾销进口，国内产业受到实质损害（包括实质损害威胁和实质阻碍产业的建立），倾销进口与损害之间有因果关系。

二、倾销

倾销是建立在进口产品在出口国或原产地国正常贸易过程中的正常价值与出口价格的公平

比较之上的。如果一产品从一国出口到另一国，该产品的出口价格低于正常贸易过程中在出口国供消费的同类产品的可比价格，即低于其正常价值进入另一国的商业领域，该产品即被认为是倾销。正常价值与出口价格的差额即是倾销幅度。

（一）正常价值

正常价值不是一种具体的价格，它是一种虚拟概念。正常价值有下述几种计算方法，可以基于不同的市场确定。通常使用的是出口国国内市场销售的同类产品的销售价格，但如果没有这种价格，可以使用向第三国销售的同类产品的价格或推定价格作为确定正常价值的基础。有时转口的中间国价格也可以作为确定正常价值的依据。

无论使用何种计算方法来确定正常价值，其计算都是在正常的投入产出基础上进行的，其销售都视为能够回收成本的销售。如果低于成本销售，则该销售违反了正常的经营规则和市场规则，不能用来作为计算价格的依据。

无论是在出口国国内市场上销售，还是向第三国销售，其价格低于每单位生产成本加上行政管理费、销售费和一般费用的，不应认为是在正常贸易过程中进行销售。如果低于生产成本销售占销售的大部分，且该销售在连续的期限内（通常是1年，但不少于6个月，与确定正常价值所审议的销售相一致的期限）大量地进行，在合理期限内不能回收成本，可在确定正常价值时忽略该项销售，在确定正常价值时不予考虑。但《反倾销协议》没有明确这种情况下应采取的确定正常价值的方法。

1. 出口国国内市场价格

《反倾销协议》并没有对出口国国内市场价格作出规定。从对倾销的定义看，出口国国内市场价格应理解为，同类产品在出口国市场正常贸易过程中用于消费的可比价格。该市场应有足够的同类产品的销售。出口国国内市场消费的同类产品的销售，占销往进口国成员总量的5%或以上，通常视为可以用于确定正常价值的足够数量。如果有证据表明较低比例的国内销售仍属进行适当比较的足够数量，也可以接受该较低比例。对于同类产品，《反倾销协议》将其定义为在所有方面都相同的产品，或在没有这种产品时，虽然在所有方面不尽相同但与该倾销产品有非常类似的特征的产品。

2. 向第三国出口价格

在出口国国内市场正常贸易过程中不存在同类产品的销售时，或者由于该市场的特定情况，或在出口国国内市场的销售量太少，该销售不能用于适当比较时，倾销幅度可以通过与向第三国出口同类产品的可比价格比较确定。这即是向第三国出口价格。

3. 推定价格

如果有关主管机关确定正常价值不能通过消费价格确定，则正常价值可以是基于该产品的生产成本、一般销售和管理费用、利润的推定价格。

下列情况下使用推定价格作为确定正常价值的基础：出口国国内市场或第三国市场不可靠；不予考虑的低于生产成本的销售；不予考虑的正常贸易过程外的销售或不具代表性价格的销售；不予考虑的用于建立虚假市场的销售；不具备可比产品的同时销售；有关主管机关确定国内市场价格或第三国价格不适当时。

4. 非市场经济国家产品的正常价值确定

关税与贸易总协定是建立在自由经济基础之上的，对于非市场经济制度并没有作出规定，只是在附件 9 关于第 6 条的注释中提到，从国家垄断贸易并由国家规定价格的国家进口产品，在决定可比价格时可能遇到困难。《中国加入世界贸易组织议定书》第 15 条规定，在中国“入世”后的 15 年内，其他成员对中国出口的产品进行反倾销调查时，如中国企业不能证明符合市场标准，可以采取非市场经济标准，使用替代国确定正常价值。欧美一些国家在其反倾销立法中对非市场经济国家产品的价格确定作了特别规定。

根据美国反倾销法，所谓非市场经济国家，指由有关主管机关确定的不根据成本或定价结构的市场原则运行，从而该国产品的销售不反映产品的公平价值的任何外国。在确定某一外国为非市场经济国家时，应考虑如下因素：(1) 外国货币转换成其他国家货币的程度；(2) 劳资双方自由谈判决定工资的程度；(3) 该外国允许其他外国厂商合资或其他投资的程度；(4) 政府拥有或控制生产方法的程度；(5) 政府控制资源分配、价格和企业的产出决定的程度；(6) 有关主管机关视为适当的其他因素。一旦一国被有关主管机关确定为非市场经济国家，该确定将一直有效，直到被撤销，且该确定不受司法审查。

对于来自非市场经济国家的倾销进口产品，如果主管机关发现现有资料不允许根据出口国国内消费价格或第三国价格确定对象产品的正常价值，可以采取两种方法确定其正常价值。一种是使用替代国产品来确定正常价值。主管机关基于下述价格确定正常价值：与非市场经济国家经济发展水平可比的一个或多个市场经济国家生产的与对象产品可比的产品在其他国家的销售价格。另一种是推定正常价值。主管机关应在生产该产品的生产要素的价值的基础上，增加一般费用、利润和包装箱、覆盖物和其他费用的数额，确定对象产品的正常价值。生产要素的估价应基于市场经济国家或主管机关视为合适的国家的有关这些要素的价值的现有最佳资料。

应该看到，无论是否采用替代国，在确定生产要素的价值时，实际上使用的都是市场经济国家的价值，只不过一种按产品的生产要素确定，一种按生产确定。尽管在确定生产要素的价值时，要求该市场经济国与非市场经济国具有经济上的可比性，但可比性本身并无标准。实践中，武断性较强。

(二) 出口价格

出口价格一般指进口商的购买价格。如果不存在出口价格，或者由于出口商与进口商或第三者之间有联合或补偿安排使得出口价格不可靠，可以采用推定出口价格 (constructed export price)，即出口产品首次转售给独立买主的价格，或者是在该产品不转售给独立买主、也不以进口的条件转售的情况下，在合理基础上确定的价格。

上述两种价格需要根据不同的情况进行增加或扣除的调整。

(三) 倾销幅度

在确定是否存在倾销时，应在出口价格或推定出口价格与正常价值之间进行公平的比较，其差额就是倾销幅度。倾销幅度指调查产品的正常价值超过出口价格或推定出口价格的数额，常用百分比表示。有时使用加权平均倾销幅度，指通过把某一具体出口商或生产商的总的倾销幅度除以该出口商或生产商总的出口价格或推定出口价格而确定的百分比。

(1) 公平比较。《反倾销协议》要求公平比较出口价格和正常价值。该比较应在同一贸易水平上——通常应在出厂价的水平上——进行，并尽可能接近于同一时间的销售。对于影响价格比较的不同因素，根据每一案件的具体情况作出适当的调整，包括销售条件、税收、贸易水平、数量、物理特征以及影响价格可比性的其他差异。在采用推定出口价格时，应进行成本费用的调整，包括进口与转售之间产生的关税、税收以及利润。

（2）比较方法。倾销幅度通常应在加权平均正常价值与全部可比的出口交易的加权平均价格比较的基础上确定，即平均对平均比较法，或在每项交易的正常价值与出口价格进行比较的基础上确定，即个别对个别比较法。如果出口价格在不同的购买人、地区或时间差别很大，可以将在加权平均基础上确定的正常价值与单独出口交易的价格进行比较，即平均对个别比较法。根据世界贸易组织争端解决实践，在将全部调查产品分组确定其出口价格时，使用零化或归零法（zeroing），违反了反倾销规则。

（3）货币转换。由于汇率变动极大地影响倾销幅度，为货币转换之目的，应使用销售当日的外汇汇率。但如果销售是在期货合同确定的外汇汇率基础上进行的，则应使用该汇率。

（4）小额规则。根据《反倾销协议》，当倾销幅度小于出口价格的2%时，该倾销幅度可忽略不计，调查应终止。另外，如来自一特定国家的倾销进口产品的数量低于进口成员同类产品进口的3%，该数量通常应忽略不计，除非占进口成员中同类产品进口不足3%的国家的进口产品合计超过该成员中同类产品进口的7%。

三、产业损害

在征收反倾销税以前，进口国必须确定倾销进口对进口国的生产同类产品的国内产业造成了实质损害或实质损害威胁，或实质阻碍产业的建立。损害的确定应基于确切的证据，并通过对倾销进口的数量、对国内同类产品价格的影响以及倾销进口对国内产业的影响进行客观审查来确定。损害可以累积评估不同国家的进口确定。倾销进口与产业损害必须存在因果关系。鉴于损害的滞后效应，审查损害的期限与审查倾销的期限并不必然相同。

（一）国内产业

确定损害和因果关系必须首先确定国内产业。国内产业范围的大小直接影响到损害和因果关系的确定。国内产业的确定以同类产品为基础。

同类产品（like products），指与被调查产品相同，或不相同时在特征和用途方面最相似的产品。国内产业，一般是指国内同类产品的生产商全体，或其国内同类产品总产量占该产品的同类产品国内总产量主要部分的生产商。构成国内产业的生产商，既可以是全国生产商，也可以是主要生产商。

关联企业不包括在国内产业的范围之内。如果国内同类产品的生产商和出口商或进口商是关联方，或如果国内同类产品的生产商也是进口产品的进口商，在适当的情况下，该生产商可从产业中排除，而不作为国内产业的一部分来计算，国内产业由除此之外的其他生产商构成。一生产商是否是关联方，主要以生产商同出口商或进口商间是否存在控制关系来确定。如果一方在法律上或经营中处于对另一方控制或指导的位置，即视为直接或间接控制另一方。生产商视为出口商或进口商的关联方的情况主要有以下几种：（1）他们中的任何一方直接或间接控制另一方，包括生产商直接或间接控制出口商或进口商，出口商或进口商直接或间接控制生产商；（2）第三方直接或间接控制生产商和出口商或进口商；（3）生产商和出口商或进口商直接或间接共同控制第三方，并且有理由相信该关系使生产商的行为与没有关系的生产商的行为不同。

区域产业在一定情况下可以被视为国内产业，即某一地区的生产者作为国内产业对待。反倾销规则允许基于区域产业来评估进口产品对国内产业的影响。如果一国市场内存在两个或两个以上的竞争市场，每一市场内的生产商在该市场中销售其生产的同类国内产品的全部或几乎全部产品，并且该市场中的需求在很大程度上不是由位于其他地方的该产品的生产商供应的，则每一个市场内的生产商可被视为一个独立的产业，这种情况下称为区域产业。

由几个国家组成的具有单一统一市场特征的一体水平的地区中的产业，可以被视为国内产业。最明显的例子是欧盟统一市场。

由于同类产品和国内产业的界定，直接关系到倾销进口产品对国内产业的损害确定，实践中出现过国内调查机关扩大同类产品范围从而扩大产业范围的情况，以便将经营不善的、严格意义上不属于同类产品的产品的生产商包括进来，增加损害效果。这种情况是违反反倾销纪律的。

（二）实质损害的确定

根据《反倾销协议》，损害应指对某一国内产业的实质损害（material injury），对国内产业的实质损害威胁，或对某一产业的建立造成实质阻碍。实质损害的确定包括下述几方面的审查：倾销进口产品的数量；倾销进口产品对国内同类产品市场价格的影响；倾销进口产品对国内同类产品生产商的影响。

1. 倾销进口产品的数量

倾销进口产品的绝对数量，或相对于进口国生产或消费的相对数量，是否存在大幅度增加。由于采取的是绝对和相对两种计算方法，因而即使某种倾销进口产品的绝对数量或其增加并不明显，也有可能用相对的计算方法得出数量大幅度增加的结论。

2. 倾销进口产品对价格的影响

主要考虑三个方面：与国内同类产品的价格相比，倾销进口产品是否一直存在大幅度的降价，该产品进口的结果是否严重抑制了价格或是否在很大程度上阻止了本应发生的价格增长。上述单独一个或其中几个因素的存在与否，并不必然地起决定性作用。

3. 倾销进口产品对国内产业的影响

在适当界定国内产业的前提下，审查、评估影响国内产业状况的所有相关经济因素和指标，包括但不限于：(1) 销售、利润、产量、市场份额、生产力、投资收益以及生产能力利用率实际和潜在的下降；(2) 影响国内价格的因素；(3) 倾销幅度的大小；(4) 对现金流量、库存、就业、工资、增长率、筹集资本及投资能力的实际和潜在的消极影响。上述因素中没有一个因素是决定性的。但根据世界贸易组织的争端解决实践，上述列举的因素是必查因素。如果没有提供充分的理由，缺少对任何一个因素的调查，都将导致对国内产业影响的结论缺乏法律依据。

（三）实质损害威胁

可以征收反倾销税的另一种情形是对国内产业的实质损害威胁。该损害威胁必须是明确可预见到的、迫近的，而不仅仅是依据指控、推测或极小的可能性。确定国内产业是否受到实质损害威胁时，除其他经济因素外，应特别考虑下列因素：(1) 倾销进口产品大幅度进入进口国市场，表明进口将大量增加的可能性；（2）考虑到其他出口市场吸收额外出口的程度，出口商可自由充分使用的能力或出口商即将实质增加的能力，表明倾销进口产品大幅度进入进口国市场的可能性；（3）进口产品是否正以可能对国内价格有明显的抑制或压低影响的价格进口，增加进一步进口的需求；（4）被调查产品的库存。这些因素中的任何一个因素都不必然具有决定性作用。

前述确定实质损害所必查的因素，同样是确定实质损害威胁所必查的因素。

根据美国法律，确定实质损害威胁时，在第三国市场倾销也是要考虑的因素。如果存在外国市场倾销（对于接受调查的同一方出口或生产的同类产品，其他世界贸易组织成员国市场有倾销裁定或反倾销补救的证据），应考虑该倾销是否表明对国内产业有实质损害威胁。外国制造商、出口商或涉及该问题的美国进口商应提供资料。

（四）累积确定实质损害和实质损害威胁

如果来自不同国家的产品进口同时接受反倾销调查，每一国家进口产品的倾销幅度按出口价格的百分比表示超过了可以忽略不计的最小限度（2%），且每一国的进口量不可忽略不计，从某一特定国家进口倾销产品的数量占进口国国内市场同类产品进口的3%以上，或不足3%的单个国家的倾销产品数量的总和超过了进口国国内市场同类产品进口的7%；依据倾销进口产品之间的竞争条件以及倾销进口产品与国内同类产品之间的竞争条件，这种累积评估是适当的，即可以对来自不同国家的倾销产品进口累积评估。这是世界贸易组织《反倾销协议》新规定的内容。

允许累积确定不同国家的进口，使占极小市场份额的一国生产商，可能由于和来自其他国家的更大、更多的出口商合在一起计算，被裁定为造成实质损害的一个原因。

四、倾销与损害的因果关系

采取反倾销措施的目的是消除倾销进口对国内产业所造成的损害。如果倾销与国内产业损害之间没有因果关系，或者说损害不是由于倾销进口的原因造成的，则不得采取反倾销措施。因此，《反倾销协议》要求必须证明通过上述（二）和（三）所列的影响，倾销进口产品正在造成该协议所指的损害。这一因果关系要求包括正反两个方面：倾销进口产品的归因和非倾销进口因素的不归因。

确定倾销进口产品和对国内产业造成损害之间的因果关系，应以主管机关掌握的全部相关证据为依据。有关主管机关除审查倾销进口外，还应审查同时正在对产业造成损害的其他已知因素。这些其他因素造成的损害不得归因于倾销进口产品。《反倾销协议》特别列举了一些相关因素：（1）未以倾销价格销售的进口数量和价格；（2）需求减少或消费模式的变化；（3）外国与国内生产商的限制性贸易做法，以及他们之间的竞争；（4）技术发展；（5）国内产业的出口实绩和生产率。尽管除倾销进口外可能同时存在其他损害因素，但主管机关不知，反倾销调查的利害关系方也没有向主管机关提出，主管机关只需满足正面要求即可。

《反倾销协议》对因果关系的大小、衡量没有规定。但经过专家组特别是上诉机构的解释，倾销进口产品不必是造成国内产业损害的唯一原因。这从上述不归因要求中可以看出。倾销进口产品本身也不必造成国内产业损害。如果倾销进口损害与其他损害因素一起，共同造成国内产业的损害，就满足了正面归因要求。国内主管机关在确定因果关系时，必须将倾销进口的损害影响与其他因素的损害影响区分开来（separate and distinguish）。这是反面的不归因要求。

上述对倾销进口产品与国内产业损害之间的因果关系的要求，同样适用于反补贴税调查和保障措施调查。

第三节　反倾销调查与反倾销税的征收

一、对反倾销调查申请的审查

反倾销调查的发起可以有两种方式：一是国内产业或其代表提起，二是有关主管机关自主发起。根据《反倾销协议》，只有在特殊的情况下，才由有关主管机关自主决定发起调查，即有充分的证据证明倾销、损害及因果关系存在，发起调查有正当性。一般情况下由国内产业或其代表提出申请而开始调查。

发起反倾销调查的申请应提供倾销、损害及倾销与损害间有因果关系的证据。仅是断言而没有确实的证据，不符合要求。除此之外，申请应有足够的产业支持。如果支持申请的国内生产商的产量超过了国内同类产品的总产量的25%，并且支持申请的国内生产商的产量超过了表示支持和反对的国内同类产品生产商的国内同类产品总产量的50%，该申请即被认为是由产业或代表产业提起的。如果申请基于区域产业，则在区域产业的基础上确定申请是否由产业或产业代表提出。

如果有关主管机关确定倾销或损害没有充分的证据证明，应驳回申请，终止调查。

鉴于反倾销申请的提交本身容易造成贸易的不稳定，《反倾销协议》要求调查主管机关避免公布申请，但在作出发起调查的决定之后，有关主管机关有义务将发起调查的决定通知公众。反倾销程序不得妨碍通关程序。

当倾销幅度或产品数量被确定为可忽略不计的最小值时，应终止调查。一般情况下小于正常价格2%的倾销幅度，或来自某一特定国家的倾销进口产品占进口国同类产品市场进口的3%以下，可忽略不计；但占进口成员中同类产品进口不足3%的国家的进口产品合计超过该进口成员同类产品进口的7%时，不能忽略。

二、反倾销调查中的证据提供

反倾销调查的利害关系方具有举证的义务。申请人在提出申请时应提供支持申请的有关证据。在调查开始之后，被指控倾销的出口商或进口商、出口国主管机关及其他利益关系方，应有充分的机会提供证据、进行答辩、反驳指控。发起反倾销调查的申请应全文提供给已知的出口商和出口方国家主管机关；一方提供的证据，应立即提供给参加调查的其他各方；各方有权查阅调查主管机关在调查过程中使用的全部信息，保密性信息除外。对于保密性信息，提交方应提交非保密的概要，否则调查主管机关可以不理会该信息。

任何利害关系方均无必须出席调查会议的义务，未能出席调查会议也不得对该方的案件产生不利。但如果任何利害关系方拒绝提供或未在合理时间内提供必要的信息，或严重妨碍调查，则调查主管机关均可在其掌握的现有事实基础上作出肯定或否定的初步或终局裁定。因此，利害关系方出席调查会议、提供证据、进行主张或抗辩，对反倾销调查的结果具有关键影响。

依据《反倾销协议》，主管机关对发起调查的决定以及在整个调查期间，都要充分考虑有关倾销、损害及因果关系的证据的充分性与准确性。在作出最终裁定前，主管机关应将考虑中的、是否作为适用最终措施的依据的事实通知所有利害关系人。必要时，调查主管机关可以进行现场调查。但该调查只能在出口商或生产商、出口国政府同意的情况下进行。现场调查应提前通知，以便出口商、生产商准备提供信息。

在确定倾销幅度时，主管机关应对每一个已知出口商或生产商确定单独的倾销幅度；在涉及太多的出口商或生产商、产品种类以至于不可能作出单独倾销幅度时，应使用有效的抽样统计方法，对合理数目的利害关系人进行审查，或对占出口产品数量最大百分比的产品进行审查。

主管机关作出的任何初步或终局裁定，无论是肯定的还是否定的，无论是接受价格承诺的决定、终止价格承诺的决定还是终止征收反倾销税的决定，都应公告。公告应详细列出或通过单独的报告详细提供，调查主管机关就其认定重要的所有事实和法律问题所得出的调查结果和结论。这表明，主管机关应就其裁定结果提供充分的合理的解释，证明基于裁定中查明的事实，能够得出其得出的结论。如果不能证明，其裁定即失去了法律依据。这一要求我们可以称为调查主管机关的证明责任。

三、调查过程中的临时措施和价格承诺

（一）临时措施

从发起调查开始算起，调查过程分为初步裁定和终局裁定两个阶段。主管机关作出存在倾销并因此造成国内产业损害的初步裁定，并判定有必要采取措施以防止在调查期间对产业造成损害时，主管机关可以裁定采取临时措施。

临时措施可以采取征收临时税的方式，但《反倾销协议》建议最好采取支付现金或保函的保证方式，其数额等于临时估计的反倾销税，但不得超过估计的倾销幅度。临时措施应从调查之日起 60 天后采取，适用期限一般不超过 4 个月，特殊情况下可为 6 个月或 9 个月。

（二）价格承诺

出口商也可以承诺提高他们的出口价格或停止以倾销价格出口，避免反倾销税，此为价格承诺（price undertaking）。但该承诺应由出口商自愿作出，而不应被迫作出。出口商是否作出价格承诺，不影响有关主管机关的调查和裁定。另外，在有关主管机关作出存在倾销和损害的初步裁定之前，有关主管机关不得要求或接受出口商的价格承诺，以防止出口商在其产品没有造成国内产业损害的情况下被要求作出该承诺。是否接受价格承诺由有关主管机关决定。承诺的价格提高不得高于需抵消的倾销幅度，如果提价幅度小于倾销幅度即可消除对国内产业的损害，则可采取较低的提价幅度。

如果有关主管机关对出口商的承诺、对倾销有害影响的消除感到满意，可暂时中止或终止

调查程序而不采取临时措施或征收反倾销税。

在接受价格承诺后，如果出口商希望或有关主管机关决定，应完成对有关倾销和损害的调查。如果就倾销或损害作出了否定裁定，承诺应自动终止，除非该裁定是基于价格承诺而作出的，在这种情况下可要求价格承诺维持一段合理的时间。如果出口商违反价格承诺，主管机关可基于现有最佳信息，立即采取临时措施。在此类情况下，可对在采取临时措施前 90 天内进入消费的产品征收最终反倾销税，但该追溯征税不适用于违反承诺之前就已进口的产品。

价格承诺一直有效，直至能抵消倾销造成的损害。如果行政复议的结果认为价格承诺不再合理，则应予以终止。

四、反倾销税的征收

(一) 征税原则

征税原则包括自主性、适当征税和非歧视性。在征税条件已经满足的情况下，由有关主管机关决定是否征收反倾销税，并决定征税的税额。如果较少征税即足以消除对国内产业造成的损害，则应少征税，征收税额不得高于倾销幅度。征收反倾销税时，应对构成倾销、造成损害的所有来源的进口产品，根据具体情况，在非歧视的基础上，按适当数额征税；但已接受价格承诺的产品除外。

反倾销税对倾销进口产品的进口商征收。

(二) 追溯征收

一般情况下，只能对在初步肯定裁定或最终肯定裁定生效后进入消费的倾销进口产品采取临时措施或征收反倾销税。但这一原则存在例外，在特殊情况下反倾销税可以追溯征收。

如果主管机关作出实质损害（不是实质损害威胁或实质阻碍产业的建立）终局裁定，或在采取临时措施时的损害威胁终局裁定（如不采取临时措施，本可导致实质损害产生），则可以从临时措施开始适用时追溯征收反倾销税。追溯征税遵循少退多不补原则，即如果最终反倾销税税额低于已支付或应支付的临时税或保证数额，其差额应予退还或重新计算税额；如果高于已支付或应支付的临时税或保证数额，其差额不再征收。对于一般的损害威胁裁定或阻碍产业建立的裁定，最终反倾销税只能从损害威胁或阻碍裁定作出日起计征，临时措施适用期间交付的押金应予退还，保证应立即解除。

追溯征收还可以延及临时措施适用前 90 天内进入消费的倾销进口产品。如果该产品存在造成损害的倾销史，或进口商知道或应知出口商在进行倾销，该倾销会造成损害，且损害是由于相当短的时间内的大量进口造成的，并考虑到倾销进口的时间和数量及其他因素（如进口产品库存的迅速增加），该倾销进口产品可能严重削弱最终反倾销税的救济效果，则可以对临时措施适用前 90 天内进入消费的倾销进口产品，征收最终反倾销税。但不得对调查开始前进入消费的产品追溯征税。

(三) 征税期限、审查和终止

反倾销税应在抵消造成损害的倾销所必需的时间和限度内实施。为此应对继续征税的必要性进行周期性审查。

主管机关在有正当理由的情况下，可以自行复议。在征收反倾销税的情况下，反倾销税的利害关系人可以要求有关主管机关对征收反倾销税的必要性进行复议，包括是否继续征收反倾销税以抵消倾销，如果取消或改变反倾销税损害是否继续或再度发生，或同时包括此二者。如果行政复议的结果使有关主管机关认为征收反倾销税已无正当理由，则应予以终止。如果倾销幅度小于征税水平，则应按新计算的结果征税。

尽管有上述规定，征收反倾销税不应超过5年的期限（日落条款），该期限起算时间从最终反倾销税征税之日，或倾销和损害复议之日，或者日落复议（审查）之日起。如果在该日期前主管机关自行进行的复议中，或利害关系方提起的复议中，主管机关裁定终止反倾销税可能导致倾销和损害的继续或再度发生，则应该继续征收反倾销税。在产生这种复议结果前，可以继续征税。从这一规定可以看出，反倾销税5年的实施期限只是一个理论期限，其实际实施期限可能是无限期的，只不过首次征税期限为5年而已。上述规定对价格承诺类推适用。

与原来的反倾销调查不同的是，日落审查是一种预期性调查，是对将来情况的一种判断，是对将来可能性的判断。而原来的反倾销调查则是一种追溯性调查，对发起反倾销调查前已经发生的情况进行调查。因此，二者对证据的要求也存在区别。世界贸易组织专家组裁定，《反倾销协议》第3条有关损害确定的规定，不适用于日落审查。

第四节　反倾销措施的救济

一、反倾销措施救济的含义

此处所说的反倾销措施的救济，是指被采取反倾销措施的倾销进口产品的出口商或生产商、进口商，通过法律程序可以享有的救济手段，旨在解决反倾销措施的合法性、必要性或适当性。这类救济包括通过进口国国内程序向反倾销调查机关提出复议，向进口国国内法院提出诉讼，或由政府通过世界贸易组织的多边程序提出审查。

国内程序救济和多边程序救济在性质上是两种根本不同的救济。其区别主要在于下述方面：（1）当事人不同。在国内程序中，当事人是原反倾销调查的利害关系方，而在多边程序中当事人是出口国政府和进口国政府。（2）申诉对象不同。在国内程序中，申诉对象是主管机关作出的决定，在多边程序中申诉对象既可以是主管机关作出的决定或采取的措施，也可以是复审法院作出的裁决，甚至还可以包括立法本身（统称进口成员国措施）。（3）实体规则或审查标准不同。国内程序中据以判断主管机关的决定是否合法的依据是进口国国内法，而在多边程序中审查成员国措施的依据是世界贸易组织的反倾销规则。尽管世界贸易组织要求成员的国内法与世界贸易组织规则相一致，但该两者在一些具体问题和解释、适用方法上仍然存在一定的区别，成员国法律违反世界贸易组织规则的情况更是如此。（4）处理争议的程序不同。在国内程序中遵循的是进口国的行政复议法或诉讼程序法，而在多边程序中遵循的是DSU规定的争端解决规则和程序以及《反倾销协议》规定的特殊或额外的规则与程序。（5）审判机构不同。在国内程序中，审判机构或者是原反倾销调查机构，或者是具有管辖权的法院；在多边程序中审判机构是争端解决机构，具体说是专家组和上诉机构。（6）救济结果不同。在国内程序中如果主管机关的裁定被裁决违反了国内法的相关规定，可以直接撤销或修改相关措施；而在多边程序中，争端解决机构只能建议进口成员政府使其措施与世界贸易组织规则相一致，而不能直接撤销或修改相关措施。

上述反倾销措施的救济的不同，对反补贴措施和保障措施也是适用的。

二、国内程序

（一）行政复议

根据《反倾销协议》，对于反倾销税和价格承诺，经任何利害关系方要求，或主管机关认为有必要时，主管机关应对反倾销税和价格承诺的继续必要性进行行政复议。有关证据和程序的规定，同样适用于行政复议。

（二）司法审查

国内立法包含反倾销措施的国家应确立司法、仲裁或行政法庭程序对行政机构的终局裁定进行审查，以及对行政复议进行审查。该法庭或程序应独立于作出裁定或行政复议的主管机关。但《反倾销协议》并没有作出进一步的指导。这一问题实质上是国内法问题。

三、多边解决程序

（一）成员国反倾销措施的多边行政监督

根据《反倾销协议》规定建立反倾销措施委员会。该协议要求各成员对反倾销调查中采取的临时性和终局性措施应不迟延地通知该委员会，并且每半年向该委员会通知在该期限内采取的所有措施。

各成员应向反倾销措施委员会通知其反倾销立法、规章。没有反倾销立法、规章的成员也要通知这一事实。各成员有关立法的通知应受该委员会的审查。

各成员应每年两次就其采取的反倾销措施向该委员会作出报告，并且向该委员会提交有效的反倾销措施清单。各成员应立即将其采取的临时措施和终局措施通知该委员会。各成员应向该委员会通知其发起和进行反倾销调查的主管机关。

（二）诉诸争端解决机构

如果进口成员行政主管机关已经采取最终措施，征收反倾销税或接受价格承诺，则出口成员可将此事项提交争端解决机构处理。如果某一临时措施具有重大影响，要求协商的成员认为该临时措施违背了《反倾销协议》规定的采取临时措施的条件，该成员也可以将此事项提交争端解决机构解决。

与反倾销调查相关的、可以提交专家组审查的，至少必须包括最终反倾销税、价格承诺和临时措施这三种措施中的一种。反倾销法本身也可以成为专家组审查的对象。

《反倾销协议》规定的对反倾销案件中的事实认定和协议解释的特殊审查标准，对国家主管机关的事实认定和法律解释给予了适当的尊重，旨在避免专家组作出纯基于其观点的决定。争端解决机构认为，《反倾销协议》规定的审查标准，与DSU规定的专家组的客观审查标准是一致的。

第五节　反倾销税的规避与防止

反规避，是指针对被采取反倾销措施的产品的出口商采取的规避反倾销措施的措施，进口国主管机关采取的相关措施。反规避最早由欧共体提出并实施，随后美国在其立法中包括了反规避的内容。在乌拉圭回合谈判中，1991 年的邓克尔文本（乌拉圭回合谈判文件草案）包括了反规避的内容。但终因谈判各方意见分歧，最终的《反倾销协议》没有包括反规避的内容。部长会议决定将该问题交由反倾销措施委员会解决。目前已成立反规避小组，各成员都可以参与，负责部长会议决定交付的任务。但迄今没有就此达成协议。

鉴于在乌拉圭回合谈判中欧美曾力主将这一部分的内容包括在《反倾销协议》中，以下就欧美的规定作一简单介绍。

一、美国的做法

规避与反规避，主要涉及上下游产品或成品与半成品。产品的生产、制造一般都经历不同的加工、组装阶段。完成品和相对于完成品的半成品都可能在市场上销售、出口。如果对半成品或完成品征收反倾销税，很可能会产生出口产品的相互转换。如部件或半成品被征收反倾销税，则出口商出口成品或下游产品；如成品或下游产品被征收反倾销税，出口商则出口部件或半成品；有的甚至将零部件出口到第三国，在第三国组装，改变产品的原产地，然后向征收反倾销税的国家出口。这些措施削弱了反倾销税令的救济效果或规避了反倾销税令。美国反倾销法中有关下游产品的监督和规避税令的防止的规定即是解决这方面问题的。不同的是，在监督下游产品的情况下，零部件是征税对象，而在防止规避税令的情况下，完成品是征税对象。但二者实质上是一致的。

（一）监督下游产品

对下游产品的监督首次出现于 1988 年《贸易法》，该法于 1994 年作了修订，旨在解决被征收反倾销税的产品作为其他下游产品的部件向美国增加出口的问题。“部件”，指在提起监督申请时止的 5 年期限内，受反倾销税令约束并要求交纳至少 15％从价税的进口物品，或商业部作出初步肯定裁定、估算倾销幅度至少 15％后签订的价格承诺约束的进口物品，由于其内在特征的原因通常被视为下游产品的主要部件。“下游产品”则指由部件组成的进口到美国的任何制造品。

部件或下游产品的同类产品的国内生产商，可向商业部申请对指定下游产品进行监督。商业部就此作出裁定，具体监督由国际贸易委员会实施。国内生产商提出的申请应具体规定下游产品、组成下游产品的部件和征收反倾销税导致部件出口转移、下游产品向美国出口增加的怀疑理由。该申请还应包括下游产品及部件生产国名称和从中进口的中间国的名称，在相关国家中部件和下游产品的已知生产商的名称和地址，以及生产商之间关系的详细说明。

收到申请后，商业部应当作出是否对指定产品进行监督的裁定。商业部在作出裁定时可考虑下列因素：与下游产品相关的部件的价值、组装成下游产品的部件实质改变的程度，以及部件生产商和下游产品生产商的关系。

对下游产品的监督由国际贸易委员会进行。如果商业部对上述事项的裁定都是肯定的，国际贸易委员会应立即开始对下游产品贸易进行监督。如果国际贸易委员会发现下游产品的进口比上一年度增加5%，应据产品部门的整个经济情况进行分析，并向商业部作出季度报告。商业部对报告中的信息进行审查，并考虑是否对下游产品发起反倾销税调查。如果信息表明进口没有增加、部件转移没有合理的可能，商业部应要求国际贸易委员会停止监督。

（二）防止规避反倾销税

该规定旨在防止成品被征收反倾销税后，零部件出口到美国在美国组装产品，或防止在第三国组装成产品后出口到美国。利用细微改变或后期开发产品规避反倾销税，也是反规避的内容。

如果在美国销售的产品与被征收反倾销税的产品是同一种类，该在美销售的产品用反倾销税令适用的外国产零部件在美国组装或完成，美国的组装或完成工序不大或不重要，且用于组装或完成在美国销售的产品的外国产零部件占整个产品价值的相当大部分，则在反倾销税令有效期内的任何时间，商业部在考虑了国际贸易委员会的有关建议后，可将该零部件包括在反倾销税令的适用范围中。

同样，如果在美国销售的某外国产品与在另一外国生产的反倾销税令适用的产品是同一种类，该在美国销售的产品是用征税产品在外国组装或完成，外国的组装或完成工序不大或不重要，用于组装或完成在美国销售的产品的被征税产品占整个产品价值的相当大部分，且商业部确定防止规避反倾销税令的措施是适当的，则在反倾销税令有效期内的任何时间，商业部在考虑了国际贸易委员会的有关建议后，可将该在美国销售的外国产品包括在反倾销税令的适用范围中。

无论是在美国组装、完成产品，还是在其他外国组装、完成产品，在确定组装或完成工序时，商业部应考虑下面几个因素：组装或完成工序所在国的投资水平、研究开发水平、生产工序的性质、生产设施的程度，以及加工价值占产品价值的部分。

一般情况下细微改变的产品应包括在上述产品范围之中。对于在反倾销调查之后开发的产品（后开发产品），商业部应对该后开发产品与被征税产品（先前产品）进行比较，看二者：(1）是否具有同样的一般物理特征，(2）最终购买者对二者的期望是否相同，(3）二者的最终用途是否一致，(4）后开发产品是否通过与先前产品相同的渠道销售，(5）二者是否以类似的方式宣传和展示。商业部不能仅仅因为后开发产品据关税分类表的分类不是反倾销税申请中或商业部在反倾销税程序通知中指明的产品，或该产品允许购买者利用其他的功能，而把后开发产品排除在反倾销税令的适用范围之外，除非在利用该产品的其他功能的情况下，该其他功能构成产品的主要使用，且该功能的费用构成了产品生产总成本的相当大的比例。

二、欧盟的做法

（一）反吸收审查

欧盟防止规避反倾销税的做法主要有反吸收和反规避两种具体形式。2004 年 3 月欧盟对此作了最新修订。

反倾销税一般是从价税，纳税人是位于进口国境内的进口商。对进口商征税，提高了进口产品的价格，从而消除倾销。但如果征税后进口产品的出口价格没有发生多大变化或者反而下降，则征收反倾销税没有起到消除倾销的作用。征收反倾销税对进口商没有产生影响，进口商仍然可以像原来一样继续进口倾销产品。进口商承担的反倾销税实际上被低出口价格吸收，很显然削弱了反倾销税的效果。

反吸收审查程序（anti-absorption reviews）是一种中期审查程序。通过比较调查期内的出口价格和征税后的出口价格，确定征税后出口价格是否增加。如果征税后出口价格没有增加，就需要重新评估出口价格，重新计算倾销幅度；如果倾销幅度提高，需要确定新的反倾销税，但新反倾销税不得超过原反倾销税的两倍。

反吸收审查程序，通常由欧盟产业或任何其他利害关系方提出申请，并提供充分证据，表明调查期之后征税措施之前或之后，出口价格下降，或进口产品在欧盟内的转售价格或随后销售价格没有变化或没有明显变化，调查机关可以重新开始调查，以确定征税措施是否对上述价格有影响。经欧盟委员会或任何成员要求，在满足上述条件下，也可以重新调查。

举例来说，调查期间平均出口价格为 100，征税税率为 30%。征税后价格应提高到 130。但经过审查发现，征税后的平均出口价格为 90（不包括反倾销税），比原来的价格还低 10，倾销幅度变为 40，新的反倾销税为 44.44%（40/90）。

根据欧盟的做法，反吸收审查不适用于反补贴税。

（二）反规避调查

2004 年 3 月，欧盟对反规避调查作出了重大修订，扩大了反规避的适用范围。根据欧盟《反倾销条例》第 13 条第 1 款的规定，如果发生了规避，反倾销税可以扩大到来自第三国的进口，无论是否存在细微改变；可以扩大到原出口国的有细微改变的同类产品进口，或者扩大到原征税产品的零部件；可以扩大到来自享有单独税率利益的企业的进口。

规避，指第三国和欧盟之间、反倾销税对其适用的国家的企业与欧盟之间的贸易方式发生了变化，（1）产生这一变化的行为，除征收反倾销税外，没有充分的正当理由或经济合理性，（2）存在损害的证据，或证据表明，根据同类产品的价格、数量，反倾销税的救济效果正在被削弱，并且（3）如有必要确定倾销时，证据表明相对于以前对同类产品确定的正常价值存在倾销。规避行为特别包括：相关产品的细微改变，使之归入通常反倾销税对其不适用的海关分类号码，但该改变没有改变产品的基本特征；通过第三国运输被征收反倾销税的产品；为使其产品通过适用较低单独税率的生产商最终出口到欧盟，出口国的出口商或生产商在出口国重组其销售模式和渠道；在第三国或欧盟进行零部件组装。

修改后的反规避调查，既可以由欧盟委员会发起，也可以根据成员的要求，或任何利害关系方的申请而发起。修改前仅可依据国内产业的申请发起反规避调查。发起调查后，欧盟委员会可以指示海关对进口进行登记或要求提交保证金。根据欧盟反倾销法的规定，反规避调查必须基于申请。在调查期间对被调查的进口产品进行登记。如调查确认规避存在，欧盟理事会决定反倾销税的适用范围，则该扩大适用自登记日或要求提交保证金之日起生效。

欧盟反倾销法有关反规避的规定也适用于反补贴税的规避。

问题与思考

1. 世界贸易组织《反倾销协议》中规定的征收反倾销税的条件。
2. 反倾销法的主要救济措施及其实施原则。
3. 如何确定国内产业的损害?

第十七章

补贴与反补贴措施

本章概要

补贴既是政府正常的合法财政支持手段，又扭曲贸易。补贴降低产品的价格，有利于消费者；又扭曲了资源分配，不根据市场原则进行生产和销售。对补贴的处理，涉及政府与企业的关系、政府的作用、政府对企业的干预程度等问题。从国际贸易角度讲，对国内产品的补贴会对外国产品的进口起排外作用；对出口产品的补贴使得出口产品的价格低于在国内销售的价格，对商品进口国的国内产品或在第三国市场造成不正当的竞争。与倾销相比，补贴更是一个政府政策问题。因此，世界贸易组织的《补贴与反补贴措施协议》既规范补贴，又约束反补贴措施。

关键术语

补贴　禁止性补贴　出口补贴　进口替代补贴　可诉补贴　专向补贴

第一节　补贴与反补贴规则

一、补贴的性质

补贴是政府采取的促进经济和社会发展的重要手段。但补贴又可能扭曲资源分配、影响国际贸易。对国内产品的补贴，可能对外国产品的进口起排斥作用；对出口产品的补贴，可能对进口国的国内产品起排斥作用，还可能在第三国市场替代其他国家的出口产品。因此，基于补贴这种二重性，世界贸易组织规则一方面规范补贴的使用，另一方面又规范反补贴措施的使用。这也正是世界贸易组织反补贴协议称为《补贴与反补贴措施协议》（以下简称《反补贴协议》）的原因。

与倾销是企业行为不同，补贴是政府行为。对补贴的规范，涉及政府在多大范围和多大程度上干预经济的问题。《反补贴协议》原本将补贴分为三类：禁止性补贴、可诉性补贴和不可诉补贴。后一分类已经终止适用。除禁止性补贴本身违法外，可诉性补贴可以理解为允许性补贴，只有在该补贴达到造成产业损害或侵害其他成员利益的程度时，才超出了合法的范畴。因此，抽象而泛泛地说补贴是不公平的政策或贸易行为，是误导的，甚至是错误的。

二、补贴与反补贴规则

关税与贸易总协定允许进口国对某些外国补贴征收相当于补贴数额的反补贴税，以抵消对贸易的扭曲效果。关税与贸易总协定第 6 条、第 16 条规定了对补贴的限制以及征收反补贴税的条件。东京回合谈判中达成的补贴守则在上述规定的基础上对补贴与反补贴措施作了进一步的规定。补贴守则认识到各国政府利用补贴推行重要的国家政策目标，同时承认补贴也可能会对贸易及生产造成有害的影响，希望确保补贴的使用不致影响或损害有关国家的利益，确保反补贴措施不会不合理地妨碍国际贸易，并在一致同意的国际权利和义务范围之内，对那些由于补贴的使用而受到不利影响的生产者提供救济。

世界贸易组织《反补贴协议》是在东京回合谈判中达成的补贴守则基础上制定的新协议。它与 GATT1994 第 6 条和第 16 条共同构成了有关补贴的规范和纪律。该协议对两个既相互独立又相互联系的问题进行了规定：确立调整提供补贴的多边纪律，规范反补贴措施的使用。多边纪律就一国是否可以提供补贴作出规定，该纪律通过世界贸易组织争端解决机制得以实施。反补贴税是一种单边措施，一成员对进口产品进行调查并确定满足该协议规定的标准后，由该国对进口产品实施。反补贴措施同样受到反补贴协议、规则的约束。不符合实体或程序规则的反补贴措施，失去了存在的法律依据。《反补贴协议》要求以补贴产品对国内产业的损害作为征收抵消性的反补贴税的条件，确定损害的标准、为征税进行调查的程序都与反倾销措施的相同。

《反补贴协议》是针对补贴的专门性协议，是补贴与反补贴措施的一般性规则。《反补贴协议》既适用于农业产品，也适用于工业产品。《农业协议》中对农产品补贴问题确立了特殊的纪律和要求。《农业协议》将补贴分为两类：绿色补贴和黄色补贴。前者指许可使用、不必承担削减义务的补贴，后者包括必须承担削减义务的补贴。《农业协议》并不禁止与该协议的减让义务一致的出口补贴，尽管该补贴仍是可抵消的。与减让义务一致的国内支持，在多边纪律方面是不可诉的，但可以被征收反补贴税。

《农业协议》和《反补贴协议》是两个并存的货物协议，二者之间并不存在替代关系。《反补贴协议》对补贴的定义的规定，同样适用于《农业协议》中的补贴。《反补贴协议》“可诉补贴”部分中有关《农业协议》第 13 条（和平条款）不适用的规定，自 2004 年起已终止适用。

第二节　补贴的概念和种类

一、补贴的概念

（一）补贴的构成要素

根据《反补贴协议》，下列情况下被视为存在补贴：某一成员政府或某一成员境内公共机构向某一人提供财政资助或 GATT1994 第 16 条意义上的任何形式的收入支持或价格支持，并由此给予某种利益。简言之，补贴的存在应具有两个构成要素：第一，存在来自政府或公共机构的财政资助；第二，该财政资助使接受者获得利益。也有人认为构成补贴有三要素，将前述第一要素再分为两个要素，即财政资助、由政府或公共机构提供。

《反补贴协议》列举了4类财政资助的形式：（1）资金的直接转让（如赠款、贷款和股本投入），或资金或债务潜在的直接转让（如贷款担保）；（2）放弃或未征收在其他情况下应收取的政府收入（如税收抵免）（对出口产品免征关税或其同类产品国内消费时的国内税，退还不超过实际征收数额的关税或国内税，不视为补贴）；（3）提供除一般基础设施外的货物或服务，或购买货物；（4）向筹资机构付款，或委托或指示私营机构履行前述（1）至（3）项列举的通常属于政府的一种或多种职能，且这种做法与政府通常采取的做法并无实质不同。

该财政资助必须是由政府或公共机构给予或指示的，包括成员政府的措施，也包括次级政府和行使政府职能的公共机构的措施，包括私营机构接受政府委托提供的。因此，作为补贴构成要素的财政资助，不一定需要政府的财政资助。财政资助的存在与否，不以政府实际产生支出或成本为条件。

财政资助本身并不构成《反补贴协议》意义上的补贴，除非财政资助对接受者产生利益。《反补贴协议》第14条规定在反补贴税的情形下，利益的存在能够（但不必须）通过商业标准来确定，并对判断某些种类的措施是否授予利益提供了某些指导。世界贸易组织上诉机构将利益解释为受补贴者实际接受或享有的相对于未受补贴者的某种优势。判定这一优势的标准是市场标准。另外，财政资助产生的利益，只有存在具体的受益者时才存在。

此外，构成对受益人利益的政府措施，并不一定属于财政资助，因而不构成《反补贴协议》定义的补贴。在美国将出口限制视为补贴案中，美国认为出口限制导致生产商将产品出售给本地消费者，使得本地供应增加、价格下降，因而形成政府要求生产商如此行为的结果，构成了财政资助，又由于存在利益，从而形成补贴。但实际上，生产商如此行为，并不是政府指示的，也非政府给予的。

（二）专向补贴

扭曲一经济体内的资源分配的补贴应受到约束。但当某一补贴在某一经济体内广泛存在时，一般认为不产生资源分配的扭曲。即使某一补贴属于《反补贴协议》定义的补贴，如果不是专向提供给某一企业或产业、某一组企业或产业（以下统称某些企业），该补贴则不受《反补贴协议》的调整。因此，属于《反补贴协议》调整范围的补贴仅是专向补贴（specific subsidy）。

禁止性补贴是专向补贴。除此之外，根据下列原则确定某一补贴是否是专向补贴：

（1）如果授予机关或其据以运行的立法，明确将补贴的获得限于某些企业，则该补贴在法律上是专向的。

（2）如果授予机关或其据以运行的立法，制定了确定补贴资格和数量的客观标准或条件（中性的，不对某一企业或产业偏向），该资格是自动的，该项标准或条件得到严格遵循，则不存在专向性。相关标准或条件须明确规定在法律、法规或其他官方文件中，以便能够证实。

（3）如果尽管因为上述两项规定的原则而表现为非专向性补贴，但有理由相信补贴可能事实上是专向性的，则可以考虑其他因素来确定。这些因素包括：数量有限的某些企业使用补贴计划，某些企业是补贴的主要使用者，或给予某些企业不成比例的大量补贴，以及授予机关作出补贴决定时行使决定权的方式。在考虑这些因素时，还应考虑经济活动多样性的程度和已经实施的补贴计划的期限。

(4) 如果补贴限于指定地理区域的企业或产业，则该补贴是专向的。

上述前两项明确规定在法律文件中，属于法律上的补贴（法定补贴），第三项则为事实上的补贴。第四项针对特定区域而言。法定补贴和事实上的补贴的区别在于法律是否明文规定。从《反补贴协议》规定的内容看，以及从有关补贴的争端解决的实践看，不允许通过事实上的补贴来规避有关补贴的多边纪律。

二、补贴的种类

(一) 概况

《反补贴协议》原来将补贴分为三种：禁止性补贴（prohibited subsidies)、可诉补贴（actionable subsidies）和不可诉补贴（non-actionable subsidies)。这三类补贴被形象地称为红色补贴、黄色补贴和绿色补贴。但有关不可诉补贴的规定已经于 1999 年年底终止适用。

补贴类型不同，对其实施的纪律也不同，救济方式也不同。禁止性补贴，由于其直接扭曲国际贸易，其本身就是被禁止的，任何成员都不得给予或维持禁止性补贴（农业补贴从《农业协议》的规定)。如果一成员认为另一成员提供了禁止性补贴，该成员可直接向世界贸易组织争端解决机构申诉，无须证明该补贴产生不利影响。在申诉成功后由争端解决机构授权采取反措施。这一程序不排除进口成员通过反补贴调查程序，采取不违反《反补贴协议》的措施。可诉补贴，正如交通灯的黄色信号可能导致红绿两种可能性一样，需要判断是否满足了对其采取措施的条件。只有对其他成员的利益造成不利影响的补贴才是不能使用的。对其他成员利益的不利影响，指补贴损害另一成员的国内产业，使其他成员根据 GATT1994 直接或间接获得的利益（特别是受第 2 条约束的减让利益）丧失或受损，或者严重侵害另一成员的利益。

(二) 禁止性补贴

禁止性补贴包括出口补贴和进口替代补贴两种。

出口补贴，是指法律上或事实上以出口实绩（export performance）作为授予补贴的唯一条件或其中一个条件的补贴。进口替代补贴（import substitution subsidies)，是指以使用国产货物而非进口货物为授予补贴的唯一条件或其中一个条件的补贴。

根据《反补贴协议》，出口补贴包括法律上的出口补贴和事实上的出口补贴。《反补贴协议》虽没有明示规定进口替代补贴也包括了事实上的补贴，但在争端实践中上诉机构认为进口替代补贴也适用于事实上的补贴。

《反补贴协议》附件中的出口补贴示例清单包括：

(1) 政府根据出口实绩对企业或产业提供直接补贴。

(2) 外汇留成计划或类似的出口奖励做法。

(3) 对出口货物运输，政府提供或授权提供优于国内运输的运输条件和运费。

(4) 政府或其机构直接或间接地通过政府要求的计划，提供出口货物生产所需要的进口或国内产品或服务，其条件优于国内消费货物生产所使用的同类产品或直接竞争产品或服务的提供，该条件优于出口商在国际市场上可以获得的商业条件。

(5) 对工商企业出口品已缴或应缴的直接税或社会福利费实行全部或部分免税、退税或递延，直接税指对工资、利润、利息、租金、专利权使用费和其他形式的收入所征收的税，以及对不动产所有权征收的税。

(6) 在计算直接税的征税基础（应税额）时，对直接与出口或出口实绩有关的特别减让优于对国内消费生产提供的减让。

(7) 对出口产品的生产和分销免除或退还的间接税，超过对供国内消费的同类产品的生产和分销免除或退还的间接税，间接税指销售税、消费税、营业税、增值税、特许税、印花税、转让税、存货税、设备税、边境税以及除直接税和进口费以外的所有其他税。

(8) 对用于出口产品生产的货物或服务所征收的前阶段累计间接税的免除、减免或递延，超过对用于生产国内消费的同类产品实行的免除、减免或递延征收；但如果前阶段的累计间接税是对出口产品生产中的消耗投入征收的（扣除正常损耗），则可以免除、减免或递延征收，即使国内销售的同类产品没有被免除、减免或递延征收（该规定不适用于增值税制度和边境税调整）。

(9) 对进口费用的减免或退还超过了对出口产品生产中消耗的进口投入所收取的进口费用，但在特定情况下，企业可以使用等于进口投入的国内市场投入（品质与特征相同）进行替代，以从中受益，但进口与相应的出口应限于合理的时间内，最长不超过 2 年。

(10) 政府或政府控制的特殊机构提供出口信贷保证或保险计划，对出口成本增加或汇率风险增加提供保险或保证计划，其保险费用不足以弥补长期经营成本和计划的损失。

(11) 政府、政府控制或代表政府的特殊机构，以低于实际应付的利率或从国际市场上获得相同条件的资金的利率，提供出口信用，或由其全部或部分支付出口商或金融机构在获得信贷过程中的费用，取得出口信贷条件的实质优势。

(12) 构成关税与贸易总协定第 16 条意义上的出口补贴的、官方账户收取的任何其他费用。

（三）可诉补贴

可诉补贴并不当然被禁止，但如果它们对另一成员的利益造成不利影响，即损害另一成员的国内产业，使其他成员据 GATT1994 享有的利益丧失或受到损害，特别是据 GATT1994 第 2 条享有的约束性减让的利益丧失或受损，或严重侵害其他成员的利益，则可以通过多边纪律或者反补贴措施来解决。

1. 损害国内产业

受到补贴的货物进口对进口成员的国内产业造成损害，应根据反补贴措施调查程序确定（《反补贴协议》第五部分）。只有在补贴进口确实造成损害、二者之间有因果关系的情况下，申诉成员才可以采取反补贴措施。

2. 约束关税减让产生的利益受损

作为不利影响的第二个方面的关税与贸易总协定下利益的丧失或损害，应根据关税与贸易总协定的有关条款确定。典型的情况是，补贴国承诺的约束性关税减让带来的市场准入的改善为补贴所削弱。简言之，是补贴国市场准入机会的丧失。

3. 严重侵害其他成员利益

一成员的补贴如果严重侵害了其他成员的利益，其他成员也可以提起申诉。此处“严重侵害其他成员的利益”，与GAT1994第16条第1款“补贴”中所指的含义相同，包括严重侵害威胁。与损害进口成员的国内产业不同，对另一成员利益的严重侵害的不利影响通常发生在补贴成员或第三国成员市场，影响到受侵害成员的出口利益。《反补贴协议》第6条第1款规定了推定存在严重侵害的情形，但该款规定已于1999年年底停止适用。因此，是否存在严重侵害其他成员利益的补贴，需要根据该第6条的其他条款提供的原则确定。

在下列一种或多种情况下认为可能存在严重侵害：(1) 补贴的影响在于取代或阻碍另一成员的同类产品进入提供补贴成员的市场；(2) 补贴的影响在于取代或阻碍另一成员的同类产品向第三成员出口；(3) 在同一市场上，与另一成员的同类产品的价格相比，受补贴产品存在明显的降价，或大幅价格抑制、压价，或销售损失；(4) 与前3年的平均市场份额相比，补贴的影响造成了受补贴的特定初级产品或商品在世界市场上的份额增加，该增加在实施补贴后呈一贯趋势。

如果在相关时期内存在下述情况，则不存在上述第一种和第二种情况所述的产品取代或阻碍：禁止或限制来自申诉成员的同类产品的出口，或禁止或限制来自申诉成员的同类产品进口至第三成员市场；对有关产品实施垄断贸易或国营贸易的进口成员政府，出于非商业上的原因，决定将从申诉成员的进口转向从其他成员进口；自然灾害、罢工、运输中断或其他不可抗力严重影响申诉成员领土内供出口的产品的生产、质量、数量或价格；存在限制申诉成员出口的安排；申诉成员自愿降低产品的出口（包括出口商自愿重新确定新的市场）；未能符合进口成员的标准或其他管理要求。

4. 对发展中国家的特殊规定

对于发展中国家给予或维持的可诉补贴，除非认定该补贴使GATT1994项下的关税减让或其他义务的利益丧失或受损，从而替代或阻碍了另一成员的同类产品进入补贴成员国市场，或者除非损害了进口国成员市场的国内产业，不得通过世界贸易组织争端解决程序授权或采取措施。

第三节　补贴的监督和救济措施

一、补贴通知

《反补贴协议》对各成员有关补贴的措施及立法提出了通知的要求。除非通知成员另有要求，所有通知都应是公开的。

《反补贴协议》第25条规定，各成员应向补贴与反补贴措施委员会通知所有的专向补贴，该通知应受该委员会的审查和讨论。每3年都应向该委员会通知新的和全部的专向补贴。该通知义务涉及所有货物、任何部门以及任何级别的政府，认为没有提供专向补贴的成员也应通知。措施的通知并不妨碍措施据GATT1994和《反补贴协议》的法律地位、《反补贴协议》项下的影响或措施本身的性质。

《反补贴协议》第32条要求所有成员应将反补贴税立法和规章通知补贴与反补贴措施委员会，没有反补贴法的成员也要通知。成员应每半年向该委员会通知其采取的反补贴措施，并在采取初步的和终局的反补贴措施时通知，应将其发起和进行反补贴调查的主管当局通知该委员会。

二、诉诸争端解决机构

对于禁止性补贴和可诉补贴，《反补贴协议》规定了两种救济措施：一种是通过世界贸易组织的争端解决程序经授权采取反措施（countermeasure），另一种是进口成员根据反补贴调查征收反补贴税。进口国可以同时将争议补贴诉诸争端解决机构并进行反补贴调查。但是，对于特定补贴在进口成员国内市场的影响，只能采取其中一种救济措施，或者是反措施，或者是反补贴措施。这两种措施在实施形式和性质上都是不同的。

世界贸易组织争端解决程序对补贴争端适用的程序，与一般争端程序不同。第一，争端解决的期限不同。它实施快速程序，补贴争端解决的期限短于其他争端解决的期限。第二，专家组或上诉机构作出的建议不同。它们可以直接要求被诉方采取适当措施取消补贴，或消除补贴影响。对于禁止性补贴，可以规定立即撤销补贴，并直接规定撤销的期限。如被诉方没有执行裁决，争端解决机构可以授权申诉方采取反措施。对于可诉补贴，如果在争端解决报告通过后的规定期限内被诉方没有撤销补贴或消除影响，并且双方没有达成补偿性协议，争端解决机构可授权申诉方采取反措施。第三，世界贸易组织补贴与反补贴措施委员会设立常设专家小组，解决争端的专家组可请求常设专家小组提供协助。常设专家小组关于涉及措施是否属禁止性补贴的结论，专家组只能接受，不得修改。

如果一成员认为其他成员给予或维持禁止性补贴，可以要求与对方进行磋商，达成相互同意的解决办法。如在提请磋商的30天内不能达成相互同意的解决办法，参与磋商的任何一方可以将争端提交世界贸易组织争端解决机构解决。争端解决机构应采取快速程序解决争端，专家组应在90天内、上诉机构应在30天内作出报告。如果涉及措施被认定是禁止性补贴，实施补贴的成员应取消该项补贴，否则争端解决机构应允许申诉成员采取适当的反措施。如争端方对反措施有异议，可根据DSU第22条第6款申请仲裁，仲裁员应确定反措施是否适当（appropriate）。

如一成员有理由认为其他成员的可诉补贴对其国内产业造成了损害、使其利益丧失或造成严重侵害，可以要求与补贴实施成员进行磋商，达成相互同意的解决办法。如在提请磋商的60天内不能达成相互同意的解决办法，参与磋商的任何一方可以将争端提交世界贸易组织争端解决机构解决。争端解决机构应通过快速程序解决争端，专家组应在120天内、上诉机构应在60天内作出报告。当专家组或上诉机构的报告判定对其他成员的利益构成不利影响的补贴存在，该报告被争端解决机构通过时，提供或维持该补贴的成员应采取适当的步骤消除不利影响或取消补贴。如果通过报告后6个月内受指控成员没有采取适当的步骤消除不利影响或取消补贴，且没有能够达成给予补偿的协议，争端解决机构可授权申诉成员采取与裁定存在的不利影响的性质及程度相当（commensurate with）的反措施。如果争端一方持有异议，可以据DSU申请仲裁，仲裁员应确定反措施是否与被确定存在的不利影响的程度和性质相当。

如果争端方对反措施存在异议而诉诸DSU第22条第6款的仲裁程序，其程度由仲裁员来确定。我们看到，针对禁止性补贴的反措施，与针对可诉补贴的反措施，其实施标准是不同的：前者要求反措施适当，该标准并不意味着根据禁止性补贴这一事实允许不成比例的反措施；后者要求反措施与被确定存在的不利影响的程度和性质相当。从争端解决的实践来看，后者的要求严于前者。在其他类型争端中，反措施需与利益丧失或受损的水平相等（equivalent to）。针对补贴的反措施的程度要求，是《反补贴协议》规定的特殊或额外的争端解决规则与程序，因此，对补贴案件应遵循相应的适当或相当标准。

一成员提供禁止性补贴，即违反了不得授予或维持禁止性补贴的义务。申诉方无须证明该禁止性补贴对其产生了不利影响，但在确定反措施的适当性时，则可能需要根据补贴额或贸易影响来进行。补贴额可以作为确定适当的反措施的出发点。禁止性补贴的不利贸易影响，可以作为确定反措施的一个相关因素，可以针对不利的贸易影响确定反措施的数额。

反措施可以采取中止关税减让或其他义务的形式，或者采取从价税的形式。

对于可诉补贴，只有对其他成员的利益产生不利影响时才被禁止。因此，反措施应与不利影响的性质和程度相当。对其他成员利益的不利影响的性质和程度，成为确定反措施是否相当的标准。

三、反补贴措施

（一）反补贴措施的适用对象

《反补贴协议》第五部分“反补贴措施”确立了进口成员对补贴进口产品采取反补贴措施的要求。如果进口成员采取的反补贴措施不能满足这些要求，出口成员可以将其提交争端解决程序。

由于进口成员采取的反补贴措施针对的是补贴进口产品，因而该措施只适用于出口补贴和损害国内产业的可诉补贴。进口替代补贴、造成GATT1994项下利益丧失或受损的可诉补贴以及严重侵害成员利益的补贴，由于皆发生于进口成员市场之外（出口国或第三国），应理解为不适用反补贴措施。

（二）反补贴调查与反补贴措施的实施

进口成员除非确定存在补贴进口，该进口对生产同类产品的国内产业造成损害，进口与损害之间有因果关系，不得采取反补贴措施。该补贴是否为专向补贴，需根据《反补贴协议》第一部分“补贴和专向补贴的定义”确定，而损害和因果关系需根据第五部分规定的标准确定。《反补贴协议》第五部分规定了确定利益存在及其数额的规则，明确规定可以累积确定来自不同成员的补贴进口的影响，详细规定了反补贴措施的程序要求，包括反补贴调查的发起和进行、临时措施及终局措施、价格承诺、措施期限等。

1. 反补贴调查的申请及发起

确定任何被指控的补贴的存在、程度和影响的调查，应在收到国内产业或国内产业代表提出的书面申请后发起。特殊情况下，有关主管机关在未收到书面调查申请的情况下，当有充分证据证明发起调查正当时，也可以发起反补贴调查。

只有足够数量的国内生产商支持反补贴调查申请时，才可以发起调查。提起申请的国内产业生产商生产产品的产量应占支持和反对该申请的国内产业生产总量的50%以上。但如果明确支持申请的国内生产商的产量不足整个国内产业生产的同类产品总产量的25%，则不得发起调查。

该申请应包括充足的证据，说明存在补贴及存在的补贴数额、存在损害以及补贴和损害间的因果关系。缺乏有关证据的简单断言，不能视为满足该要求。调查当局应对申请方提出的申请及提供的证据的准确性和充分性进行审查，以决定是否发起调查。

2. 利害关系成员对反补贴调查的参与及磋商

反补贴调查的任何利害关系成员及所有利害关系方，都应获得主管机关要求的信息，并有充分的机会以书面形式提供其认为相关的所有证据。利害关系成员和利害关系方在说明正当理由后，也有权口头提供信息。调查主管机关可按需要在其他成员领土内进行调查，只要它们已经及时通知有关成员，除非该成员反对该调查。如果利害关系成员或利害关系方拒绝提供或未在合理时间内提供必要信息，或严重妨碍调查，则主管机关可在现有事实基础上作出初步裁定或终局裁定。

上述规定表明，与反倾销调查不同，具有利害关系的世界贸易组织成员，例如被控提供补贴的成员，是反补贴调查的参与方。另外，调查机关一旦接受反调查申请，在发起调查之前，应邀请其产品受到调查的成员进行磋商，以期澄清情况、达成双方同意的解决办法。此外，在整个调查期间，其产品被调查的成员仍应获得合理的机会继续磋商。但在不损害提供合理机会进行磋商义务的情况下，有关磋商的规定不阻止成员发起调查。

上述有关利害关系成员参与调查的规定以及磋商的规定，是《反补贴协议》所特有的。它再次表明了补贴的政府性质，突出了补贴所具有的政府提供或指示的特征。

3. 补贴额的计算

《反补贴协议》采取了以接受者所获利益为标准，计算补贴额的方法。该协议没有使用政府成本这一计算方法。

调查主管机关计算接受者利益的任何方法，应在成员国内立法或实施细则中作出规定。这些规定对每一具体案件的适用，应是透明的并有充分的说明。

任何计算方法的使用应符合下述准则：

第一，政府提供的股本，除非其投资决定被认为与该成员境内的私营投资者的惯常投资做法（包括提供风险资金）不一致，不应被视为授予利益。在国有企业私有化的过程中，政府提供的股本是否对私有化后的企业提供了补贴，应根据是否按照独立交易的市场价格，视具体情形而定。简单采用转移法或同一主体法，将原提供的股本视为对私有化后的企业的补贴，违反《反补贴协议》。

第二，政府提供的贷款，除非接受贷款的企业对政府贷款支付的数额与能够从市场上实际获得的可比商业贷款支付的数额之间存在差异，不应视为利益的授予。存在差异时，利益为两者之间的差额。

第三，政府提供的贷款担保，除非获得该担保的企业为政府担保支付的担保费与无政府担保的可比商业贷款所支付的担保费之间存在差别，不应视为利益的给予。存在这种差别时，利益为费用差别调整后的二者差额。

第四，政府提供货物或服务，或购买货物，除非提供所得低于适当的补偿，或购买所付多于适当的补偿，不应视为利益的给予。补偿是否适当，应按有关货物或服务在提供国或购买国的现行市场条件来确定，包括价格、质量、充足度、适销性、运输条件和其他购销条件。上诉机构在美国对加拿大松木反补贴案中指出，调查当局可以使用提供国私营价格外的标准，如果已经确定提供国私营价格由于补贴而扭曲。

4. 实质损害或实质损害威胁的确定

除非另有规定，损害应理解为对国内产业的实质损害，对国内产业的实质损害威胁，或对此类产业建立的实质阻碍。

损害应在确切的证据和客观调查的基础上，根据补贴产品进口量、其对国内市场上同类产品的价格影响、这些进口产品对国内同类产品生产者的影响来确定。

补贴产品进口量是否大幅度增加，应从绝对量或与进口成员的生产或消费比较的相对量考虑。在补贴进口绝对量不变，但进口成员生产下降的情况下，存在补贴进口量相对增加。

在补贴进口产品的价格影响方面，应考虑与进口成员同类产品的价格相比，补贴进口产品是否存在大幅度削价，补贴进口产品是否大幅度地压低了价格，或是否阻止了本应发生的价格大幅度上涨。

当涉及多个国家的进口产品时，主管机关应考虑是否可累积计算进口产品的影响。只有满足了下述两个条件，才可以累积计算：来自每一国的进口产品的补贴金额大于从价金额的1%（微量水平），且每一国家的进口量不可忽略不计；根据进口产品之间的竞争条件和进口产品与国内同类产品的竞争条件，对进口产品的影响进行累积计算适当。

对国内产业的影响方面，首先界定国内产业的范围。如同反倾销中的国内产业一样，国内产业表示国内同类产品的全部生产商或主要生产商。一定条件下存在独立市场和区域市场。

补贴进口产品对国内产业的影响的审查确定，应包括对影响产业状况的所有有关经济因素和指数的评估，包括产量、销售量、市场份额、利润、生产能力、投资收益、设备利用率的实际和潜在的下降；影响国内价格的因素；对资金流动、库存、就业、工资、产业成长、筹措资金或投资能力的实际和潜在的不利影响。在涉及农业的情况下，还要考虑是否加重了政府支持计划的负担。这些因素不是穷尽的，其中的一项或多项未必具有决定性的作用。

根据上述几个方面的调查，进口成员调查主管机关必须确定补贴进口产品是否对生产同类产品的国内产业造成损害。这是对因果关系的要求。证明补贴进口产品与对国内产业的损害之间存在因果关系，应以审查机关获得的所有证据为基础。补贴进口产品之外的同时影响国内产业的任何已知因素也应考虑，这些因素造成的后果不应归于补贴进口产品。这些因素特别包括：涉及产品的非补贴进口的数量和价格、需求的萎缩、消费模式的变化、外国和国内生产商之间的贸易限制做法和竞争、技术发展和国内产业出口实绩及生产率。《反补贴协议》的因果关系要求，实际上也存在正反两方面的要求：正面归因和反面的不归因。

对实质损害威胁的确定，调查主管机关应根据事实而非推断、推测或极小的可能性进行。实质损害威胁必须是明显的、迫近的。调查主管机关应特别考虑下述因素：(1) 补贴的性质和可能产生的贸易影响；(2) 补贴进口产品进入国内市场的高增长率，表明进口大量增加的可能性；(3) 考虑其他出口市场吸收额外出口产品的现实能力，出口商充分、自由使用的能力或即将实质增加的能力，表明存在补贴进口产品进入进口国市场大量增加的可能性；(4) 进口产品是否以压低或抑制国内市场价格的价格进入，并可能引发对更多进口产品的需求；(5) 被调查产品的库存情况。上述因素中任何一项因素都不是决定性的。

根据争端解决机构的观点，上述列举的实质损害威胁的审查要素，是额外的审查因素。在审查是否存在实质损害威胁时，同样要审查前文中介绍的已经发生的情况，包括进口增长、价格影响和对国内产业的影响这三大方面。

5. 反补贴措施

反补贴措施包括临时措施、承诺和反补贴税。

（1）临时措施。在主管机关作出了补贴存在和补贴进口产品将对国内产业造成损害存在的初步肯定裁定后，主管机关认为有必要采取临时措施防止调查期间造成损害的，主管机关可以采取临时措施。临时措施不得在发起调查后的60天内实施，其实施期限最长不得超过4个月。临时措施应采取临时反补贴税的形式，根据临时计算的补贴额，以现金或保函作担保。如果最终裁定是否定的，则应迅速退还交纳的保证金或解除保函。

（2）承诺。《反补贴协议》对采用承诺解决反补贴调查作了限制，避免自愿限制协议或假冒承诺的类似措施。与反倾销调查中的承诺仅由出口商提供不同，反补贴调查中的承诺可以是出口成员提供的，也可以是出口商提供的。只有在进口成员的主管机关就补贴和补贴造成的损害作出初步肯定裁定时，才可以寻求或接受承诺。在出口商承诺的情况下，应获得出口成员的同意。无论是出口商提供承诺还是进口当局接受承诺，都是自愿的。在接受承诺的情况下，仍可继续进行调查。如果得出否定裁定，承诺自动取消，除非否定裁定的得出是因为存在承诺造成的。如果违反承诺，进口当局可采取临时措施。

在下述情况下可以采取承诺：（1）出口成员同意取消和限制补贴，或采取其他与其影响有关的措施，或者（2）出口商同意修改价格，使调查主管机关确信补贴造成的损害影响已经消除。承诺提价幅度不应超过消除补贴额所必需的限度，如较小提价即可消除对国内产业的损害，则应采取较小提价。

（3）反补贴税。反补贴税指为抵消对任何产品的制造、生产或出口给予的直接或间接补贴而征收的一种特别税。如果征收反补贴税的条件满足后，进口成员主管机关可以决定征收反补贴税，除非补贴被撤销。是否征收反补贴税，反补贴税是按补贴全额征收还是低于全额征收，由进口成员主管机关决定。反补贴税应无歧视地征收，但对撤销补贴或作出承诺的进口除外。反补贴税不得超过认定存在的补贴额，该数额以补贴出口产品的单位补贴计算。

反补贴税可以追溯适用。如果作出终局损害裁定（而不是损害威胁或阻止产业建立的裁定），或作出终局损害威胁裁定（如无临时措施本可导致终局损害裁定），如果已采取了临时措施，则可对临时措施的适用期限追溯适用反补贴税。临时措施与反补贴税间的差额，采取多退少不补原则。如果作出实质损害威胁或阻止产业建立的裁定，则只能从终局裁定日征收反补贴税，以前适用临时措施时交纳的现金押金或保函应立即退回或解除。在紧急情况下，如果主管机关认为存在难以补救的损害，并且存在追溯适用反补贴税的必要，则对临时措施适用前90天进入消费的产品可以追溯适用反补贴税。

《反补贴协议》也规定了日落审查和司法审查。这些与《反倾销协议》的规定基本相同。

问题与思考

1. 如何理解、掌握补贴的概念和种类？
2. 对每一类补贴有什么相应的救济措施？适用条件和程序有什么不同？

第十八章

保障措施

本章概要

与反倾销税、反补贴税一样，保障措施是约束关税义务的例外。保障措施是针对进口数量剧增对国内产业造成严重损害而采取的紧急救济措施。保障措施旨在保障自己而非针对外国产品，因此原则上进口国对于其采取保障措施而给产品出口国造成的损害应予以补偿。

关键术语

保障措施　《保障措施协议》中的国内产业　严重损害　实质原因　灰色区域措施　日落条款　对受保障措施影响的成员的补偿

第一节　规范保障措施的多边纪律

一、保障措施的性质

保障措施，是进口国针对造成国内产业严重损害的进口产品剧增采取的临时性的紧急救济措施。保障措施的目的，是消除进口量增加对国内产业的损害，因而性质上它是一种国内产业保护措施。但国内产业保护措施本质上与市场经济、自由竞争、市场开放的原则相违背，允许这种措施自由使用，必将破坏、阻碍国际贸易的发展，有必要对其作出约束；同时保护失去竞争力的国内产业，不利于一国经济的发展。因此，保障措施是一种临时救济措施，其直接目的是给予受到损害的国内产业一定的调整机会和时间。

保障措施旨在给国内产业调整机会。在实施条件上，保障措施的实施条件比反倾销措施或反补贴措施的实施条件严格。国内产业的范围比反倾销措施或反补贴措施下国内产业广，损害程度要求高。保障措施的适用应在最惠国待遇基础上实施，但实施的期限受到限制，且措施应逐渐放松。进口成员对于其采取保障措施给产品出口成员造成的损害应予以补偿。

保障措施实质上是对承担义务的例外，因而保障措施条款又称为例外条款。例外条款（escape clause）是 1942 年以来美国与其他国家签订的贸易协定包含的一个条款。如果从这些国家进口的产品的数量迅速增加以致对美国的同类产品的生产商造成了严重损害或严重损害威胁，该条款允许美国撤回其向其他国家作出的关税减让。在美国推动达成的 GATT1947 中即包含了这一例外条款，这就是关税与贸易总协定第 19 条。其最初目的是防止由于关税减让导致的急剧增加的进口对国内经济造成混乱，后来逐渐演变为对急剧增加的进口对国内产业造成的损害的临时救济，是否与关税的减让有关已经变得不重要了。

二、保障措施多边纪律的强化

关税与贸易总协定第 19 条名为“对某些产品进口的紧急措施”。这一名称准确反映、界定了保障措施的性质。关税与贸易总协定的缔约方意识到，关税减让后进口产品会出现重大增长，从而使国内产业受到巨大冲击。即使关税减让分阶段实施，某些产业在短期内同样会遇到适应新的竞争环境的困难，不能调整产业结构使其合理化或者未能采用技术创新来提高生产率。为使受影响的产业获得适应竞争、进行调整的时间，关税与贸易总协定第 19 条规定了对某些产品进口的紧急措施。

关税与贸易总协定第 19 条一方面规定了进口成员采取保障措施的权利，另一方面也规定了进口成员在采取这一措施时的义务。当一成员发现由于关税减让等原因造成某一产品进口大量增加，以致对其国内同类产品或直接竞争产品的生产商造成严重损害或严重损害威胁时，该成员可以对该进口实施临时性的保障措施。

鉴于关税与贸易总协定要求最惠国贸易待遇，以关税作为限制进口的措施，有些发达成员为了规避关税与贸易总协定的规则，与出口增长的出口成员达成协议，通过所谓自愿出口限制、有序销售安排以及类似的措施，要求出口成员将其出口限于协议好的配额内。这些措施不是根据关税与贸易总协定第 19 条实施的，因而不受关税与贸易总协定纪律的约束。但它影响了国际贸易的发展，其合法性受到怀疑，因而被称为“灰色区域”措施。实践表明，关税与贸易总协定第 19 条确立的纪律，不足以有效地控制保障措施的实施。

在乌拉圭回合谈判中，谈判方达成了《保障措施协议》，旨在澄清和加强关税与贸易总协定的纪律，尤其是其第 19 条的规定，重建对保障措施的多边控制，消除规避此类控制的措施，鼓励对受到增加进口不利影响的产业进行结构性调整，促进国际竞争。《保障措施协议》明确禁止“灰色区域”措施，并要求成员承诺不对出口或进口采用、维持任何自愿出口限制、有序销售安排或其他任何类似措施。各成员政府不得支持或鼓励企业使用或维持上述措施的非政府安排，应严格按关税与贸易总协定第 19 条的规定采取紧急措施。

《保障措施协议》主要包括四部分：一般规定（协议的适用范围和保障措施的适用条件）、适用保障措施的规则、原已存在的措施以及多边监督和制度。

《保障措施协议》确立了关税与贸易总协定第 19 条规定的保障措施的适用规则，澄清了该第 19 条确立的规则。该第 19 条包括的任何措施（中止减让或其他义务），必须根据《保障措施协议》采取。任何成员不得对某些产品的进口采取或寻求该第 19 条所列出的紧急措施，除非该措施符合《保障措施协议》的要求。因此，关税与贸易总协定第 19 条与《保障措施协议》一起构成了规范保障措施的整个纪律和规则。

《保障措施协议》明确规定，该协议不适用于根据下列条款或协议采取或维持的措施：除第 19 条之外的 GATT1994 其他条款、多边贸易协议附件 1A 的其他贸易协议，或者 GATT1994 框架内达成的议定书、协议或安排。

三、保障措施的多边监督

对保障措施的多边监督主要是通过通知要求进行的，世界贸易组织保障措施委员会负责对通知进行审查。

调查决定、对严重损害或严重损害威胁的认定以及适用或延长保障措施的决定，都要向保障措施委员会通知。在采取或延长保障措施前，成员应提供充分的机会，与作为产品出口商拥有重大利益的成员进行磋商。磋商的目的包括有关信息的审查，拟采取措施的观点交流，对保持同等水平的减让所达成的谅解。在适用临时措施前，必须通知保障措施委员会。在适用临时措施后相关成员应立即进行磋商。磋商的结果、采取措施的中期审查、补偿以及减让的中止，都应立即通过保障措施委员会向货物贸易理事会通知。如果通知的时间重大迟延，通知的内容不完整，有关成员即违反了《保障措施协议》规定的义务。

保障措施委员会的作用是监督（并向货物贸易理事会报告）《保障措施协议》的实施和运行，审查成员的通知，并就成员是否符合该协议规定的采取保障措施的程序性规定作出裁定。保障措施委员会还为磋商提供帮助，并审查拟议的报复。

成员之间就适用保障措施产生的争端，应按照争端解决程序解决。就现有的保障措施争端解决实践来看，经由专家组、上诉机构处理的案件，都以申诉方胜诉、被诉方败诉告终。这一方面说明保障措施存在着滥用的可能，另一方面也说明保障措施的纪律得到加强。但如果争端解决机构解释的保障措施的实施条件严格到通常不能满足的地步，也会引起对保障措施价值的疑问。

第二节　保障措施的实施条件

一、实施条件概述

关税与贸易总协定第 19 条第 1 款（a）项规定：“如因不能预见的发展和一成员承担在本协定项下义务（包括关税减让在内）的后果，进口到该成员境内的产品数量增加和相应情形，造成了该境内同类产品或直接竞争产品的国内生产商的严重损害或严重损害威胁，则该成员在防止或救济该损害所必要的限度和时间内，可对该产品中止全部或部分义务，或撤销或修改减让。”该条款既规定了保障措施的实施条件，也规定了保障措施的种类及实施程序。

《保障措施协议》第 2 条重述了保障措施的实施条件：“一成员只有在根据下列规定确定正在进口至其境内的产品数量绝对增加，或与国内生产相比相对增加，且对生产同类产品或直接竞争产品的国内产业造成严重损害或严重损害威胁，方可对该产品实施保障措施。”

比较关税与贸易总协定第 19 条第 1 款（a）项与《保障措施协议》第 2 条的规定，该第 2 条并没有全部重复前者的规定。在其他条件都照搬的情况下，前者中存在的“未预见的发展”这一条件却没有出现在后者之中。这是否意味着这不再是实施保障措施的要件？

对于这一问题，世界贸易组织成员之间、处理保障措施案件的世界贸易组织专家组和上诉机构之间，都有不同的看法。一种看法认为，“未预见的发展”不再是实施保障措施的条件，《保障措施协议》在重述了其他条件的同时，唯独没有重述这一条件，表明是对这一条件的有意省略，新的保障措施协议的条件中已没有这一条件。另一种看法则认为，“未预见的发展”这一条件依然有效。后一种意见以上诉机构为代表，上诉机构认为GATT1994和《保障措施协议》都是《世界贸易组织协定》附件1A所包含的货物贸易多边协议，是《世界贸易组织协定》不可分割的组成部分，约束所有成员。因此，该第19条的规定和《保障措施协议》的规定，是《世界贸易组织协定》这同一条约的规定，作为该条约的一部分同时生效。它们平等适用并平等约束所有成员，应累积地发挥作用。认为保障措施的实施条件不包括该第19条规定的“未预见的发展”是错误的。保障措施本身既然具有例外性，是一种紧急措施，就应该是没有预见发展的结果。在数个涉及该问题的争端解决案件中，上诉机构一再坚持其观点。由于上诉机构所具有的地位，目前这一问题已经按照上诉机构的理解而得到解决。尽管还有案件涉及这一问题，但争议的焦点已经不再是该要求是否有效的问题，而是是否满足这一要求的问题。

上诉机构对两处不同规定的处理表现出了高超的技术。一方面肯定“未预见的发展”仍然是适用保障措施的要求，另一方面指出“未预见的发展”不是实施保障措施的法律条件。“未预见的发展”描述了必须作为事实证明的按照关税与贸易总协定第19条适用保障措施的某些情形。实施保障措施的进口成员，需要作为一个事实因素证明“未预见的发展”如何导致进口增加，需要对“未预见的发展”导致进口增加提供合乎逻辑的结论。如果进口成员没有作为一个事实问题证明“未预见的发展”的存在，则和关税与贸易总协定第19条第1款（a）项不符。

上述问题的解决明确了实施保障措施的法律条件：（1）进口产品绝对或相对增加；（2）生产同类产品或直接竞争产品的国内产业受到严重损害或严重损害威胁；（3）进口产品增加与对国内产业的严重损害或严重损害威胁有因果关系。

二、进口产品增加

进口产品的增加包括绝对增加和相对增加两种情况。绝对增加是指与前期相比进口产品本身的数量增加；相对增加，则指与进口国的国内生产相比，进口产品数量增加。即使进口产品在前后两个时期内进口数量不变，但后一时期内进口国的国内生产萎缩，也可导致进口产品增加。

进口产品增加这一条件的关键是增加的确定。国内主管机关应对进口产品增加提供合理的充分说明。由于存在相对增加这一情况，增加并不仅仅是一个量的概念。不仅要求证明数量的任何增加，而且还要证明以造成严重损害或威胁的数量和条件进口，这就要求必须评估以绝对和相对条件进口增加的比率和数量。用于比较的时间点、调查期间内的增长趋势，都是考虑因素。调查期限内进口数量的暂时下降，对进口产品增加的确定不起决定作用。

上诉机构在阿根廷鞋类保障措施案中，强调增加进口的重点应是“正在”增加进口。无论数量上还是性质上，该进口增加应该是最近的、最突然的、最急剧的、最明显的，足以造成对产业的严重损害或严重损害威胁。

三、严重损害或严重损害威胁的确定

严重损害被定义为对国内产业总体的重大损害，严重损害威胁是对国内产业总体的明显迫近的严重损害。对严重损害威胁的确定必须基于事实，而非仅凭指控、推测或极小的可能性作出。如果主管机关的调查报告和裁定中仅是对某个企业或某几个企业的论述，而不是对整个产业的总的损害的裁定，则其得出的严重损害或严重损害威胁的结论缺乏依据。

（一）国内产业的确定

国内产业应理解为在一成员领土内经营的同类产品或直接竞争产品的所有生产商，或者占同类产品或直接竞争产品国内生产总量主要部分的生产商。与《反倾销协议》、《反补贴协议》中的国内产业不同，《保障措施协议》中的国内产业不仅包括同类产品的生产商，还包括直接竞争产品的生产商。

同类产品和直接竞争产品的确定，直接关系到国内产业范围的大小。理论上，产业范围广，损害可能小或没有损害；产业范围窄，损害可能大。但实践中，主管机关有时扩大同类产品和直接竞争产品的范围，从而扩大国内产业的范围，将经营状况不佳的企业纳入国内产业范围中，造成国内产业范围越广、损害越大的状况。常见的情况是混淆上下游产品。这种做法违反了《保障措施协议》。

用于确定国内产业范围的，是进口产品的同类产品或直接竞争产品的国内生产商。因而，在确定主管机关界定的国内产业范围是否适当时，需要看该产业生产商生产的产品是否与进口产品属于同类产品或直接竞争产品。例如，在美国对进口牛肉采取保障措施案中，美国的国内产业包括了活牛养殖者。很显然，牛肉与活牛不是同类产品或直接竞争产品。同样，葡萄和葡萄酒也不是同类产品或直接竞争产品，不能包括在同一产业中。

《保障措施协议》没有规定一国境内的区域产业。这表明不可以根据某一区域的生产商的状况作出产业损害的确定。但《保障措施协议》规定了关税同盟作为一个整体采取保障措施的情况。整个关税同盟内的同类产品或直接竞争产品的生产商，按国内产业对待。《保障措施协议》所规定的确定严重损害或严重损害威胁的所有要求，以整个关税同盟中存在的条件为基础。

（二）确定产业损害时应考虑的因素

主管机关应考虑与产业状况有关的所有客观的和可量化的相关因素，尤其应考虑按绝对值和相对值计算的相关产品进口增加的比例和数量，进口增加占国内市场的份额，销售、生产、生产率、设备利用率、利润与损失以及就业的变化。

根据世界贸易组织争端解决机构通过的报告，主管机关应考虑上述列举因素之外的其他因素，即“与产业状况有关的客观的和可量化的所有相关因素”，但不得漏掉上述列举的任何考虑因素，如果缺少了其中一个因素，主管机关的裁定与结论即失去依据，得不到争端解决机构的支持。但上述任何一个因素并不一定起决定性作用，作出损害确定时也不要求所有的相关因素都表明损害。损害的确定，基于对所有相关因素的总体评估。

《保障措施协议》对损害确定的规定，没有区分严重损害和严重损害威胁，没有像《反倾销协议》那样规定确定严重损害威胁应特别考虑的因素。但由于主管机关应考虑“与产业状况有关的客观的和可量化的所有相关因素”，因而《反倾销协议》中列举的其他因素与保障措施调查中的损害确定也有一定的关系。

四、因果关系

除非进行的调查根据客观证据证明有关产品的进口增加与严重损害或严重损害威胁之间存在因果关系，否则不得作出进口增加对国内产业造成损害的确定。如进口增加之外的因素正在同时对国内产业造成损害，此类损害不得归因于进口。

如《反倾销协议》和《反补贴协议》中的因果关系要求一样，《保障措施协议》中的因果关系要求也包括了正反两个方面，即调查产品进口增加的正面归因和其他损害因素的反面不归因。这几个协议中的因果关系要求，是可以互用的。

上诉机构在美国对小麦面精进口采取保障措施案中指出，《保障措施协议》中的因果关系要求，并不意味着进口增加本身造成对国内产业的严重损害，也不意味着其他因素造成的损害从严重损害的确定中排除。这表明，即使其他因素同时对国内产业的状况有影响，也可能存在进口增加与严重损害之间的因果关系，进口增加与其他因素共同造成严重损害也可能符合因果关系的要求。不过，在这种情况下，须遵循三个步骤：需要区别进口增加对国内产业造成的损害结果和其他因素造成的损害结果；对这些不同因素造成的损害适当归因，一方面归因于进口增加，另一方面归因于其他因素；确定进口增加与严重损害间是否存在因果关系，是否存在真正的重大的因果关系。

根据世界贸易组织争端解决机构通过的报告，对因果关系的证明必须存在逻辑上的联系和推理，简单地将所谓的损害因素和损害结果排列，不能证明它们之间存在因果关系。在分析因果关系时，进口变动和损害因素变动间的关系是因果分析和裁定的中心。如果因果关系的裁定和结论没有充分分析，没有证据支持，这一裁定和结论即不符合要求。

第三节　保障措施的调查与实施

一、保障措施的调查

相对于《反倾销协议》和《反补贴协议》规定的调查程序，《保障措施协议》对保障措施调查程序的规定比较简单。但它规定了保障措施调查及实施的基本原则。

主管机关按程序进行调查，是实施保障措施的前提条件。该程序包括主管机关确立的程序和关税与贸易总协定第 10 条规定的贸易条例公布和实施程序（透明度）。主管机关应给予所有利害关系方合理的调查通知，并应给予进口商、出口商和其他利害关系方机会发表意见，陈述证据和看法，包括举行公开听证会或以其他适当的方式作出反应，特别是提出保障措施是否符合公共利益的意见。主管机关应公布调查报告，列明对所有相关事实和法律问题的调查结果和理由充分的结论。在调查中，应对保密信息予以保密。

根据各国国内法的规定，保障措施调查一般遵循下列程序：国内产业提出保障措施的调查申请，必要时国内主管机关也可自行发起保障措施调查；主管机关根据申请发起调查；举行多种形式的调查，听取各方面的意见；主管机关作出调查报告，向其他机关提出实施或不实施保障措施的建议。

二、保障措施的实施

（一）实施原则

保障措施是对造成进口成员国内产业严重损害或严重损害威胁的某产品的增加进口采取的临时紧急救济措施。因此，其适用遵循下述原则：必要性原则，即保障措施的适用应限于防止或补救严重损害并便利调整所必需的限度和期限；非选择性原则，即保障措施应在最惠国基础上实施，对正在进口的所有产品实施，不考虑其来源；逐步放宽原则，即采取的保障措施在有效期内应逐渐放宽；补偿原则，即实施保障措施的成员必须对贸易受其措施影响的成员作出补偿；对发展中国家优惠原则。

（二）保障措施的实施主体和实施对象

如果主管机关的保障措施调查确定实施保障措施的条件已经具备，则进口国可以根据国内程序决定是否实施保障措施。

一个关税同盟可以作为一个整体实施保障措施。此时确定严重损害或严重损害威胁的所有要求以整个关税同盟中存在的条件为基础。另外，一个关税同盟也可以代表某一成员国实施保障措施。在这种情况下，确定严重损害或严重损害威胁的所有要求，应以该成员国中存在的条件为基础，且保障措施应仅限于该成员国内。

无论是进口国实施保障措施，还是关税同盟实施保障措施，保障措施的实施对象应与保障措施的调查对象保持一致（parallelism）。如果保障措施调查得出的损害结论建立在对所有来源的进口调查的基础上，则保障措施应对所有来源的进口实施。这既是最惠国待遇义务的要求，也是一般逻辑的要求。如果在调查时排除后来适用时被排除的进口，则调查的损害结论可能失去依据。《保障措施协议》要求主管机关的报告应包括对所有相关事实和法律问题的调查结果和理由充分的结论。根据上诉机构的观点，如果保障措施对某些进口不适用，主管机关应确保被排除的进口造成的损害后果没有归因于没有被排除的进口。这表明在特殊的情况下，不排除对调查中包括的进口产品不适用保障措施的可能性。但这种情况必须给予明确的充分的解释和理由。

对于来自发展中国家成员的产品，只要其有关产品的进口份额在进口成员中不超过3%，即不得对该产品实施保障措施，但进口份额不超过3%的发展中国家成员份额总计超过有关产品总进口的9%除外。从性质上讲，这一规定不是上述一致性要求的例外，而是对发展中国家的特殊或差别待遇。

（三）保障措施的实施方式和期限

保障措施可以采取对调查产品全部或部分中止义务或撤销、修改减让的方式，但不限于关税措施。如果采取数量限制措施，限制水平不能低于最近三个代表年份的实际平均进口水平，除非有明确的正当理由，表明为防止或补救损害而有必要采用不同的水平。

在供应国之间分配配额的情况下，实施限制的成员可就配额分配问题寻求与其他具有实质利益的成员达成协议。如不可行，应根据前一时期的供应量占该产品进口总量或总值的比例，同时考虑可能已经或正在影响该产品贸易的特殊因素，对配额进行分配。在严重损害的情形下，经过世界贸易组织保障措施委员会主持下的磋商，确定存在偏离上述方案的正当理由，也可以偏离上述配额分配方法。

在紧急情况下，即延迟采取措施可能造成难于补救的损害的情况下，进口成员可依据存在明确证据表明增加进口已经或正在威胁造成国内产业损害的初步裁定，采取临时保障措施。该措施应采取提高关税的形式，期限不超过 200 天。如果随后的调查未能确定增加进口对国内产业造成严重损害或威胁，则应迅速退还提高的关税。

保障措施应在防止或补救严重损害和便利调整所必需的期限内实施。保障措施的实施期限不超过 4 年。在遵循调查程序和损害条件的情况下，发现有必要继续采取保障措施，以防止或补救严重损害时，可以延长保障措施。但保障措施的全部实施期限，包括任何临时措施的实施期、最初实施期及任何延长，不超过 8 年（日落条款）。同时，实施期限超过 1 年的保障措施，应逐渐放宽。延长的措施不得比延长前的措施更严，并应继续放宽。实施超过 3 年的措施应进行中期审查。

《保障措施协议》没有规定保障措施的追溯适用。

（四）对受保障措施影响的成员的补救

实施保障措施的成员，对贸易受该措施影响的出口成员，应保持与现有水平实质相当的减让或其他义务水平。为实现此目标，双方可以磋商适当的补偿方式。如不能达成协议，受影响成员在给予世界贸易组织货物贸易理事会书面通知 30 天期满时，可以中止关税减让或其他义务。但在进口绝对增加的情况下，在保障措施实施的头 3 年，不得行使该中止权利。这一规定，既是对进口成员权益的一种保护，又是对受影响的出口成员的权利和利益的一定限制，进口成员与出口成员的利益实现了某种平衡。

问题与思考

1.《保障措施协议》为保障措施建立了什么样的多边纪律？

2. 保障措施的实施条件和实施原则是什么？

第十九章 国际服务贸易

本章概要

国际上对服务、服务贸易也没有统一的定义，相应地，对服务贸易的调整缺少比较具体的统一规则。服务贸易总协定确立了服务贸易管理的法律框架。跨境提供、境外消费、商业存在和自然人存在，是服务贸易的四种方式。由于无形服务不同于有形货物，货物贸易的管理规则，如关税措施，不适用于服务贸易。即使是作为贸易一般性原则的不歧视原则（最惠国待遇与国民待遇），在服务贸易中的适用也会发生变化。市场准入和国民待遇属于成员的具体承诺。

关键术语

GATS　服务　服务贸易　商业存在　境外消费　服务贸易中的国民待遇　具体承诺　市场准入　同类服务和服务提供者

第一节　国际服务贸易概述

对于何为服务，国际上并没有统一的定义。人们一般将服务理解为不能够独立确定所有权的独立实体，不能脱离生产而单独地进行交易，由生产者按照消费者的需要所进行的活动。但同时，有一组产业部门一般被划入服务业，其生产的产出具有货物的许多特征，可以确定所有权，经常储存在有形物体之中，像普通货物一样交易。服务与货物不相同，但有某种程度的关联。

各国的发展程度不同，服务的相对重要性不同，对服务的认定也不同。在乌拉圭回合谈判中，发达国家将服务定义为除工农业之外的一切商品化，而发展中国家仅把服务定义为除工农业外的一切可供交易的活动，即涉及国际贸易的那一部分。《服务贸易总协定》（GATS）并没有对服务下一定义。有人试图将服务定义为非货物供应，但货物与服务并非在任何情况下都可以分清。另一种服务的界定方法是列出具体产业，凡是列出的产业，属于大家已经达成一致的服务产业，没有列出的则不属于或现在不认为是服务产业。GATS采取的即是这种方法。

尽管服务多种多样，没有一个普遍的定义，但与货物相比，服务是一种经济活动，是一种过程。对于绝大多数服务，可以总结出下列共同特征：（1）无形性。与存在具体形态的货物不同，服务最主要的特点是无形性，看不见，摸不着。(2) 不能储存性。供应方和消费方的关系具有直接性。服务的提供与消费一般同时进行，提供者和消费者彼此贴近，除非包括在货物中，常表现为同时、同地的特点。(3) 依赖性。服务供应不像货物供应那样确定，依赖服务供应商或其技能。(4) 政府管理方式不同。政府对服务的管理不是据产出进行管制，更多的是投入管制（如资格限定）。

服务贸易如服务一样没有统一的定义，但一般可理解为服务的提供。“服务的提供”包括服务的生产、分配、营销、销售和交付。而国际服务贸易，可理解为服务的国际提供或跨境提供。但由于服务本身的特点，其国际性并不像国际货物贸易那样明确。货物的国际贸易涉及货物从一国到另一国的物理流动，而国际服务贸易并不一定需要服务产品越过不同国家的实际边境。跨越国境的活动有：资本形式的生产要素的越境流动，如金融、劳工、建筑；消费者的越境流动，如旅游；在供应国开发的服务的越境供应，如通过电话提供信息。有时则需要在进口国建立商业存在或运营，如设立分支机构、附属公司等。这种情况下，在设立机构时涉及跨国，而提供服务却是在当地进行。总之，国际服务贸易比国际货物贸易更复杂，更难确定。

第二节　《服务贸易总协定》概况

一、《服务贸易总协定》的基本框架

1986 年 9 月发起乌拉圭回合谈判的埃斯特角部长宣言，将服务贸易纳入乌拉圭回合谈判程序，作为与货物谈判不同的谈判议题。经过三个阶段的艰苦谈判，从服务贸易的定义、范围，到服务贸易多边框架原则与规则的提出，最后到提交具体承诺，《服务贸易总协定》终于在 1993 年 12 月 15 日作为整个一揽子的谈判结果获得草签，并于 1994 年 4 月 15 日获得正式签署，于 1995 年 1 月 1 日生效。

《服务贸易总协定》是第一个调整国际服务贸易的多边性、具有法律强制力的规则。其目标是建立一个国际服务贸易原则和规则的多边框架，在透明和逐步自由化的条件下扩大服务贸易，促进所有贸易伙伴的经济增长和发展中国家的发展；在适当尊重国家政策目标的同时，通过连续回合的谈判，在互利基础上促进所有参加方的利益，并保证权利和义务的总体平衡，以便早日实现服务贸易自由化水平的逐步提高。该协定承认各成员有权对其领土内的服务提供进行管理，并制定新的规章，以实现其国家政策目标；同时认识到，不同国家服务法规发展程度存在不平衡，发展中国家更加需要对服务贸易进行管理的权利。该协定期望便利发展中国家，通过加强其国内服务能力、效率和竞争力，使其更多地参与服务贸易和扩大服务出口。

《服务贸易总协定》包括协定本身和附件两大部分。它包括三个层次的规则：主要条文部分包括一般原则和义务，附件处理具体部门的规则，各国的具体承诺提供了各自的市场准入情况。这些承诺如同关税减让表，成为《服务贸易总协定》的一部分。由于谈判中存在的分歧，该协定对空运服务、海运服务、金融服务、电信服务没有达成实质性规定，而仅仅规定进一步谈判的指导原则。1997 年世界贸易组织达成《基础电信协议》、《金融服务协议》。

《服务贸易总协定》本身包括六个部分，分别是范围和定义、一般义务和纪律、具体承诺、逐步自由化、机构条款以及最后条款。就确立的义务来说，前三部分构成了该协定的主要内容。《服务贸易总协定》是一个框架性协议，各成员根据该协定承担的义务需要通过不断的谈判来具体化。

二、适用范围

《服务贸易总协定》适用于各成员影响服务贸易的措施，不适用于行使政府职能而提供的服务，即既不在商业基础上提供、又不与任何服务提供者竞争的服务。《服务贸易总协定》中的最惠国待遇义务、市场准入义务和国民待遇义务，不适用于规范政府机构为政府目的而购买服务的法律、法规或要求。这类购买不是为进行商业转售或为供商业销售而在提供服务过程中使用的。

《服务贸易总协定》意义上的“措施”，指成员的任何措施，不论采取法律、法规、规章、程序、决定、行政行为的形式或任何其他形式。“成员措施”包括成员的中央、地区或地方政府和主管机关采取的措施，以及由中央、地区或地方政府和主管机关授权行使权力的非政府机构采取的措施。《服务贸易总协定》的纪律超越了所有政府一级，包括行使所授权力的非政府机构。“成员影响服务贸易的措施”，包括下列几方面的措施：服务的购买、支付和使用；与服务提供有关的、成员要求向公众普遍提供的服务的准入和使用；一成员的人为提供服务在另一成员的存在（包括商业存在）。

根据《服务贸易总协定》给出的定义，“服务”包括任何部门的任何服务，但在行使政府职权时提供的服务除外。“服务提供”包括服务的生产、分销、营销、销售和交付。“商业存在”指任何类型的商业或专业机构，包括为提供服务在成员境内组建、收购或维持法人，或者设立或维持分支机构或代表处。

《服务贸易总协定》根据提供服务的方式界定服务贸易。服务贸易是指通过下述四种方式提供的服务：

第一种方式，跨境提供（cross-border supply）：服务从一国境内向其他国境内提供，不需要提供者和消费者的实际流动（服务产品的流动），如通过电话、因特网提供法律意见。这一方式类似于传统的货物贸易。最常见的实例是国际货物运输服务。其他如远程教育、远距离诊断，都是跨境服务的例子。

第二种方式，境外消费（consumption abroad）：服务者在本国境内向来自其他国家的服务消费者提供服务，消费者移动到服务提供者国家接受服务（消费者的流动），如境外旅游、治病，境外语言学习。境外船舶修理也属于境外消费，因为只有消费者的资产迁往或位于境外，才可以获得这样的服务。

第三种方式，商业存在（commercial presence）：外国实体在内国境内设立附属公司或分支机构，向在内国的消费者提供服务，即外国服务提供者在其他国境内提供商业服务（在进口国设立机构）。境外商业存在的设立，作为确保在生产和交付的各个阶段以及交付之后与处于其本土的消费者保持密切联系的一种方法，经常是必要的。如外国银行的国外分支机构或附属机构提供服务，外资医院提供医疗服务，外资学校提供课程，都是通过商业存在这种方式提供的。

第四种方式，自然人存在（presence of natural persons）：通过自然人的短期移动来提供服务，一国的服务提供者在其他国境内以自然人的存在提供服务（自然人流动），如国际工程承包、出国讲学。自然人存在涉及两种不同的自然人类型：自营人员和雇员。自然人存在只涉及在消费者国家中的非长期就业（一般为 2 年至 5 年）。《服务贸易总协定》关于自然人流动的附件规定：该协定不适用于影响自然人进入某一成员国就业市场寻找就业机会的措施，也不适用于有关永久性居民、居所和就业的措施。

通过上述四种方式界定服务贸易，是《服务贸易总协定》的一大特点。凡是通过其中任何一种方式提供服务的，都构成《服务贸易总协定》意义上的服务贸易，均属于《服务贸易总协定》的调整范围。

三、外国服务与外国服务提供者

根据《服务贸易总协定》，“另一成员的服务”，包括两种情况：第一种，指从该成员境内提供的或在该成员境内提供的服务；对于海运服务这一特定服务来说，指根据该成员法律注册的船只提供的服务，或者该成员的人通过船舶经营、全部或部分使用船舶提供的服务。第二种，在通过商业存在或自然人存在提供服务的情况下，指该成员的服务提供者提供的服务。

与“另一成员的服务”的概念相适应，《服务贸易总协定》对“另一成员的自然人”、“另一成员的法人”予以定义。“另一成员的自然人”，指居住在该成员境内或任何其他成员境内的自然人，并且根据该成员的法律，是该成员的国民，或者在该成员境内享有永久居住权。“另一成员的法人”，指（1）根据该国法律设立或以其他方式组成、在该国或任何其他外国境内从事实质性业务活动的法人；（2）在通过商业存在提供服务时，由该国的自然人拥有或控制的法人，或由前述（1）项定义的法人拥有或控制的法人。一个法人，如果某一成员的人（自然人或法人）实际拥有该法人股权利益的 50%以上，则该法人即为该国人“拥有”；如果某一成员的人（自然人或法人）有权任命该法人的大多数董事或以其他方式合法地指导其活动，则该法人为该国人“控制”；如果一法人控制另一人或被另一人控制，或它与另一人共同被同一人控制时，该法人即与另一人有“关联关系”。“法人”（juridical person）指根据适用法律正当设立或组建的任何法律实体（legal entity），包括公司、信托（基金）、合伙、合营、独资或联合体。该法律实体是否以营利为目的，是否为政府或私人所有，在所不计。因而，《服务贸易总协定》意义上的法人，其范围远远超出我们通常理解的法人的范围。

服务的国际（跨境）提供，是根据服务提供者或消费者的国籍或永久住所来确定的，在涉及法人的情况下同时使用了控制标准。这对于我们认定外国服务、外国服务提供者具有非常重要的意义，在通过商业存在提供服务的情况下，更是如此。举例来说，外国银行在中国设立的分支机构或代表处，无疑属于外国法人，其在中国提供的服务属于外国服务；但是外国银行在中国设立的外商独资银行，或者与中国合资者进行合资但却由外国投资者控制的合资银行，均属于《服务贸易总协定》意义上的外国银行，它们提供的服务属于外国服务，它们是外国服务提供者。从严格意义上说，它们并不属于中国银行业的一部分，它们在中国境内的经营额不能算做中国银行业的经营额，而被统计为外国服务贸易的数额，为外国服务的输出（出口额）。这与外资生产性企业属于中国国内产业的一部分，截然不同。这决定了国际服务贸易的管理方式与难度。《服务贸易总协定》尽管规定了服务贸易的补贴与保障措施内容，要求尽快谈判达成这方面的具体纪律，但迄至今日，也没有取得实质性进展。这充分说明了服务贸易问题的复杂性。

四、服务贸易的种类

由于服务的多样性与复杂性，《服务贸易总协定》条文本身都没有对服务贸易进行分类。国际上并不存在类似世界海关组织对货物分类的《商品名称及编码协调制度》那样的对服务的商品分类制度。但是很显然，服务部门分类，是成员进行谈判、作出承诺以及履行义务的基础条件和前提。1991年，关税与贸易总协定秘书处编写了一份有关服务部门分类的说明，称为“GNS/W/120服务部门分类”目录。该分类是根据联合国产品总分类（CPC）暂行本，由各成员国磋商的结果。该目录明确了国内服务规章所涉及的相关部门和分部门，作为具体谈判和承诺的基础。因此，该分类目录可以被视为一个谈判目录。

《服务贸易总协定》列出了12个部门种类，155个分类。这12个部门种类为：商业服务（包括专业与计算机），通信服务，建筑与相关工程服务，分销服务，教育服务，环境服务，金融（保险与银行）服务，保健和社会（医疗）服务，旅游及相关服务，娱乐、文化和体育服务，运输服务以及其他服务。需要说明的是，这12个部门分类及其小的分类，与服务贸易的四种方式，是不同性质的分类，其相互之间是交叉的，每一部门都可能存在四种贸易方式，每种贸易方式都可能涉及每一部门。正是这种复杂的关系，造成了服务贸易总协定减让表的复杂性。对于任何成员就任何部门或分部门作出的减让，都需要根据四种不同的贸易方式去理解、分析。

对服务部门或服务种类的分类，仍然处于不断的完善中。上述《服务贸易总协定》中的分类，其详细程度不足以适应服务贸易的需要；与此相联系，某些具体分类存在着不确定性，游离于不同分类之间。这对于履行《服务贸易总协定》项下的义务（如国民待遇义务），对于服务贸易的进一步谈判（如是否作出承诺），是不利的。国际社会正在为此做进一步的努力。2002年，联合国、欧洲共同体委员会、国际货币基金组织、经济合作与发展组织、联合国贸易与发展会议、世界贸易组织联合制定、颁布了《国际服务贸易统计手册》。该手册主要用于统计目的，提供一个统一的概念框架。但可以相信，这也会有助于世界贸易组织对服务贸易的进一步分类。世界贸易组织服务贸易理事会下设的具体承诺委员会，正在负责有关服务部门和分部门调整的技术性工作。

第三节　《服务贸易总协定》中的一般义务

一般义务主要包括最惠国待遇，透明度，提供服务所需资格的相互承认，关于垄断和专营服务提供者及其他限制竞争的商业惯例的规则，实现贸易自由所应采取的措施（包括确保发展中国家更多参与的措施）等。一般义务（普遍义务），直接并自动适用于世界贸易组织的所有成员以及所有服务项目。

一、最惠国待遇

对于《服务贸易总协定》所包括的任何措施，各成员应立即和无条件地给予任何其他成员的服务和服务提供者不低于其给予任何其他国家同类服务和服务提供者的待遇。

《服务贸易总协定》的最惠国待遇原则，与关税与贸易总协定第 1 条第 1 款的最惠国待遇原则是一致的。在服务贸易方面，某一成员给予任何国家（不一定是世界贸易组织成员）任何优惠，其他成员都有权利无条件地立即享有。但二者的适用对象不同，《服务贸易总协定》的最惠国待遇原则既适用于服务，也适用于服务提供者，而关税与贸易总协定的最惠国待遇原则仅适用于货物。在具体的适用范围上，《服务贸易总协定》的最惠国待遇原则在适用上没有任何限制，它适用于《服务贸易总协定》所包括的任何措施，适用于任何其他成员的服务和服务提供者，而关税与贸易总协定的最惠国待遇义务仅适用于明确列出的四种情形，且适用于原产自或出口至其他成员的货物。从这一角度看，《服务贸易总协定》的最惠国待遇义务，比关税与贸易总协定的最惠国待遇义务范围更广、更严格。

《服务贸易总协定》中的最惠国待遇的适用以服务和服务提供者的同类性为条件。但服务和服务提供者的同类性比较难于确定。这从服务部门的分类遇到的困难可以看得出来。

《服务贸易总协定》允许在一定条件下豁免最惠国待遇义务。《服务贸易总协定》规定了两种豁免。一种是该协定生效时的一次性豁免。在谈判时，成员列出最惠国待遇义务例外清单。在该协定生效时成员可以豁免列入最惠国待遇豁免附件项下的最惠国待遇义务。上述例外只能给予一次，不得在名单上增加新的内容。这类例外 5 年审查一次。原则上这类豁免不应超过 10 年。无论如何，此类豁免在以后的贸易自由化回合谈判中应重新谈判。在豁免期限终止时该成员应通知服务贸易理事会，与《服务贸易总协定》第 2 条第 1 款（最惠国待遇要求）不一致的措施已与该款一致。另一种是其他情况下的一般豁免。根据《世界贸易组织协定》第 9 条豁免最惠国待遇义务，即：在例外的情况下，部长会议可以决定豁免某成员承担的义务，这种决定应经 3/4 的成员批准。对给予的豁免，每年审议一次，审查是否仍存在豁免的必要性以及下一次审查的时间。部长会议在年度审议的基础上可以决定延长、修改或终止该豁免。此外，《服务贸易总协定》为发展中国家履行最惠国待遇义务提供了一定期限的过渡期。

最惠国待遇义务的规定不妨碍毗邻国家优惠。《服务贸易总协定》的规定，不得解释为阻止任何成员相邻国家授予或给予优惠，以便利毗连边境地区的当地生产和消费的服务的交换。

此外，《服务贸易总协定》义务的一般例外、安全例外，对最惠国待遇义务都适用。最惠国待遇义务不适用于调整政府服务采购的法律、法规等。

二、透明度

服务贸易比货物贸易受到更强的国内管理，这也是保护国内服务免于外国竞争或给予外国竞争歧视待遇的手段。为公平竞争、贸易自由之目的，《服务贸易总协定》为一般义务提出了透明度要求：除紧急情况外，每一成员应迅速公布有关影响《服务贸易总协定》运作的所有普遍适用的措施，最迟应在此类措施生效时公布。作为有关服务贸易国际协定一方的成员，应公布该协定。如公布不可行，应通过其他方式供成员获得这些信息。各成员应向世界贸易组织通知《服务贸易总协定》所覆盖的影响服务贸易的所有法律、法规和行政管理措施的具体信息，包括任何修改。对任何其他成员就普遍适用的任何措施或国际协定所提出的具体信息的所有要求，各成员应给予迅速答复。各成员还应设立咨询点（inquiry points），向其他成员提供有关信息。但对于公开将妨碍法律实施、违背公众利益或损害特定公私企业合法利益的机密资料，不要求公开。

三、相互承认标准

一般情况下，提供服务的公司和个人需要取得允许其从事业务的证书、许可或其他授权。此类资格要求往往限制了外国服务提供者。为解决这一冲突或障碍，《服务贸易总协定》引进了资格等的相互承认制度。

为使服务提供者获得授权、许可或证明的标准或准则得以全部或部分实施，成员可承认在特定国家已经获得的教育或经历、已满足的要求以及给予的许可或证明。这种通过协调或其他办法实现的承认，可基于有关国家签订的协议或安排，也可自动给予。承认方式不得成为国家间歧视的手段或对服务贸易的变相限制。只要合适，承认应基于多边同意的标准。在适当的情况下，各成员应与有关政府间组织或非政府组织合作，以制定和采用承认的共同国际标准和准则，以及有关服务行业和职业的实务的共同国际标准。

四、垄断和专营服务提供者及其他限制竞争的商业惯例

各成员应确保其境内的任何垄断服务提供者，在相关市场提供垄断服务时，其方式不得违反最惠国待遇义务及作出的具体承诺。

一成员的垄断服务提供者，不论是直接还是通过关联公司，在垄断权范围之外且该成员已作出具体承诺的服务提供方面参与竞争，该成员应确保该提供者在其境内不滥用其垄断地位，不以与具体承诺项下的义务不符的方式行事。

如成员在形式上或事实上授权或设立少数几个服务提供者，且实质上阻止这些服务者在境内的相互竞争，上述规定也适用于此类专营服务提供者。

对于抑制竞争、限制服务贸易的服务提供者的商业惯例，在其他成员的要求下，相关成员应进行磋商，以期取消这样的商业惯例，并提供可获得的有关资料。

五、一般义务的例外

尽管有最惠国待遇义务的存在，《服务贸易总协定》允许成员采取贸易管制措施，这就是该协定的一般义务的例外。该例外需满足两项要求。一项要求是该类措施在国家间不应构成武断的或不公正的歧视，或构成对服务贸易的变相限制。另一项要求是该类措施必须用于下述目的：(1) 为保护公共道德或维护公共秩序所必需；(2) 为保护人类、动物或植物的生命或健康所必需；(3) 为确保遵守与该协定的规定不相抵触的与下述问题相关的法律和法规所必需：防止欺诈和欺骗做法，或处理服务合同违约事项，保护与个人资料处理和散播有关的个人隐私，保护个人记录和账户秘密、安全问题；(4) 为保证对其他成员的服务或服务提供者平等和有效课征或收取直接税的差别待遇；(5) 源于该成员受其约束的避免双重征税协议，或任何其他国际协议或安排中的避免双重征税规定的差别待遇。

除一般例外之外，该协定的一般义务还存在安全例外。该协定不要求任何成员提供其认为公开后会违背其基本安全利益的任何资料，不阻止任何成员为保护其基本安全利益而有必要采

取的行动，不阻止任何成员为履行联合国宪章下维护国际和平与安全的义务而采取的行动。

第四节 《服务贸易总协定》中的具体承诺

一、具体承诺的性质和作用

世界贸易组织成员在特定服务部门、特定服务领域承担的特定义务，是由该成员在谈判时作出的具体承诺决定的。具体承诺在《服务贸易总协定》中以及在服务贸易自由化的进程中起着非常重要的作用。它包括市场准入和国民待遇两大类。《服务贸易总协定》中的一般义务，实质上是以具体承诺为基础的。例如最惠国待遇义务、国内管制方面的义务、垄断方面的义务、保障国际收支方面的义务等。如没有具体承诺，则一般义务也无实际意义。其原因在于，与货物贸易不同，服务贸易受到较大的国内管制，成员没有开放服务贸易市场的义务，是否开放服务贸易市场由成员决定。在服务贸易市场没有开放的情况下，其他义务也失去应有的作用。具体承诺也是逐步实现《服务贸易总协定》服务贸易自由化目标的必经步骤和具体措施。

每一成员在其减让表中列出了自己作出的具体承诺。具体承诺减让表规定了对外国服务和外国服务提供者的限制。是否给予市场准入，是否给予国民待遇，成员在哪些具体服务部门和事项方面承担具体义务，均依该具体承诺减让表来确定。在该减让表中，每个成员应具体列明下述内容：市场准入的规定、限制和条件；国民待遇的条件和资格；有关附加承诺的承诺；适当情况下，实施这类承诺的时间表；这类承诺的生效日期。

具体承诺如同约束性关税，对作出具体承诺的成员具有约束力，一般不能轻易被修改或撤销。只有在承诺生效 3 年后，在发出修改或撤销某一具体承诺意向，并与受影响国家作出谈判、达成补偿协议后，才可以修改或撤销该具体承诺。在此类谈判和协议中，有关成员应努力维持互惠承诺的总体水平，不低于谈判前具体承诺减让表中的规定。补偿性调整应在最惠国待遇基础上进行。如不能达成补偿性协议，受修改承诺影响的成员可以申请仲裁。如无成员申请仲裁，则拟修改成员有权实施拟采取的修改。如申请仲裁，则修改成员在作出符合仲裁结果的补偿性调整前，不得修改或撤销其承诺。如修改成员实施其拟议的修改或未遵循仲裁结果，则任何参加仲裁的受影响成员，可以根据裁决结果对修改成员改变或撤销实质上相当的利益。

根据《服务贸易总协定》规定的一般义务，在出现严重的国际收支和对外财政困难或威胁时，成员可以对其已作出具体承诺的服务贸易，包括与该承诺有关的支付和转移，采取或维持限制措施。但该限制不应在成员间造成歧视，应与《国际货币基金组织协定》的规定相一致，应避免对其他成员的商业、经济和财政利益造成不必要的损害，不得超过必要限度，是临时措施并应在情况改善时逐步取消。

二、市场准入

市场准入也即市场开放。根据《服务贸易总协定》第 16 条，对于通过前述四种服务贸易提供方式的市场准入，每个成员给予其他任何成员的服务和服务提供者的待遇，不得低于其承诺表中所同意和明确规定的条款、限制和条件。市场准入不包括政府采购。就构成具体承诺的市场准入和国民待遇的关系来说，市场准入是国民待遇的基础和前提。如果某一措施既与市场准入不符，也与国民待遇义务不符，则该措施应列入市场准入栏目。在这种情况下，对市场准入的限制也构成了对国民待遇义务的限制，规定了国民待遇的条件或资格。

在作出具体承诺的部门，除非在承诺减让表中明确规定，成员不得在其部分地区或全境维持或采取下述措施：(1) 限制服务提供者的数量，不论通过数量配额、垄断和专营服务提供者方式限制，还是通过经济需求标准要求（the requirements of an economic needs test）方式限制；(2) 以数量配额或经济需求标准要求的方式，限制服务交易或资产总值；(3) 以配额或经济需求标准要求的方式，限制服务业务总数或以指定数量单位表示的服务产出总量，但不包括成员限制服务提供投入的措施；(4) 以数量配额或经济需求标准要求的方式，限制特定服务部门可雇用自然人总数或服务提供者可雇用自然人总数，这些自然人为提供特定服务所必需并与之直接相关；(5) 限制或要求服务提供者通过特定类型的法律实体或合营企业提供服务的措施；(6) 通过限制外国股权最高百分比，或限制单个或总体外国投资总额，限制外国资本的参与。

发展中国家利用该协定允许的扩大发展中国家参与的规定，利用上述规定在承诺减让表中对建立商业存在提出了要求，明确注明批准商业存在应以加强国内服务能力的经济需求为标准。其条件通常包括：在合资企业的基础上批准商业存在的建立；不允许外国服务提供者在此类合资企业中占有大部分的股份；董事会成员中应有一定数量的本国人；外国服务提供者应使用适用的先进技术和管理经验；该企业应培训当地雇员并向他们传授技术；可能时应雇用当地的国内分包人员。

对外国服务和服务提供者提供市场准入，实质上是允许外国服务提供者进行服务的国际投资。这一点在商业存在这种服务方式上体现得最为明显，也可以通过对上述 6 种措施的禁止体现出来。《服务贸易总协定》在“市场准入减让表”部分特别指出，如成员对通过跨境提供方式提供服务作出市场准入承诺，且如果资本的跨境流动是该服务本身所必需的部分，则该成员由此已经承诺允许此种资本跨境流动。如果成员就通过商业存在方式提供服务作出市场准入承诺，则成员由此已经承诺允许有关资本转移进入其境内。

三、国民待遇

市场放开、外国服务和服务提供者进入后，必然产生外国服务及服务提供者与本国同类服务及服务提供者的待遇关系问题。这一问题由国民待遇义务来解决。但国民待遇义务性质上属于具体承诺，因而，成员不存在普遍的义务授予外国服务及服务提供者的待遇不低于授予本国同类服务及服务提供者的待遇。如前所述，国民待遇与市场准入存在密切的关系。在货物贸易中，即使不存在进口货物，也可能违反国民待遇义务，因为无进口货物很可能正是对外国产品歧视的结果。但在服务贸易中，国民待遇义务是以市场准入为前提的。

与货物贸易和知识产权中的国民待遇不同，《服务贸易总协定》的国民待遇仅适用于一国作出具体承诺的部门或方面，仅限于列入承诺减让表的部门，并且要遵照其中所列的条件和资格。没有作出承诺的部门，不适用国民待遇。即使在作出承诺的部门中，也允许按所列条件对国民待遇进行限制。

根据GATS第17条，成员在所有影响服务提供的措施方面，给予任何其他成员的服务和服务提供者的待遇不得低于其给予本国同类服务和服务提供者的待遇。但该规定并不要求给予任何其他成员的服务和服务提供者的待遇，在形式上与给予本国同类服务和服务提供者的待遇相同。无论形式是否相同都可满足国民待遇的要求。国民待遇义务是以竞争条件为判断标准的。如果相同形式或不同形式改变了竞争条件，从而使该成员的服务或服务提供者与任何其他成员的同类服务或服务提供者相比处于有利地位，则提供给其他成员的同类服务或服务提供者的这种形式相同或不同的待遇应被视为较低的待遇，即歧视性待遇。

与最惠国待遇义务一样，国民待遇义务以同类服务或服务提供者为条件。由于服务的多样性和无形性，同类性的确定比在货物贸易时困难。

第五节　服务贸易的逐步自由化

《服务贸易总协定》谈判、签订、生效时，有一些服务部门还没有具体的约束性规则，如金融服务协定等仅列出框架，作为进一步谈判的指导。另外，服务贸易逐步自由化是《服务贸易总协定》的一项原则。《服务贸易总协定》仅仅是个开始，应逐步实现更高水平的自由化，各成员应继续就服务贸易进行谈判。谈判的方向是减少或取消对服务贸易产生不利影响的措施，以此作为提供有效市场准入的一种方式。

1994年乌拉圭回合谈判结束时，服务贸易的许多部门并没有达成一致协议。部长会议就一些部门的进一步谈判问题作了规定，包括自然人流动问题谈判、金融服务谈判、海运服务谈判、基础电信谈判、专业服务标准的确定。《服务贸易总协定》的附件也就自然人流动、空运服务、金融服务、海运服务和电信谈判规定了指导原则。

在《服务贸易总协定》生效后，对上述有关问题以及服务贸易的补贴、紧急保障措施、政府采购问题，继续进行谈判或制定统一的规则。

自然人流动涉及自然人为提供服务在他国的暂时居留权问题。《服务贸易总协定》并不适用于寻求永久就业者或取得公民身份、永久居留或永久就业的条件。同时该协定并不阻止一国采取相应的措施对进入其境内或在其境内暂时居留的自然人进行管理，包括为保护边境完整和确保自然人有序跨境流动所必要的措施，但该措施不应损害或阻碍根据具体承诺而给予其他任何成员的利益。1996年4月，世界贸易组织就自然人流动通过服务贸易总协定第三议定书，在该议定书生效时，以新达成的具体承诺减让表取代或补充该协定原来的具体承诺减让表。

1996年4月通过服务贸易总协定第四议定书及其附件，统称《基础电信协议》，该协议于1998年2月2日生效。该协议的实质性内容规定在附件中，包括了基础电信的具体承诺和最惠国待遇例外，分别补充、修正原来的具体承诺和最惠国待遇。具体内容包括市场开放、投资和竞争法规三个部分。

金融服务的谈判导致1995年达成了服务贸易总协定第二议定书，作为金融服务谈判的中间协定。1997年12月，达成了有关金融服务的服务贸易总协定第五议定书，该协议于1999年生效，其包括的金融服务减让表和最惠国待遇例外取代了原有的具体承诺和最惠国待遇例外。第五议定书的结构与第四议定书的结构类似。

有关服务贸易的补贴、紧急保障措施、政府采购问题的规则正在研究制定中。

问题与思考

1. 如何理解服务贸易与货物贸易的关系?
2. GATT 与 GATS 的一般原则有哪些不同?
3. 如何理解服务贸易中的国民待遇?

第二十章

与贸易有关的知识产权及技术贸易管制

本章概要

《与贸易有关的知识产权协定》是关税与贸易总协定乌拉圭回合谈判的重要成果之一。该协定的订立与实施，扩大了多边贸易制度的调整范围，进入了传统上被认为是民商法的领域。该协定一方面纳入了原世界知识产权组织管理的有关知识产权公约的相关规则，另一方面确立了知识产权保护的新纪律。知识产权的实施规则，不同于以往的知识产权公约，使与贸易有关的知识产权保护进入更高的层次。知识产权的国际保护与技术贸易的管制紧密联系在一起。除出于经济和政治的原因对权利进行限制外，制止限制竞争的做法是国际社会普遍采取的措施。

关键术语

限制性贸易做法　排他性的返授条件　阻止对效力的异议　强制性一揽子许可

第一节　《与贸易有关的知识产权协定》的特点

一、签订背景

在1994年签订知识产权协定之前，有关知识产权的公约已不能很好地满足知识产权密集型产品出口商的要求。如《巴黎公约》没有规定专利的最低期限或明确什么可以申请专利，没有国际性的协定来规范、保护商业秘密、计算机软件，对假冒商品打击不力。另外，以前的公约没有约束性的、有效的强制程序。

1947年关税与贸易总协定中与知识产权有关的条款非常有限。第9条为原产地标记提及原产地标记的使用要求。第12条第3款和第18条第10款要求为收支平衡目的使用进口限制措施的国家不得实施阻止遵守专利、商标、版权或类似程序的限制。第20条为一般例外规定：保护专利权、商标和版权的措施，只要不在情形相同的国家之间构成任意或不合理歧视的手段，或构成对国际贸易的变相限制，就不受该协定的约束。关税与贸易总协定适用于货物，关税与贸易总协定中的知识产权条款主要是确立货物贸易的义务和纪律，在保护知识产权方面并无实质性的纪律，或没有正面确立积极性义务。

随着含有知识产权的商品越来越多，商品呈现技术密集型的特点，知识产权保护对这类商品发挥其优势具有至关重要的作用。知识产权商品的复制容易，发达国家向发展中国家技术许可增多，知识产权侵权容易引起贸易扭曲，在发达国家的坚持下，遂加强对知识产权的保护，尤其是与贸易有关的知识产权的保护，利用强有力的争端解决机制加强知识产权保护，成为关税与贸易总协定乌拉圭回合谈判的重要议题。《北美自由贸易协定》中对知识产权的规定也为新的世界范围内的知识产权的保护协定提供了借鉴。

二、协定的特点

知识产权协定的宗旨是减少对国际贸易的扭曲和阻碍，促进对知识产权的有效和充分保护，保证实施知识产权保护的措施和程序本身不成为合法贸易的障碍。基于这一宗旨，该协定就下列问题确立了新的规则或纪律：关税与贸易总协定的基本原则和有关国际知识产权协定的适用性；与贸易有关的知识产权的效力、范围和使用的适当标准及原则；考虑到各国法律制度的差异，实施与贸易有关的知识产权规定的有效和适当的手段；通过多边方式解决争端和过渡性安排；等等。

知识产权是一种私权，同时各国的知识产权保护制度都含有基本公共政策目标，包括发展目标和技术目标，各国的相关法律制度并不统一，在知识产权国际保护领域已经存在相应的国际组织和规则。

知识产权协定是乌拉圭回合谈判中达成的新协议之一。该协定通过在与贸易有关的知识产权领域对成员施加义务，第一次将知识产权纳入世界贸易制度，是一项具有开拓性的成果。该协定确立了知识产权与贸易的紧密联系和处理规则。知识产权协定调整的知识产权范围，包括版权及相关权利、商标、地理标志、工业品外观设计、专利、集成电路布图设计和未披露的信息。

知识产权协定将关税与贸易总协定的基本原则纳入该协定。关税与贸易总协定基本原则的理解和适用规则，同样适用于知识产权协定。另外，关税与贸易总协定一般的适用和解释方法，也对知识产权协定的解释有指导作用。《世界贸易组织协定》第16条第1款明确规定："除本协定或多边贸易协定项下另有规定外，世界贸易组织应以GATT1947缔约方全体和GATT1947框架下的机构所遵循的决定、程序和惯例为指导。"DSU第3条"总则"第1款规定："成员确认遵循根据GATT1947第22条和第23条适用的争端解决规则，以及本谅解进一步阐释的规则和程序。"GATT1947的法律历史和经验，被纳入世界贸易组织的新框架。

知识产权协定是一个非常复杂的特殊的协定。其规定并不仅仅包括该协定文本本身，还通过并入条款并入了原来已有的知识产权公约的规定。这些公约有自己的管理组织，有的具有非常悠久的历史，如《巴黎公约》和《伯尔尼公约》，有的还没有生效，如《集成电路知识产权条约》(简称《华盛顿条约》)。知识产权协定将这些已有成果纳入自己的纪律范围，对所有的成员（无论是否加入上述公约）均具有约束力。世界贸易组织对这些公约的理解和解释，依赖于这些公约原有管理机构——世界知识产权组织的理解和解释。这就使《世界贸易组织协定》这一自成一体的制度体系具有依赖性和开放性。同时，知识产权协定在并入现有公约时，并非全文采纳相关公约的文本，而是有选择地并入，使知识产权协定的有关内容相对独立于原公约。

知识产权协定确立了一个较高的最低保护标准，保护范围广，保护期限长，保护程序严格。为了确定、实施这一标准，该协定对发展中国家作出了一定期限的过渡性安排，如今这一过渡期已经结束。对知识产权的严格保护，引起了与公共健康等相关问题的冲突。2003 年 8 月世界贸易组织全体成员达成了《知识产权协定与公共健康多哈宣言第 6 段的实施决定》，以解决相关问题。

除基本原则外，知识产权协定不仅规定了知识产权的效力、范围和使用标准，还规定了知识产权的实施义务。后一内容，使知识产权协定不同于传统的知识产权公约，它使对知识产权保护的力度更大、保护更充分，从而强化了各成员对与贸易有关的知识产权的保护义务。

第二节　知识产权国际保护的基本原则

一、最低保护原则

各成员应实施该协定确立的义务，实施该协定的规定。各成员对于其他成员的国民给予该协定规定的待遇。但各成员可以但无义务在其法律中实施比该协定要求的更广泛的保护，只要此种保护不违反该协定的规定。各成员有权在其各自的法律制度和实践中确定实施该协定规定的适当方法。

对于有关的知识产权，“其他成员的国民”应理解为符合《巴黎公约》、《伯尔尼公约》、《罗马公约》和《华盛顿条约》的保护资格标准的法人或自然人，如同 WTO 全体成员是这些公约的全体成员。知识产权协定所指的“国民”一词，对于 WTO 的单独关税区成员而言，指在该关税区内拥有住所或真实、有效的工商营业机构的自然人或法人。

二、国民待遇原则

在知识产权保护方面，每一成员给予其他成员国民的待遇，不得低于给予本国国民的待遇。但是，《巴黎公约》、《伯尔尼公约》、《罗马公约》和《华盛顿条约》规定的例外除外。就表演者、录音制品制作者和广播组织而言，国民待遇义务仅适用于知识产权协定规定的权利。如上所述，“国民”一词的概念，应根据相关公约或协定中的标准确定。鉴于知识产权协定规定了最低保护原则，该协定中所要求的国民待遇实际上是最低相同标准基础上的国民待遇。知识产权协定认可国民待遇在某些情形下的例外。该协定明确提及《伯尔尼公约》第 6 条和《罗马公约》第 16 条第 1 款（b）项，这些规定含有某种程度上的互惠国民待遇。另外，各成员可以在司法和行政程序方面维持国民待遇例外，但这些例外应为保证遵守与该协定的规定不相抵触的法律和法规所必要，且这种做法的实施不会对贸易构成变相限制。可以看出，知识产权保护方面的国民待遇，与关税与贸易总协定中的国民待遇存在明显不同。

国民待遇以及下述最惠国待遇义务，不适用于世界知识产权组织主持缔结的多边协议中有关获得或维持知识产权的程序。除遵循国民待遇义务和最惠国待遇外，在争端解决中知识产权协定不得用于解决知识产权权利用尽问题。

三、最惠国待遇原则

对于知识产权保护，一成员对任何其他国家的国民给予的任何利益、优惠、特权或豁免，应立即无条件地给予所有其他成员的国民。“保护”一词应包括影响知识产权的效力、取得、范围、维持和实施的事项，以及知识产权协定专门处理的影响知识产权使用的事项。某一成员给予的下列情况下的任何利益、优惠、特权或豁免，可以免于最惠国待遇义务：由一般性司法协助或法律实施的、并非专为保护知识产权的国际协定所产生的；《伯尔尼公约》或《罗马公约》允许的另一国不按国民待遇给予的；该协定未规定的表演者、录音制品制作者以及广播组织的权利；《世界贸易组织协定》生效前已生效的知识产权保护国际协定所产生的，该类协议已经通知“与贸易有关的知识产权委员会”，且对其他成员的国民不构成任意的或不公平的歧视。

知识产权协定中的最惠国待遇，尽管和关税与贸易总协定中的最惠国待遇在具体方面不尽相同，但其解释和适用规则应当是一致的，特别是有关“无条件性”的解释。

四、促进经济与社会福利原则

知识产权的保护和实施，应有助于促进技术革新以及技术的转让和传播，有助于技术知识的创造者与使用者互利共赢，促进社会、经济福利以及权利、义务的平衡。

在制定或修改法律或法规时，各成员可以采用对保护公共健康和营养、促进对其社会、经济和技术的发展至关重要的公共利益所必需的措施，只要该措施与知识产权协定的规定相一致。各成员可以采取适当的措施防止知识产权权利人滥用知识产权，防止不合理限制贸易或对国际技术转让产生不利影响的行为，只要该措施与知识产权协定相一致。

与前三项原则相比，促进经济与社会福利原则更多地带有国家的社会政策性内容。如果前三项原则更多地侧重于知识产权保护义务的履行，促进经济与社会福利原则则较多地带有义务例外的倾向，为限制知识产权提供了政策和法律依据。

五、知识产权国际保护的例外

知识产权协定在相关知识产权权利部分规定了相应的知识产权权利例外或限制外，在该协定的最后一条还规定了安全例外。该协定的任何规定，不得解释为：(1) 要求成员提供其认为披露会违背其根本安全利益的任何信息。(2) 阻止成员在下列方面采取其视为保护其基本安全利益所必要的任何措施：涉及裂变物质或衍生这些物质的物质；涉及武器弹药和作战物资的运输，直接或间接为供应军事设施所运输的其他货物或材料；战时或国际关系中其他紧急状态时采取的。(3) 阻止成员履行《联合国宪章》项下维护和平与安全的义务而采取措施。

第三节　知识产权国际保护的实施机制

知识产权协定与以前的知识产权公约的根本不同，在于其对实施与执行条款的规定。该协定规定了知识产权实施的一般义务、民事和行政程序及救济、临时措施、与边境措施相关的特殊要求以及刑事程序等。可以说，知识产权协定提供了完整的知识产权实施框架和制度。

一、一般性义务

各成员应在国内法中规定知识产权的实施程序。这些程序的实施方法，应避免对合法贸易造成障碍，同时防止滥用程序。实施程序应公平、公正，不应过于复杂，费用不应过高，不应设定不合理的时效或无道理的拖延。案件裁决，最好采用书面形式，并应说明判决的理由。案件判决至少应及时送达诉讼当事人。案件应仅基于当事人有机会听证的证据作出裁决。对于终局的行政决定，以及司法机构的初审判决中的法律问题（符合国内司法管辖权的规定），诉讼当事人有机会要求司法机构进行审查。但对于刑事案件中的无罪判决，成员无义务提供审查的机会。

知识产权协定规定的知识产权实施的义务，并不产生与一般法律实施制度不同的知识产权实施的义务，也不影响各成员实施一般法律的能力。其任何规定，在知识产权执法与一般法律执法的资源分配方面，不设定任何义务。

二、民事和行政程序及救济

（一）程序要求

（1）公平、公正程序。在知识产权协定包括的知识产权权利实施方面，各成员应向权利持有人提供民事司法程序。原、被告双方享有及时获得详细通知的权利。原、被告双方有权由独立律师代表出庭，在强制本人出庭方面程序负担不应过重。各方均有权证明其权利请求，并提供相关证据。

（2）证据。如一方当事人已经提供合理获得的证据，足以支持其诉求，并指明了对方控制的证实其权利请求的相关证据，司法机关在适当的情形下可以要求对方提供此证据。如当事人自愿拒绝利用或在合理期限内不提供必要信息，或严重阻碍与实施措施相关的程序，则成员可以授权司法机关，在提供听证机会后，在向其提交的信息的基础上作出初步的或终局的肯定或否定裁决。

（二）一般救济措施

（1）禁令。司法机关有权命令一方当事人停止侵权，特别是在货物结关后立即制止涉及侵权的进口产品进入国内商业渠道。如当事人事先知道或有理由知道对受保护对象的交易侵犯知识产权，则对于当事人获得或订购的受保护对象，成员无义务授予司法机关这种权利。

（2）赔偿费。对于已知或有理由知道自己从事侵权活动的人，司法机关有权责令侵权人向权利持有人支付足以补偿因知识产权侵权所受损害的赔偿。司法机关还有权责令侵权人支付包括律师费用在内的有关费用。在适当的情况下，即使侵权人不知或没有合理理由知道从事侵权活动，司法机关可以责令侵权人退还所得利润或支付法定赔偿。

（3）其他补救。为有效制止侵权，在不给予任何补偿的情况下，司法机关有权责令以避免对权利人造成任何损害的方式，将被认定侵权的货物清除出流通渠道，或只要不违背宪法要求，责令销毁侵权货物。司法机关还有权在不给予任何补偿的情况下，责令将主要用于制造侵权货物的材料和工具清除出商业渠道，以便将产生进一步侵权的风险减少到最低限度。在审议这些请求时，应考虑侵权的严重程度与给予的救济的相称性以及第三方的利益。对于冒牌货物，简单地去除非法附着在货物上的商标，除例外情况下，不足以允许这类货物进入商业渠道。

各成员可以规定司法当局有权责令侵权人通知权利人生产或经销侵权货物或服务的第三人的身份和经销渠道，除非与侵权的严重程度不相称。

知识产权协定还对被告的权利保护作出了规定，防止程序滥用。这包括两方面：一是申请人滥用程序的赔偿，二是公共机构和官员非善意执法的救济。如请求采取措施的当事人滥用执行程序，司法当局有权责令该当事人对因其滥用而误受禁止或限制的当事人所受损害给予充分的补偿，并责令申请人支付被告所产生的费用，包括律师费。在知识产权保护和实施的执法中，公共机构和官员在执法中善意采取或拟采取措施时，成员才可以免除其给予适当救济的责任。

（三）临时措施

为了制止知识产权侵权的发生，特别是阻止货物（包括结关后的进口货物）进入其管辖区域内的商业渠道，为了保存侵权指控的相关证据，司法机关有权责令采取迅速、有效的临时措施。适当时，特别是任何延迟可能造成权利持有人不能弥补的损害时，或者证据有被销毁的危险时，司法机关在不事先通知的情况下，有权采取临时措施。

为了防止临时措施的滥用，保护被申请人的合法利益，知识产权协定规定了相关的保障措施：司法机关有权要求申请人提供合理获得的证据，使司法机关在很大程度上相信申请人是权利持有人，申请人的权利正受到侵害或侵害威胁；司法机关有权责令申请人提供足以保护被申请人的利益、防止滥用临时措施的保证金或相应的保证。执行临时措施的主管机关可以要求申请人提供认定相关货物的其他必要信息。如临时措施被撤销，或因申请人的作为或不作为而失效，或随后认定不存在知识产权侵权或侵权威胁，司法机关可应被申请人要求，责令申请人就这些措施对被申请人所造成的任何损害向被申请人提供适当的补偿。

如已经采取没有事先通知的临时措施，至迟在该措施执行后应立即通知受影响的各方。应被申请人请求，应对这些措施进行审查（包括进行听证），以期在通知措施后的合理期限内，决定这些措施是否应予修改、撤销或确认。如果在采取临时措施后的合理时间内没有发起案件审理程序，应被申请人要求，临时措施应予以撤销或终止效力。合理期限由责令采取临时措施的司法机关确定；无这类确定时，合理期限不超过20个工作日或31个自然日（以时间长者为准）。

因行政程序而采取临时措施时，该行政程序应遵循与上述相关要求实质一致的原则。

（四）与边境措施相关的特殊要求

知识产权协定对在边境采取的保护知识产权的措施做了规定。这些措施主要包括海关中止放行怀疑侵权的货物，要求申请人提供保证金，进口商提供保证金，对进口商和货物所有权人赔偿，销毁或处理侵权货物等。

权利持有人有正当理由怀疑即将发生假冒商标或盗版货物进口时，可以向主管机关提出书面申请，要求海关中止放行这些货物进入自由流通。对于涉及其他知识产权侵权的货物，也可以提出类似申请。各成员还可以制定海关中止放行自其领土出口的侵权货物的相应程序。

申请人应提供充分的证据，使主管机关相信根据进口国国内法律，存在侵犯权利人知识产权的初步证据；申请人应提供充分、详细的货物说明，以使海关易于确认这些货物。主管机关应在合理时间内通知申请人是否受理这一申请；如主管机关确定海关采取措施的期限时，应通知申请人这一期限。主管机关有权要求申请人提供足以保护被申请人和主管机关以及防止滥用的保证金或相应的担保。但该保证金或担保，不应不合理地阻碍使用这些程序。

如按照申请人的申请，海关根据非司法机关或其他独立机关的裁决，对涉及工业设计、专利、集成电路布图设计或未披露信息的货物，中止放行进入自由流通，中止放行的期限已经届满而适当授权机构没有给予临时救济，并且符合进口的所有其他条件，则货物的所有人、进口商或收货人，在对侵权提交足以保护权利持有人的保证金后有权获得放行。保证金的提交不影响权利持有人享有其他救济，但如果权利持有人在合理期间内没有行使诉讼权，则应解除保证金。值得注意的是，这一规定不涉及假冒商标或盗版货物。

海关中止货物放行，应迅速通知进口商和申请人。如果中止放行通知送达申请人后的10个工作日内，海关未被通知被申请人之外的其他人发起案件审理程序，或未被通知经适当授权的机构采取了临时措施延长中止放行，如符合其他进口或出口条件，则应对货物予以放行；在适当的情况下，这一期限可以再行延长10个工作日。如果已经启动案件审理程序，经被申请人要求，应进行审查（包括听证），以期在合理期限内决定这些措施是否应予修改、撤销或确认。在根据临时司法程序中止或继续中止货物放行时，合理期限应由采取措施的司法机关确定，为20个工作日或31个自然日（以时间长者为准）。

错误扣押或中止放行期满后的扣押对进口商、收货人或所有人造成损害的，相关机关有权责令申请人支付适当的补偿。

除申请人申请采取措施外，如果存在知识产权侵权的初步证据，主管机关可以主动采取措施，中止货物放行。主管机关可以随时向权利持有人寻求帮助其行使权力的信息，迅速通知进口商和权利持有人货物的中止放行。在进口商向主管当局就中止放行提起诉讼时，上述中止放行时限的规定原则上适用。只有在公共机构和官员善意采取措施或拟采取措施时，成员才可以免除他们给予适当救济的责任。

在不损害权利持有人的其他诉讼权利和尊重被申请人寻求司法机关审查的前提下，主管机关遵循上述其他救济所遵循的原则，有权责令销毁或处理侵权货物。对于假冒商标货物，主管机关不得允许侵权货物以未作改变的状态再出口，或对其适用不同的海关程序，例外情况除外。

各成员可以规定，上述所有边境措施的规定不适用于旅客个人行李中夹带的或小件托运中运送的非商业性的少量货物。

三、刑事程序

知识产权协定要求各成员，至少对以商业规模有意假冒商标或盗版，规定、适用刑事程序和惩罚。提供的救济可以包括足以起到威慑作用的监禁、罚款，其程度与对同等严重犯罪的救济相一致。适当时，也可以扣押、没收和销毁侵权货物以及主要用于犯罪的材料和工具。对于其他知识产权侵权行为，特别是有意并以商业规模的侵权行为，成员可以规定、适用刑事程序和惩罚。

第四节 国际技术贸易管理

一、技术贸易管制的原因和模式

随着全球经济一体化程度的加深、各国市场的更加开放，特别是世界贸易组织成立以后，世界各国对货物贸易的管制呈现出越来越松的趋势。不过这一趋势没有出现在技术贸易领域。无论是技术出口国家还是技术进口国家，都依然对国际技术贸易实施着较强的国家管制。尽管各国管制的原因不尽相同，程度也不尽一致，但国家对技术贸易实施比对货物贸易严格的管制，是一个不争的事实。

技术是先进生产力的代表。新技术的创造、传播和消化，能够极大地改变一个地区、一个国家甚至整个世界的面貌，导致世界科技、经济和军事力量的变化。在世界发展不平衡、国家和地区冲突此起彼伏的背景下，技术具有一般货物所不能比拟的威力。技术堪称点金术。谁控制了它，谁就有了点石成金的魔力。

对技术贸易的管制，首先是国家安全的要求。为了防止技术的输出增加对手或潜在对手的力量，技术优势国家总是禁止或限制关键技术的输出，对技术输出实施严格的管制审批制度。同时，为了防止类似核武器扩散，加剧整个世界的不安全因素，国际社会、相关国家加强了对核技术出口的管制。其他类似军民两用技术的出口，也受到管制。

保证国家经济安全，也是技术贸易管制的重要原因。保障国家经济安全、健康地发展，保障国内产业在全球市场中的竞争力，技术是关键。有了先进的技术，落后国家可以缩短与先进国家的差距，甚至在某些方面赶超它们。技术优势国家不愿意看到自己被他国赶超，技术劣势国家努力防止自己的产业及国家经济因接受技术而受控。不同发展水平的国家，都根据自己的实际情况对技术贸易采取控制政策。

以知识产权为代表的技术，具有一定范围的垄断权或专有权。防止权利的滥用、防止技术贸易中存在的限制竞争情形，是技术贸易管制的又一原因。如果说没有约束的权力可能产生腐败，那么不受约束、限制竞争的技术权利则可能导致社会成为一潭死水。对此，有必要从社会经济发展、技术进步的角度，对技术贸易进行规范。

规范技术出让方和受让方的具体权利、义务的平衡，是许多国家特别是发展中国家技术贸易管制的考虑因素。尽管这是对技术贸易当事方关系这一微观经济的调整，但它反映了国家的技术贸易政策，既保护技术受让方的利益，也保护国家的利益。技术出让方可能滥用权利、损害受让方利益，对此不能不防。

上述这些因素，或单独适用，或同时适用，构成了技术贸易管制的动因。与这些考虑因素相联系，对技术贸易的管制，从法律制度和规范的角度看，主要有三种类型：第一，国家安全意义上的管制制度，此类制度是以美国出口管理法为代表的。第二，经济意义上的管制制度，此类制度以欧盟竞争法为代表。第三，民事意义上的管制制度，该类以合同管理为代表。各类制度之间有时并非泾渭分明。例如，我国的技术进出口管理制度不同程度地带有第一类制度和第三类制度的特征。限制性商业做法则融合了第二类制度和第三类制度的因素。

无论哪一类管制制度，其实施和运行都需要一系列规则的配合和补充。国家和国家之间在不同领域存在一定程度的合作。因而，从国际公约或协定到国内法律，从立法到规章，或审批或许可，或事前控制或事后监督，形成了形形色色的国际技术贸易管制制度。

二、中国对技术进出口的管理

（一）中国技术进出口管理制度的变化

中国作为一个发展中的国家，对技术贸易的管理经历了两个发展阶段，并呈现出不同的特点。第一个阶段，以对技术引进的管理为特征，主要发生在中国对外改革开放的初期，引进技术、提高我国的技术发展水平，是经济改革和建设的内容之一。管理的目的主要是：利用国家的强制性法律，加强技术受让方在谈判中的谈判地位，平衡双方的权利、义务；限制或消除技术转让中的限制性贸易做法，维护受让方的正当利益；控制技术引进的领域、规模，引进新技术，避免重复引进。国家对技术贸易的审批管理主要包括需要审批的合同范围、审批程序、审批内容、审批机关。国家审批是技术引进合同生效的要件。1985 年国务院发布了《中华人民共和国技术引进合同管理条例》，1988 年国务院批准、外经贸部发布了该条例的实施细则，对技术引进合同的管理作了具体规定，对技术引进合同的内容、审批与注册提出了要求。该条例和细则还对限制性贸易做法作了规定。第二阶段，以对技术进口和出口管理并举为特征。改革开放促进了中国经济和科技的发展，知识产权法律的颁布与实施，带动了中国技术水平的提高。中国从一个技术引进为主的国家，逐渐转变成技术引进与技术输出并举的国家。世界范围内知识产权保护法律的普及与加强，知识产权保护范围的扩大，知识产权多边保护框架的建立，也使中国的技术输出资源增多，因而对于技术出口进行管理具有必要性。1994 年通过、施行的《中华人民共和国对外贸易法》，对技术进出口的基本原则作了规定。2001 年 12 月国务院发布了《中华人民共和国技术进出口管理条例》，废止了《技术引进合同管理条例》及其实施细则。这些都标志着中国对技术贸易的管理进入了一个新阶段。

从《技术引进合同管理条例》这一名称可以看出，中国对技术贸易的管理主要是从合同管理开始并通过合同管理实现的。政府审批是技术引进合同生效的要件。随着上述发展阶段的变化，管理的特征逐渐地体现为从合同管理为主转向贸易政策管理为主，除特别规定外，技术进出口合同不再需要政府部门的审批。

中国技术贸易管理呈现出的另一特点是，它主要是通过外贸法律来实现的。外贸法律结合了不同法律部门的规范，例如反垄断法规范、民商法规范、经济法规范等。与其他国家的管理制度相比，不同法律制度共同调整规范的特征不明显。这与中国的法治建设水平有一定的联系。在部门法体系还不很健全、完善的情况下，我国主要通过某一部门法来实现管理技术贸易的目的。这种管理模式具有集中执法的优点，但同时也存在管理中不能充分考虑不同利益的不足。

（二）中国技术贸易管理的基本制度

1994 年的《对外贸易法》以基本法律的形式，确立了技术进出口管理的基本原则。2004 年修订、2016 年修正的《对外贸易法》，除继续对技术进出口管理作出规定外，还增加了与对外贸易有关的知识产权保护的相关内容。这使《对外贸易法》确立的技术贸易管理制度具有了多重性。

根据《对外贸易法》的规定，国家准许技术自由进出口，国家法律、行政法规另有规定的除外。在一定的情况下，国家可以限制或禁止技术进出口。对限制进出口的技术，实行许可证管理。国家制定、调整并公布限制或禁止进出口的技术目录，必要时也可以临时决定限制或禁止技术目录以外的技术进出口。为维护国家安全、社会公共利益或公共道德，保护人类及动植物的生命与健康，保护环境，保护自然资源，维护市场秩序，加快产业发展，履行国际义务等目的，国家可以禁止或限制技术进出口。

根据《对外贸易法》的规定，知识产权权利人阻止被许可人对许可合同中的知识产权的有效性提出质疑，进行强制性一揽子许可，在许可合同中规定排他性返授条件，并危害对外贸易公平竞争秩序的，国家外贸主管部门可以采取必要的措施，消除危害。

《技术进出口管理条例》(2020 年修订）的适用范围包括技术的进口和出口。与该条例配套、同时实施的有《技术进出口合同登记管理办法》、《禁止出口限制出口技术管理办法》、《禁止进口限制进口技术管理办法》。根据该条例，技术进出口，是指从中国境外向中国境内，或者从中国境内向中国境外，通过贸易、投资或者经济技术合作的方式转移技术的行为。这些行为，包括专利权转让、专利申请权转让、专利实施许可、技术秘密转让、技术服务和其他方式的技术转移。1996 年对外经济贸易合作部发布的《技术引进和设备进口贸易工作管理暂行办法》规定的技术引进和设备进口贸易的范围更广，包括：(1）专利的许可或转让；(2）专有技术的许可或转让；(3）计算机软件的进口；(4）含有上述（1)、(2）内容的商标许可或转让；(5）技术咨询；(6）技术服务；(7）合作设计、合作研究、合作开发；(8）合作生产；(9）成套设备及生产线进口；（10）关键设备进口。这些方式可以帮助理解《技术进出口管理条例》中“其他方式的技术转移”这一概念。

《技术进出口管理条例》在技术进口合同方面，仍然沿袭了《技术引进合同管理条例》的做法，规定在技术进口合同中，不得含有其明确列举的限制性条款。具体内容见下文“限制性商业做法”部分。

国务院还颁布了《中华人民共和国核两用品及相关技术出口管制条例》，从国际义务方面，建立了严格控制核两用品及相关技术出口的严格管制。此外，2003 年年底国务院公布的《中华人民共和国知识产权海关保护条例》(2018 年修订）替代了 1995 年颁布的条例。该条例就海关环节货物贸易中涉及知识产权保护的相关问题作出规定，包括海关对知识产权保护的范围、海关可以采取的措施及条件、知识产权备案等。2003 年 1 月对外经济贸易合作部和国家知识产权局联合发布了《关于加强对外贸易中的专利管理的意见》。这些都在一定程度上涉及技术贸易的管理问题。

三、美国的技术贸易管理

在国家对国际技术贸易的管理中，美国的技术贸易管理最有代表性。其国际技术贸易管理至少包括这样几个部分：有关知识产权的不公平贸易做法、特殊 301 条款和出口管理法中的技术出口管制部分。

(一）有关知识产权的不公平贸易做法

美国《关税法》第 337 节对不公平贸易做法作出规定。该规定对于外国进口产品侵犯美国知识产权的做法提供了不同于国内产品侵犯知识产权的救济，使外国出口商或生产商处于低于美国国内生产商的地位，从而限制了外国产品向美国的出口。不公平贸易做法主要集中于知识产权案件，1988 年修订的美国《关税法》把知识产权案件从一般不公平贸易做法中单独列出，更突出了知识产权案件的比重和重要性。

有关知识产权方面的不公平贸易做法应具备下述条件：制定法上有效的知识产权，包括专利、注册商标、版权和集成电路布图（掩膜作品，mask works），该知识产权被侵犯，与知识产权有关的产业已存在或正在建立之中。与一般不公平贸易做法不同的是，它不要求该做法具有某种程度的侵权效果，而只要求侵犯行为本身。知识产权案件中的产业，指与知识产权保护的产品有关的产业已经存在或正在建立之中。在下列情况下即认为美国产业存在：大量投资于工厂和设备，使用了大量的人工或资本，或大量投资于利用，包括工程、研究和开发，或许可。

该第 337 节解决对私人的救济问题，对某一特定产品或特定人采取措施，例如要求侵权者停止不公平的贸易做法，将某一产品排除于美国。

（二）特殊 301 条款

美国《贸易法》中的 301 条款是美国对其认为是不公平的外国贸易立法、政策、做法采取报复措施的立法。与上述第 337 节的不公平贸易做法不同，301 条款制度则旨在解决外国政府的不公平、不合理的贸易立法、政策、做法，它主要是通过两国政府间的谈判解决问题。

1988 年《综合贸易与竞争法》增加的作为 1974 年《贸易法》的第 182 节（美国法典第 19 篇第 2242 节），即特殊 301 条款，专门对知识产权的保护和市场准入的重点国家作了规定。在美国贸易代表提交国家贸易评估报告后的 30 天内，美国贸易代表应确定对知识产权拒绝提供充分、有效保护的国家，或对依赖于知识产权保护的美国人拒绝提供公平、公正的市场准入的国家，以及从上述国家中确定重点国家。在确定重点国家时，美国贸易代表应考虑该外国的知识产权法律和做法的历史（包括以前曾被指定为重点国家的历史），考虑美国为取得知识产权充分、有效的保护和实施所作出的努力，以及该外国对此反应的历史。下列国家可成为重点国家：(1) 对知识产权拒绝提供充分、有效保护，或对依赖于知识产权保护的美国人拒绝提供公平、公正的市场准入的，具有最烦苛的立法、政策或做法的国家；(2) 上述立法、政策或做法对相关的美国产品具有最不利的（实际或潜在的）影响的国家；(3) 对提供充分或有效的知识产权保护没有进行有诚意的谈判，或在双边或多边谈判中没有取得明显进展的国家。依赖于知识产权保护的人，指涉及版权作品的制造、生产或许可，或专利或方法专利产品的制造的人。若外国的法律对不是该国的国民或公民的人取得、行使或实施与专利、方法专利、注册商标、版权和集成电路布图有关的权利拒绝提供充分、有效的保护，即拒绝为知识产权提供充分、有效的保护。拒绝公平、公正的市场准入，指通过违反国际法或美国与该外国都是协议方的国际协议或构成歧视性非关税贸易壁垒的法律、程序、做法或管理的使用，有效拒绝了受知识产权保护的产品的市场准入。某一外国即使遵循了《技术性贸易壁垒协议》的具体义务，也可能被确定为对知识产权拒绝提供充分、有效的保护。

（三）出口管理法

美国对技术贸易管理的第三个主要方面，是美国《出口管理法》（EAA）中的规定。作为主要的技术出口国，国家安全、对外政策成为关注重点。根据该法，如果技术出口可能明显促成其他国家或国家联合的军事潜力，该军事潜力将证明损害美国的国家安全，在全面考虑对美国经济的影响的必要限度内可使用出口管制。同时与和美国有防御条约义务或共同战略目标的国家进行合作，限制可能明显促成其他国家或国家联合的军事潜力的产品和技术的出口（该军事潜力将证明损害美国和同美国有防御条约义务或共同战略目标的其他国家的国家安全），限制可能损害美国安全的产品和技术的销售。

具体出口管理主要由美国商务部产业安全局（BIS）实施。该局的首要任务是保证美国的安全，不仅包括支持国防安全，也包括保证美国经济健康和美国产业的竞争力。商务部制定并实施《出口管理规章》(EAR)，通过许可证管理。在国家图表（country chart）中，图表的第一栏是按字母顺序排列的所有国家，其他几栏列出了对一国进行出口控制的原因，包括化学与生物武器、核不扩散、国家安全、导弹技术、地区稳定、犯罪控制和反恐怖主义。该规章确立了商品、活动是否属于《出口管理规章》范围的商品控制名单。某一物品或活动是否需要许可，可据下列原则来确定：如果某一物品列于商品控制名单且国家图表显示对该国要求许可，则应申请许可；许可要求可基于交易中的最终用途或最终用户，这主要是考虑扩散方面的原因；向实行禁运的目的地出口几乎都需要许可；不得从事明知违反或将要违反《出口管理规章》下的命令、条件的交易。

随着全球形势的变化和新挑战的出现，产业安全局的活动和管理也随之发生变化和调整。由过去主要是名单式的控制体制，转向名单控制和特定最终用途与最终使用者控制相结合的体制。

（四）美国出口管制的多边合作

美国的很多出口控制是通过多边安排进行的。1994 年以前西方国家主要是通过巴黎统筹委员会（巴统，COCOM）与其他国家合作进行出口控制。多边的出口控制由巴黎统筹委员会协调。该委员会由美国、日本、加拿大和大多数西欧国家组成。这是一个非条约性组织。冷战结束后出口控制的程度减弱了，巴统也自 1994 年 3 月 31 日起不复存在。但这些国家仍同意继续对非巴统国家进行敏感物品的出口管制。美国在 1994 年 4 月 1 日宣布对几乎所有的民用通信设备和计算机放松许可要求，但继续控制在危险武器的开发上造成巨大差异的技术。1995 年 12 月 19 日前巴统成员、合作国家、俄罗斯等同意建立一个新的制度，名为“常规武器和两用物品和技术出口控制瓦瑟纳尔安排”，总部设在维也纳。1996 年 7 月由 33 个国家参加的第一次全会通过该安排。该安排旨在通过提高常规武器和两用物品与技术转让的透明度和更大的责任、防止该物品破坏稳定性的聚积来促进地区和国际安全与稳定。参加国承诺，为增强透明度和对该物品的转让危险的共同理解之目的，就向非参加国的两用物品和技术的出口交换信息。美国为履行其在瓦瑟纳尔安排下的承诺，在其《出口管理规章》中对瓦瑟纳尔安排范围内的物品增加了新的要求。

四、对限制性贸易做法的管理

（一）限制性贸易做法的概念

根据联合国通过的《联合国竞争原则与规则》，“限制性贸易做法，指通过滥用或谋取滥用市场力量的支配地位，限制进入市场，或以其他方式不适当地限制竞争，对国际贸易，特别是发展中国家的国际贸易及其经济发展造成或可能造成不利影响，或者通过企业间的正式或非正式的、书面或非书面的协议以及其他安排，造成了同样影响的一切行为”。限制性贸易做法存在的范围很广。就国际技术转让或许可来讲，主要表现为对技术受让方的限制。由于限制的原因、程度等不同，并非所有的限制性贸易做法都是法律禁止的。今天来看，限制性商业做法实质上是反垄断法在技术许可领域的具体适用。

技术贸易中限制性贸易做法存在的原因是多方面的。第一，许可方保护其信誉或产品质量、竞争地位。技术许可中，许可方承担保证技术、技术生产的产品合格的义务，这就要求许可方限制可能影响实现这一目的的做法。产品质量低劣直接影响到许可方的商誉。同时，如果允许被许可方自由销售产品，可能影响了其他被许可方的权益，也造成许可方的违约，还可能造成不正当竞争。第二，技术贸易标的本身的要求。各国法律对技术本身都有一定的要求，尤其是知识产权的保护。在知识产权保护不充分的被许可方所在国家，对技术贸易标的的保护主要是通过合同进行的，这就使许可方可能对被许可方提出限制性要求。第三，交易双方地位、实力的不平等，许可方利用这一点谋取不正当利益。

各国，尤其是发展中国家，都有管理限制性贸易做法的立法、规定。管理标准和目的是既要保护权利人的权利，同时又要阻止对竞争的限制。实际上是利益的平衡。但不同国家管理的侧重点可能不同，有的侧重于权利保护，有的侧重于自由竞争。

各国规范限制性贸易做法的立法表现形式不一致。有的国家由竞争法调整，有的国家由反垄断法调整。我国的《反不正当竞争法》、《反垄断法》、2008 年进行的《专利法》修改和《技术进出口管理条例》都涉及相关内容。

我国《技术进出口管理条例》(2020 年修订) 禁止 7 种限制性贸易做法：(1) 要求受让人接受并非技术进口必不可少的附带条件，包括购买非必需的技术、原材料、产品、设备或者服务；(2) 要求受让人为专利权有效期限届满或者专利权被宣布无效的技术支付使用费或者承担相关义务；(3) 限制受让人改进让与人提供的技术或者限制受让人使用所改进的技术；(4) 限制受让人从其他来源获得与让与人提供的技术类似的技术或者与其竞争的技术；(5) 不合理地限制受让人购买原材料、零部件、产品或者设备的渠道或者来源；(6) 不合理地限制受让人产品的生产数量、品种或者销售价格；(7) 不合理地限制受让人利用进口的技术生产产品的出口渠道。

(二) 国际对限制性贸易做法的管理

1.《联合国技术转让行为守则草案》

联合国贸易与发展会议在 20 世纪 70 年代末到 80 年代负责起草《联合国技术转让行为守则草案》，尽管该草案已不可能成为正式文本，但对限制性条款提出的规范影响深远。认识比较一致的限制性贸易做法包括：限制受让方从事与供方技术相同的或可能有竞争性的技术的研究或产品的开发，限制受让方从其他供方获得与原供方有竞争可能的技术，限制受让方的销售行为，要求受让方在供方的工业产权保护期满后仍旧支付使用费，期满后的使用限制，固定价格，搭卖，限制受让方研究与开发技术，限制受让方雇用本地人员，限制受让方改进供方提供的技术，限制出口，单方回授，限制对效力提出异议。而限制受让方的产量与经营范围，要求受让方不能接受的质量控制，要求受让方使用某种商标，要求供方参与企业管理，技术转让合同期限过长，以及限制受让方自由使用技术，都曾作为限制性贸易做法被提出过，尽管没有达成一致。

2. 世界知识产权组织《技术转让合同管理示范法》

世界知识产权组织(WIPO)在20世纪80年代初制定了《技术转让合同管理示范法》，列出了多种限制性商业条款，包括：要求受让方进口在本国能够以相同或更低代价取得的技术，要求受让方支付过高的使用费，搭卖条款，限制受让方选择技术或原材料(为保证质量除外)，限制受让方使用供方无权控制的产品或原料(为保证质量除外)，要求受让方把产品大部分或全部出售给供方或其指定第三方，条件不对等的反馈条款，限制受让方的产量，限制受让方出口(供方享有知识产权地区除外)，要求受让方雇用供方指定的与实施技术无关的人员，限制受让方研究、发展引进技术，限制受让方使用其他人提供的技术，将许可合同范围扩大到与许可目标无关的技术并要求支付使用费，固定产品价格，在受让方或第三方因供方技术受到损害时免除或减轻供方责任，合同期满后限制受让方使用有关技术，以及合同期过长(如超过知识产权的有效期)。

3. 世界贸易组织知识产权协定

该协定对合同当事人可能滥用其权利采取限制性贸易做法作了规定。有关知识产权的限制竞争的许可做法或条件可能对贸易产生不利影响，并会妨碍技术的转让和传播。一国可以通过立法，规定特定情况下可能构成对知识产权滥用并对相关市场上的竞争产生不利影响的许可做法或条件。独占性的回授许可、阻止对效力提出异议以及强迫性一揽子许可被明确禁止。

4. 欧盟的《技术转让协议条例》

欧盟主要通过竞争法规则来对技术许可协议进行调整和控制。1995年欧盟将《专利许可条例》和《Know-how许可条例》修订、合并为《技术转让协议条例》，对技术转让的权利、义务进行调整，其中包括限制性贸易做法。2004年4月欧盟重新制定了《技术转让协议条例》，调整了对技术许可协议的政策和管理方法。2014年5月1日实施新的《技术转让协议条例》。欧盟委员会根据该条例制定了《技术转让协议准则》。

条例摆脱了列举豁免条款的方法，强调一定市场份额下可以豁免的协议类型、具体规定协议中不应包含的限制或条款。新条例采取了以经济学为基础的分析方法，对竞争者之间的协议和非竞争者之间的协议作出了区别。

条例采用市场份额标准来限制豁免的范围。在受影响的技术和产品市场中，存在竞争的协议双方的市场份额总额不超过20%时，豁免适用；当双方不存在竞争时，每一方的市场份额不超过30%。此外，该条例列举了严重性限制，以此限制豁免适用的范围。但这样的严重性限制本身也存在例外情形。因此，并不存在当然不适用或本身违法的推定。在严重性限制方面，新条例同样对竞争者之间的协议与非竞争者之间的协议进行了区别。

条例规定了豁免不适用、需要进行个别评估的四种情形。这四种情形是：被许可方对许可技术作出的完善或自己的新适用，被许可方对许可方或其指定方的排他性许可义务；被许可方对许可方或其指定人转让对技术完善所享有的权利；对知识产权权利的效力不得异议；当协议双方存在非竞争关系时，限制被许可方开发自己的技术或限制任何一方进行自己的研发，除非为防止专有技术对外披露所必需。

欧盟委员会根据《技术转让协议条例》制定的《技术转让协议准则》，对该条例的适用以及《欧盟运行条约》第101条对该条例范围之外的技术转让协议的适用，提供了详细的指南。该准则明确，知识产权法确立的专有权，并不意味着知识产权权利可以免于竞争法的干预，也不意味着二者之间存在必然的内在冲突。知识产权权利和竞争都是促进创新、确保技术的竞争性应用所必需的。不存在知识产权权利和许可协议本身产生竞争问题的推定。

该准则就一般原则、该条例的适用、条例范围之外《欧盟运行条约》第101条第1款和第3款的适用进行了规定。不属于该条例范围内的协议，需要根据案件的具体情况进行个别评估。并不存在这样的协议为《欧盟运行条约》第101条第1款所禁止或不满足第3款条件的推定。属于该条例第3条确立的市场份额安全港范围的协议，虽然被推定为满足了《欧盟运行条约》第101条第3款的条件，但在此范围之外的协议，不存在为第81条第1款所禁止或不满足第3款条件的推定，只是要求进行个别评估。对于新条例中列举的严重竞争限制，一方面，含有这些限制的整个协议不属于新条例的范围；另一方面，在个别评估中，也不排除在例外的情形下满足《欧盟运行条约》第101条第3款的条件的可能性。

对于新条例范围之外的技术许可协议，该准则提供了一般分析框架。在个别评估中，需要考虑下述因素：协议的性质，当事人的市场地位，竞争者的市场地位，许可产品的买方的市场地位，进入障碍，市场的成熟度以及其他因素。评估中，需要对协议的不利影响与协议可能产生的有利影响进行权衡。权衡方法与上述第101条第3款的适用准则相一致。除此之外，该准则还对不同类型协议的具体评估提供了指导。

欧盟委员会制定的《技术转让协议条例》及《技术转让协议准则》，更多地采用了经济学的分析方法，根据许可协议当事方的不同情况，分门别类地进行分析。这一方法既表现出将知识产权权利与其他财产权利一视同仁的态度，也考虑到了知识产权权利的特殊性，考虑到技术转让和创新对经济的重大促进作用，代表了一种法律规范与经济分析有机结合的方法。

问题与思考

1. 知识产权协定规定了哪些知识产权的实施措施？
2. 如何理解知识产权协定中的国民待遇义务？

第二十一章

中国对外贸易管理制度

本章概要

以《对外贸易法》和《海关法》为主要法律的中国对外贸易管理制度，包括外贸管理、海关管理、外汇管理和检验检疫制度。反倾销、反补贴和保障措施是我国主要的贸易救济措施。中国加入世界贸易组织议定书及工作组报告，包括了中国加入世界贸易组织作出的具体承诺，其中非市场经济地位和特定产品的保障措施以及纺织品的特殊保障措施，对中国外贸影响最大。

关键术语

反规避措施　普通税率　优惠税率　外贸经营权　市场扰乱　贸易转移　非市场经济地位　特定产品的过渡性保障措施　非歧视义务　其他国家未履行义务时的救济措施

第一节　中国对外贸易管理制度概述

一、基本制度框架

我国对外贸易管理制度是指我国通过制定法律、法规，对货物进出口、技术进出口和国际服务贸易进行管理和控制的制度。我国对外贸易管理制度，主要是根据《对外贸易法》、《中华人民共和国海关法》（以下简称《海关法》）、《中华人民共和国外汇管理条例》（以下简称《外汇管理条例》）和进出境检疫、检验相关法律确立的。

二、中国对外贸易法的修订

（一）修订概况

《对外贸易法》是中国对外贸易的根本大法。该法于 1994 年 5 月 12 日制定通过，自同年 7 月 1 日起生效。2004 年 4 月 6 日我国对《对外贸易法》进行了修订，使其更适应外贸发展和法律建设的需要。修订后的《对外贸易法》自 2004 年 7 月 1 日起实施。2016 年该法再次修正。

2004 年《对外贸易法》的修订，一方面要落实中国根据世界贸易组织规则享有的权利和义务，另一方面要体现和保障中国可持续发展的需要。修订的具体指导思想是，为对外开拓市场、对内保护国内产业利益提供法律机制，同时在中国外贸法律制度与世界贸易组织规则的要求相一致的前提下，借鉴其他国家的行之有效的外贸法律制度，制定相应的贸易规则，最终建立单边措施与多边措施相协调，以及开拓、促进与防御相统一的外贸法律制度。

2004 年修订，对原《对外贸易法》进行了增删、完善：删除了与《对外贸易法》的管理职能没有必要联系的条款，如外贸经营者应诚实信用等；增加了原《对外贸易法》没有调整的内容，如与对外贸易有关的知识产权、对外贸易中的垄断、对外贸易调查等；完善了原有的规定，如对外贸易经营者的资格、禁止或限制进出口的依据以及外贸救济制度等。2004 年修订后的《对外贸易法》是一个结构比较合理、内容相对完善的法律，同时又为根据《对外贸易法》制定实施条例或细则提供了指导和依据。

（二）修订的主要内容

1. 放开对外贸易权

2004 年修订后的《对外贸易法》，扩大了外贸经营者的范围，增加了个人这一主体。外贸经营者，是指依法办理工商登记或者其他执业手续，依照外贸法或其他有关法律、行政法规的规定从事对外贸易经营活动的法人、其他组织或者个人。此处的外贸经营者，既包括在中国境内的，也包括在中国境外的外国公司、企业或自然人。

从事货物进出口或技术进出口的对外贸易经营者，应当向国务院对外贸易主管部门或其委托的机构办理登记；法律、行政法规或者国务院对外贸易主管部门规定不需要登记的除外。对外贸易经营者未按照规定办理备案登记的，海关不予办理进出口货物的报关验放手续。从事国际服务贸易，应遵守《对外贸易法》和其他有关法律、行政法规的规定。

2004 年 6 月 25 日，商务部发布了《对外贸易经营者备案登记办法》（2016 年、2019 年修正，2021 年修订），对依法需要登记的外贸经营者的登记程序作出了规定。该办法自 2004 年 7 月 1 日起实施。

2. 保护与对外贸易有关的知识产权

传统意义上的知识产权，其适用范围仅限于国内，对于在境外发生的侵犯本国知识产权的情况缺乏有效的救济。知识产权协定提供了在对外贸易领域规范知识产权的法律框架。欧美等国或地区存在的通过贸易制裁保护知识产权的制度被证明是有效的。据此，中国《对外贸易法》增加了“与对外贸易有关的知识产权保护”一章，重在通过外贸政策或外贸措施保护知识产权。

根据《对外贸易法》的规定，国家依照有关知识产权的法律、行政法规，保护与对外贸易有关的知识产权保护。进口货物侵犯知识产权，并危害对外贸易秩序的，国务院对外贸易主管部门可以采取在一定期限内禁止侵权人生产、销售的有关货物进口等措施。

知识产权权利人有阻止被许可人对许可合同中的知识产权的有效性提出质疑、进行强制性一揽子许可、在许可合同中规定排他性返授条件等行为之一，并危害对外贸易公平竞争秩序的，国务院对外贸易主管部门可以采取必要的措施消除危害。

其他国家或者地区在知识产权保护方面未给予中华人民共和国的法人、其他组织或者个人国民待遇，或者不能对来源于中华人民共和国的货物、技术或者服务提供充分、有效的知识产权保护的，国务院对外贸易主管部门可以依照《对外贸易法》和其他有关法律、行政法规的规定，并根据中华人民共和国缔结或者参加的国际条约、协定，对与该国家或者该地区的贸易采取必要的措施。

3. 规范对外贸易中的垄断或其他不正当行为

尽管各国的反垄断法具有域外适用的效力，有可能适用于对外贸易中的垄断或其他不正当行为，但其调整方法局限于具体案件，有严格的技术性规范，不适于执行针对外贸秩序的外贸政策。反垄断法对进口或出口存在一些豁免性规定。在《对外贸易法》中规定规范对外贸易中的垄断或其他不正当行为的条款，能起到与反垄断法等其他法律共同适用、相互配合、补充的效果。2004 年修订后的《对外贸易法》中的有关条款充分体现了这一特点。

根据 2004 年修订后的《对外贸易法》，在对外贸易经营活动中，不得违反有关反垄断的法律、行政法规的规定实施垄断行为。在对外贸易经营活动中实施垄断行为，危害市场公平竞争的，依照有关反垄断的法律、行政法规的规定处理。有前述违法行为，并危害对外贸易秩序的，国务院对外贸易主管部门可以采取必要的措施消除危害。

在对外贸易经营活动中，不得实施以不正当的低价销售商品、串通投标、发布虚假广告、进行商业贿赂等不正当竞争行为。在对外贸易经营活动中实施不正当竞争行为的，依照有关反不正当竞争的法律、行政法规的规定处理。有前述违法行为，并危害对外贸易秩序的，国务院对外贸易主管部门可以采取禁止该经营者有关货物、技术进出口等措施消除危害。

4. 对外贸易调查

“对外贸易调查”一章，是在原有条款的基础上扩充而成的。该章为对外贸易主管机关严格执法提供了法律依据和执法手段，对相关利害关系方的利益提供了充分的保护。

为了维护对外贸易秩序，国务院对外贸易主管部门可以自行或者会同国务院其他有关部门，依照法律、行政法规的规定对下列事项进行调查：(1) 货物进出口、技术进出口、国际服务贸易对国内产业及其竞争力的影响；(2) 有关国家或者地区的贸易壁垒；(3) 为确定是否应当依法采取反倾销、反补贴或者保障措施等对外贸易救济措施，需要调查的事项；(4) 规避对外贸易救济措施的行为；(5) 对外贸易中有关国家安全利益的事项；(6) 其他国家针对中国的歧视性措施，侵犯知识产权、滥用知识产权或者未能对中国知识产权提供充分、有效的保护的事项；(7) 其他影响对外贸易秩序，需要调查的事项。

第二节　中国外贸管理的主要措施

一、进出境货物的关税制度

（一）关税制度框架

《海关法》(2021 年修正) 是我国关税制度的重要法律依据。中国海关是国内的进出关境的监督管理机关。海关依照《海关法》和相关法律、行政法规，监管进出境的运输工具、货物、行李物品、邮递物品和其他物品，征收关税和其他税、费，查缉走私等。进口货物自进境起到办结海关手续止，出口货物自向海关申报起到出境止，过境、转运和通运货物自进境起到出境止，应接受海关监管。对于准许进出口的货物，由海关依法征收关税。

我国《进出口关税条例》对关税税率的利用、完税价格的审定、税额的缴纳、退补、关税的减免与审批程序以及申诉程序等作了规定。我国《海关进出口税则》是《进出口关税条例》（2017 年修订）的组成部分，具体规定商品的归类原则、商品的税目、税号、商品描述和适用的相关税率。国务院关税税则委员会负责制定或修订《进出口关税条例》、《海关进出口税则》的方针、政策、原则，审议税则修订草案，制定暂定税率，审定局部调整税率。

（二）我国关税种类及计征依据

我国海关关税有两种：进口关税和出口关税。进口关税设普通税率和优惠税率。对于原产于与中国未订有关税互惠协议的国家或者地区的进口货物，按照普通税率征税；对于原产于与中国订有关税互惠协议的国家或者地区的进口货物，按照优惠税率征税。经国务院关税税则委员会特别批准，对于适用普通税率进口的货物，可以按照优惠税率征税。任何国家或地区对于原产于中国的货物征收歧视性关税或者给予其他歧视性待遇的，海关对于原产于该国家或地区的货物，可以征收特别关税。

根据征税方法的不同，关税可以分为从价税、从量税和二者结合的混合税。从价税依据进出口货物的完税价格征收。进出境货物的完税价格，由海关依法确定。从量税依据进出口货物的数量单位征收。

进口货物以海关审定的成交价格为基础的到岸价格为完税价格，包括货物的货价、货物运抵中国境内输入地点起卸前的运输及相关费用、保险费。在海关未能确定进口货物的到岸价格时，应依次以下列价格为基础估定完税价格：（1）从该项进口货物的同一出口国或地区购进的相同或者类似货物的成交价格；（2）该项进口货物的相同或类似货物在国际市场上的成交价格；（3）该项进口货物的相同或类似货物在国内市场上的批发价格，减去进口关税、进口环节其他税收以及进口后的运输、储存、营业费用及利润后的价格；（4）海关用其他合理方法估定的价格。

出口货物以海关审定的货物售与境外的离岸价格，扣除出口关税后，作为完税价格，包括货物的货价、货物运至中国境内输出地点装载前的运输及相关费用、保险费。离岸价格不能确定时由海关估定完税价格。

（三）关税的缴纳、退补与减免

进口货物的收货人、出口货物的发货人，是关税的纳税义务人。

货物收、发货人或其代理人，应自海关填发税款缴纳证的次日起 7 日内，向指定银行缴纳税款。逾期缴纳的，除依法追缴外，由海关自到期的次日起到缴清税款日止，按日加收欠缴税款的 1‰的滞纳金。

货物收、发货人或其代理人，符合条件的，可以自缴纳税款之日起 1 年内，向海关申请退税，逾期不予受理。进出口货物完税后，如海关发现少征或漏征，应自缴纳税款或者货物放行之日起 1 年内进行补征。因收、发货人或其代理人违反规定而造成少征或漏征的，海关在 3 年内可以追征。

对于符合《进出口关税条例》（2017 年修订）规定条件的货物，可以免税或减税。

二、货物、技术和服务的进出口管理

(一) 货物进出口

我国对货物进出口实行统一的管理制度。货物分为禁止进出口的货物、限制进出口的货物和自由进出口的货物。对禁止进出口和限制进出口的货物实行目录管理，由国务院对外贸易主管部门会同国务院有关部门制定、调整并公布。对实行自动进口许可管理的货物，也实行目录管理。

属于禁止进出口的货物，一律不得进出口。

对于限制进口的货物，实行配额管理和许可证管理。配额申请人向配额管理部门申请配额。进出口经营者凭配额管理部门发放的配额证明，向国务院对外贸易主管部门申领配额许可证。对于实行许可证管理的货物，申请人向许可证管理部门申请，经营者凭进出口许可证向海关办理验放手续。

对于自由进出口的货物，为监测需要，也可以实行自动许可管理。这种货物，均应给予许可。

对于限制进口的货物，可以采取关税配额的管理方式。对这种货物均实行目录管理。属于关税配额内进口的货物，按照配额内税率缴纳关税；属于关税配额外进口的货物，按照配额外税率缴纳关税。进口经营者凭关税配额证明，向海关办理关税配额内货物的报关验放手续。

国家可以对部分货物的进出口实行国营贸易管理。国务院对外贸易主管部门会同国务院有关经济管理部门制定、调整并公布这类货物目录。国务院对外贸易主管部门和国务院有关经济管理部门按职责确定国营贸易企业并公布。对于实行国营贸易管理的货物，国家也可以允许非国营贸易企业从事部分数量的进出口。

国家在一定期限内可以对部分货物实行指定经营管理。此类货物的目录及指定经营企业的名录由对外贸易主管部门制定、公布。

在法律规定的特定条件下，国家可以采取临时性进口限制措施。必要时，可以对出口采取临时的限制或出口措施。在国内产业受到进口产品的损害时，国家可以分别采取反倾销措施、反补贴措施和保障措施。

(二) 技术进出口

技术进出口指通过贸易、投资或者经济合作的方式越境转移技术的行为，包括专利权转让、专利申请转让、专利实施许可、技术秘密转让、技术服务和其他方式的技术转移。国家对技术进出口实行统一的管理制度。

除法律、行政法规另有规定外，国家准许技术自由进出口。国家鼓励先进、适用的技术进口，鼓励成熟的产业化技术出口。

对于属于下列情形之一的技术，国家可以限制进出口：为维护国家安全或社会公共利益，需要限制进口或出口的；国内供应短缺或者为有效保护可能用竭的国内资源，需要限制出口的；输往国家或地区的市场容量有限，需要限制出口的；为建立或者加快建立国内特定产业，需要限制进口的；对任何形式的农业、牧业、渔业产品有必要限制进口的；为保障国家国际金融地位和国际收支平衡，需要限制进口的；根据我国所缔结或者参加的国际条约、协定的规定，需要限制进口或出口的。

对于属于下列情形之一的技术，国家禁止进出口：危害国家安全或社会公共利益的；为保护人民的生命或者健康，必须禁止进口或出口的；破坏生态环境的；根据中华人民共和国所缔结或者参加的国际条约、协定的规定，需要禁止进口或出口的。

对禁止、限制进口或出口的技术，通过技术目录管理。对限制进出口的技术，实施许可证管理。技术进出口合同，自技术进出口许可证颁发之日起生效。经许可的技术进出口合同，合同的主要内容发生变更的，应当重新办理许可手续。

对于自由进出口的技术，实行合同登记管理。合同自依法成立时生效，不以登记为合同生效的条件。合同的主要内容发生变更的，应重新办理登记手续。

经许可或登记的技术进出口合同，应当及时向国务院对外贸易主管部门备案。

技术进出口合同的让与人，应当保证自己是所提供技术的合法拥有者或者有权转让、许可者。技术进出口合同的受让人，按照合同的约定使用让与人提供的技术，被第三方指控侵权的，受让人应立即通知让与人；让与人接到通知后，应协助受让人排除妨碍。受让人按照合同约定使用让与人提供的技术，侵犯他人合法权益的，由让与人承担责任。

技术进口合同的让与人应当保证所提供的技术完整、无误、有效，能够达到约定的目标。受让人、让与人应当在合同约定的保密期限和保密范围内，对让与人提供的技术中尚未公开的秘密部分承担保密义务。在保密期限内，承担保密义务的一方在保密技术非因自己的原因被公开后，其承担的保密义务即予终止。

在技术进口合同有效期内，改进技术的成员属于改进方。技术进口合同有效期满后，技术让与人与受让人可以依照公平、合理的原则，就技术的继续使用进行协商。

技术进口合同中，不得含有下列限制性条款：(1) 要求受让人接受并非技术进口必不可少的附带条件，包括购买非必需的技术、原材料、产品、设备或者服务；(2) 要求受让人为专利权有效期限届满或者专利权被宣布无效的技术支付使用费或者承担相关义务；(3) 限制受让人改进让与人提供的技术或者限制受让人使用所改进的技术；(4) 限制受让人从其他来源获得和让与人提供的技术类似的技术或者与其竞争的技术；(5) 不合理地限制受让人购买原材料、零部件、产品或者设备的渠道或者来源；(6) 不合理地限制受让人产品的生产数量、品种或者销售价格；(7) 不合理地限制受让人利用进口的技术生产的产品的出口渠道。

(三) 国际服务贸易

我国在国际服务贸易方面根据所缔结或者参加的国际条约、协定中所作的承诺，给予其他缔约方、参加方市场准入和国民待遇。国务院对外贸易主管部门和国务院其他有关部门，依照《对外贸易法》和其他有关法律、行政法规的规定，对国际服务贸易进行管理。

国家基于下列原因，可以限制或者禁止有关的国际服务贸易：(1) 为维护国家安全、社会公共利益或者公共道德，需要限制或者禁止的；(2) 为保护人的健康或者安全，保护动物、植物的生命或者健康，保护环境，需要限制或者禁止的；(3) 为建立或者加快建立国内特定服务产业，需要限制的；(4) 为保障国家外汇收支平衡，需要限制的；(5) 依照法律、行政法规的规定，其他需要限制或者禁止的；(6) 根据我国缔结或者参加的国际条约、协定的规定，其他需要限制或者禁止的。

国家对与军事有关的国际服务贸易，以及与裂变、聚变物质或者衍生此类物质的物质有关的国际服务贸易，可以采取任何必要的措施，维护国家安全。在战时或者为维护国际和平与安全，国家在国际服务贸易方面可以采取任何必要的措施。

国务院对外贸易主管部门会同国务院其他有关部门，制定、调整并公布国际服务贸易市场准入目录。

三、进出境检验检疫制度

海关总署负责对进出口商品进行检验，对进出境动植物以及进出境卫生进行检疫工作。主要法律、法规包括《国境卫生检疫法》(2018 年修正)、《进出境动植物检疫法》和《进出口商品检验法》(2021 年修正)及相应的实施细则。

(一) 进出口商品的检验

我国法律规定，对国家指定范围内的商品实施强制性检验检疫(法定检验)，对须经法定检验之外的进出口商品，可以抽样检验。对于须经法定检验的进口商品，未经检验，不得销售、使用；对于须经法定检验的出口商品，未经检验合格的，不准出口。经当事人申请、国家质检部门批准，可以免予检验。

国家制定、调整并公布《商检机构实施检验的进出口商品种类表》。法定检验的范围包括：(1) 对列入该种类表的进出口商品的检验；(2) 对出口食品的卫生检验；(3) 对出口的危险货物的包装容器的性能鉴定和使用鉴定；(4) 对装运出口易腐烂变质食品、冷冻品的船舱、集装箱等运载工具的适载检验；(5) 对有关国际条约规定必须经商检机构检验的进出口商品的检验；(6) 对其他法律、行政法规规定须经商检机构检验的进出口商品的检验。

对进出口商品按下列标准进行检验：(1) 法律、行政法规规定有强制性标准或者其他必须执行的检验标准的，按照法律、行政法规规定的检验标准检验；(2) 法律、行政法规未规定有强制性标准或者其他必须执行的检验标准的，按照对外贸易合同约定的检验标准检验；(3) 凭样品成交的，应按照样品检验；(4) 法律、行政法规规定的强制性标准或者其他必须执行的检验标准，低于对外贸易合同约定的检验标准的，按照对外贸易合同约定的检验标准检验；(5) 法律、行政法规未规定有强制性标准或者其他必须执行的检验标准，对外贸易合同又未约定检验标准或者约定检验标准不明确的，按照生产国标准、有关国际标准或者国家检验机构指定的标准检验。

(二) 进出境动植物检疫

根据《进出境动植物检疫法》及其实施细则，对下列各物实施检疫：进境、出境、过境的动植物、动植物产品和其他检疫物；装载动植物、动植物产品和其他检疫物的装载容器、包装物、铺垫材料；来自动植物疫区的运输工具；进境拆解的废旧船舶；有关法律、行政法规、国际条约规定或者贸易合同约定应当实施进出境动植物检疫的其他货物、物品。

通过贸易、科技合作、交换、赠送、援助等方式输入动植物、动植物产品和其他检疫物的，应当在合同或者协议中订明我国法定的检疫要求，并订明必须附有输出国家或者地区政府动植物检疫机关出具的检疫证书。此处所称的我国法定的检疫要求，指我国法律、行政法规和国务院农业行政主管部门规定的检疫要求。

对于输入的动植物、动植物产品和其他检疫物，按照我国的国家标准、行业标准以及国家质检总局的有关规定实施检疫。输入的动植物、动植物产品或其他检疫物，经检疫不合格的，由口岸检疫机关签发“检疫处理通知书”，通知货主或其代理人在口岸检疫机关的监督和技术指导下，做除害处理。

在国（境）外发生重大动植物疫情并有可能传入我国时，可以采取紧急预防措施。

第三节　中国的贸易救济措施

一、反倾销措施

《中华人民共和国反倾销条例》于 2001 年制定实施，并于 2004 年 3 月修订。该条例将《对外贸易法》中有关反倾销的规定具体化、明确化，确立了反倾销调查和反倾销措施的要求和程序。根据该条例，进口产品以倾销方式进入我国市场，并对已经建立的国内产业造成实质损害或者产生实质损害威胁，或者对建立国内产业造成实质阻碍的，我国应依照反倾销条例进行调查，采取反倾销措施。进口产品存在倾销、对国内产业造成损害、二者之间有因果关系，是采取反倾销措施的必要条件。

（一）倾销与损害的确定

1. 倾销

倾销是指在正常贸易过程中进口产品以低于其正常价值的出口价格进入中国市场。对倾销的调查和确定，由商务部负责。确定倾销的关键是比较正常价值和出口价格。出口价格低于其正常价值的幅度，为倾销幅度。

正常价值按下列方法确定：进口产品的同类产品在出口国（地区）国内市场的正常贸易过程中有可比价格的，该可比价格为正常价值；进口产品的同类产品，在出口国（地区）国内市场的正常贸易过程中没有销售的，或者该同类产品的价格、数量不足以进行公平比较的，以该同类产品出口到一个适当第三国（地区）的可比价格，或者以该同类产品在原产国（地区）的生产成本加合理费用、利润，为正常价值。

出口价格按照下列方法确定：以进口产品实际支付或应当支付的价格为出口价格；没有出口价格或其价格不可靠，使用首次转售给独立购买人的价格推定出的价格；未转售给独立购买人或者未按进口时的状态转售的，在合理基础上推定出口价格。

上述得出的正常价值和出口价格并不能直接比较，而应当考虑、调整影响价格的各种可比性因素，进行公平、合理的比较。比较方法，应以加权平均正常价值与加权平均出口价格比较，或在逐笔交易基础上比较正常价值和出口价格。出口价格在不同的购买人、地区、时期之间存在很大差异，不能按这两种方法比较时，使用加权平均正常价值与单一出口交易的出口价格进行比较。

2. 损害

损害是指倾销对已经建立的国内产业造成实质损害或者产生实质损害威胁，或者对建立国内产业造成实质阻碍。商务部负责对损害的调查和确定。涉及农产品的，由商务部会同农业部进行。

在确定倾销对国内产业造成的损害时，应审查下列事项：倾销进口产品的数量；倾销进口产品的价格；倾销进口产品对国内产业的相关经济因素和指标的影响；倾销进口产品的出口国（地区）、原产国（地区）的生产能力、出口能力；被调查产品的库存情况；造成国内产业损害的其他因素。

国内产业指中国国内同类产品的全部生产者，或者其生产的产品的总产量占国内同类产品全部总产量的主要部分的生产者。但是，国内生产者与出口经营者或者进口经营者有关联的，或者其本身为倾销进口产品的进口经营者的，可以被排除在国内产业之外。特殊情况下，国内一个区域市场中的生产者，在该市场中销售其全部或者几乎全部的同类产品，并且该市场中同类产品的需求主要不是由国内其他地方的生产者供给的，可以视为一个单独产业（区域产业）。

同类产品，指与倾销进口产品相同的产品；没有相同产品的，以与倾销进口产品的特性最相似的产品为同类产品。

在确定倾销对国内产业造成的损害时，应当依据肯定性证据。在确定倾销对国内产业造成的损害威胁时，应当依肯定性证据，不得仅依据指控、推测或者极小的可能性。

3. 因果关系

倾销进口与国内产业损害间必须存在因果关系。倾销进口必须是造成国内产业损害的原因。在确定倾销对国内产业的损害时，应当依据肯定性证据，不得将非倾销因素对国内产业造成的损害归因于倾销。

（二）反倾销调查

反倾销调查有两种发起方式：主要是基于国内产业或者代表国内产业的自然人、法人或者有关组织向商务部提出反倾销调查的书面申请；特殊情况下，商务部可以自主决定立案调查。

反倾销调查的申请特别应包括下述两个方面：第一，申请调查的进口产品倾销、对国内产业造成损害、二者之间存在因果关系的证据；第二，有足够的国内生产者的支持，在支持和反对申请的生产者中，支持者的产量占二者总产量的50%以上，同时不得低于国内同类产品总产量的25%。

调查机关调查时，利害关系方（申请人、已知的出口经营者和进口经营者、出口国家或地区政府以及其他有利害关系的组织、个人）应当如实反映情况，提供有关资料。利害关系方不如实反映情况、提供有关资料的，或者没有在合理时间内提供必要信息的，或者以其他方式严重妨碍调查的，调查机关可以根据已经获得的事实和可获得的最佳信息作出裁定，即基于现有事实作出裁定。

反倾销调查分为初步裁定和终局裁定两个阶段。初步裁定倾销、损害和二者之间的因果关系成立的，继续调查，作出终局裁定。下列情形下，终止反倾销调查：申请人撤销申请；没有足够证据证明存在倾销、损害或者二者之间有因果关系；倾销幅度低于2%；倾销进口产品实际或者潜在的进口量或者损害可忽略不计；商务部认为不适宜继续进行反倾销调查。

（三）反倾销措施

反倾销措施包括临时反倾销措施、价格承诺和反倾销税。

初步裁定倾销成立并由此对国内产业造成损害的，可以采取临时反倾销措施。临时反倾销措施包括征收临时反倾销税，提供现金保证金、保函或其他形式的担保。其数额不得超过初步裁定确定的倾销幅度。临时反倾销措施自公告实施之日起不得超出 4 个月，特殊情形下不得超出 9 个月。在公告反倾销立案调查之日起的 60 天内，不得采取临时反倾销措施。

倾销进口产品的出口经营者在反倾销调查期间，可以向商务部作出改变价格或者停止以倾销价格出口的价格承诺。商务部可以建议但不得强迫出口经营者作出价格承诺。出口经营者不作出价格承诺或不接受价格承诺建议，不妨碍反倾销案件的调查和确定。是否接受价格承诺，由商务部决定。商务部接受价格承诺，可以中止或终止反倾销调查。商务部初步裁定前不得寻求或者接受价格承诺。接受价格承诺后继续进行调查并作出否定的倾销或损害的终局裁定的，价格承诺自动失效。

终局裁定确定倾销成立并由此对国内产业造成损害的，可以征收反倾销税。反倾销税的纳税人为倾销进口产品的进口经营者。反倾销税税额不得超过终局裁定确定的倾销幅度。反倾销税对终局裁定公告之日起进口的产品适用，但在特殊情况下也可以追溯征收。对实施临时反倾销税的期间追溯征收的，采取多退少不补的原则。

满足下列两项条件时，可以对立案调查后、实施临时反倾销税之日前 90 天进口的产品追溯征收反倾销税：倾销进口产品有对国内产业造成损害的倾销历史，或者该产品的进口经营者知道或者应当知道出口经营者实施倾销并且倾销对国内产业将造成损害；倾销进口产品在短期内大量进口，并且可能会严重破坏即将实施的反倾销税的补救效果。

终局裁定确定不征收反倾销税的，或者终局裁定未确定追溯征收反倾销税的，应当退还已征收的临时反倾销税、已收取的现金保证金，解除保函或者其他形式的担保。

（四）反倾销措施的期限和审查

反倾销税的征收期限和价格承诺的履行期限不超过 5 年；但是经复审确定终止征收反倾销税有可能导致损害的继续或者再度发生的，可以适当延长反倾销税的征收期限。

对于反倾销税和价格承诺，商务部可以决定对其必要性进行复审；经利害关系方申请，商务部也可以对反倾销税和价格承诺的必要性进行复审。根据复审结果，商务部作出保留、修改或者取消反倾销税或价格承诺的决定。

对终局裁定、是否征收反倾销税的决定和追溯征收、退税、对新出口经营者征税的决定以及复审决定，利害关系人不服的，可以依法申请行政复议，或依法向人民法院提起诉讼。

人民法院依照行政诉讼法及其他有关反倾销的法律、行政法规，参照国务院部门规章，对被诉反倾销行政行为的事实问题和法律问题，进行合法性审查。人民法院依据被告的案卷记录审查被诉反倾销行政行为的合法性。被告（作出相应被诉反倾销行政行为的国务院主管部门）在作出被诉反倾销行政行为时没有记入案卷的事实材料，不能作为认定该行为合法的根据。被告对其作出的被诉反倾销行政行为负举证责任。原告对其主张的事实有责任提供证据。

人民法院审理反倾销行政案件，根据不同情况，分别作出以下判决：(1) 被诉反倾销行政行为证据确凿，适用法律、行政法规正确，符合法定程序的，判决维持。(2) 被诉反倾销行政行为有下列情形之一的，判决撤销或者部分撤销，并可以判决被告重新作出反倾销行政行为：主要证据不足的；适用法律、行政法规错误的；违反法定程序的；超越职权的；滥用职权的。(3) 依照法律或者司法解释的规定作出的其他判决。

二、反补贴措施

2001 年制定、2004 年修订的我国《反补贴条例》规定：进口产品存在补贴，并对已经建立的国内产业造成实质损害或者产生实质损害威胁，或者对建立国内产业造成实质阻碍的，依照该条例的规定进行调查，采取反补贴措施。2004 年修订的《对外贸易法》进一步明确了补贴的专向性，指“进口的产品直接或间接地接受出口国家或者地区给予的任何形式的专向性补贴”。

（一）补贴及专向补贴

补贴是指出口国（地区）政府或者其任何公共机构（以下统称出口国政府）提供的并为接受者带来利益的财政资助，以及任何形式的收入或者价格支持。除收入或价格支持外，构成补贴须具备两个要素：财政资助和利益。

财政资助包括下述情形：出口国政府以拨款、贷款、资本注入等形式直接提供资金，或者以贷款担保等形式潜在地直接转让资金或者债务；出口国政府放弃或者不收缴应收收入；出口国政府提供除一般基础设施以外的货物、服务，或者由出口国政府购买货物；出口国政府通过向筹资机构付款，或者委托、指令私营机构履行上述职能。

根据反补贴条例进行调查、采取反补贴措施的补贴，必须具有专向性。下列补贴为专向补贴：由出口国政府明确确定的某些企业、产业获得的补贴；由出口国法律、法规明确规定的某些企业、产业获得的补贴；被指定的特定区域内的企业、产业获得的补贴；以出口实绩为条件获得的补贴，包括该条例所附出口补贴清单列举的各项补贴；以使用本国（地区）产品替代进口为条件获得的补贴。在确定补贴专向性时，还应考虑受补贴企业的数量和企业受补贴的数额、比例、时间以及综合开发补贴的方式等因素。

对补贴的调查和确定，由商务部负责。

（二）损害

损害是指补贴对已经建立的国内产业造成实质损害或者产生实质损害威胁，或者对建立国内产业造成实质阻碍。对损害的调查和确定，由商务部负责；涉及农产品的，由商务部会同农业部进行。

在确定补贴对国内产业的损害时，应审查下列事项：补贴可能对贸易造成的影响；补贴进口产品的数量，包括补贴进口产品的绝对数量或者相对于国内同类产品生产或消费的数量，是否大量增长，或者补贴进口产品数量大幅增长的可能性；补贴进口产品的价格影响，包括补贴进口产品的价格削减或者对国内同类产品的价格产生大幅度抑制、压低等影响；补贴进口产品对国内产业的相关经济因素和指标的影响；补贴进口产品出口国、原产国的生产能力、出口能力，被调查产品的库存情况；造成国内产业损害的其他因素。

对实质损害威胁的确定，应当依据事实，不得仅依据指控、推测或者极小的可能性。在一定条件下，对于来自两个以上国家的补贴进口产品，可以进行累积评估。

反补贴条例中国内产业、区域产业、关联企业以及同类产品的概念，与反倾销条例中的相应概念相同。

（三）补贴进口产品与国内产业损害间的因果关系

补贴进口产品必须是国内产业损害的原因。在确定补贴对国内产业的损害时，应当依据肯定性证据，不得将对国内产业造成损害的非补贴因素，归因于补贴进口产品。

（四）反补贴调查及反补贴措施

反补贴调查的程序与反倾销调查的程序相同。反补贴措施与反倾销措施类似，包括临时反补贴措施、价格承诺及反补贴税。实施条件基本相同。

在满足下列要求的情况下，必要时，可以对实施临时反补贴措施之日前 90 天内进口的产品追溯征收反补贴税：补贴进口产品在较短的时间内大量增加；此种增加对国内产业造成难以补救的损害；此种产品得益于补贴。

三、保障措施

我国《保障措施条例》自 2002 年 1 月 1 日起施行，2004 年 3 月经过修订。如果根据保障措施条例进行的保障措施调查，确定进口产品数量增加，并对生产同类产品或者直接竞争产品的国内产业造成严重损害或者产生严重损害威胁，可以采取保障措施。进口产品数量增加、国内产业受到损害、二者之间存在因果关系，是采取保障措施的三个基本条件。

进口数量增加包括进口数量的绝对增加和与国内生产相比的相对增加。

在确定进口产品数量增加对国内产业造成的损害时，应当审查下列相关因素：进口产品的绝对和相对增长率及增长量；增加的进口产品在国内市场中所占的份额；进口产品对国内产业的影响，包括对国内产业在产量、销售水平、市场份额、生产率、设备利用率、利润与亏损、就业等方面的影响；造成国内产业损害的其他因素。对严重损害威胁的确定，应当依据事实，不能仅依据指控、推测或者极小的可能性。国内产业，指中国国内同类产品或者直接竞争产品的全部生产者，或者其总产量占国内同类产品或直接竞争产品全部总产量的主要部分的生产者。

进口产品数量增加必须造成国内产业损害。应根据客观事实和证据，确定进口产品数量增加与国内产业损害是否存在因果关系。进口增加以外的因素对国内产业造成的损害不得归因于进口增加。

有明确证据表明进口产品数量增加，在不采取临时保障措施将对国内产业造成难以补救的损害的紧急情况下，可以作出初步裁定，并采取临时保障措施。临时保障措施采取提高关税的形式。

终局裁定确定进口产品数量增加，并由此对国内产业造成损害的，可以采取保障措施。保障措施可以采取提高关税、数量限制等形式。保障措施采取提高关税形式的，由商务部提出建议，国务院关税税则委员会根据该建议作出决定，由商务部公告；保障措施采取数量限制形式的，由商务部作出决定并予以公告，海关自公告规定实施之日起执行。

保障措施应针对正在进口的产品实施，不区分产品来源国（地区）。采取保障措施应限制在防止、补救严重损害并使得调整国内产业所必要的范围内。

根据 2004 年修订的《对外贸易法》，在进口产品增加损害国内产业时，除采取消除或减轻损害的保障措施外，还可以对该产业提供必要的支持。

四、其他救济措施

除上述两反一保的贸易救济措施外，我国《对外贸易法》还规定了其他救济措施。

1. 要求第三国采取适当措施。其他国家或者地区的产品以低于正常价值出口至第三国市场，对我国已建立的国内产业造成实质损害或者产生实质损害威胁，或者对我国建立国内产业造成实质阻碍的，应国内产业的申请，国务院对外贸易主管部门可以与该第三国政府进行磋商，要求其采取适当的措施。

2. 适用服务贸易的保障措施。因其他国家或者地区的服务提供者向我国提供的服务增加，对提供同类服务或者与其直接竞争的服务的国内产业造成损害或者产生损害威胁的，国家可以采取必要的救济措施，消除或者减轻这种损害或者损害的威胁。

3. 针对进口转移的救济措施。因第三国限制进口而导致某种产品进入我国市场的数量大量增加，对已建立的国内产业造成损害或者产生损害威胁，或者对建立国内产业造成阻碍的，国家可以采取必要的救济措施，限制该产品进口。

4. 其他国家未履行义务时的救济措施。与我国缔结或者共同参加经济贸易条约、协定的国家或者地区，违反该条约、协定的规定，使我国根据该条约、协定享有的利益丧失或者受损，或者阻碍该条约、协定目标实现的，我国政府有权要求有关国家或者地区政府采取适当的补救措施，并可以根据有关条约、协定中止或者终止履行相关义务。

5. 反规避措施。国家对于规避《对外贸易法》规定的对外贸易救济措施的行为，可以采取必要的反规避措施。

6. 预警应急机制。国务院对外贸易主管部门和国务院其他有关部门应当建立货物进出口、技术进出口和国际服务贸易的预警应急机制，应对对外贸易中的突发和异常情况，维护国家经济安全。

第四节　中国在世界贸易组织中的权利与义务

一、中国根据《世界贸易组织协定》享有权利、承担义务的法律框架

我国在世界贸易组织中的权利、义务，与其他成员的一样，由两部分组成：一部分是各成员都承担的规范性义务，如各协议条款规定的义务；另一部分是我国在加入世界贸易组织议定书中作出的承诺，这是我国承担的独特义务。我国加入世界贸易组织，是建立在权利 、义务平衡的基础上。我国在履行成员义务的同时，也享有作为成员的权利。

我国以加入世界贸易组织的方式成为世界贸易组织的成员。根据《世界贸易组织协定》，任何国家申请加入，都须按该国家与世界贸易组织达成的条件加入。我国加入世界贸易组织的条件规定在《中国加入世界贸易组织议定书》（以下简称中国加入议定书）中。该议定书构成了《世界贸易组织协定》的一部分。它除了确认遵循世界贸易组织的一般性规范外，还针对我国的具体情况作了规定。另外，我国与其他成员进行的加入谈判的结果，我国作出的具体承诺，

也是该议定书的组成部分。在某些方面，由于我国是一个贸易大国，我国加入世界贸易组织承担的义务重于其他发展中国家的义务。

二、非歧视义务

我国根据中国加入议定书承担的非歧视义务，超出了原来的世界贸易组织规则中规定的非歧视义务（包括最惠国待遇和国民待遇义务）。

除该议定书另有规定外，在下列方面给予外国个人、企业和外商投资企业的待遇不得低于给予其他个人和企业的待遇：生产所需投入物、货物和服务的采购，以及其货物据以在国内市场或供出口而生产、营销或销售的条件；国家和地方各级主管机关以及公有或国有企业在包括运输、能源、基础电信、其他生产设施和要素等领域所供应的货物和服务的价格和可用性。

三、贸易经营权

（一）贸易经营权的放开

中国加入议定书专门对贸易经营权作了规定。我国承诺逐步放开贸易经营权，在我国正式加入世界贸易组织后的3年内，除国家专营商品外，所有中国企业都有权进行货物进出口。同时，除该议定书另有规定外，外国个人和企业，包括没有在我国进行投资或注册的外国个人或企业，在贸易经营权方面也享有不低于在我国的企业的待遇。

（二）国家专营企业

贸易经营权的放开，并不意味着不能由某些企业专营某些商品。某些商品的专营，也不意味着违反了产品的国民待遇。关税与贸易总协定第17条专门规定了国家专营企业的问题。

国家专营企业，可以是国家设立或维持的企业，也可以是政府授予特权的私营企业，其特征是对某些商品实行专营。中国加入议定书要求中国的专营企业的进口程序充分透明，在商品的质量、价值或产地方面，政府不应采取措施影响或直接指示专营企业。专营企业的出口商品的定价机制，应向世界贸易组织提供全面的信息。

四、倾销与补贴中的非市场经济的规定

（一）倾销的确定

对于我国产品的出口，进口成员在据反倾销规范比较价格时，可以采取两种方法中的任何一种：使用我国受调查产业的价格或成本，或者使用不严格依据我国的国内价格或成本的比较方法，实质上就是使用所谓的替代国价格或成本。

上述方法的选择，应遵循下述原则：如果受调查的生产商能够明确证明，生产同类产品的产业在该产品的制造、生产和销售方面具备市场经济条件，则进口成员应使用我国受调查产业的价格或成本，以此来确定价格可比性；如果受调查的生产商不能证明，生产同类产品的产业在该产品的制造、生产和销售方面具备市场经济条件，则进口成员可以使用不严格依据我国的国内价格或成本的比较方法（替代国方法）。

在中国加入议定书生效时，如果进口成员的国内法含有市场经济标准，一旦我国根据进口成员的国内法，确立我国在某一产业或部门方面是市场经济，上述倾销的确定中有关方法的选择的规定应终止。无论我国能否证明市场经济这一点，上述选择方法的规定在中国加入议定书生效 15 年后终止。如果我国确立某一具体产业或部门通行市场经济的条件，上述非市场经济的规定对该产业或部门不再适用。

(二) 补贴量的计算

在《反补贴协议》所规定的程序中，在确定补贴数额时，原则上适用《反补贴协议》的相关规定，但如果在使用时存在特殊困难，进口成员可以考虑中国的通行条件可能并不总可以作为适当标准这一可能性，使用补贴利益的确定和衡量方法。在适用这些方法时，进口成员在考虑使用中国之外通行的条件之前，应对这些通行的条件进行调整。

(三) 国有企业补贴

根据世界贸易组织反补贴规则，非专向补贴不受世界贸易组织多边贸易体制的约束。但如果我国政府提供的补贴的主要接受者是国有企业，或者国有企业接受了补贴中不成比例的大量数额，则该补贴视为专向补贴。

五、其他关税与非关税措施

在《与贸易有关的投资措施协议》中，规定了消除与贸易有关的投资措施的期限。而我国承诺，在加入时，完全遵守该协议的要求，而不诉诸过渡期的规定。

我国承诺，取消并停止实施贸易和外汇平衡要求以及当地含量和出口实绩要求。这不仅包括通过法律/规章和其他措施实施的要求，也包括对含有这种要求的合同不予以强制执行。

中央政府或地方政府发放进口许可、配额、关税配额或其他任何对进口、进口权、投资权的批准方法，不能以下述情况为条件：是否存在国内供应商；任何种类的出口实绩要求，比如，当地含量、抵消、技术转让、出口实绩或在我国进行研究开发。

中国承诺不征收出口税。

问题与思考

1. 2004 年中国《对外贸易法》修订的主要内容是什么？
2. 中国加入世界贸易组织作出了哪些主要承诺？如何看待这些承诺？

第三编

争端解决制度

第二十二章

国际商事争议的解决

本章概要

国际商事争议的解决有多种方式，如调解、仲裁、诉讼。客观地说，各种解决方式皆有利弊，关键是针对具体争议的特点采取相应的争议解决方式。由于商事交易的特点以及各种解决方式的特点，交易双方更倾向于采取非诉讼的方式。美国新出现的一种争议解决方式——选择性争议解决方式（ADR），也说明了这一点。商事仲裁的自主性不能完全脱离法院管辖的强制性。在各个国家，仲裁都不同程度地受到法院的制约，仲裁裁决需要法院去执行，在某些情况下法院还可以撤销仲裁裁决。注意不同解决方式的特点及相互联系。

关键术语

调解　仲裁　仲裁协议　仲裁机构管辖权　法院管辖权　仲裁裁决的承认与执行　仲裁裁决的撤销　纽约公约　外国法院判决的承认与执行

第一节　争议解决方式概述

一、概述

世界各国对于国际商事争议，除由双方协商解决外，一般都采用调解、仲裁和诉讼三种方式处理。三种方式各有特点。

调解一般是在双方当事人发生争议后，由第三人（即调解人）就争议进行协调，促进双方达成和解协议的争议解决方式。调解以双方当事人自愿为基础，如果一方当事人不愿接受调解，则不能进行调解。

双方当事人如果事先在合同中订有仲裁条款或者事后达成书面仲裁协议的，则应将争议提交有关仲裁机构仲裁解决。仲裁是介于调解与诉讼之间的一种比较灵活、简便的解决争议的方法。

对于双方当事人的争议，如果事先调解不成，或经调解达成调解协议，但当事人事后反悔，或当事人不愿调解，而双方当事人又没有订立仲裁协议的，可以通过诉讼方式解决。一方当事人可以向有管辖权的法院提起诉讼。法院经审理后作出的判决对双方具有约束力，如果一方当事人不自觉执行，另一方当事人可以请求法院强制执行。

调解、仲裁和诉讼既有联系，又有区别。调解不成的，双方当事人可以根据仲裁协议将争议提交仲裁；没有订立仲裁协议的，则可以通过诉讼解决。在仲裁或诉讼期间，还可以进行调解，三者相辅相成。就调解和仲裁而言，调解是在双方自愿的基础上达成解决争议的协议，协议由双方自愿执行，其最大的特点是自愿性。仲裁则是双方在自愿的基础上将争议交给双方所选定或同意的仲裁机构进行审理，并由仲裁机构作出裁决。仲裁裁决对双方都有拘束力。如果一方不自觉执行仲裁裁决，另一方可以向法院或其他执行机构提出申请，要求强制执行。因此，仲裁除了自愿性外，还具有强制执行的特点。

就仲裁与诉讼来说，仲裁是协议管辖，仲裁机构对案件的管辖权来自双方当事人自愿订立的仲裁协议。而诉讼除了在一定范围内、一定条件下当事人可以协议选择管辖外，一般是法定管辖。在法定管辖范围内，法院管辖权由法律明确规定，当事人不得任意选择。对案件进行仲裁的审理机构是仲裁机构，仲裁机构一般是民间性的组织。对诉讼案件进行审理的是法院，法院是国家的审判机关。诉讼解决争议时，审判地点和人员、审判规则都是依法而定的，当事人无选择余地。而仲裁具有较大的灵活性，当事人有权选择仲裁机构，指定仲裁人员，选定仲裁地点。诉讼程序严格而复杂，审判时间长，费用相对较高。而仲裁手续简便，灵活性大，费用相对较低。诉讼审理一般是公开的，而仲裁审理一般不公开，这有利于保护当事人的商业秘密和维护其商业信誉。仲裁一般是一裁终裁，而诉讼至少存在两审程序。仲裁裁决的执行需要借助法院进行。

近来在西方国家，尤其是美国，产生了一种新的解决争议方式，这就是 ADR（选择性争议解决方式，非诉讼方式）。广义的 ADR 包括仲裁，但一般使用其狭义的概念，仅包括协商、调解。对于我国来说这并不是新的争议解决方式，我国的争议解决方式历来都强调先友好协商、调解，在协商、调解没有效果的情况下提交仲裁或诉讼，而且在仲裁或诉讼中也先进行调解，调解不成再进行仲裁或裁决。在西方国家，无论是诉讼还是仲裁，一旦开始程序，当事人即无法决定争议的解决，一切由法官、仲裁机构决定，程序中不存在类似于我国采取的调解程序，而且程序烦琐、复杂，耗时费钱。对于英美等重视法院解决的国家来说，ADR 提供了解决争议的新方式，当事人可以自主决定如何解决其争议。这突出了当事人的自主性，减少了争议解决的时间和费用，更有利于提高商业效益。

二、调解

（一）调解的概念和种类

调解是双方当事人发生争议后，在第三人（即调解人）的参与协调下，达成和解协议，解决争议的处理方式。调解是在双方当事人自愿的前提下进行的，如果其中一方表示不愿调解，或久调不决，调解程序即应终止。

调解有三种方式：

1. 在一般第三人参与下进行调解。这是指在法院、仲裁机构以外的第三人主持下进行的调解。这种第三人可以是组织，也可以是个人；可以是一人，也可以是数人，由当事人选任。

经调解，双方当事人就争议达成协议的，应制作调解协议书，由双方当事人签署。调解协议书与其他协议一样，对双方当事人具有约束力。《联合国国际贸易法委员会调解规则》第13条第3款规定："双方当事人在协议上签名后，争议即告结束，双方都受协议拘束。"

2. 在仲裁机构参与下进行调解，即调解与仲裁相结合。世界上许多仲裁机构都受理调解案件，只不过做法稍有不同。一种是把调解程序与仲裁程序分开，分别订有调解规则和仲裁规则。调解由调解委员会主持，仲裁由仲裁庭主持。调解不成需要仲裁时，一般情况下原调解人不得为同一争议的仲裁人，只有在经当事人及该调解人本人同意时，才可以担任仲裁人。另一种做法是把调解归入仲裁程序，在仲裁程序开始前或开始后由仲裁庭主持进行调解：如果调解成功即撤销案件，如果调解不成或当事人不愿调解，则进行仲裁。我国国际经济贸易仲裁委员会采用这种做法。

我国历来重视调解工作。诉讼中调解一直是我国的传统。仲裁与调解相结合也是我国仲裁的一个特点。我国还创造了一种被称为"联合调解"的调解方式。具体做法是：有争议时，我国当事人可以向我国仲裁机构请求，外国当事人可以向其本国的仲裁机构请求，由各方仲裁机构派出一人或各方数目相等的人员作为调解员，共同进行调解工作。调解成功，争议结束；调解失败，再按照合同中的仲裁条款的规定进行仲裁。通过"联合调解"这一方式，我国曾经成功地解决了中美贸易中发生的两个争议数额较大的案件，有关各方都感到满意。我国已和法国、意大利、日本等国家签订了有关联合调解规定的协议。

在仲裁机构主持下调解达成协议的，应制作调解书，由双方签名，调解书对双方当事人有拘束力。但也有规定调解书不具有拘束力的，如《关于解决各国和其他国家国民之间的投资争端的公约》第35条规定，调解结果无拘束力。《中国国际经济贸易仲裁委员会仲裁规则》规定，调解达成协议后，除非当事人另有约定，仲裁庭应当根据当事人书面和解协议的内容制作裁决书结案。裁决书具有法律效力。

3. 在法院参与下进行调解，也称司法调解。这是指当事人向法院提起诉讼后，由法院召集有关当事人进行的调解。现在许多国家都把调解视为法院解决民商事争议的一种方法。诉讼中调解是我国法院处理涉外经济贸易争议所经常采用的方法之一。调解可以在诉讼期间的任何一个阶段进行。

如果当事人在法院主持下自愿达成协议，应当制作调解书。调解书一经送达双方当事人，即具有法律效力。如果调解未达成协议或调解书送达前一方反悔，法院应结束调解，继续进行审判程序。最高人民法院于2004年9月公布了《关于人民法院民事调解工作若干问题的规定》（2020年修正），这一规定用于指导法院主持的调解。

（二）调解的作用

用调解方式解决争议，可以使双方当事人充分协商，不伤和气，友好地解决纠纷，而且调解程序灵活，费用低。因此，颇受当事人和国际组织、司法机关的青睐，近年来已成为包括国际商事争议的国际经济贸易争端解决的方法之一。但同时，由于调解的成功与否完全依赖于双方当事人的意愿，而当争议涉及重大利益、双方分歧严重时，这种意愿很难达成一致。所以，调解有它的局限性。

第二节　国际民事诉讼

一、概述

国际民事诉讼是指由一国法院主持的，当事人和其他诉讼参与人，如鉴定人、证人等参加的，为解决国际商事案件所进行的全部活动。在诉讼过程中，法院居于主导地位，它代表国家行使审判权，是解决案件的主持者和裁判者。国际民事诉讼是解决国际经济贸易争议的重要手段，也是解决国际商事争端的重要方式。

规定国际民事诉讼程序的规范包括两方面：

1. 各国国内法中专门适用于国际民事经济纠纷的特殊程序规则，如我国《民事诉讼法》中的第四编“涉外民事诉讼程序的特别规定”。英美等普通法国家的判例法也是国际民事程序法的重要内容。

2. 有关国际民事诉讼的国际条约，包括专门性的双边条约和多边条约，还包括涉及国际民事诉讼程序的条约。

诉讼程序一律适用法院地国家的法律而不适用其他国家的法律，是国际上普遍承认和采用的基本原则和惯例，各国立法、判例和国际条约都如此规定。由于原、被告属于不同的国家，适用程序法时如采用属人法，则可能形成对一方当事人无管辖权的情形，而适用属地法则可以解决这一问题；国际民事诉讼程序法性质上属于公法，原则上只能适用国内法，如内国法院适用外国程序法，会产生确定外国程序法的困难。因此，确定程序问题和实体问题就成为关键。程序问题适用法院地法，实体问题适用准据法。一般认为，起诉中的问题，法院的管辖权问题，对应证明的问题如何证明的问题，属于程序问题；当事人能力和诉讼能力问题，证明对象问题，属于实体问题。但对于诉讼时效问题，普通法系国家与大陆法系国家有不同的规定。普通法系国家认为诉讼时效是程序问题，而大陆法系国家认为诉讼时效问题是实体问题，属于实体权利的范畴，诉讼时效制度的目的不是规定诉讼程序而是缩减实体法上的权利、义务，同时防止权利人选择有利于自己的法院进行诉讼。

通常情况下，一国法院在审理涉外民事经济纠纷时，首先适用国际条约中的民事诉讼程序规则，然后再考虑适用内国法中关于审理涉外民事纠纷案件的特殊程序规则。如果国际条约和内国法律中的特殊程序规则没有规定的，才可以适用内国法中一般民事诉讼程序规则。我国就采用这种普遍做法，根据我国《民事诉讼法》（2021 年修正）的规定，我国法院在审理涉外民事经济纠纷时，适用法律的次序是：（1）国际条约，但我国声明保留的条款除外；（2）《民事诉讼法》的第四编“涉外民事诉讼程序的特别规定”；（3）第四编中没有规定的，适用民事诉讼法中的其他规定。

关于审理国际商事争议的国际民事诉讼程序主要包括四方面内容：外国人的民事诉讼地位；民事案件的管辖权；司法协助；外国法院判决的承认和执行。

二、外国人的诉讼地位

外国人的诉讼地位是指外国自然人、法人在法院所在国作为涉外民事经济关系主体时所享有的民事诉讼权利。它是保护外国人在法院地享有实体权利和法院行使管辖权的前提条件。外国人与内国人享有相同的自由进入法院的权利，是各国公认的国际法原则。

（一）各国法律对外国人的民事诉讼地位的规定

各国对于外国人的民事诉讼地位，一般采取“国民待遇”原则和“对等互惠”原则。所谓“国民待遇”原则，指在本国境内的外国人，在民事诉讼方面享有同本国公民同等的权利，承担同本国公民同等的义务。所谓“对等互惠”原则，指只有在外国法院给予本国公民、法人或其他组织以某种民事诉讼权利的前提下，本国才给予在其境内进行民事诉讼的外国当事人以对等的民事诉讼权利；如果外国法院对本国公民、法人或其他组织的民事诉讼权利加以限制，那么本国对该国的公民、法人或其他组织的民事诉讼权利同样加以限制。世界上大多数国家都同时规定这两个原则，这样规定既可使本国当事人在外国的民事诉讼权利得到保障，又充分保护守法的外国人在本国的民事诉讼权利，有利于国际民事经济贸易的发展。我国法律也采用了上述国际上公认的原则。我国《民事诉讼法》（2021 年修正）第 5 条规定：外国人、无国籍人、外国企业和组织在人民法院起诉、应诉，同中华人民共和国公民、法人和其他组织有同等的诉讼权利义务。外国法院对中华人民共和国公民、法人和其他组织的民事诉讼权利加以限制的，中华人民共和国人民法院对该国公民、企业和组织的民事诉讼权利，实行对等原则。

（二）诉讼费用担保制度

有些国家在规定外国人的诉讼地位时，采取“诉讼费用担保制度”，即外国人作为原告向法院起诉时，必须预先提供一定的金额或货物作为担保，以保证其在败诉时不致逃避缴纳诉讼费用的义务。这实际上是对外国人诉讼地位的一种限制。现在，通过双边条约，或根据对等原则，相互免除这种义务的做法，已成为一种倾向。

（三）诉讼救助

诉讼救助，指对有经济困难的诉讼当事人减免其应缴纳的诉讼费用的措施、制度。为防止出现滥诉，各国都采取收费诉讼制度，同时又对确有经济困难的人提供救助，使其不因经济困难而得不到法律的保护。

诉讼救助是否许可、许可的条件和程序，依法院地法决定。

我国民事诉讼法没有规定诉讼费用担保制度和诉讼救助制度，但国务院 2006 年通过的、2007 年施行的《诉讼费用交纳办法》规定了缓交、减交或者免交诉讼费用的司法救助制度。

三、管辖权

（一）管辖权的概念和意义

国际经济贸易合同案件的管辖权是指一国法院受理国际经济贸易合同案件的权限范围和法律依据。它要解决按照哪些标准或原则来确定某国法院是否有权受理某一国际经济贸易合同案件的问题。管辖权问题是国际民事诉讼中的首要问题，具有十分重要的意义：

1. 确定管辖权是一国法院受理国际经济贸易合同案件的前提。只有确定了一国法院对某一国际经济贸易合同案件具有管辖权，该国法院才有权受理这一案件，才会产生诉讼中的其他问题。

2. 管辖权的确定直接关系到案件审理的结果，因为案件由哪国法院管辖，该国法院就会依据其本国冲突规范来确定准据法，而准据法的选择对当事人权利、义务的重要作用是不言而喻的，何况诉讼程序一般适用法院地法。因此，各国政府和当事人对此都极为重视，当事人总是力争使案件由对自己有利的国家的法院审理。

(二) 国际商事案件管辖权的确定

关于国际经济、贸易合同案件的管辖权，各国法律规定不一，大都针对不同类型的案件适用不同的标准和原则进行确定。

1. 法定管辖

法定管辖是指以国内法或国际条约的规定为根据行使管辖权。适用于国际商事案件的法定管辖主要是：

(1) 普通管辖。亦称一般管辖，它是根据“原告就被告”原则，由原告向与被告有关的国家的法院起诉，由与被告有关的国家的法院行使管辖权。其中又分为：1) 由被告住所地法院管辖；2) 由被告国籍国法院管辖；3) 由被告所在地法院管辖，只要被告在起诉时出现于该国国境内，不论路过或暂住，该国法院都有管辖权。

(2) 特殊管辖。它以案件的特定的性质或特定的联系因素为标准确定法院管辖权。这些特定联系因素主要是物和行为：前者指诉讼标的物或当事人的财产；后者指法律行为，如侵权行为，缔结或履行合同的行为。就国际商事诉讼来说，一般采用合同缔结地或合同履行地作为案件的联系因素，案件由合同缔结地或履行地法院管辖。但在实践中，各国对合同缔结地或履行地的解释不尽相同。

2. 协议管辖

协议管辖指案件当事人达成协议，将其争议提交某国法院管辖，以确定法院管辖权，或者对于原来就某一案件有管辖权的法院排除其管辖。协议管辖一般适用于国际经济、贸易、运输和海事等案件。

协议管辖的理论依据是“当事人意思自治”原则。依照该原则，当事人有权按照自己的意志，自由决定将其争议提交哪一国法院管辖。因此，在实践中会出现这样的情况：一个国际商事案件，根据法定管辖，本应由甲国法院受理，因当事人协议而交由乙国法院受理。协议管辖也是各国所普遍承认和接受的管辖原则。

协议管辖赋予某一国法院管辖权是否必然意味着原来有管辖权的法院被排除管辖，不同的国家有不同的做法。通常情况下赋予管辖权与排除管辖权是同时存在的，但赋予管辖权和排除管辖权也可以独立存在，赋予某一法院管辖权并不必然排除另一法院的管辖权。有的法院解释除非明确排除管辖，否则原有管辖权的法院依然可以管辖。

协议管辖(包括赋予管辖权和排除管辖权)是否许可、有效，由被赋予管辖权的法院或被排除管辖的法院依法院地法确定。因此，即使明确排除一法院的管辖，但该法院可能认为这种排除依法院地法无效，最后就造成赋予管辖但却没有排除管辖的结果。也可能有这样的情况：当事人排除双方所在国法院的管辖，而将争议交由与案件无联系的国家的法院管辖，结果排除管辖依两国法有效，而赋予管辖却因与被赋予国无联系而为被赋予国法院依其法律加以拒绝。

协议管辖是有限制的，其限制条件一般情况下有下述几个方面：(1) 不得违反专属管辖的规定；(2) 不得违反一国关于级别管辖的规定；(3) 当事人只能协议选择第一审法院，对上诉案件不适用协议管辖；(4) 协议须采用书面形式。

3. 被告无保留应诉使法院获得管辖权

各国法律或法院一般都认为，被告不抗辩受理案件法院的管辖权而对案件进行答辩，就使该法院获得了对案件的管辖权。

四、司法协助

(一) 司法协助的概念和内容

一国法院在审理涉外民事经济案件时，经常会发生某些事项需要由外国司法机关代为办理的情况，这就需要司法协助。司法协助是指一国法院应另一国法院的请求，代为某些诉讼行为，如送达文书、调查取证等。司法协助有广义和狭义之分。广义的司法协助不仅包括送达司法文书和调查取证，还包括承认和执行外国法院的判决；而狭义的司法协助仅指前者，不包括承认和执行外国法院的判决。根据我国民事诉讼法的精神，我国的司法协助是指狭义上的司法协助。

司法协助一般是在国际条约的基础上进行的；在没有国际条约的情况下，应根据互惠原则进行。

(二) 司法协助的途径

根据国际条约和各国国内法的规定，向国外送达诉讼文书或调查取证，通常采用以下方式：

1. 外交途径，即由一国法院将载明委托事项的委托书，递交本国外交部，由本国外交部转交被请求国的外交代表，再由其转交该国的管辖法院。这种途径的送达手续繁杂，耗时多，因此往往在案件比较重大或不能采用其他途径时，才采用这种途径。在两国间没有司法协助条约或共同参加的国际公约的情况下，它几乎是普遍采用的、唯一可靠的一种途径。

2. 领事途径，即由一国法院将委托书交给本国驻被请求国的领事，然后由领事转交给该国的管辖法院。这种途径通常以有领事条约为前提。在被请求国的法律允许的情况下，领事可直接向在驻在国的本国公民送达诉讼文书或者调查取证，但需遵守驻在国的法律，并不得采取强制措施。

3. 直接送达，这种方式是法院直接将诉讼文书邮寄送达给居住在国外的被送达人，或者通过当事人的诉讼代理人代为送达。采用这种方式，以被送达国不反对为限。

4. 法院途径，即由一国法院将委托书直接寄给外国的管辖法院。这种方式很简单，但必须以国家间的司法协助条约为基础。

5. 通过指定的中央机关送达，即将委托书交给被请求国确定的中央机关，由该机关专门负责处理。这种方式较为简捷，但必须以国际条约为基础。1965 年《关于向外国送达民事或商事司法文书和司法外文书的公约》首创这种方式，现已为许多双边条约所采用。

委托外国法院调查取证，也必须出具委托书，必须按诉讼文书送达的途径进行。但不论是代为送达诉讼文书，还是代为调查取证，被请求国都只适用本国法，按本国法规定的程序进行。被请求国的法院如果发现外国法院的委托事项超出其职权范围，或者认为代为送达的诉讼文书或调查取证违反本国的主权、安全或公共秩序，可以拒绝提供这种协助。

五、外国法院判决的承认和执行

一国法院的判决只在其境内有效，因而如果欲对其境外的人或财产产生效力，需取得他国的承认；若要执行则需得到他国的执行许可。外国法院判决的承认和执行，是指一国法院依一定的法律程序承认外国法院已经生效的判决，使它在本国境内发生效力并得到执行。外国法院判决的承认和执行包括承认和执行两方面内容。承认和执行既有联系，又互相独立。承认是执行的前提，不予承认也就谈不上执行。但承认外国法院判决并不等于执行外国法院的判决，承认外国法院判决的效果是使外国法院判决的效力延及内国境内，不等于该判决得以执行，因为执行外国法院判决还要满足另外一些条件。一般说，除给付判决以外，对其他民事判决只需承认，不需执行。在外国法院判决的承认和执行方面，不存在公认的国际法，而只是由各国法律规定或通过双边协定解决。

（一）承认和执行外国法院判决的方式

各国承认和执行外国法院判决的方式各不相同，综合观之，有三种方式：

1. 审查制度，即通过法院审查后签发执行令状来承认与执行外国法院的判决。如法国和德国即采此制度。

2. 登记制度，即外国法院在本国登记后，其判决即可予以执行。

3. 重新判决制度，即由申请执行外国法院判决的人，向本国法院重新起诉，本国法院以该外国法院判决为证据，重新进行审理并作出判决，予以执行。英、美等普通法系国家均采用这一制度。

我国《民事诉讼法》（2021 年修正）第 287 条对承认和执行外国法院判决规定了两种情况：（1）申请，即由当事人直接向中华人民共和国有管辖权的中级人民法院申请承认和执行。（2）委托，即由外国法院依照该国与中华人民共和国缔结或者参加的国际条约的规定，或者按照互惠原则，请求人民法院承认和执行。

（二）承认和执行外国法院判决的条件

各国对于承认和执行外国法院判决都持谨慎态度，除在国内立法中规定承认和执行外国法院判决的条件和程序外，一般都以存在国际条约或互惠关系为前提。从国际条约和各国立法来看，承认和执行外国法院判决的条件主要有以下几项：

1. 该判决是已经发生法律效力的判决；
2. 按照承认和执行国的法律，作出判决的外国法院对该案有管辖权；
3. 该判决不违反承认和执行国的公共秩序和善良风俗；
4. 承认和执行国未就同一案件作出生效判决，或未承认第三国的生效判决；
5. 判决不是通过欺骗取得的；
6. 两国间有条约关系或互惠关系。

六、法院解决争端时的法律适用

法律适用，是指涉外法律关系中，从两种或两种以上的有关国家（或地区）的法律中选择一种或多种法律，对涉外法律关系进行调整。根据我国法律，广义上的法律适用包括国内法、国际公约和国际惯例。法律适用问题存在于整个调整涉外法律关系的过程：当事人之间在成立、变更或终止其权利义务关系时需要确定以何种法律为依据，司法机关受理和裁判案件时需要确定以何种法律为准绳。国际商事纠纷是涉外法律关系中的一类。

国际商事纠纷可以分为两大类：一类是合同纠纷，一类是侵权纠纷。关于侵权纠纷的法律适用比较简单，不外乎侵权行为实施地的法律和侵权结果发生地的法律。目前国际上还没有关于侵权的国际公约。在合同纠纷中，所适用的法律又称为合同的准据法，指据以确定合同内容的有效性、合同条款的解释及合同争议的解决等问题的法律。

我国最早规定合同争议适用法律的是于1985年通过的《涉外经济合同法》，该法规定了国内法、国际公约、国际惯例的适用情况。1986年通过的《民法通则》第八章对涉外民事关系的法律适用的规定中，再次确认了《涉外经济合同法》中的规定，从而使之成为民事法律关系适用法律的一般性规定。

1999年颁布、施行的《合同法》废止了《涉外经济合同法》。《合同法》第126条规定：涉外合同的当事人可以选择处理合同争议所适用的法律，但法律另有规定的除外。涉外合同的当事人没有选择的，适用与合同有最密切联系的国家的法律。在中华人民共和国境内履行的中外合资经营企业合同、中外合作经营企业合同、中外合作勘探开发自然资源合同，适用中华人民共和国法律。

2010年通过、2011年施行的《涉外民事关系法律适用法》强化了当事人的选择权、强制性法律规定、最密切联系原则和社会公共利益。该法规定：当事人依照法律规定可以明示选择涉外民事关系适用的法律。中华人民共和国法律对涉外民事关系有强制性规定的，直接适用该强制性规定。外国法律的适用将损害中华人民共和国社会公共利益的，适用中华人民共和国法律。涉外民事关系适用外国法律，该国不同区域实施不同法律的，适用与该涉外民事关系有最密切联系区域的法律。该法和其他法律对涉外民事关系法律适用没有规定的，适用与该涉外民事关系有最密切联系的法律。

通过上面的论述可以看出，适用法律与适用惯例存在不同。首先，调整适用次序、作用不同。只有在适用我国法律（包括我国参加或缔结的国际条约）时才会产生适用国际惯例的问题。这表明准据法已经解决，只是该准据法不完善，需要惯例来补充。我国《涉外经济合同法》关于国际惯例的最早规定，其旨在补充我国法律的不完备。这即是国际惯例的法律补缺作用。其次，调整、适用的范围不同。处理涉外合同关系的法律除解决合同的解释外，还解决因当事人的行为能力、当事人的权利能力、合同的内容等引起的合同效力问题。合同效力问题一般来说是国内法解决的问题。国际条约或国际方面的努力很少对其进行调整。如《联合国国际货物销售合同公约》明确规定，除非另有明文规定，该公约与合同的效力、合同条款的效力或惯例的效力无关。旨在作为示范法适用的、与该公约相比调整范围广泛的《国际商事合同通则》也明确规定：该通则不涉及由以下原因而导致的合同无效：无行为能力；无授权；不道德或非法。《跟单信用证统一惯例》亦无关于信用证法律效力的规定。这些都表明国际惯例不调整合同的效力问题，国际惯例仅限于确定合同的具体内容或当事人的权利、义务，或者合同的解释。因此，适用法律比适用惯例范围广，适用惯例仅在于确定当事人具体的权利、义务。

第三节　国际商事仲裁

一、仲裁协议

在解决争议的三种方式中，仲裁的优点显而易见，因此在国际商事争议中，仲裁已被广泛采用，成为解决国际商事争议的最重要的方法，大多数国际商事合同中都有通过仲裁方式解决合同争议的仲裁条款。一些国家缔结或参加的有关国际经济贸易的双边和多边国际公约中，很多都含有仲裁条款。

（一）仲裁协议的概念和特征

仲裁协议是指双方当事人将他们之间业已发生的或将来可能发生的争议交付仲裁解决的一种书面协议。联合国国际贸易法委员会制定的《国际商事仲裁示范法》中将仲裁协议表述为：当事人各方同意将他们之间确定的、不论是契约性或非契约性的法律关系上已经发生或可能发生的一切或某些争议提交仲裁的协议。

根据仲裁协议的概念，可以得知仲裁协议有以下几方面的特征和作用：

1. 仲裁协议是当事人之间同意将他们之间已经发生或将来可能发生的争议提交仲裁的共同意思表示。双方当事人都受仲裁协议的约束，当发生争议时，只能以仲裁方式解决，而不能向法院起诉。换言之，是对争议解决方式的共同意思表示。

2. 仲裁协议是某一特定仲裁机构受理争议案件的主要依据，它使该仲裁机构取得对该案件的管辖权，从而排除了其他仲裁机构对该案件的管辖权。

3. 仲裁协议是排除法院对争议案件的管辖的重要依据。如果当事人之间订有仲裁协议，就不能再将争议提交法院解决；如果当事人一方违反仲裁协议，将争议提交法院，另一方当事人可提出抗辩，法院应裁定将争议提交仲裁解决，除非法院认定当事人之间的协议无效或已失效，或是不能履行的协议。但应注意，在普通法系国家，即使存在仲裁协议，法院有时也受理一方当事人的起诉，法院认为，除非仲裁协议使用明确的排他性的语言选择了仲裁，否则法院有权受理案件，因为授予某一机构管辖权并没有否定、排除其他机构的管辖权。

4. 仲裁协议是仲裁裁决得以承认和执行的前提条件。如果仲裁机构越权仲裁或仲裁协议本身不合法，则仲裁裁决得不到法院的承认与执行。

（二）仲裁协议的表现方式

关于仲裁协议的形式，多数国家的法律和国际公约规定仲裁协议必须采用书面形式。书面形式不仅可以是合同中的仲裁条款，也包括双方当事人通过信函所表现出的将特定争议提交仲裁解决的意思表示。我国《民法典》合同编将书面形式的范围扩大，不仅包括通常意义上的书面形式，还包括传真、数据电文等。

仲裁协议有两种表现方式：合同中的仲裁条款和专门的仲裁协议书。

1. 仲裁条款

仲裁条款是指争议发生前双方当事人在合同中订立的、将有关合同争议提交仲裁的条款。

它是国际经济贸易合同中最常用的仲裁协议方式。仲裁条款是合同的一个部分，不能单独存在。

2. 仲裁协议书

仲裁协议书是指争议发生后双方当事人订立的、将其争议提交仲裁处理的协议。仲裁协议书是单独的协议，独立于合同存在。争议发生后双方当事人之间往来的书信、电传、电报中同意将争议提交某仲裁机构解决的，也应视为书面的仲裁协议；一方当事人在上述文件中提出在某仲裁机构仲裁，另一方当事人不表示反对并以其行为（如向该仲裁机构提交答辩书等）表示接受该仲裁机构的管辖的，也应认定存在仲裁协议。

仲裁协议的这两种表示方式，其效力和作用是一样的，大多数国家的仲裁立法和有关的国际公约也都允许采用这两种方式。如我国《仲裁法》第 16 条第 1 款规定：仲裁协议包括合同中订立的仲裁条款和以其他书面方式在纠纷发生前或者纠纷发生后达成的请求仲裁的协议。

（三）仲裁协议的效力

仲裁协议的效力包括两个方面，即与主合同的效力关系问题以及仲裁协议本身的效力。

1. 仲裁条款可与主合同分离

有的称之为仲裁条款的可分割性。指仲裁条款的效力不因主合同的无效而无效。

仲裁条款是以仲裁解决争议的依据。在仲裁中可能裁决产生争议的合同无效。合同无效是否延及仲裁条款的无效，如果仲裁条款无效，又如何裁决合同无效？这似乎出现了两难。

英国法院曾判决主合同无效，仲裁条款也无效。后来的判例承认了仲裁条款的可分割性，承认仲裁条款是一独立合同。现在，承认仲裁条款的可分离、分割性已成为国际商事仲裁立法的趋势。联合国的《国际商事仲裁示范法》即规定仲裁条款独立于合同其他条款，仲裁庭作出的合同无效的决定不应在法律上导致仲裁条款的无效。我国《仲裁法》明确规定：仲裁协议独立存在，合同的变更、解除、终止或无效，不影响仲裁协议的效力。联合国国际贸易法委员会仲裁规则、国际商会仲裁规则、美国仲裁协会国际仲裁规则都有类似的规定，承认仲裁条款的独立性、可分割性。

2. 仲裁协议的效力

即实质效力。仲裁协议是否有效，不同国家有不同的规定，应依冲突法来确定。一般来说，可以依据的法律有下面几种：当事人选择适用的法律；仲裁地所在国法律；裁决执行地国的法律。后两种法律在《承认与执行外国仲裁裁决公约》（《纽约公约》）中有规定：如果仲裁协议依裁决作出地国的法律为无效，或仲裁协议中涉及事项据裁决执行地国的法律不能通过仲裁解决，则可以拒绝承认与执行仲裁裁决。

（四）仲裁协议的基本内容

一般情况下，仲裁协议的内容由双方当事人共同商定，但不得违反有关国家的强制性法律规定。世界各国的仲裁法律对于一项有效的仲裁协议应包括的内容，有的有明文规定，有的则没有。总的来说，仲裁协议应当包括以下几个方面的内容：

1. 仲裁事项

仲裁协议首先要明确提交仲裁解决的争议事项，是有关合同的全部争议，还是在一定范围内的争议。当事人实际提请仲裁的争议以及仲裁机构所受理的争议，都不得超过仲裁协议中所规定的范围。仲裁庭只在仲裁协议规定的范围内享有管辖权。

2. 仲裁地点

仲裁地点与仲裁所适用的程序法及按哪一国的冲突规则来确定合同的实体法都有密切关系。一般说，在哪一国仲裁，就适用该国的仲裁法决定仲裁程序方面的问题。在当事人未作法律选择时，也是依照该国的冲突法规则选择实体法以解决争议。在双方商订仲裁协议时，各方一般都力争在本国进行仲裁。我国当事人在订立涉外合同时，对于仲裁地点，可以依次选择：(1) 在我国仲裁；(2) 在被申请人所在国仲裁；(3) 在第三国或地区的仲裁机构仲裁。

3. 仲裁机构

如果双方当事人商定将争议提交常设仲裁机构仲裁的，应当写明该仲裁机构的名称；如果双方决定由临时仲裁庭仲裁，则要在仲裁协议中规定其组成、仲裁规则等有关事项。

一般情况下，确定在某地仲裁也就是指在该地的常设仲裁机构仲裁，只有在该地无常设仲裁机构时，才需要组织临时仲裁庭。但是，指定在某一常设仲裁机构仲裁，却不一定是在该机构所在地仲裁。有的仲裁机构仲裁规则规定，当事人可以约定在机构所在地之外的地方进行；还有的仲裁机构在不同地方设立分会，因此，签订仲裁协议时应分别订明仲裁地点和仲裁机构。

4. 仲裁规则

仲裁规则是规定如何进行仲裁的程序和做法。它由各仲裁机构自行制定。临时仲裁庭的仲裁规则则由当事人或仲裁人制定或选择。通常情况下，将争议提交某一常设仲裁机构解决，就意味着适用该机构的仲裁规则，如国际商会仲裁院、中国国际经济贸易仲裁委员会等；另有一些仲裁机构，除适用自己的仲裁规则外，也允许选择适用其他的仲裁规则，如瑞典斯德哥尔摩商会仲裁院；还有一些仲裁机构，在适用自己的仲裁规则时，允许当事人对其规则进行修订，如美国仲裁协会仲裁规则。

5. 仲裁的法律适用

在仲裁协议中，当事人还应当选择解决他们之间纠纷所应当适用的法律，即准据法（指实体法)。世界上大多数国家的法律规定，对于案件程序上的事项，适用仲裁地法。而对于处理当事人之间的具体争议所适用的法律，一般都首先允许当事人自愿选择。这就是“当事人意思自治”原则。仲裁庭依据当事人自愿选择的法律解决当事人之间的争议。如果当事人没有指定适用何种法律，则由仲裁庭根据某种规则确定准据法。具体有三种做法：(1) 仲裁庭依照自己认为合适的冲突规范所指向的法律。(2) 依照仲裁庭所在地冲突规则确定准据法。这主要是一些国内仲裁机构规则规定的做法。(3) 适用仲裁地法律。除上述做法外，仲裁机构有时据公平原则仲裁。我国《合同法》规定，如果当事人没有选择适用的法律，则适用与合同有最密切联系的国家的法律。但在我国境内履行的中外合资、合作经营企业的合同以及合作勘探、开发自然资源的合同，必须适用我国法律。

6. 裁决效力

所谓裁决效力，主要是指裁决是否是终局的，对双方当事人有无约束力，能否向法院起诉要求变更。各国法律一般都规定，仲裁裁决是终局的，对双方当事人有约束力。至于是否可以向法院起诉，各国规定有所不同。有的规定不准上诉；有的虽允许上诉，但只限于裁决的程序方面问题，裁决的实质问题不许上诉。在我国，仲裁裁决是终局的，对双方都有拘束力。当事人不得向人民法院起诉。

二、仲裁裁决的承认和执行

仲裁机构本身没有强制执行仲裁裁决的权力，仲裁裁决靠当事人，主要是败诉方自觉执行。一旦败诉方不自觉执行裁决，胜诉方就需要申请有关法院强制执行。仲裁裁决经常涉及外国的当事人或在外国的财产，因此不仅有在本国境内执行的问题，而且常有在外国的承认和执行问题。对国内法院来说，执行裁决有两种情况：一是执行本国仲裁机构的裁决，即本国裁决；二是执行外国仲裁机构的裁决，即外国裁决。根据各国法律的规定，执行本国裁决手续比较简单；执行外国裁决，则往往有某些限制，手续也较复杂。各国规定不一。

现在国际上执行外国裁决的制度有国际法制度和国内法制度两种，前者是依靠国际公约建立起来的制度，后者是各个国家法律规定的制度。

（一）关于承认与执行外国仲裁裁决的公约

为了解决各国承认与执行外国仲裁裁决问题，1958 年 6 月 10 日在联合国主持下订立了《承认与执行外国仲裁裁决公约》(《纽约公约》)。到 2014 年 5 月，已有 149 个国家参加了该公约。我国已于 1986 年 12 月加入该公约。

《纽约公约》规定，各缔约国互相承认仲裁裁决具有约束力，并且依照执行地的程序规则予以执行。对承认或执行该公约所适用的仲裁裁决，不应该比对承认或执行本国的仲裁裁决规定实质上更复杂的条件或更高昂的费用。

但凡属下列情况之一的外国仲裁裁决，被请求承认与执行的国家的机关可依被申请人的请求，拒绝承认和执行：

1. 签订仲裁协议的双方当事人，根据对他们适用的法律，当时处于某种无行为能力的情况之下；或者根据双方当事人选定适用的法律或在没有这种选定的时候，根据作出裁决的国家的法律，仲裁协议无效；

2. 作为裁决执行对象的当事人，没有接到关于指定仲裁员或者进行仲裁程序的适当通知，或者由于其他情况未能对案件提出意见；

3. 仲裁裁决涉及仲裁协议所没有提到的，或者不包括在仲裁协议规定之内的事项；或者裁决内含有仲裁协议范围以外的事项；

4. 仲裁庭的组成或仲裁程序同当事人之间的协议不符，或者当事人间没有这种协议时，同进行仲裁的国家的法律不符；

5. 仲裁裁决对当事人还没有拘束力，或者裁决已经由作出裁决的国家或据其法律作出裁决的国家的管辖当局撤销或停止执行。

根据该公约第 2 条第 2 款，如果被请求承认和执行仲裁裁决的国家的管辖当局查明有下列情况之一者，也可以拒绝承认和执行：(1) 争执的事项，依照这个国家的法律，为不可用仲裁方法解决者；(2) 承认或执行该项裁决将和这个国家的公共秩序抵触者。

（二）我国关于承认与执行仲裁裁决的规定

我国法律对有关仲裁裁决的承认和执行作了以下规定。

1. 我国涉外仲裁机构的仲裁裁决在我国的执行

我国涉外仲裁机构的仲裁裁决是终局的，对双方当事人均有拘束力；双方当事人均应依照裁决书所规定的期限自动履行；仲裁裁决未写明期限的，应当立即履行，一方当事人不履行的，另一方当事人可依据中国法律的规定向中国法院申请执行。

2. 外国仲裁裁决在我国的承认和执行

在我国境内承认和执行外国仲裁裁决，有以下三种情况：

(1) 1958 年《纽约公约》的缔约国所作出的仲裁裁决在我国的承认和执行。

我国参加 1958 年《纽约公约》时，对《纽约公约》作了两项保留：互惠保留和商事保留。1）根据互惠保留条款，中国只在互惠的基础上对在另一缔约国领域内作出的仲裁裁决的承认和执行适用该公约；2）根据商事保留条款，中国只对根据中国法律认为属于因契约性和非契约性商事法律关系所引起的争议适用该公约。符合上述两个条件的外国仲裁裁决，申请人方可依照 1958 年《纽约公约》的规定直接向我国下列地点的中级人民法院提出：1）被执行人为自然人的，为其户籍所在地或居住地；2）被执行人为法人的，为其主要办事机构所在地；3）被执行人在我国无住所、居所或主要办事机构，但有财产在我国境内的，为其财产所在地。我国有管辖权的人民法院在接到申请后，应对申请承认和执行的仲裁裁决进行审查，如果认为不具有 1958 年《纽约公约》第 5 条所列的情况（即不予承认和执行的外国仲裁裁决的条件），应当裁定承认其效力，并依照我国民事诉讼法规定的程序执行；如果经过审查认为具有《纽约公约》第 5 条所列的条件之一的，应当裁定驳回申请，拒绝承认和执行。

(2) 与我国订有双边条约的国家作出的仲裁裁决在我国的承认与执行。

我国除了参加 1958 年《纽约公约》外，还与一些国家订立了有关双边贸易和司法协助的条约或协定，其中有相互承认与执行对方国家的仲裁裁决的条文。对于在这些国家作出的仲裁裁决，可按双方条约的规定予以承认与执行，如中国与法国于 1988 年订立的《关于民商事司法协助的协定》就有相互承认与执行在对方境内作出的仲裁裁决的规定，1979 年的《中美贸易关系协定》也有类似的规定。

(3) 在其他国家作出的仲裁裁决在我国的承认与执行。

对于在上述两类国家以外的其他国家作出的仲裁裁决，需要在我国承认与执行的，应当由当事人向我国法院申请，我国法院按照互惠原则办理。如果作出仲裁裁决的国家与我国有相互承认与执行仲裁裁决的互惠关系，并且裁决在形式上符合我国法律的规定，裁决的执行不违反我国法律的基本原则及国家主权、安全和社会公共利益的，法院裁定承认其效力，依照我国民事诉讼法的规定执行。

根据最高人民法院的司法解释，一方当事人向人民法院申请承认和执行外国仲裁机构的裁决时，如果人民法院认为申请承认和执行的外国仲裁机构的裁决不符合我国参加的国际公约的规定，或者不符合互惠原则的，在裁定拒绝承认和执行之前，必须报请本辖区所属的高级人民法院审查。如果高级人民法院同意拒绝承认和执行，应将其审查意见报最高人民法院。待最高人民法院答复后，方可裁定拒绝承认和执行。由此可见，对于拒绝承认和执行外国仲裁裁决，我国采取十分谨慎和认真的态度。

3. 我国涉外仲裁机构作出的仲裁裁决在外国的承认和执行

我国涉外仲裁机构作出的仲裁裁决在外国的承认和执行，也分为三类：

(1) 我国涉外仲裁机构作出的仲裁裁决，在 1958 年《纽约公约》缔约国内的承认和执行，按 1958 年《纽约公约》的规定办理；

(2) 我国涉外仲裁机构的仲裁裁决在与我国有双边条约或协定的国家的承认与执行，依照双边条约或协定的规定办理；

(3) 我国涉外仲裁机构的仲裁裁决在非 1958 年《纽约公约》缔约国，并且与我国也没有订立双边条约或协定的国家内的承认和执行，根据我国仲裁法和民事诉讼法的规定，中国涉外仲裁机构作出的发生法律效力的仲裁裁决，当事人请求执行的，如果被执行人或者其财产不在中国境内，应当由当事人直接向有管辖权的外国法院申请承认和执行。

4. 仲裁裁决的不予执行

我国《仲裁法》和《民事诉讼法》都规定了不予执行仲裁裁决的情形。对于国内裁决，如果存在《民事诉讼法》(2021 年修正) 第 244 条规定的情形，法院裁定不予执行。对于涉外仲裁裁决，如果存在《民事诉讼法》(2021 年修正) 第 281 条规定的情形，法院裁定不予执行。这些情形包括：(1) 当事人在合同中没有订有仲裁条款或者事后没有达成书面仲裁协议的；(2) 被申请人没有得到指定仲裁员或者进行仲裁程序的通知，或者由于其他不属于被申请人负责的原因未能陈述意见的；(3) 仲裁庭的组成或者仲裁的程序与仲裁规则不符的；(4) 裁决的事项不属于仲裁协议的范围或者仲裁机构无权仲裁的；(5) 执行该裁决违背社会公共利益的。

三、仲裁裁决的撤销

仲裁裁决的撤销，指仲裁裁决存在法律规定的情形，经当事人向法院申请，由仲裁地法院根据法律规定，审查核实，判决或裁定撤销仲裁裁决的程序。撤销裁决使裁决的效力消灭。联合国国际贸易法委员会《国际商事仲裁示范法》规定，败诉的仲裁当事人可以申请法院撤销仲裁裁决。仲裁地的法院可以撤销该地仲裁裁决，但不能撤销非该地的仲裁裁决。

拒绝执行仲裁裁决与仲裁裁决撤销，既相互联系，又相互区别。二者都使某一仲裁裁决得不到执行，都是法院对仲裁的监督方法。但不予执行仲裁裁决，是在执行仲裁裁决的申请人(胜诉方) 申请执行时，由被申请的败诉方所在地法院或其财产所在地法院作出裁定。而申请撤销仲裁裁决，可由仲裁裁决的任何一方提出，且只能向裁决作出地法院提出，这与拒绝执行仲裁裁决不同。仲裁裁决撤销是使该仲裁裁决无效，当事人可以就争议事项重新提交仲裁或提起诉讼；而拒绝执行并不使该仲裁裁决的效力归于消灭，当事人不可就同一事项再提交仲裁或提起诉讼，但在一家法院不予执行，如败诉方所在地法院，并不影响胜诉方在其他地方申请执行。

我国《民事诉讼法》2012 年修订之前没有关于撤销仲裁裁决的规定，我国《仲裁法》含有仲裁裁决撤销的有关规定，并区分了国内仲裁和涉外仲裁两种情形。如果被申请人提出证据证明涉外仲裁裁决有《民事诉讼法》(2021 年修正) 第 244 条第 2 款规定的情形 (不予执行的情形) 之一的，经过人民法院合议庭审查核实，裁定撤销。人民法院受理撤销裁决的申请后，认为可以由仲裁庭重新仲裁时，通知仲裁庭在一定期限内重新仲裁，并裁定中止撤销程序；如仲裁庭拒绝重新仲裁，人民法院应当裁定恢复撤销程序。人民法院裁定撤销的，应当终结执行。如一方当事人申请执行仲裁裁决，一方当事人申请撤销，人民法院应裁定中止执行；撤销裁决的申请被驳回的，应裁定恢复执行。

据最高人民法院于 1998 年 4 月发布的《关于人民法院撤销涉外仲裁裁决有关事项的通知》，人民法院撤销我国涉外仲裁裁决，应建立报告制度。凡一方当事人按照仲裁法的规定向人民法院申请撤销我国涉外仲裁裁决，人民法院在裁定撤销裁决或通知仲裁庭重新仲裁之前，须报请本辖区所属高级人民法院进行审查。如高级人民法院同意撤销裁决或通知仲裁庭重新仲裁，应将其审查意见报最高人民法院。待最高人民法院答复后，方可裁定撤销裁决或通知仲裁庭重新仲裁。

问题与思考

1. 仲裁机构与法院取得案件管辖权有什么不同?
2. 如何理解仲裁协议的形式及效力?
3. 《纽约公约》的主要内容是什么? 我国作出什么保留?
4. 承认与执行外国仲裁裁决和承认与执行外国法院判决有什么不同?

第二十三章

世界贸易组织争端解决机制

本章概要

世界贸易组织争端解决机制是世界贸易组织对全球经济稳定作出的最独特的贡献。和关税与贸易总协定的根本不同在于，世界贸易组织争端解决机构对报告的通过采取的是“一致通过，除非一致不同意”的原则，而关税与贸易总协定采取的是“一致通过”的原则，这使得世界贸易组织对处理国际贸易争端具有特别重要的作用。同时世界贸易组织还可授权成员对不履行争端机构通过的报告的成员进行贸易报复，使争端解决机制的威力增强。通过处理贸易争端，世界贸易组织对各成员的贸易政策、贸易立法进行审查，保证了世界贸易组织规则的贯彻。

关键术语

DSU　DSB　专家组的权限与职责　上诉机构的审查范围　审查标准　客观评估

第一节　争端解决机制概述

一、争端解决机制的建立和作用

《关于争端解决规则与程序的谅解》（DSU）建立了世界贸易组织的争端解决制度。世界贸易组织争端解决机制，是提供多边贸易体制的可靠性和预见性的核心，保障各成员在有关协议项下的权利和义务，以及按照国际公法的习惯解释规则澄清有关协议的现有条文。该制度在世界贸易组织中占有重要的位置，发挥重要的作用。正如首任世界贸易组织总干事鲁杰罗所说：“如果不提及争端解决机制，任何对世界贸易组织成就的评论都是不完整的。从许多方面讲，争端解决机制是多边贸易体制的主要支柱，是世界贸易组织对全球经济稳定作出的最独特的贡献。”没有这一争端解决制度，各成员的权利就缺乏制度的保障。因此，从某种程度上说，DSU给予的保证比实质性规则提供的保证更重要。

解决争端和澄清现有规则，是争端解决机构的两大作用和职责。前者具有短期的利益和价值，后者则具有长远的价值和意义。成员在相关协议项下的权利、义务的保护，以澄清现有规则为前提；成员间争端的解决，也以澄清现有规则为前提。鉴于争端解决报告所具有的指导作用，争端解决机构澄清现有规则的作用不容忽视。这说明，诉诸争端解决程序，并不仅仅是解决目前的争端问题，还可能具有更为重要的构筑制度的价值和作用。

二、争端解决机制适用范围

《关于争端解决规则与程序的谅解》(DSU) 适用于该谅解附录 1 所列各项协议项下的争端解决。这些协议包括：《世界贸易组织协定》；多边贸易协定，具体包括附件 1A、附件 1B 和附件 1C，以及附件 2；诸边贸易协定，即附件 4 的协议。我们统称这些协议为相关协议或适用协议。争端解决机制既适用于机构性规则，也适用于权利义务性规则；既适用于实体性规则，也适用于程序性规则（例如附件 2）；既适用于强制性规则，也适用于选择适用的规则。各成员就《世界贸易组织协定》和 DSU 的权利、义务的争端，也适用该争端解决规则与程序。但附件 3 贸易政策政审机制不属于争端解决机制的适用、调整范围，附件 3 没有规定对成员有约束力的权利和义务。

DSU 规定了世界贸易组织争端解决的一般规则与程序，或统一规则与程序。除 DSU 提供的规则和程序外，DSU 附件 2 所列相关协议中明确规定了具体协议项下争端解决的特殊或额外规则和程序。这些特殊或额外规则和程序，仅适用于就各相关协议提起的争端。在特殊或额外规则和程序与 DSU 的一般规则和程序存在差异时，应以特殊或额外规则和程序为准。但实践中，处理争端的专家组或上诉机构，按照协调一致的原则来处理、适用这些规则。

特殊或额外规则和程序，仅适用于争端解决的某一方面或某一特定问题，适用于某一局部问题。它不能取代 DSU 所提供的一般规则与程序，不能取代由一整套规则构成的完整的争端解决机制。

三、争端解决机制的特点

1. 强制性。争端解决机构对争端的管辖完全是强制性的。如果一成员对另一成员的有关措施提出磋商要求，另一成员应在规定的期限内作出答复，并进行磋商。如果不予答复或不进行磋商，或磋商没有在规定的期限内达成相互满意的解决办法，要求磋商的一方（申诉方）可以向争端解决机构提出设立专家组的要求，由争端解决机构设立专家组对案件进行审查。对于专家组作出的争端解决报告，任何争端方都可以提出上诉。对于专家组或上诉机构作出的争端解决报告，除非争端解决机构成员一致反对，即被通过，对争端方有约束力。被裁定违反了有关协议的一方必须在规定的期限内履行有关建议，否则争端解决机构可以授权对其中止减让或承诺（即授权报复）。

2. 自动性。和关税与贸易总协定框架下的争端解决制度不同，世界贸易组织的争端解决程序的启动及进行是自动的。这从上述的强制性也可看出。被诉方不能阻碍争端解决程序的进行。争端解决机构设立专家组和通过专家组或上诉机构的争端解决报告是自动的。这就避免了关税与贸易总协定框架下被诉方阻碍程序、阻碍通过专家组报告的情形。因此，世界贸易组织的贸易制度、多边纪律得到加强。

3. 统一性。世界贸易组织争端解决机制，统一适用于世界贸易组织的协议和规则。以一个统一的制度，代替了原关税与贸易总协定框架下存在的不同争端解决制度。无论是货物贸易规则、服务贸易规则，还是知识产权规则，根据这些规则产生的争端，都根据一个争端解决制度来解决。这就保证了多边贸易制度的稳定性和可预见性。

4. 司法性。除磋商程序外，无论是在专家组程序，还是在上诉机构程序，专家组或上诉机构都严格按照现有的法律规则来审理争端，审理人员以独立身份审理案件，与其所属国家或政府没有关系，争端方也不能对审理人员施加影响。审理过程遵循争端解决规则与程序，遵循正当程序规则。这些与原关税与贸易总协定框架下争端方以其实力来解决争端截然不同。

我们可以用四个字既简单明了、又画龙点睛地概括出世界贸易组织争端解决机制的特点与发展：特、新、强、法。“特”包括争端主体特殊（既包括国家，又包括非国家的独立关税区和国际组织）、争端性质特殊、解决方法独特。“新”包括表决方式新颖、上诉机制新颖、贸易报复制度新颖。“强”包括强制管辖权、强化裁定执行力度、强化多边争端解决制度。“法”包括法制化、法规化、法院化。①

四、争端解决机制的原则

（一）通过多边制度解决争端

世界贸易组织鼓励、要求通过多边贸易体制解决成员国间的贸易争端，阻止成员国通过单边措施解决争端。世界贸易组织的争端解决制度是为多边贸易体制提供保证和可预见性的一个重要方面。根据DSU第23条的规定，成员寻求纠正违反义务情形，寻求纠正其他造成相关协议项下利益丧失或受损情形，或寻求纠正妨碍相关协议目标的实现情形，应援用并遵守DSU的规则和程序。除非根据DSU诉诸争端解决机制，各成员不得作出效果上等于认定违反有关协议、利益丧失或损害、阻碍取得有关协议目标的决定。相关成员应遵循DSU的规定，确定有关成员执行裁决的合理期，确定中止减让或中止其他义务的程度，并获得相应授权。

（二）有效、迅速解决争端

DSU要求各成员对启动争端解决程序的效力进行评估。在提出一项争端前，各成员应对按照这些程序采取行动是否富有成效作出判断。迅速解决贸易争端对各成员国的利益都是十分重要的。DSU规定，当一成员国认为其据有关协议所享有的利益正直接或间接地被另一成员采取的措施损害时，迅速解决争端对世界贸易组织有效地发挥作用，使各成员的权利、义务保持适当平衡至关重要。

（三）积极、公平解决争端

争端解决机制的目的在于达成积极的解决争端的方法。解决争端应优先考虑能为争端各方都愿意接受并与各有关协议相一致的方法。若无法达成双方愿意接受的方法，争端解决机制的首要目标是确保废除与有关协议不一致的措施。当不可能废除这些措施时，才诉诸补偿和报复，而该方法仅作为临时措施使用，是最后的救济措施。

---

① 参见郭寿康、王洋：《论WTO争端解决机制的创新与发展》，国家法官学院，“中国—加拿大司法合作项目‘WTO与司法机构’比较研究研讨会”，2000年6月。

(四) 善意解决争端

尽管成员应诉诸争端解决程序解决争端，请求调解和使用争端解决程序不应被视为引起争端的行为，但使用争端解决程序不应用作引起争端的行为。在产生争端时，成员应善意地参与争端解决程序，努力解决争端。故意玩弄诉讼技巧，不遵循正当程序规则，与争端解决机制所追求的目标是相违背的。在世界贸易组织的争端解决中，每一成员都被推定善意地解决争端。

五、争端解决机制的价值导向

透过整个 DSU 的条款，我们看到了一个保障贸易机会、面向未来的价值取向，即既往不咎的未来导向。这尤其体现在裁决的执行措施中。某一成员的措施造成其他成员的利益丧失或受损时，该成员不是对该丧失或受损的利益提供补偿，而是废除或修改相关的措施。这一特点完全不同于我们熟悉的违约或侵权救济。DSU 第 3 条第 7 款确立了争端解决的基本原则。首选的方法是争端各方接受且与相关协议相一致的解决方法。这一方法不可行时，保证撤销与任何相关协议的规定不一致的有关措施，成为争端解决机制的首要目标。而提供补偿只能是立即撤销相关措施不可行时才可采取的，且这一补偿取决于被诉方的自愿。最后的手段是针对相关成员采取歧视性的中止减让或义务措施。补偿和中止减让都只能是临时性的补救措施。根据上述规定和争端解决的实践，只要被裁定造成利益损害的一方废除或修改其措施，其以前的措施造成的损害则得不到救济或赔偿。这在相关案件中已经得到确认。DSU 中体现的面向未来、既往不咎的价值取向，还可以具体地从报复数额的计算方法中体现出来。如果被诉方未能在合理期限内实施争端解决机构的裁决，或未能完全实施该裁决，拟采取报复的一方的报复额的计算日期是实施裁决的合理期限的届满日，而不是以前的日期。例如，被指控措施实施日、设立专家组申请日、争端解决机构通过争端解决报告日，都不能作为计算报复数额的日期。

第二节　争端解决机制的机构设置和职能

争端解决程序中涉及的机构主要有总理事会、争端解决机构、总干事及总干事领导的秘书处、上诉机构，以及非常设的专家组（包括 21.5 程序专家组、22.6 程序仲裁员）。

一、争端解决机构

DSU 设立争端解决机构（DSB），负责执行争端解决规则与程序以及有关协议中的磋商和争端解决条款（有关协议中另有规定者除外）。争端解决机构实际上是负责处理争端的总理事会。争端解决机构有权成立专家组，通过专家组或上诉机构的报告，监督有关措施的执行或授权有关国家进行报复。但争端解决机构有自己的主席，并建立必要的程序规则以行使其职权。争端解决机构在批准设立专家组申请、通过专家组报告/上诉机构报告、授权报复时，采取所谓的“反向一致”原则，即“除非一致不同意则一致通过”原则，其实质是一票通过或准自动通过。

二、专家组

专家组是争端解决机构的非常设性机构，专家组的成员一般由争端成员双方磋商后从世界贸易组织秘书处存有的专家名单中选定。在双方不能达成一致时，专家组由世界贸易组织总干事任命。专家组协助争端解决机构履行有关职责。专家组应对其审议的事项进行客观的评估，包括案件的事实、有关协议的适用性及争议措施与有关协议的一致性的客观评估，帮助争端解决机构作出裁定和提出建议。

三、上诉机构

上诉机构是争端解决机构中的常设机构，它负责对被提起上诉的专家组报告中的法律问题和专家组进行的法律解释进行审查。上诉机构可以维持、变更或推翻专家组的法律裁定和结论。上诉案件由上诉机构 7 名成员中的 3 人组成审判庭审理。上诉机构定期召开例会讨论政策、做法和程序事项。上诉审查制度，是世界贸易组织争端解决制度的一大特色。它保证了法律规则适用的准确性、统一性、一致性。

四、总干事

总干事可依职权提供斡旋、调解或调停，协助各成员解决争端。应争端方的要求，在争端方对专家组的组成达不成一致意见时，总干事可以决定专家组的组成。

五、秘书处

秘书处应协助专家组，尤其是在处理事项的法律、历史和程序方面给予协助，并提供秘书和技术支持。在争端解决方面向发展中国家成员提供额外的法律建议和协议，并可以安排获得法律专家的协助。秘书处提供争端解决程序和做法的培训课程。提供专家组成员名单，并向争端方建议专家组的提名。争端各方将书面陈述提交秘书处，由秘书处转交专家组和其他争端方。

六、执行程序专家组或仲裁员

DSU 第 21 条第 5 款程序规定的专家组，通常是原专家组，负责裁定被诉方采取的实施争端解决机构建议或裁决的措施是否与相关协议的要求相一致。其第 22 条第 6 款的仲裁程序仲裁人，通常也是原专家组，负责裁定拟中止减让的水平是否与利益丧失或受损的水平相等，并确定具体的中止减让额。其第 21 条第 3 款规定仲裁程序仲裁人裁决被诉方实施建议或裁决的合理期限。

第三节 争端解决程序

一、磋商

如果成员认为另一成员的措施损害其在相关协议下的利益，即可向对方提出磋商请求。每一个成员应保证对另一成员提出的关于在其境内采取的影响各有关协议实施的措施问题，给予同情的考虑，并就此提供充分的磋商机会。接到磋商请求的成员应在收到请求后10日内给予答复，并在不超过30天内善意地进行磋商。如果在上述期限内未给予答复或进行磋商，请求磋商成员可以直接请求成立专家组。如果在收到磋商请求后60天内不能经磋商解决争端，或双方一致认为磋商无法解决该争端，请求方可以在60天内提出成立专家组的请求。若情况紧急，应在10天内进行磋商，如在20天内不能通过磋商解决争端，可要求成立专家组。

所有磋商请求都应向争端解决机构及有关的理事会、委员会通报。磋商请求应是书面的，包括请求理由、争端中的各项措施的资料及请求的法律依据。

参与磋商的成员之外的成员如根据各有关协议的规定，认为正在进行的磋商对其有重要的贸易利益，可要求参与磋商。只要接到磋商请求的成员同意其所谓的重要贸易利益确实有理有据，则该成员可参与磋商。

DSU对磋商的要求，为了促进争端双方通过这一机会解决争端的可能性，它并不要求磋商取得某种实质性的结果，也不影响其他争端解决程序的进行。但很多争端是通过磋商程序解决的。磋商在争端解决中具有不可替代的作用。

一项争端只有在通过双边磋商解决争端的努力宣告失败后，才由成员政府提交争端解决机构。这是争端解决程序所确定的重要原则之一。磋商要求仅仅是一项程序性要求，是申诉方提出设立专家组申请的前提条件。是否实际进行过磋商，磋商效果如何，与后面进行的专家组程序没有必然的关系。

另外，除磋商外，DSU还规定争端各方可以在任何时候要求进行斡旋（good offices）、调解和调停，涉及斡旋、调解和调停的各项程序不影响任何一个当事方按照这些程序在任何进一步的诉讼程序中享有的权益。争端各方可以在任何时候终止斡旋、调解和调停程序。一旦斡旋、调解和调停程序终止，请求方即可以提出设立专家组的请求。

二、专家组程序

（一）专家组程序概述

提出设立专家组请求后，应在45天内设立专家组、任命专家组成员。专家组通常应在6个月内向争端各方提出报告。在紧急情况下，提出报告的期限为3个月。专家组程序主要包括下述阶段：（1）在第一次审理前，争端各方向专家组提交书面文件；（2）在第一次审理中，起诉方、被诉方和宣称在争端中有重要利益的第三方对案件进行陈述；（3）各方提出书面反驳意见，在第二次审理中进行口头答辩；（4）如果一方提出科学性或技术性问题，专家组可以向专家咨询或任命专家评审小组提供咨询报告；(5) 专家组向各方分发报告的陈述部分（事实性的和争议性的部分，不包括裁定和结论），给予两周的时间供争端各方对报告提出意见；(6) 专家组向各方分发包括裁定和结论的中期报告（interim report），并给予各方一周的时间进行审查；(7) 专家组阶段审核，与争端各方再次举行会议；(8) 向争端各方发出最后报告，并在 3 周后分发给世界贸易组织所有成员，如果专家组认为争端的贸易措施确实违反有关协议或义务，专家组应建议采取与世界贸易组织规则一致的措施；(9) 除非争端解决机构在 60 天内一致不通过该报告，或争端各方提起上诉，专家组报告成为终局报告。

（二）适当提起案件

1. 诉权

诉权，一般理解为在争端中提起诉讼的权利。诉权在法院管辖中是一个重要的基础性问题，而申诉方遭受的权益损失是其中的一个重要因素。在世界贸易组织的争端解决机制中是否也存在类似的要求呢？在欧共体香蕉案中，上诉机构和专家组都认为，DSU 第 3 条第 3 款和第 7 款以及其他规定都没有明确要求以成员必须具有法律利益作为专家组申请的前提。DSU 或世界贸易组织的其他规定都没有隐含需要法律利益。

DSU 第 1 条第 1 款规定，该谅解的规则和程序适用于据该谅解附件 1 中所列协议的磋商和争端解决条款提起的争端。GATT1994 第 23 条是一个争端解决条款，该条第 1 款规定：成员如果认为其根据该协定直接或间接可享受的利益正在丧失或受到损害，或者使该协定规定的目标的实现受到阻碍……上诉机构认为对确定诉权问题特别重要的是"如果认为"这样的用语。这与 DSU 的规定是一致的，其第 3 条第 7 款规定：在提起一项争端前，成员应就按照这些程序采取措施是否有效作出判断。上诉机构因而认为，一成员是否据 DSU 对另一成员提起争端享有非常大的自由决定权。上述规定表明，在决定类似措施是否有效方面，是希望成员自我约束的。服务贸易总协定和知识产权协定也有类似的规定。

世界贸易组织成立以来的实践表明，任何成员都可以自主地对其他成员的措施提起申诉。提起申诉的唯一待决条件是申诉方曾经提出过磋商要求，且磋商期届满。申诉方自主决定提起申诉的效果。提起申诉，不需要特殊的法律利益或经济利益。

2. 提出设立专家组的申请

设立专家组的第一步是申诉方提出设立专家组的要求。DSU 第 6 条第 2 款规定："应以书面形式提出设立专家组的申请。申请应指出是否已经进行磋商，指明（identify）争端的各项具体措施（specific measures），并提供一份足以明确说明申诉法律依据（legal basis）概述。如果申诉方请求设立的专家组具有标准权限以外的权限，书面申请应包括特殊权限的建议文本。"

具体来说，设立专家组的申请包括四个方面：书面形式要求；是否进行过磋商；是否指明了争端的具体措施；是否提出申诉的法律依据。其中争端的具体措施非常重要，直接关系到专家组的权限。

(1) 是否进行过磋商。由于磋商涉及争端双方处理争端的诚意，专家组在考虑问题时会对此给予注意。

(2) 是否指明了具体措施。这是设立专家组请求的核心要求。一方面，具体措施是争端方争议的对象；另一方面，经要求设立的专家组的职责范围依据具体措施而确定。正如上诉机构在欧共体香蕉案中所指出的，"专家组请求应足够明确的重要性在于两个原因：一是它通常构成DSU第7条专家组职责的基础，二是它是通知辩护方和第三方申请的法律基础”。在实践中，这一要求涉及的问题主要包括对措施的理解与认定，措施是否具体，是否需要指明所有措施。

措施，从主体方面说，指世界贸易组织成员的措施，包括该成员的国家机构和地方机构采取的措施，前者又可以包括立法部门、行政部门和司法部门。措施可以是一成员的任何行为，无论是否具有法律上的约束力，甚至也可以包括没有约束力的政府管理指南。措施不仅指一般适用的措施，如立法或规范性的规章，还可以是法律规章的具体适用行为，如海关当局的关税适用。从数量角度看，措施可以是单一措施，也可以是多个措施构成的整体。措施也可以是一成员不行为。DSU第6条第2款并没有明确要求指明争端具体措施适用的产品，但就世界贸易组织义务来说，为了指明争端中的具体措施，也有必要指明受争端措施影响的产品。只要产品术语在贸易中能够被充分理解，不影响辩护方的辩护能力，即没有违反DSU隐含的正当程序的问题。

在GATT的争端解决实践中，专家组发展起来了一种称为“强制性立法对裁量性立法”或“义务性立法对授权性立法”的二分法分析方法，世界贸易组织的专家组也遵循了这一方法。根据这一分析方法，凡是强制性要求行政机构以违反GATT/WTO的方式行事的立法，无论其是否实际适用，都是直接违反GATT/WTO的；虽然要求行政机构以违反GATT/WTO的方法行事，但同时又授予行政机构一定的裁量权，行政机构通过行使裁量权，可以不违反GATT/WTO，这样的立法，在行政机构没有具体实际适用、违反GATT/WTO时，被视为没有违反GATT/WTO。上诉机构认识到这种方法，并在美国1916年反倾销法案中指出，区别义务性立法和裁量性立法之裁量权，必须是政府行政机构享有的裁量权。上诉机构也告诫，不能机械性适用这一二分法。

(3) 是否有足以明确提出问题的法律依据概要。申诉法律依据概要，既是申诉的法律依据，也是辩护的法律依据。法律依据主要指世界贸易组织的相关规定。申诉方可以在同一申诉中提出多项诉求。

申诉法律依据的重要性显而易见。DSB在批准专家组申请时并不对申请的具体内容进行审查。设立专家组的申请在DSB会议中通常是自动批准的。专家组对设立申请进行仔细的审查，以确保符合DSU第6条第2款字面和精神上的要求。但实践中，对于什么是明确提出问题的法律依据概要有分歧。

实际上，申诉法律依据的明确性问题，并无一个绝对标准。需要根据具体案件的具体情况来进行分析。对这一问题的理解和要求经历了一个变化的过程。上诉机构在开始时认为，申请方列举指控被违反的具体协议的规定即已足够，是最低基本要求。但如果列举的条款确立的是多重义务而不是明确的单一义务时，仅仅这种指明就没有满足要求。设立专家组申请中实际使用相关协议中的用语，而没有列举条款，也视为提供了明确提出问题的法律依据。这一问题应据个案来解决，要考虑到被诉方的抗辩能力，根据专家组程序的实际过程，是否因为仅仅列举条款而受到损害。

被诉方对申诉方设立专家组的申请不明确的异议，可以在争端解决机构会议上提出，也可以在专家组组成后立即向专家组提出。这是被诉方享有的两种不同的异议机会和权利。

(三) 专家组程序中的举证责任

专家组程序中的举证问题包括两个问题。第一个问题是是否违反了有关协议，第二个问题是违反了有关协议是否造成了利益的丧失或损害。

第一个问题实际上是哪一方负责证明违反有关协议的义务问题。对于这一问题，世界贸易组织的现有规则并没有作出明确的规定，具体规则是由专家组和上诉机构发展起来的。主张权利要求并不等于举证。普遍接受并适用原则是：提出事实的一方，无论是申诉方还是被诉方，负责提供由此的举证。同时举证责任在于提出肯定性的具体要求或抗辩的一方。如果一方提出证据足以得出其要求是真实的推论，则举证责任即转移到另一方，该方如果不能提出足够的证据反驳该推论，即败诉。一方主张另一方违反了世界贸易协定的规定，必须提出证据并证明这一主张。一旦该方如此行为，即轮到另一方提出证据和论据来反对这一主张。当事人承担的举证责任为初步证据责任。

在具体要求上，提供多少证据、提供何种证据来建立这种推论，因措施不同而不同，因规定不同而不同，因案件不同而不同。DSU 不要求专家组在被诉方提出抗辩和证据之前对申诉方是否提出了初步证据作出裁定。专家组不能利用其享有的重要调查权，在申诉方没有提出初步证据的情况下，作出有利于申诉方的裁决。在争端双方都没有提出某一证据的情况下，专家组不得使用专家提出的这种证据，作为判定被诉方是否违反相关协议的依据。申诉方是否提出了初步证据，被诉方是否进行了有效的反驳，由专家组在最终裁决时作出裁定。

一方违反有关协议的规定，并不必然得出其措施使该协议的有关成员据该协议的利益丧失或损害的结论。换言之，申诉方关于其利益丧失或损害的申诉并不必然成立。如何以及谁证明利益的丧失或损害是举证问题的第二个方面。关于这一问题，DSU 第 3 条第 8 款规定："如果违反有关协议规定的义务，该措施即被视为初步构成利益丧失或受损。这通常意味着一种推定，即违反规则对该有关协议的成员造成了不利影响，在此情况下被诉方应对这种指控进行反驳。"实践中，在指控违反义务的案件中，这一推定实际上是很难反驳、不能反驳的。另外，这种推定的利益丧失或受损，与执行程序中仲裁人确定申诉方的利益丧失或受损，不是同一概念。后一概念是被诉方拒不执行裁决或执行裁决不合要求给申诉方造成的预期损失。

在非违反性申诉中，申诉方无须证明被诉方违反了相关协议的要求，申诉方需要证明被诉方的措施造成了其利益的丧失或受损。如果申诉方不能证明其利益丧失或受损，则其诉求得不到支持。这是与前述违反性申诉不同的地方。

三、上诉机构程序

(一) 上诉机构程序概况

争端各方都可以对专家组的报告提出上诉。上诉只应基于法律问题（points of law）和专家组的法律解释，但不能审查现有的证据或新的证据。

根据《上诉审查工作程序》，上诉程序应公正、有序，并据该工作程序进行。如果有该工作程序没有包括的问题，上诉庭应为该上诉通过适当的程序，该程序应符合 DSU 的规定。该通过的程序应立即通知上诉各方和第三方以及其他上诉机构成员。在例外的情况下，如果严格按照时间表会导致明显的不公正，有关各方可要求上诉庭修改原规定的提交文件的时间或口头审理的时间。

上诉程序包括：提交上诉通知；上诉方提交文件；在多方上诉的情况下，其他上诉方提交文件；被诉方提交文件；第三方提交文件；口头审理；分发上诉报告；争端解决机构通过报告。

作为一般规则，从争端一方正式通知提出上诉决定之日，到上诉机构分发其报告之日的程序，不应超过 60 天。如果上诉机构认为不能在 60 天内提交报告，则应以书面形式向争端解决机构通报延迟的原因，并告知预期提交报告的期限，但最长不得超过 90 天。上诉时间据上诉是否为一般上诉或禁止性补贴上诉而不同。一般上诉总的时间为 60 天至 90 天，禁止性补贴上诉时间为 50 天至 80 天。

上诉机构的报告应在该报告向各成员发布的 30 天内由争端解决机构通过，并由争端各当事方无条件地接受，除非争端解决机构一致同意不通过该报告。

一般来说，从争端解决机构设立专家组到争端解决机构通过专家组报告或上诉机构报告这段时间，如对专家组报告没有提起上诉，时间不应超过 9 个月；如果上诉，不应超过 12 个月。

(二) 上诉权与上诉通知书

根据 DSU 第 16 条第 4 款的规定，在专家组报告散发各成员之日起 60 天内，该报告应在 DSB 会议上通过，除非一争端方正式通知争端解决机构其上诉决定。如一方已通知其上诉决定，则在上诉完成前，争端解决机构将不审议通过该专家组报告。根据上诉机构制定的《上诉审查工作程序》规则 20，上诉应在上诉方依照 DSU 第 16 条第 4 款书面通知 DSB 并同时向秘书处提交上诉通知后开始。争端方对专家组报告上诉的权利，是一种当然上诉权，不取决于上诉机构或争端解决机构的酌情决定。

上诉方提起上诉只需通知争端解决机构其上诉决定，并同时向秘书处提交上诉通知书。《上诉审查工作程序》规则 20（2）规定了上诉通知书应包括的内容或信息：(1) 提起上诉的专家组报告的名称；(2) 提交上诉通知书的争端方名称；(3) 争端方送达地址、电话和传真号码；(4) 上诉性质的简要说明 (brief statement of the nature of the appeal)，包括对专家组报告的法律问题及专家组进行的法律解释错误的指控。在这四项具体要求中，前三项是常识性的、基础性的，第四项才是对上诉对象的说明。第四项的要求起到指明上诉对象和法律依据的作用。对上诉性质的简要说明，使得被上诉方和潜在的第三方了解问题所在，对需要进行的抗辩做好准备或表达自己对相关问题的关注；同时也确定了上诉机构的审查范围。

上诉通知的作用在于发起上诉程序，指出上诉的问题。至于该上诉有无理由、理由是否充分，则是上诉程序中需要审查的问题。

没有包括在上诉通知中的问题，没有适当提交上诉机构，不属于上诉机构的审查范围。有关专家组职责的上诉，更要求在上诉通知中列出。但管辖权问题是例外，无论是否包括在上诉通知中，上诉机构都有权审查。

专家组的管辖权问题是一个根本性问题，即使在上诉通知中没有提出专家组超越其管辖权这样的诉求，考虑这样的诉求也是适当的。

四、裁决执行程序

(一) 裁决执行程序的作用

DSU 建立的争端解决制度，除了建立了国际争端解决的上诉审查程序外，还建立了争端裁决的执行、监督程序，从而加强了世界贸易组织法的约束力，一定程度上改变了国际法的软法形象。这一裁决执行制度，使世界贸易组织争端解决制度更加完善、更加有效。

DSU第21条“对执行建议和裁决的监督”和第22条“补偿和中止减让”，都属于裁决执行程序的范畴。第21条具体规定了被诉方对争端解决机构裁决和建议的执行，以及其他成员对被诉方执行措施的监督。第22条则重在规定被诉方没有或不能执行裁决或建议时申诉方可以采取的“报复措施”，即中止减让或其他义务，也包括了被诉方可能提供的补偿。第21条和第22条从两个方面，为被诉方执行争端解决机构的裁决或建议制定了纪律。

与专家组程序和上诉机构程序中明确的时间要求相一致，“迅速执行争端解决机构的建议或裁决，对于保障争端的有效解决、为了所有成员的利益，是必要的”。因而，DSU对被诉方执行争端解决机构的裁决规定了具体的时间要求。立即执行裁决，是争端解决机制最鼓励的方案。但由于争议措施的种类和性质不同，例如执法措施和立法本身的差别，立即执行裁决并不是在所有案件中都切实可行的。在合理期限内执行裁决，是DSU提供的第二种选择。这一合理期限包括有关成员提议而为争端解决机构批准的期限，争端双方在争端解决裁决通过之日起45天内同意的期限，在裁决通过后90天内仲裁裁决确定的期限。

除上述执行裁决的期限外，争端解决机制中的执行程序同时对执行措施提出了要求。被诉方应采取执行裁决的措施，其采取的措施应与相关协议的要求相一致。如果争端方对此有分歧，可以根据DSU第21条第5款提请专家组来裁决。这就是所谓的21·5专家组程序。可能时，该专家组的组成成员应是原争端解决专家组的成员。

如果由于各种原因，争端解决机构的裁决和建议没有在合理期限内得到执行，作为一种临时性的替代措施，被诉方可以提供补偿，但该补偿取决于被诉方的自愿。另外一种临时措施是，申诉方对被诉方中止适用以前作出的减让或者中止履行其他义务（中止减让或其他义务）。但这两种措施都是临时性的救济措施，相对于完全执行争端解决机构的裁决或建议，是一种次优选择。无论采取哪种临时措施，都必须与相关协议的要求相一致。

DSU建立的裁决执行程序，无疑是强化争端解决纪律的表现。它对其措施被裁定违反了相关协议的被诉方作出了新的限制或约束，为指控成功的申诉方行使成功指控所带来的权利或恢复被损害的权利提供了进一步的保障，也为世界贸易组织的有效运转和成员的权利、义务平衡提供了基础。与不存在裁决执行程序的争端解决制度相比，与依靠道义的力量执行裁决相比，世界贸易组织的争端解决机制更具有“法治”的色彩。

同时也应看到，执行程序中也存在权利与义务的平衡，存在着正当程序的要求。正如违反义务本身不表明该成员没有善意行事一样，某一成员违反了义务也不意味着该成员的权利被剥夺或受到损害。DSU在多处都强调了这一点。例如，第3条第2款规定，争端解决机构的建议和裁决不能增加或减少相关协议所规定的权利和义务。第19条第2款规定，专家组和上诉机构在其裁决和建议中，不能增加或减少相关协议所规定的权利和义务。因此，争端解决机构的执行程序对被诉方施加了执行裁决的约束的同时，也规定了其享有的正当权利。这一正当权利可以简单概括为三个方面：合理期限内执行裁决；在与相关协议相符的范围内执行裁决（不超出相关协议的要求）；争端解决机构授权中止减让或其他义务等于利益丧失或受损程度。

执行程序的规定，也体现了DSU第23条旨在加强的多边体制。该条第1款规定了多边体制的总要求：当成员寻求纠正违反义务情形或寻求纠正造成相关协议项下的利益丧失或减损的其他情形，或寻求纠正妨碍相关协议任何目标的实现的情形时，应诉诸并遵循该谅解的规则和程序。美国 301 条款案进一步明确了这一要求。另外美国对欧共体产品采取措施案中，美国在仲裁员作出裁决之前采取中止减让措施，被认为违反了通过多边程序解决争端的要求。DSU 第 23 条第 2 款更进一步明确了多边体制的要求。该款要求，除通过 DSU 的规则和程序诉诸争端解决外，各成员不得作出违反义务、利益丧失或受损或相关协议目标的实现受到妨碍的确定，这种确定应与争端解决机构通过的专家组或上诉机构报告的裁决或仲裁裁决相一致。此外，该款还进一步要求，各成员遵循第 21 条所列程序，确定有关成员执行建议和裁决的合理期限；根据第 22 条所列程序，确定中止减让或其他义务的水平并获得相应的授权。这些规定进一步说明，其他成员也不得单方面确定被诉方是否在合理期限内履行裁决、执行裁决的措施是否与相关协议的要求相一致，不得单方面决定实施报复的水平。

执行程序的规定，对被诉方利益是一种保护，被诉方也据此享有正当的程序性权利，诉诸这些规则和程序。甚至在某种意义上，被诉方享有合法的权利穷尽这些程序。被诉方诉诸这些程序，不应视为不善意履约、不善意行事，不应视为故意拖延执行裁决。

世界贸易组织争端解决机制体现出既往不咎的特点和价值取向。严格地说，这一特点或取向更多地体现在执行程序中。被诉方的措施被裁定违反了相关义务时，如果被诉方迅速采取有力而充分的措施，执行争端解决机构的裁决和建议，则争端方间的争端得到圆满、彻底解决，世界贸易组织的运转得到了有效保障，成员间的权利、义务又实现了平衡，世界贸易组织规则建立的贸易体制的可靠性和可预见性得到了维护。成员违反义务本身并不等于不善意行事，对违反义务措施的纠正自然更是善意履行义务的行为。但另一方面不可否认的是，DSU 的这一制度，从某种程度上说，在实际效果上，可能产生或促成了“屡犯屡改、屡改屡犯”的结果。

(二) 执行裁决的合理期限

在争端解决机构通过报告后，被裁定违反协议或义务的成员必须迅速地履行争端解决机构的各项建议或裁决，以确保有效解决各项争端。

在通过报告后的 30 天内举行的争端解决机构会议上，有关成员应通报其履行建议或裁决的意向。如果立即履行实际不可行，应确定合理的履行期限，该期限应为争端解决机构许可的期限；若上述期限未经争端解决机构许可，争端各方在通过报告后 45 天内通过协议达成一致同意的期限；或在没有达成上述协议时，通过报告后 90 天内经有约束力的仲裁来决定期限，该期限不应超过报告通过后 15 个月。该仲裁通常由上诉机构的一名成员进行。

除专家组或上诉机构延长作出报告的时间外，从争端解决机构设立专家组到合理履行期限的时间，一般不应超过 15 个月（双方一致同意的除外）；但除非各方一致同意，总的时间最长不得超过 18 个月。

争端解决机构监督通过的报告的执行情况。任何一个成员在任何时候都可以在争端解决机构会议上就执行提出问题。执行问题应列入合理期限确定日起 6 个月后争端解决机构的议事日程，直至该问题解决。每次会议之前 10 天，任何一个成员都可以向争端解决机构提供书面的执行状况的报告。

(三) 提供补偿

如果违反规则或义务的一方在合理期限内不履行建议或裁决，启动争端解决程序的一方可以要求对方进行补偿。但补偿以及下述的中止减让仅是第二位的选择方法，不能优先于全部实施建议、使某措施与有关协议一致的方法而使用。补偿应是自愿的，如果给予补偿，该补偿也需与有关协议的规定一致。

如果在上述确定的合理期限内，有关成员不能使某措施与有关协议的规定一致，或不能履行建议或裁决，则经请求，该成员应立即在合理的期限届满之前与启动争端解决程序的当事方开始谈判，以取得双方都能接受的补偿办法。

（四）对执行措施的异议程序

DSU 第 21 条第 5 款规定：如果对是否存在执行建议和裁决的措施或执行建议和裁决的措施是否满足各个领域相关协议的要求有分歧，该争端应诉诸这些争端解决程序决定，包括可能时求助原来的专家组。专家组应在此事项提交的 90 天内发布报告。如果专家组认为在此时限内不能提交报告，应书面通知争端解决机构迟延的原因和提交报告的估计期限。

DSU 第 21 条第 5 款规定了争端方对执行裁决的异议处理程序，通常称之为 21·5 专家组程序，以区别于原来的专家组程序。该条款规定虽然简单，但却确立了一个独立的争端处理程序。同时，由于规定过于简单，在理解、适用该程序时，应参照原专家组程序的有关协定。21·5 专家组报告可以上诉。

21·5 专家组程序中专家组的权限范围，实践中通常适用 DSU 第 7 条规定的标准权限范围，和原争端解决程序一样，但是在实质内容上存在重大区别。原专家组程序中，对构成争议事项的具体争议措施和申诉法律依据要求比较严格，必须指明争议的具体措施。但 DSU 第 21 条第 5 款规定专家组“对是否存在执行措施或执行措施是否符合相关协议的要求”作出确定。这意味着专家组审查的执行措施可能存在，也可能不存在，在没有执行措施的情况下则无法指明具体措施；用于确定执行措施与相关协议一致性的，是相关协议，而不限于某一特定的条款。实践中，设立专家组的申请中根本没有提到的、专家组设立后的措施，也可以成为专家组的审查对象。因此，21·5 专家组程序中专家组的权限范围与原专家组的权限范围，形似而实不似。

在职责方面，DSU 第 11 条有关专家组职责的规定，应适用于 21·5 专家组程序中专家组。该专家组的职责与原专家组的职责没有不同，同样是协助争端解决机构解决争端，对提交事项进行客观评估。实践中争端方并无异议，专家组或上诉机构也无这方面的论述。

（五）报复程序

如果在合理的期限届满后 20 天内，有关各方仍未达成令人满意的补偿协议，启动争端解决程序的一方可以请求争端解决机构授权中止对各有关协议的减让或其他义务（即通常所说的报复）。被诉方对申诉方拟报复数额或程度有异议的，可以根据 DSU 第 22 条第 6 款的规定，请求仲裁。这就是 22.6 仲裁程序。可能时，仲裁人应由原解决争端的专家组担任。

中止减让或其他义务是临时措施。只有在执行合理期限届满，被认定与有关协议不一致的被诉方没有执行，或执行程度没有符合相关协议的要求，或在不能采取相关措施而被诉方又拒绝补偿的情况下，申诉方才可以中止减让或中止其他义务。中止减让或其他义务，只是对执行合理期限届满后违反义务成员的产品、服务或知识产权享有的待遇，恢复到申诉方作出减让或承诺之前的状态（限制、禁止或不保护）。申诉方不能从报复中获得利益上的好处，不能恢复、补偿过去的损失。报复不是目的，而是促使被诉方执行建议或裁决的一种手段，从严格意义上讲，报复不符合争端解决机制所追求的目标。也正是因为如此，申诉方拟采取报复措施时，应获得争端解决机构的授权，这一授权表现为22.6程序中仲裁员作出同意报复并确定报复额的报告。

中止减让或其他义务应遵循一定的原则和程序。总的原则是，中止减让的部门，应与利益受损或丧失的部门是相同部门；当申诉方认为相同部门中止减让或其他义务实际不可行或无效，则可以寻求中止同一协议项下其他部门的减让或其他义务，即跨部门中止减让；如果申诉方认为同一协议项下其他部门的中止减让或其他义务不可行或无效，且情况严重，则可以寻求中止另一有关协议项下的减让或其他义务，即跨协议中止减让。部门，就货物而言，指所有货物；就服务而言，指确认此类服务部门的现行“服务部门分类目录”中的一个主要部门（共11个主要服务部门，包括职业服务、通信服务、建筑与相关的工程服务、经销服务、教育服务、环境服务、金融服务、与医疗相关的服务和社会服务、旅游和与旅游相关的服务、娱乐文化和体育服务、运输服务）；就与贸易有关的知识产权来说，指知识产权协定规定的各项义务中包括的知识产权的每一个类别（包括版权及相关权利、商标、地理标记、工业设计、专利、集成电路设计、未公开信息）。协议，就货物而言，指货物多边协议中的各项协议以及争端各方为成员的诸边贸易协议；就服务而言，指服务贸易总协定；就知识产权而言，指知识产权协定。在适用上述原则时，申诉方应考虑专家组或上诉机构认定违反规则、利益受损或丧失的有关协议的贸易或部门贸易，以及该贸易对该方的重要性；考虑与利益丧失或受损有关的更广泛的经济因素，以及中止减让或其他义务的更广泛的经济后果。

争端解决机构授权的中止减让或其他义务的程度应等于利益丧失或受损的程度。这一规定既是对争端解决机构的要求，也是对拟采取中止减让或其他义务措施的申诉方的要求，同时也是对仲裁人的要求。仲裁人不得审查中止减让或其他义务的性质，而应确定此类中止的程度是否等于利益丧失或受损的程度。所谓中止减让或其他义务的性质，指中止减让或其他义务的具体类型，例如提高关税、限制数量等。仲裁人还应确定相关协议是否允许拟采取的中止减让。DSU第22条第5款明确规定，如果有关协议禁止此类中止，争端解决机构则不应授权中止减让这些减让或义务。

仲裁人的主要职责是确定申诉方拟中止减让的程度。中止减让的程度需等于（be equivalent to）利益丧失或受损程度。这一要求和关税与贸易总协定制度下适用的“适当性”（appropriate）标准不同。现有规定比以前的更严格。但《反补贴协议》对禁止性补贴的报复额度仍然坚持了传统的适当性标准。

在中止减让程度和利益受损程度这两个程度中，利益受损程度是决定性因素，只有在确定了利益受损程度的前提下，才能确定中止减让程度。因此，确定中止减让程度就是确定利益受损程度，利益受损程度的确定是关键。此处的利益受损，是指被诉方在执行合理期限届满后不采取执行措施或执行措施不合要求或不提供补偿后对申诉方造成的损失，因而这一概念带有预期性。仲裁人需要确定的是被诉方没有充分执行裁决对申诉方造成的利益丧失或受损。因而，利益丧失或受损程度，是一个预期数额。在具体数额的确定上，既无明确规则可循，也无准确公式可用。从某种程度上说，仲裁人对这一程度的裁决，是一种主观性、武断性较强的确定。仲裁人对中止减让或其他义务程度的裁决，是终局裁决，无上诉机会，对争端方都有约束力。

如果被诉方认为自己已经执行了裁决，而申诉方仍维持中止措施，被诉方可提起相关程序，要求争端解决机构作出相应裁决。

第四节　未违反协议或义务争端的解决

GATT1994 第 23 条对利益的丧失或损害规定了三种情况，可以提交关税与贸易总协定处理。第一种情况（第 1 款 a 项）就是上述的因有关协议或义务的违反而造成的利益丧失或损害。引起利益损害或丧失的情况还包括不违反协议的措施（b 项）或其他情况（c 项）。这三种情况代表了争端解决的三种类型，分别称为违反性申诉、非违反性申诉和其他情形之诉。就迄今为止的争端解决实践看，第一种类型是争端常态，第二种较少，第三种没有发生过。DSU 规定的规则与程序，主要也是对第一种类型的规定，同时也对后两种情况作了进一步的规定。

第一种类型和第二种类型可以同时出现在同一申诉中。申诉方对被诉方的同一措施，既可以提出违反性申诉，也可以提出非违反性申诉。只不过申诉方在这两种情形中的举证责任是不同的。在第一种类型中，申诉方必须证明被诉方违反了有关协议的条款。在证明了这一点之后，无须证明该措施造成其利益的丧失或受损，这一点是推定存在的。如果争端解决机构裁定被诉方违反了有关协议的要求，被诉方应取消或修改有关措施。而在非违反性申诉中，争端解决机构不审查被诉方是否违反了有关协议的要求，而是审查其措施是否使申诉方的利益丧失或受损。申诉方需要证明其根据有关协议享有合理的预期利益，该合理预期利益因为被诉方的措施而受损或丧失。如果申诉方的诉求成立，被诉方没有取消有关措施的义务，只需要作出某种补偿。

DSU 第 26 条对第二种和第三种类型的争端作了进一步的规定。如 GATT1994 第 23 条第 1 款 b 项适用，只有争端一方认为由于一成员的措施，无论该措施是否违反该协议的规定，使得其据有关协议直接或间接地享有的利益受到损害或丧失，或取得该协议的目标受到阻碍，专家组或上诉机构才能就该措施作出裁决或建议。在申诉方认为且专家组或上诉机构裁定案件涉及与有关协议的规定并不冲突的措施时，在满足下述条件下，DSU 的程序适用：申诉方应提供详细的证据证明与该措施有关的申诉；在一项措施使利益丧失或受损或阻碍有关协议的目标取得时，实施措施的一方没有义务取消该措施，但专家组或上诉机构应提供相互满意的调整措施的建议；有关合理执行期限的仲裁，经申请，可以包括对利益受损或丧失的程度的裁定，也可建议达成相互满意的方法，但该建议对争端各方没有约束力；也可利用补偿作为最终的争端解决的部分调整措施。

对于其他情况造成的利益损害或丧失（第三种类型），专家组只能就上述存在的情况作出裁决或建议。如争端方认为且专家组裁定争端问题确属 GATT1994 第 23 条第 1 款 c 项问题，DSU 规定的各项程序仅适用到专家组分发报告时止。关税与贸易总协定于 1989 年通过的争端解决规则和程序适用于考虑建议或裁决的通过、监督和执行。但申诉方应提供详细的证据证明与该措施有关的申诉；如果专家组裁决涉及其他问题，则应向 DSB 提交这些问题的报告，并就 c 项问题单独向 DSB 提交报告。

问题与思考

1. 比较关税与贸易总协定和世界贸易组织的争端解决机制。
2. 如何实施争端解决机构通过的争端解决报告?
3. 如何向世界贸易组织提起争端解决程序?
4. 专家组审查事实的标准是什么?

参考书目

1. 王传丽主编．国际贸易法．3版．北京：法律出版社，2005

2. 郭寿康主编．国际技术转让．北京：法律出版社，1989

3. 余劲松，吴志攀主编．国际经济法．北京：北京大学出版社，高等教育出版社，2000

4. 赵秀文，郭寿康主编．国际商事仲裁法．2版．北京：中国人民大学出版社，2008

5. 冯大同，焦津洪．国际货物买卖法．北京：对外贸易教育出版社，1993

6. 赵承璧．国际贸易统一法．北京：法律出版社，1998

7. 赵维田．世界贸易组织（WTO）的法律制度．长春：吉林人民出版社，2000

8. 对外贸易经济合作部国际经贸关系司译．世界贸易组织乌拉圭回合多边贸易谈判结果法律文本．北京：法律出版社，2000

9. 对外贸易经济合作部条约法律司编译．国际商事合同通则．北京：法律出版社，2004

10. 王贵国．世界贸易组织法．北京：法律出版社，2003

11. [美] 约翰·H. 杰克逊著，张乃根译．世界贸易体制：国际经济关系的法律与政策．上海：复旦大学出版社，2001

12. 国际商会中国国家委员会编．2000年国际贸易术语解释通则．北京：中信出版社，2000

13. 国际商会中国国家委员会组织翻译．ICC跟单信用证统一惯例（2007修订本）．北京：中国民主法制出版社，2007

14. 国际商会中国国家委员会组织翻译．国际备用证惯例（ISP98）．北京：中国民主法制出版社，2004

15. 韩立余主编. 国际经济法学原理与案例教程．北京：中国人民大学出版社，2006

16. 李巍. 联合国国际货物销售合同公约评释. 北京：法律出版社，2009

17. 张玉卿主编. 国际统一私法协会国际商事合同通则2010. 北京：中国商务出版社，2012

18. [英] 西蒙娜·拉蒙特-布莱克著，韩立余编译. 国际贸易法（双语教材）. 北京：中国人民大学出版社，2011

19. International Chamber of Commerce. *Uniform Rules for Forfaiting*. ICC Publication 800E，2012

20. International Chamber of Commerce. *Uniform Rules for Demand Guarantees*（2010 revision）. ICC Publication 758，2010

21. International Chamber of Commerce. *The Complete UCP: Texts, Rules and History 1920—2007*. ICC Publication 683, 2008

22. Peter Van den Bossche and Werner Zdouc. *The Law and Policy of the World Trade Organization*. 3rd edition. Cambridge University Press, 2013

23. WIPO. *Introduction to Intellectual Property: Theory and Practice*. Kluwer Law International Ltd., 1997

24. Harry Rubin. *International Technology Transfers*. Kluwer Law International Ltd., 1996

25. John H. Jackson, William J. Davey, Alan O. Sykes. *Legal Problems of International Economic Relations*. 3rd edition. West Publishing Co., 1995

26. Ralph H. Folsom, Michael Wallace Gordon, John A. Spanogle. *International Business Transactions: A Reader*. West Publishing Co., 1997

27. Clive M. Schmitthoff. *Schmitthoff's Export Trade: The Law and Practice of International Trade*. Stevens & Sons, 1990

28. Somone Schnitzer. *Understanding International Trade Law*. Law Matters Publishing, 2006

29. ICC. *Commentary on UCP600: Article-by-Article Analysis by the UCP 600 Drafting Group*. ICC Publication No. 680, 2007

30. Ray August, Don Mayer, and Michael Bixby. *International Business Law: Text, Cases, and Readings*. 5th edition. Pearson Education, Inc., 2008

31. Michael J. Trebilcock and Robert House. *The Regulation of International Trade*. 3rd edition. Routledge, 2005

图书在版编目（CIP）数据

国际贸易法/郭寿康，韩立余编著．4版．—北京：中国人民大学出版社，2014.7
新编21世纪法学系列教材
ISBN 978-7-300-19478-3

Ⅰ.①国… Ⅱ.①郭…②韩… Ⅲ.①贸易法-高等学校-教材 Ⅳ.①D996.1

中国版本图书馆CIP数据核字（2014）第132087号

新编21世纪法学系列教材
总主编　曾宪义　王利明
国际贸易法（第四版）
郭寿康　韩立余　编著
Guoji Maoyifa

出版发行	中国人民大学出版社		
社　址	北京中关村大街31号	**邮政编码**	100080
电　话	010－62511242（总编室）		010－62511770（质管部）
	010－82501766（邮购部）		010－62514148（门市部）
	010－62515195（发行公司）		010－62515275（盗版举报）
网　址	http://www.crup.com.cn		
经　销	新华书店		
印　刷	北京昌联印刷有限公司	**版　次**	2000年6月第1版
规　格	185 mm×260 mm　16开本		2014年8月第4版
印　张	21.5	**印　次**	2022年5月第7次印刷
字　数	526 000	**定　价**	39.00元

国际法专业书目

书名	ISBN	作者	定价（元）	出版日期
21 世纪法学系列教材				
国际经济法（第四版）（教育部全国普通高等学校优秀教材一等奖）	978-7-300-16531-8	郭寿康　赵秀文	49.8	2012-10-29
国际法（第四版）（北京高等教育精品教材；全国普通高等学校优秀教材一等奖）	978-7-300-13543-4	程晓霞　余民才	30	2011-4-1
国际私法（第四版）（“十一五”国家级规划教材；教育部全国普通高等学校优秀教材一等奖）	978-7-300-13408-6	章尚锦　徐青森	49.8	2011-3-1
国际贸易法（第四版）	978-7-300-19478-3	郭寿康　韩立余	39	2014-8-10
世界贸易组织法（第三版）	978-7-300-19575-9	韩立余	32	2014-7-18
国际商事仲裁法（第二版）（北京高等教育精品教材）	978-7-300-17338-2	赵秀文	45	2014-3-12
国际私法练习题集（第三版）	978-7-300-19677-0	杜焕芳	29	2014-8-1
国际经济法练习题集（第三版）（21 世纪法学系列教材配套辅导用书）	978-7-300-18219-3	韩立余	29	2013-11-1
国际法练习题集（第三版）	978-7-300-16110-5	余民才	26	2012-9-1
国际私法学关键问题（21 世纪法学课程学习与考试指导·法学关键问题系列）	978-7-300-14510-5	杜焕芳	28	2012-1-13
学生常用法律法规 国际法律分册（含国际公法、国际私法）	978-7-300-08731-3	余民才　等	15	2007-12-1
国际私法案例分析	978-7-300-10475-1	徐青森　等	35	2009-6-1
国际贸易法案例分析	978-7-300-09910-1	韩立余	45	2009-1-1
双语教材				
国际贸易法	978-7-300-13195-5	[英] 西蒙娜·拉蒙特-布莱克	58	2011-1-1
法律英语：法学概论（第 3 版）	978-7-300-11228-2	乔安妮·班克·黑姆斯　等	45	2009-10-1
国际商事经济法律通则	978-7-300-11103-2	[美] 约翰·W·海德	28	2009-9-1
国际商事仲裁法（第三版）	978-7-300-16411-3	赵秀文	49.8	2012-10-1
国际贸易法（第二版）（教育部财政部 2007 年度双语教学示范课程建设项目）	978-7-300-15574-6	王传丽　史晓丽	49.8	2012-6-1
国际投资法（教育部财政部 2007 年度双语教学示范课程建设项目）	978-7-300-09271-3	孙南申	35	2008-5-1
国际法（第二版）	978-7-300-11775-1	邵沙平	49.8	2010-4-1
国际刑法（第二版）（司法部法治建设与法学理论研究部级项目	978-7-300-19573-5	朱文奇	40（估）	2014-9-1
海商法专论（第二版）	978-7-300-12714-9	司玉琢	48	2010-9-1
国际商事仲裁法参考资料	7-300-05728-4	赵秀文	26	2006-6-1

书名	ISBN	作者	定价（元）	出版日期
原理与案例教程系列（全国法律专业学位研究生教育指导委员会秘书处推荐教材，亦可适用于普通高等院校法学本科学生）				
国际法学原理与案例教程（第三版）	978-7-300-19332-8	朱文奇	46	2014-6-26
国际私法学原理与案例教程（第三版）	978-7-300-16329-1	赵秀文	48	2012-9-1
国际经济法学原理与案例教程（第二版）	978-7-300-12415-5	韩立余	49.8	2010-7-1
法学研究生用书				
国际私法专题研究	978-7-300-12649-4	徐青森　杜焕芳	35	2010-9-1
国际贸易法专题研究	978-7-300-11231-2	赵秀文	38	2009-9-1
国际法专题研究	978-7-300-10667-0	邵沙平	35	2009-6-1
国际条约法	978-7-300-09191-4	朱文奇　李　强	39	2008-5-1
21 世纪中国高校法学系列教材				
国际法（第三版）（21 世纪中国高校法学系列教材）	978-7-300-16100-6	马呈元	45	2012-7-23
国际经济法（第三版）（“十一五”国家级规划教材）	978-7-300-14041-4	王传丽	39.8	2011-8-1
国际私法	978-7-300-13119-1	杜新丽	39	2010-12-1
欧盟法概论（21 世纪中国高校法学系列教材）	978-7-300-14768-0	张　彤	55	2011-12-9
海洋法（第二版）	978-7-300-13268-6	屈广清　曲　波	36	2011-4-1
21 世纪法学研究生参考书系列				
国际法析论（第三版）	978-7-300-15195-3	杨泽伟	88	2012-3-1
国际人道法	978-7-300-08717-7	朱文奇	45	2007-12-1
其他类教材				
国际商法（第二版）（21 世纪通用法学系列教材）	978-7-300-18092-2	陈晶莹　邓　旭	39.8	2014-1-20
国际法（21 世纪应用型法学系列教材）	978-7-300-14920-2	李　毅	28	2012-3-16
国际经济法（21 世纪应用型法学系列教材）	978-7-300-14898-4	杨　帆	29	2011-12-26
学术著作				
国际法中普遍性法律利益的保护问题研究——基于国际法庭和国家相关实践的研究	978-7-300-15718-4	宋　杰	69	2012-5-31
平行进口法律规制的比较研究	978-7-300-15623-1	王春燕	48	2012-5-30
国际法的当代实践	978-7-300-13447-5	余民才	49.8	2011-03
国际刑事法院与中国	978-7-300-11362-3	朱文奇	55	2009-11-1
外资待遇法律制度研究	978-7-300-15606-4	杨慧芳	45	2012-04-30
国际反腐败公约与国内法协调问题研究	978-7-300-12581-7	李　翔	38	2010-8-1
与贸易有关的知识产权成案研究	978-7-300-12157-4	张桂红	38	2010-6-1

《　　　　　　》※任课教师调查问卷

为了能更好地为您提供优秀的教材及良好的服务，也为了进一步提高我社法学教材出版的质量，希望您能协助我们完成本次小问卷，完成后您可以在我社网站中选择与您教学相关的 1 本教材作为今后的备选教材，我们会及时为您邮寄送达！如果您不方便邮寄，也可以申请加入我社的**法学教师 QQ 群：83961183（申请时请注明法学教师）**，然后下载本问卷填写，并发往我们指定的邮箱（cruplaw@163.com）。

邮寄地址：北京市海淀区中关村大街 31 号中国人民大学出版社 411 室收

邮　　编：100080

再次感谢您在百忙中抽出时间为我们填写这份调查问卷，您的举手之劳，将使我们获益匪浅！

基本信息及联系方式：※

姓名：____________　性别：____________　课程：____________

任教学校：____________　院系（所）：____________

邮寄地址：____________　邮编：____________

电话（办公）：____________　手机：____________　电子邮件：____________

调查问卷：※

1. 您认为图书的哪类特性对您使用教材最有影响力？（　　）（可多选，按重要性排序）
   A. 各级规划教材、获奖教材　B. 知名作者教材
   C. 完善的配套资源　D. 自编教材
   E. 行政命令
2. 在教材配套资源中，您最需要哪些？（　　）（可多选，按重要性排序）
   A. 电子教案　B. 教学案例
   C. 教学视频　D. 配套习题、模拟试卷
3. 您对于本书的评价如何？（　　）
   A. 该书目前仍符合教学要求，表现不错将继续采用。
   B. 该书的配套资源需要改进，才会继续使用。
   C. 该书需要在内容或实例更新再版后才能满足我的教学，才会继续使用。
   D. 该书与同类教材差距很大，不准备继续采用了。
4. 从您的教学出发，谈谈对本书的改进建议：____________

____

____

选题征集：如果您有好的选题或出版需求，欢迎您联系我们：

联系人：黄　强　联系电话：010-62515955

索取样书：书名：____________

书号：____________

备注：※为必填项。